指文® **海洋文库** / S003

【英】亚瑟·雅各布·马德尔 著　　杨坚 译

英国皇家海军
从无畏舰到斯卡帕湾

·第一卷·

★ 通往战争之路：1904—1914 ★

吉林文史出版社
JILINWENSHICHUBANSHE

图书在版编目(CIP)数据

英国皇家海军,从无畏舰到斯卡帕湾.第一卷,通往战争之路:1904—1914 / (美)亚瑟·雅各布·马德尔著;杨坚译.--长春:吉林文史出版社,2019.1
ISBN 978-7-5472-5907-8

Ⅰ.①英… Ⅱ.①亚… ②杨… Ⅲ.①海军-军事史-史料-英国-1904-1914 Ⅳ.① E561.53

中国版本图书馆 CIP 数据核字 (2019) 第 026090 号

FROM THE DREADNOUGHT TO SCAPA FLOW, VOLUME I:THE ROAD TO WAR, 1904–1914 by ARTHUR J. MARDER
Copyright: © 1961 BY ARTHUR J. MARDER

This edition arranged with Seaforth Publishing
through BIG APPLE AGENCY, INC., LABUAN, MALAYSIA.
Simplified Chinese edition copyright:
2019 ChongQing Zven Culture communication Co., Ltd
All rights reserved.

中文简体字版权专有权属吉林文史出版社所有
吉林省版权局著作权登记图字:07-2018-0037

YINGGUO HUANGJIA HAIJUN, CONG WUWEIJIAN DAO SIKAPAWAN.
DIYIJUAN, TONGWANG ZHANZHENG ZHILU:1904-1914

英国皇家海军,从无畏舰到斯卡帕湾.第一卷,通往战争之路:1904—1914

著 /【英】亚瑟·雅各布·马德尔　　译 / 杨坚
责任编辑 / 吴枫　　特约编辑 / 王轩
装帧设计 / 杨静思
策划制作 / 指文图书　　出版发行 / 吉林文史出版社
地址 / 长春市人民大街 4646 号　　邮编 / 130021
电话 / 0431-86037503　　传真 / 0431-86037589
印刷 / 重庆共创印务有限公司
版次 / 2019 年 2 月第 1 版　　2019 年 2 月第 1 次印刷
开本 / 787mm×1092mm　　1/16
印张 / 26　　字数 / 450 千
书号 / ISBN 978-7-5472-5907-8
定价 / 109.80 元

△ 海军元帅约翰·费希尔爵士,第一海军大臣,1904年10月21日—1910年1月25日(贝雷斯福德摄影,伦敦,收藏于国家肖像画馆)

致简

良师、悉心的伴侣和妻子……

目 录

序 001
前言 009

第一部 费希尔时代，1904—1910

第一章 序幕 1

1. 时代精神 1
对战争的态度——当时的国际关系——马汉的影响——英国海军存在的理由——不列颠的"永恒的利益"——德国的威胁——"光荣孤立"

2. 世纪之交的皇家海军 3
海军的骄傲——19世纪80和90年代的改革——缺陷——海军处于衰退状态的原因

3. 最初的复苏，1899—1904 9
德国海军的扩张及南非战争的影响——费希尔在地中海及其之后的政策——他成为第一海军大臣

第二章 第一海军大臣费希尔 13

1. 费希尔其人 13
费希尔的外貌——个性——他的宗教信念和有关《圣经》的知识——业余爱好——精力——作为管理者的其他优点——政治观点——对细节的态度——有关文件的争议——书信的风格

2. 费希尔的海军大臣们 17
海军大臣的角色——委员会的其他成员——海军大臣的能力——海军大臣-第一海军大臣组合——费希尔的海军大臣们以及他与他们的关系

3. 引向目标 20
节省开支的迫切需要——海军经费的削减——舰队的备战——对外交政策的观点——主要改革内容

第三章　费希尔革命 27

1. 人员改革 27
费希尔与人员的重要性——1902年的"塞尔伯恩计划"——改革的动机——海军学院的创建——晋升制度——后备役舰艇和人员的训练——炮术革命——下甲板

2. 核心舰员计划 34
费希尔的观点——旧的舰队后备和船厂后备——核心舰员——计划的成效

3. 淘汰过时舰艇 35
起因——改革的激进性——附带的好处

4. 舰队重组计划 36
1904年时的状态——重组——集中在本土水域——海峡、大西洋和地中海舰队

5. 无畏舰和无敌舰 38
"无畏"号下水——她的新特质——"无敌"号——设计的缘由——费希尔、"燃油狂人"和潜艇支持者

第四章　海军内的争议：主要改革 41

1. 塞尔伯恩计划 41
反对意见——工程军官——早期选拔——更合理的批评——对计划的认同——战前的变更——战后的变更——1955—1956年的变更——费希尔的辩白

2. 舰艇淘汰政策 45
批评者的意见——海牙会议和伦敦会议等事件的影响——外交部的观点——海军部的回应

3. 无畏舰争议 48
强烈的反对——问世的必然性：其他列强的计划、技术、战略及战术方面的考虑——海军武官报告的重要性——批评者的让步——无畏舰诞生的两个谜团——无畏舰政策的评价——从技术方面对战列巡洋舰的批评——评述——费希尔早期对批评的回应

第五章　海军内的争议：费希尔－贝雷斯福德对立 61

1. 新本土舰队 61
1906年10月的海军部备忘录——喧嚣的抗议声——具体的批评——外交部的态度——海军部的立场——本土舰队的发展

2. 费希尔的"个人准则"及行事方式 65
"反对者集团"——费希尔阵营——动荡的根本原因——对费希尔"个人准则"及行事方式的攻击——对指控的分析——费希尔处罚他的批评者了吗？——结论

3. 费希尔和贝雷斯福德 74
海军上将贝雷斯福德其人——失和的开始——卡斯坦斯的角色——贝雷斯福德的批评和要求——1907年7月5日的会议——贝雷斯福德对调离斯特迪等事宜的不满——他对巡洋舰和驱逐舰短缺的不满——他对贝利和装甲巡洋舰的批评——油漆事件——海军内部的分裂——费希尔的感觉——对质询的要求——海军学院宴会及其他事件——亚瑟·李的信件——内阁的软弱——解除贝雷斯福德的职务——虚幻的平静

第六章 德国海军的挑战，1900—1908 89

1. 起源 89
英德关系的恶化——1898和1900年的德国海军法案——英国海军部和政府不断增长的忧虑——1902—1903年发生的事件——1904年爱德华国王对基尔的访问——德国海军中队对普利茅斯的访问——战争幻想小说

2. 摩洛哥危机 93
多戈尔沙洲危机——英德矛盾的尖锐化——德国国内的战争恐惧——费希尔对战争的观点——他的阻止战争的"计划"——德国人的神经过敏——德国的外交攻势——海军部对摩洛哥的顾虑——英国对法国的海陆承诺——海军谈判——费希尔与对法海军合作——费希尔和陆军将领

3. 动机 100
自由党对德国海军的态度——海军主义者的立场——德国扩张海军的动机——英国人的预感——战争不可避免的感觉——政治因素的重要性

4. 两强标准 103
标准的起源——1904年鲍尔弗做的修改——阐明——费希尔对两强标准的辩护——英国在战列舰上的优势

5. 考多尔计划 105
计划内容——自由党在计划中的变化——1906年的小范围海军恐慌——驻柏林海军武官的报告——1907—1908财年预算的接受

6. 海牙会议 108
军备控制问题——爱德华国王和威廉皇帝在克龙贝格的会谈——德国对英国诚意的质疑——海军部对限制海军军备的立场——会议上的军备控制——英国媒体的反应——海牙会议未能涉及海军军备的后果

7. 渐暗的地平线 112
1907年费希尔在梅耶爵士宴会上的演讲——德国海军法案修订案——英国的反应——1908—1909财年的造舰计划——内阁危机——公众对预算的接受——1908年3月9日的海军辩论——特维德茅斯信件——内阁重组——劳合-乔治——丘吉尔的抗争——1908年爱德华国王对克龙贝格的访问——媒体对德国入侵的警告——《每日电讯报》对德皇的采访——海军主义者不断增长的喧嚣——阿斯奎斯对两强标准的澄清——不满在继续——杜马从柏林的报告——陆军武官的

报告——新海军武官的印象——卡萨布兰卡危机——战争的危险

第七章　1909 年海军恐慌 125

1. 序幕 125
1909—1910 财年造舰计划——德国的主力舰实力——德国加速造舰的证据——德国的扩张——海军大臣对 1912 年德国主力舰的预测——修改的造舰计划——造船与工程的衰退

2. 马利纳事件 129
马利纳的发现——他的动机——军火公司的压力——对马利纳在海军恐慌中角色的评价

3. 危机顶点 131
内阁的分裂——个人特质——麦肯纳和劳合 - 乔治——僵局——气氛高涨——妥协——言辞上的角力——海军大臣们的毫无准备——梅特涅的保证——1909—1910 财年预算——1909 年 3 月 16 日的海军辩论——3 月 17 日蒂尔皮茨的声明——"我们要 8 艘，我们不能等"——对谴责议案的辩论，3 月 29 日——内阁的摩擦——奥匈帝国与意大利的无畏舰计划——它们对英国海军政策的影响

4. 徒劳的谈判 141
比洛与蒂尔皮茨对英国敌意起源的不同看法——预防性战争的可能性——德国对海军协定的试探——1909 年 10—11 月的谈判——谈判失败的原因

5. 结语 145
蒂尔皮茨一直在以实相告吗？——1912 年的英德主力舰——丘吉尔的结论——一支帝国舰队的起源——对战争难以避免愈发确凿的感觉——有关战争、间谍和空中威胁的幻想小说和故事——对达成海军备协定的信心的消失——两强标准的放弃

第八章　费希尔的退休 151

1. 海军质询 151
反费希尔斗争的加剧——贝雷斯福德离职——他向鲍尔弗和阿斯奎斯征询建议——帝国国防委员会任命下属委员会调查贝雷斯福德的指控——费希尔的愤怒——培根信件的曝光——麦肯纳对费希尔的辩护——威尔士亲王的立场——下属委员会的听证会——委员会的议程——委员会的报告——贝雷斯福德和费希尔的观点——贝雷斯福德 - 阿斯奎斯余波

2. 辞职与回顾 168
费希尔决定离开——加封贵族——他的退休为什么是正确的——对他作为第一海军大臣的评价

第二部 战争前奏，1910—1914

第九章 麦肯纳—威尔逊组合，1910—1911 173

1. 白厅的新秩序 173
A. K. 威尔逊成为第一海军大臣——他的背景——威尔逊其人——他作为第一海军大臣的缺点

2. 无畏舰与政治 175
有关 1910—1911 财年海军预算的内阁危机——妥协——外交部和海军主义者的反对——自由党媒体和丘吉尔的反对——海军辩论——"恐慌的复发"，1910 年 9—10 月——激进派对"膨胀的"军备的施压——麦肯纳对议会的坦白，1911 年 2 月 8 日——劳合·乔治对决麦肯纳——公众对 1911—1912 财年预算的接受——议会中的麦肯纳和格里——激进派和工党议员的顽抗——有关德国海军法案修订案的传言

3. 海军谈判 183
外交部的疑心——英国的新立场——1910—1911 年有关政治和交换海军情报的谈判——阿加迪尔危机的影响——谈判的恢复，1912 年 1 月——为什么达成协定是不可能的

4. 英日盟约的延续 192
盟约下的海军部署是如何完成的——1907 年 5 月的海军会议——海军关系中不间断的摩擦——英国从盟约中获取的利益——帝国国防委员会讨论续约，1911 年——格里在帝国国防委员会的演讲，1911 年 5 月 26 日——盟约的更新

5. 阿加迪尔危机 196
德国的动机——对德国的动机的困惑——德国在阿加迪尔建立基地的可能性——劳合-乔治在市长官邸的演讲，1911 年 7 月 21 日——战争的明显迫近——舰队的毫无准备——迟来的警惕——海军部作战计划的缺失——1911 年 8 月 23 日的帝国国防委员会会议——危机对德国海军计划的影响

6. 白厅的洗牌 201
霍尔丹对首相的要求——海军部对成立海军参谋部的立场——海军作战委员会的不足——菲尔德庄园会议，1911 年 9 月——麦肯纳转任内务大臣——麦肯纳—阿斯奎斯对战略的讨论——麦肯纳和丘吉尔交换职位

第十章 丘吉尔时代，1911—1914：战争准备 207

1. 海军大臣丘吉尔 207
公众对新海军大臣的评价——丘吉尔其人——他对海军的投入——对舰队和船厂的视察——对技术性事务的干涉——A. K. 威尔逊与海军参谋部——布里奇曼取代威尔逊——布里奇曼事件——丘吉尔与海军大臣们之间的争执——乔治五世国王与丘吉尔——丘吉尔被海军接受

2. 改革时代 217

丘吉尔—费希尔关系——费希尔的影响——海军参谋部的建立——海军参谋部不断增加的麻烦——它在战前的成就——减轻下甲板的不满——优点，取得成功的通行证——"伊丽莎白女王"级战列舰——石油问题——丘吉尔石油政策的缺陷

第十一章 丘吉尔时代，1911—1914：决战前夕 225

1. 霍尔丹出使 225

阿加迪尔危机之后的德国海军计划——卡塞尔和巴林的调解——德国补充海军法案（修订案）——霍尔丹出使的目标——他在柏林的会谈，1912年2月——海军修订案的内容及其对伦敦的震动——政治与海军谈判——"威利"致"乔琪"的信——僵局——丘吉尔公布海军预算，1912年3月18日——英国和德国的反应——梅特涅被取代——使命因何失败——积极成果

2. 地中海问题：第一阶段 236

本土舰队的建立——地中海上外国主力舰的实力——政府策略的改变——反对"放弃"地中海的斗争——陆军总参谋部和外交部的观点——在马耳他的讨论——1912年7月4日关键的帝国国防委员会会议——内阁对海军部建议的辩论，7月15—16日——格里的声明——丘吉尔在帝国国防委员会总结海军部的立场，7月11日——他对增建3艘主力舰的呼吁——加拿大政府的政策

3. 地中海问题：第二阶段 245

丘吉尔对北海局势的总结，1912年7月22日——议会和媒体的反应——意大利—土耳其战争的战略后果——海军部对意大利新基地的关注——德国地中海中队的建立——土耳其海军——英国海军在土耳其的使命——海军少将林普斯的建议——法国海军的复兴——法国对海军谈判施压——他们将舰队集中在地中海——这意味着什么？——政府对海军与政治联系过于紧密的担心——议拟中的海军协定——格里-康邦通信，1912年1月22—23日——1913年2月10日的海军协定——海军部和政府试图不受束缚——俄国试图开启海军谈判——俄国舰队——英国对更紧密的海军关系缺乏兴趣

4. 1913年和1914年预算 255

蒂尔皮茨接受无畏舰16∶10的标准——E. L. 伍德沃德的分析——爱德华·格里爵士的态度——1913—1914财年预算——丘吉尔在议会的"海军假期"演讲，1913年3月26日——来自英国和德国的批评——3艘主力舰的加速建造——丘吉尔重申"海军假期"建议，10月18日——之前批评的重现——激进派再次反对"膨胀的"预算——海军主义者的计划——劳合-乔治的访谈，1914年1月1日——内阁关于预算的僵局——海军部的抗辩——内阁濒于分裂——妥协的达成——丘吉尔介绍预算，1914年3月17日——广泛的不满

第十二章 战前海军战略战术的演进 269

1. 海军装备革命 269

水雷——鱼雷的发展——驱逐舰——潜艇——有关它们的价值的对立观点——珀

西·斯考特致《泰晤士报》的信件,1914年6月5日——潜艇与近距封锁——反潜手段——飞艇——飞机、水上飞机及其用途——德国飞艇的威胁——1912年12月6日和1913年2月6日帝国国防委员会对飞艇的讨论——战争爆发时的英国飞艇

2. 帝国国防委员会 279
成立与功能——早期的低效及原因——奥特利时期——汉奇时期——帝国国防委员会在战前最后几年中的角色

3. 防御战略:入侵梦魇 281
对突然袭击的准备——有关入侵问题的争论:"蓝水"学派对"蓝色闪电"学派——1903年帝国国防委员会对入侵问题的调查——罗伯茨、雷平顿等人的鼓动——帝国国防委员会有关入侵问题的下属委员会的会志,1907—1908年——下属委员会的结论——A. K. 威尔逊对入侵的观点,1910年——意大利入侵的黎波里的证明——1912和1913年演习的结果——帝国国防委员会有关入侵问题的下属委员会,1913—1914年:新的事实与结论——丘吉尔重申海军部的立场,1914年——德国与英国的入侵

4. 防御战略:海上贸易战的梦魇 292
敌方破坏贸易战略的危险——马汉的观点——海牙会议和伦敦宣言的后果——1905年4月30日的海军会议——护航队方案的否决——已接受的贸易保护原则——对贸易战的低估——费希尔对潜艇作为贸易战武器的预测——反方观点——丘吉尔重申海军部在贸易保护战中的立场——商船的自卫武装——国家确保战时航运的问题——战争经验

5. 进攻战略:舰队行动与封锁 299
海上决战的首要地位——对公海舰队投入战斗的期望——近距封锁战略的兴衰——1912—1914年的"监视性封锁"——它于1914年被远距封锁取代——丘吉尔更加积极的战略——来自海军参谋部的批评

6. 进攻战略:贸易战 307
英德有关对德经济封锁的观点——在海上没收私有财产的权利——它的价值——1907年海军学院的作战计划——海上罚没权的遏制效应——英国倾向于取消该权利的立场——海牙会议上的海上罚没问题——海军上将威尔逊和梅的观点——贸易战与作战计划——总结

7. 进攻战略:联合作战 312
海军部和陆军部无法制定联合作战计划——原因——两栖战:费希尔的方案——他对陆军计划的轻视——他的波罗的海计划——1905年海一陆军部无法在联合作战上达成一致——1908年12月3日的帝国国防委员会-内阁会议——陆军少将亨利·威尔逊爵士入职陆军部——1911年8月23日帝国国防委员会的历史性会议——海军部的两栖联合作战计划——丘吉尔时代得到改进的海陆军关系

6. 战术思想的发展 321
费希尔与海军战术——战斗训令与僵化的线式战术——战前在教条以外的尝试——战斗中的舰队展开——完全集中的指挥与分散指挥——夜间射击——战术指导——缺乏统一性的战术思想——T字跨射——海军学院的战略与战术指导——战术与炮术无法协同——"装备"学派的兴起——"历史"学派——对战略和战

术缺乏认真研究的原因——对海军史的轻视——H. W. 里士满，历史记录者——伊舍、丘吉尔与海军历史

第十三章 1914 年的英国与德国舰队 329

1. 人员 329

1914 年将才的缺乏——巴腾堡的路易斯亲王——卡拉汉，亨利·杰克逊——其他高级将领——海军少将与上校——贝蒂——杰利科——军官具有的决定性优势——对德国海军军官的评价——英国军官的其他优势——总结

2. 装备 335

"主导武器的谬论"：大口径火炮——英德舰炮比较——珀西·斯考特与射击指挥仪——"雷霆"号与"猎户座"号试验——优秀的德国海军炮术——英德主力舰装甲比较——低效的炮弹——防火措施——英德主力舰的水下防护——鱼雷和水雷——总结——主力舰的数量比较

3. 海军基地 341

北海的态势——罗赛斯的发展——斯卡帕湾和克罗马蒂——斯卡帕湾防御的不足——总结——德国海军基地——对英国海军缺陷的审视

第十四章 战争来临 349

战前数月的英德海军关系——作为战略家的蒂尔皮茨——海军竞赛在英德关系中的角色——1914 年 7 月的动员试验——舰队部署——杰利科取代卡拉汉任大舰队司令——丘吉尔的慰藉与信心——舰队的信心——德国人的弱势心理

附录 1914 年 8 月英德海军的无畏舰与战列巡洋舰 357
原注 365

序

　　1961年，一部海军史著作的第一卷与读者见面了。其主要内容是第一次世界大战前影响了皇家海军发展的国际事务。这卷著作探求之深刻，分析之透彻，诠释之明晰，都为海军史研究树立了一个新标准，并在皇家海军内外引起了广泛关注。而作者又是一位立足于遥远的火奴鲁鲁的美国人，这引起了人们的好奇，甚至是惊叹。但实际上这部著作的作者亚瑟·雅克布·马德尔早就为现代史作者们所熟知，这不仅仅是因为他撰写了那本杰出的著作——《英国海上力量剖析：前无畏舰时代的英国海军政策史》。其研究着重于1880—1905年的英国海军，又在英国最危急的1940年出版。他还编辑了英国海军上将，海军历史学家赫伯特·里士满的私人，甚至是秘密性质的日记。里士满是他那个时代最优秀，最具独创性的学者和海军思想家之一。在这些成果之上马德尔又出版了三卷本的《恐神与无畏》，这部汇编结合了"杰基"·费希尔的回忆录和通讯（其中还有多篇研究日本海军史的短篇文章，以及费希尔和温斯顿·丘吉尔对1911—1915年担任海军大臣时期做出的回忆性质的评论）。马德尔以时间为序，专注于一个又一个困难的研究课题，但始终以皇家海军为主线。这样当《从无畏舰到斯卡帕湾》的首卷面世时，实际上是马德尔自他在哈佛大学研究生时期就开始的漫漫长路的延续。

　　到马德尔在1980年圣诞节那一天因癌症去世，直至我们这个时代，想到在皇家海军最艰难的时期研究其历史的翘楚竟然是一个美国人，仍然是件有趣的事。他那身为学者的深厚功底和作为作者的卓然文采——一位历史学家需要结合的基本能力——成就了这些伟大的历史学著作。他天生的好奇心得以与他对深藏的秘密和动机追本溯源的韧性相辅相成。那个时代要求好的史学著作要有能吸引各类读者的情趣，这更使马德尔的天赋自由驰骋。今天他的代表作已经获得了广泛肯定，也产生了积极的影响，因为这是首次详细描述大不列颠在一场发生在近海和远洋的海上战争中，为命运而战时所经受的考验和磨难，而战争的结果绝不是那些政治家和手握海王三叉戟的水兵们所能预见的。

那时和现在的读者都会奇怪，为什么一些撰写英国海军史的最伟大的作家是美国人，而且他们的姓氏都以字母 M 开头（这实在是巧合）——阿尔弗雷德·泰耶·马汉（Alfred Thayer Mahan）在他的系列著作《海权对历史的影响》以及纳尔逊的传记中向世界诠释了英国对海洋统治的意义，加勒特·马丁利（Garrett Mattingly）撰写了广受欢迎的《无敌舰队》，该书现在仍不断重印出版，现在又有 20 世纪中叶因成果卓然，著作等身而成为学界前辈的马德尔。他喜欢说机会总是频频降临，将他引向那些他不曾料到，而到最后又总是令人欣喜的发现。

1910 年 3 月 8 日，马德尔出生在波士顿的一个俄国犹太家庭，他的父母是马克斯维尔·马德尔和伊达·马德尔。勤奋、专注外加天赋，使马德尔的成绩在波士顿英语高中名列前茅。尽管犹太学生受配额制度的限制，他还是进入了哈佛大学。在那里他接受了最好的本科教育，有机会聆听著名的国际事务和帝国主义问题专家威廉·兰格（William Langer）的教诲。马德尔很喜欢讲述他是如何冲下哈佛大学怀德纳图书馆宽阔的阶梯直奔午餐厅去见兰格，当这位伟大的历史学家以平静的职业口吻询问年轻人想以什么作为毕业论文的主题时，马德尔脱口而出，说想着重于第一次世界大战中的德国将领。兰格劝阻了他，指出霍尔丹爵士出使柏林失败正是英德海军竞赛的关键时刻，而有关这一专题的文件刚刚付印。马德尔接受了兰格的建议，从此以后只专注于海军研究——直到他去世后出版的最后一部著作，关于皇家海军和日本帝国海军关系的两卷本《老朋友，新敌人》。第二个重要的机遇是 20 世纪 30 年代末，他得以查阅海军部档案馆中之前未公开的海军文件，关于此事我还曾撰写了一篇专著，《历史上的无畏舰：亚瑟·马德尔，斯蒂芬·罗斯基和海军史之争》（Seaforth，2010 年）。马德尔的坚持，以及审查制度的改变，使他能够接触到海军部的文件并将它们用于自己的研究。为保密和保护那些还健在的当事人及他们的家人，马德尔被要求不得直接引用这些文件。威望和隐私必须得到保护，《官方保密法案》并非那些当权者的唯一要求。第三个机遇是一位资深海军将领知道马德尔被授权接触那些保密文件以用于《从无畏舰到斯卡帕湾》的创作时，试图出面阻止，但马德尔在白厅找到了一位重要人物，最终为他开了绿灯，马德尔毕生对此人感激不尽。能够查阅文件只是第一个挑战，第二个挑战是将它们运用到写作中。

本书的读者必须牢记，马德尔总是处在审查者的监视之下，这些人来自海军部、陆军部，有时也来自空军部和内阁，他有关皇家海军的研究自始至终都必须经官方之手获得批准。出版商对此也有要求，他们经常需要引导马德尔绕开敏感的内容，要他假以耐心和克制并对内容反复确认。

1944年，在多次尝试获得永久性的历史学家职位和教职失败后（这是他从13岁就开始拥有的梦想），马德尔终于被聘为夏威夷大学的副教授。此前他曾经在华盛顿由陆军上校威廉·多诺万（William Donovan）领导的信息协调办公室（后来成为中央情报局的一个部门）工作，接受了密集的日语培训，后来成为为陆军军官设置的，具有大学水平的培训课程的讲师。为参加他所谓的"马德尔的战争"，他曾试图加入美国海军、英国皇家海军和加拿大皇家海军，但均告失败。他在遥远的美国关注希特勒的快速崛起，看到意大利和日本加入了对英战争，在珍珠港事件之前，大英帝国独自对抗轴心国集团。由于熟知法国、德国和俄国的历史，特别是外交方面的历史，这给了马德尔广博的知识。他阅读了大量有关东亚和地中海的史籍。他目睹在新的考验下，旧世界的秩序迅速崩塌。他本人也必须与当时美国公众中流行的孤立主义观点做斗争。

对英国历史的研究和在英国度过的时光自然浸淫给马德尔一种亲英情结，他并不回避这一点，虽然他对待自己研究中的弱点和缺陷也毫不留情。他很欣赏英国的海军将领。他也从未想到会在这些海军将领的夫人们那里得到文献支持并与她们建立了友好关系。他发现英国的海军将领都非常宽厚可亲，所以他说兰格不让他去研究德国将军是件好事，因为他认为那是一群最不友好的人，而且不管怎样，仗打得也不是很好。马德尔非常有必要地建立了一张庞大的通信网络，其中有很多人是皇家海军军官。他总是列出一个问题的名单，有些很普通，有些则很特别，而他的通讯者会回答这些问题。有些非常全面的解答可以在他加州大学尔湾分校的论文中找到，文中还有表示感谢的信件和有关他著作的评论。同时马德尔也活跃在美国的史学界，特别是美国历史学会，而这令他在自己的国家也建立了学术关系网络。在美国学术界，英国海军史并不是一个流行的研究主题。在美国的大学中，海军史也不是常见的课程。所以马德尔被认为是这个领域的专家。他无尽的热情还体现在他向本科生教授史学研究方法——选择文献，研究史学著作，机遇和命运的角色，心理研究和个性研究的作用，性格与环境的相互影响，偏见的反作用，科学史中的错觉等。讲述历史对马德尔来说是最重要的工作，而在知悉所有历史细节的前提下讲述一个好故事就是他追求的目标。

无论今天还是未来，《从无畏舰到斯卡帕湾》的读者都会惊异于作者讲述1904年到1919年这段历史时沿用的漫长主线。马德尔深谙欧洲文化，所以一直使用平静的语调描绘胜利与悲剧，最后他在结尾处讲述了德国公海舰队被扣留，围绕着投降的敌方主力舰而在巴黎展开的外交斗争，德国军舰在斯卡帕湾的自沉，英国和美国的政客和海军将领们争论谁在将来主导海权时暴露出来的无耻嘴脸，我们能感觉到他在为世界预示全新却更黑暗的未来。

那个世界当然就是他生存其中的世界。但是马德尔的工作还有另一种特质需要在这里以前言或简介的方式加以介绍：马德尔第一次深入到英国海军思想的幕后。这对他来说就是一场战争背后的另一场战争。他对个人的动机非常感兴趣。他还对政策的形式感兴趣，把它视为成功与失败的主因。海军大臣是内阁成员，也是海军部的政治领导人，第一海军大臣是海军部的军方领导人，也是海军的最高指挥官，马德尔非常着迷于这两人的合作与互动。他对费希尔的研究更增强了他的这一兴趣，从第一卷到第五卷我们都可以看到他对这种互动的研究。我们能觉察到个人地位随环境的变迁。看到一些人的个性使他们无法与对手共事。我们追随媒体和议会要求变更某个重要岗位上的人物。我们还看到马德尔始终把握着个人特质，对每个主题得出坚实的结论，他从不避讳做一个无处不在的法官，抱着中肯的立场，做出清醒的判断。有人批评他对杰基·费希尔的态度过于温和。但马德尔从来没有回避讨论费希尔的错误（他有很多错误），也没有忽视这些错误在海军内部引起的争议，但是他坚定地将费希尔视作引领海军为一场大战做准备的人，这场大战对皇家海军而言，无论在陆地还是在海洋都是危机四伏，困难重重。但结果是英国海军从来没有失去过海权。大不列颠和大英帝国也岿然不动。

在这部五卷本巨著的开篇，马德尔以费希尔来到海军部开始了这个漫长的故事。那时英国人正因德国海军的不断壮大而深感忧虑。费希尔的海军革命开始了，并且得到了海军大臣塞尔伯恩伯爵的海军改革的支持与补充，其中的很多内容由于老一代海军军官的等级意识而根本无法实施。工程军官和下层水兵就代表了费希尔无法解决的问题。费希尔还要求将那些部署在海外海军站的小型和低速舰艇除役，重组舰队的构成，重新部署舰队，这些都是为了将海上力量集中在可能成为未来战场的北海。与此同时出现了革命性的全重型火炮、高速和重装甲的"无畏"号战列舰，即使没有费希尔与查尔斯·贝雷斯福德的尖锐对立，仅是无畏舰就足以掀起巨大的争议，而费希尔最后也没有完全赢得对贝雷斯福德的胜利，反而让首相阿斯奎斯将他视为难以为继和造成海军分裂的人物。随后作者对英国海军在20世纪头十年的发展进行了总结，继而转向德国海军和他们在海上对英国的挑战。我们饶有兴趣的看待提尔皮茨的角色，英国海军优势的计算方式，以及德国海军试图在摩洛哥占据一席之地。费希尔在1910年离开海军部并被加封贵族，而他的继任者也非像他那样的铁腕人物。

战线已经被划定，因为当英国的政治家无法以谈判和出使来平息德国人的竞争时，马德尔为读者描绘了一幅逐渐暗淡的地平线。他解释了议会是如何为回应公众的焦虑而决定建造更多的无畏舰，以保持英国的海上优势。费希尔曾经强硬维持的两强标准现在被放弃了。1911年，温斯顿·丘吉尔成为海军大臣，他很快就成为无畏舰的拥趸，并以慎密和决心使1913年海军预算在议会和内阁顺利通过。他的这一成就在数年后使他成为海军最显赫的人物，因为海军因此获得多艘当时最大的战列舰，其中很多在随后的战争中发挥了重大作用。在第一卷的结尾我们还看到作者审察和诠释了如下重要主题（每一个都可以成为单独的史学命题）：地中海问题（法国、意大利和土耳其），帝国国防委员会的工作以及为军种间合作与联合计划所做的努力，当时盛行的海军战略和战术，舰队作战中的防御与进攻战略，海上商业战和海陆联合行动。在战争追近时，英国海军因海军思想界的孱弱而发展缓慢。最后，作者对比了大战开始之前英德海军的舰队、人员和装备——缺乏顶尖水准的将领，海战中过于依赖大口径舰炮，在北海方向上缺乏海军基地，以及英德海军竞赛在英德走向战争过程中的角色。马德尔对这些以及其他诸多主题进行了详尽的思考和分析。附录中列出了1914年8月英德海军无畏舰和战列巡洋舰的数据。这是第一次全面描述皇家海军在第一次世界大战前夕的人员、装备、任务、对战争的预想、挑战以及对挑战的回应。第一卷问世后，受到了出版界和读者的热情赞扬，并对即将出版的后续卷本高度期待。

在结束本文之前，我还将讲述本书经历的考验和悲剧，以提醒读者一次可怕的事故能给作者带来多大的困扰。马德尔本有意撰写的作品比现在人们看到的更宏大（注意马德尔撰写前言的日期是1960年6月）。5月12日，马德尔在夏威夷大学完成了学期的教学任务。他标记了期末考试试卷并将它们放进大学办公室的两个箱子里，并叮嘱学校的清洁主管将试卷清除并焚毁（这位主管恰巧在下一周没有上班）。但是由于一连串的错误，当值的清洁工毁掉了马德尔的两箱研究笔记，这些都是他收集的有关1915年6月至1919年6月章节的原始资料。这出悲剧可以与托马斯·卡莱尔失去了《法国大革命》手稿和T. E. 劳伦斯丢失了《智慧七柱》的第一稿相比。

极度伤心的马德尔曾考虑放弃随后的计划。他重新撰写了前言，这份前言也收集在这部重印本中。他的出版商，牛津大学出版社同意将作品分成多卷出版，但认为两卷本就足以讲述到战争结束。马德尔的观点是，如果要出版一部长篇作品，他就必须重做大部分研究。由于学校未能因他的损失而给予满意的答复，马德尔将夏威夷大学告上了法庭。最后学校承认他拥有自己研究工作的权益，给了他一学期的时间用于旅行，并承担了复制资料的费用。但工作仍是艰巨的。马德尔花费巨大精力收集的英国期刊和报纸的资料不像他想象的那样容易复得。很多手写的资料已经无法追本溯源。他在英国的海军界朋友，特别是海军中将，同时也是著名历史记录学家彼得·格莱顿爵士（Peter Gretton），他们给了马德尔全力的帮助与支持，因为他们认为马德尔是唯一一位能以中肯和不偏不倚的立场书写第一次世界大战皇家海军史的学者，特别是有关日德兰海战的历史，在当时急待澄清和诠释。海军上校约翰·克莱斯维尔（John Creswell）是海军史和海战战术专家，他为马德尔提供了很多建议，而且这些建议只能从一位像他那样的老水兵那里得到。海军上校斯蒂芬·罗斯基（Stephen Roskill）是内阁办公室出版的官方历史《海上战争》的作者，他也为马德尔帮助良多，虽然他在出版自己的著作方面也承受了巨大的压力。但是最及时的帮助还是来自海军部，他们在马德尔刚刚返回伦敦时就向他保证支持他的研究工作（包括帮助他制作微缩胶片和复印件）。如果马德尔和他的出版商想在进度方面追回失去的时间，速度就是关键。《从无畏舰到斯卡帕湾》第一卷幕后的故事会流传多年，而马德尔也在第二卷的前言里对那三位对他的工作起到推动作用的大学清洁工表现了宽容的态度。这就是马德尔的为人。他是历史学界的斗士，不断地从一个战场冲向下一个战场。

《从无畏舰到斯卡帕湾》的第一卷问世后得到了赞誉和喝彩，其后续卷本也呼之欲出。还有多达四卷的文字随着时空的转移来讲述这段历史。马德尔原本很有信心地认为从细节到大局，完成工作只需要一到两卷文字。我也曾在《历史上的无畏舰》一书中对此加以介绍。出版商对他信任有加，相信他们优秀的历史学家正在书写一部伟大的历史，因此在写作方式和容量上给了他最大的自由度。其他历史学家有这样的特权吗？现在已没有人如此优雅地书写历史，这非常令人遗憾，因为是马德尔在记录人类文明方面的天赋使他有能力出色地把握如此宏大的主题。我们这个时代的历史学家已无人能尝试这样的工作，因为读者的品味和要求已经发生了变化，当代海军史学家已转向其他主题和兴趣（这也是应该的）。马德尔并不是不朽的，但他为浩瀚的史籍留下了一部流芳百年的作品，我对这部著作第一次得以重印感到由衷的高兴。

前　言

　　1940年，我的《英国海上力量剖析：前无畏舰时代的英国海军政策，1880—1905》出版了。其后续作品的问世因战争和某些关键资料的缺失而大大延后。和前一部作品一样，它的资料来源包括大量的未出版物、几乎所有与主题相关的出版物、议会文件《汉萨议会辩论》、主流报纸、杂志和专业期刊，最直接了解主题的军官与文职人员的通信与访谈。我收集的有关1915—1919年历史的大部分资料在1959年5月被毁掉了，这和卡莱尔的《法国革命史》手稿发生的可怕事故有些类似。我正在重塑损失掉的工作，并希望不久能完成有关大战及其之后的海军史的撰写。同时，看起来不把已完成的部分手稿付诸出版也无甚意义。

　　虽然我在本卷中对皇家海军战前十年历史的诸多方面均有涉及，我还是让自己聚焦于一条主线——英德海军竞赛中的英国海军。指向这条主线终点的是革命性的战列舰设计——无畏舰，它的诞生揭开了海军竞赛中最激烈的阶段，还有斯卡帕湾，大舰队的战时基地和1919年6月21日恺撒的舰队惊天自沉之处。同一时期也可称之为皇家海军的"费希尔时代"。1904年10月至1910年1月，令人敬畏的费希尔统治着海军，在那之前皇家海军还从未被某一个人单独掌控过。而在那之后直到1914年10月他重返海军部，费希尔在幕后对海军政策施加重要的影响。由于在战时与海军大臣丘吉尔积累了诸多矛盾，导致他1915年5月离职。自此费希尔再也没有在国家的战时决策机构中占据重要位置。虽然获得的评价褒贬不一，但他的弟子和前助手们主导了海军部（诸海军大臣和海军参谋部）和海军在战时的运转。这些人包括杰利科、杰克逊、维密斯、奥利弗，等等。这也被认为是一个将海军装备的重要性置于更"高层次"的海军史与海军战略战术之上的时期，费希尔是装备学派之父。所以将皇家海军1904—1919年这段时期称为"费希尔时代"并不为过。

　　查尔斯·福斯爵士有句格言，"讲述故事的艺术是书写历史的基本要求"，这句话指引着我努力的方向，不管有多么不成功。我试图达成这一结果的方式之一就是抛开学究式的繁文缛节，比如对每一个词汇的使用都要求追本溯源。另一种方式给研究这一时期海军史的学者以很大的压力，也给他们造成猛烈冲击，那就是研究个人特质能在多大程度上对历史施加影响。我一直在努力超越单纯叙述事件的范畴。了解个人和团体的动机是有趣和必要的；同样，对无论是专家还是外行的公众观点与海军政策的形成的关系也是如此，因为海军政策都不是凭空诞生的。这样就要从学术角度分析报纸、期刊和团体是否道出或织罗了公众的观点——它们的角色到底是领袖还是随从。重要的事实是，英国海军政策的制定者受到公众观点的影响，而后者大致可以从议会、报纸、期刊和团体的活动中反映出来。

本卷及下一卷作品的准备令我对无数个人和组织心怀感激，他们在经费、时间和材料上给予了我最慷慨地帮助。我要从以下组织开始，约翰·西蒙·古根汉姆纪念基金会（我要向学者们的伟大朋友，基金会秘书长亨利·阿伦·莫伊爵士致以最诚挚的感谢），美国哲学学会，以及社会科学研究委员会，这些可敬的组织使我得以延长在英国的研究工作。夏威夷大学减少了我的教学时间，免除了我一个学期的所有职责，给我配备了秘书助理，给予了购买胶片资料的经费，这都大大减轻了我的负担。我要向为此付出的校长劳伦斯·H. 斯尼德，教务长维拉德·威尔逊和系主任罗伯特·W. 海亚特致以最崇高的敬意。

我还要诚挚的感谢下列个人、图书馆和政府部门，他们提供了无价的未出版资料：伊丽莎白女王二世陛下，曾任温莎城堡图书馆馆员的欧文·莫斯海德爵士，以及他的出色继任者 R. C. 麦克沃斯—杨先生，他们提供了温莎城堡的皇家档案；海军部的阁员（其中我要特别感谢海军大臣，第六代卡林顿男爵，他的继任者，第十代塞尔科克伯爵，以及海军部秘书约翰·朗爵士）提供了海军部官方档案记录，德国海军部档案，（海军少将罗杰·M. 贝莱尔斯的）贝莱尔斯文件，（海军元帅亨利爵士）杰克逊文件，海军参谋部的第一次世界大战专题文件和在海军部图书馆和历史处存放的各种文件；英国国家档案局提供的陆军部档案（只用于总参谋部作战计划）；大英博物馆董事会提供的鲍尔弗、坎贝尔－巴纳曼和杰利科文件；杰利科伯爵夫人提供的某些显然未存于大英博物馆的杰利科文件；华盛顿特区美国国家档案和记录管理局提供的美国海军部记录；格林尼治国家海事博物馆提供的W.格拉汉姆·格林爵士文件（海军部秘书，1911—1917年）以及多位在费希尔时代重要的海军将领——梅、里士满、麦登、米尔恩、霍华德·凯利，尤其是（亚历山大爵士）杜夫、（西德尼爵士）弗里曼特尔和（弗雷德里克爵士）汉密尔顿文件；杜夫女士提供的记录她丈夫在大战中经历的补充材料；牛津大学贝利奥尔学院提供的杰利科文件，博德利图书馆；第二代贝蒂伯爵提供的贝蒂文件；海军中校T. C.克里斯提供的克里斯文件（海军上校T. E.克里斯是费希尔的海军助理）；第三代伊舍子爵莱昂内尔·布雷特提供的伊舍文件（第二代伊舍子爵）；已故汉密尔顿公爵夫人尼娜，已故第一代兰伯特子爵和第四代汉密尔顿公爵提供的费希尔文件，莱诺克斯诺夫；第二代和第三代费希尔男爵提供的费希尔文件，基尔维斯顿厅；第八代兰斯当侯爵提供的兰斯当文件（第五代兰斯当侯爵）；戴维·麦肯纳先生提供的麦肯纳文件；海军元帅亨利·奥利弗爵士和海军中将R. D.奥利弗提供的奥利弗文件（由前者收集）；玛格丽特·斯塔维利夫人和海军少校W. D. M.斯塔维利提供的斯特迪文件；海军中将圣约翰·蒂利特爵士，第二代男爵提供的蒂利特文件；F.库纳克夫人提供的韦斯特·维密斯文件。这些私人收藏的一部分，特别是杰利科、贝蒂、阿斯奎斯和莱诺克斯诺夫MSS，均复印自海军部材料，包括内阁文件和帝国国防委员会纪要和文件。我并没有在未出版资料中将这些复本特别指出。

以下个人阅读了手稿，使我获益极多：约翰·朗爵士、帝国国防学院的海军少将P. W.格里顿、海军部图书馆馆长和历史处处长，海军少校P. K.肯普、海军部历史处的海军中校M. G.索恩德斯。海军上将雷金纳德·普兰基特-厄内尔-厄尔-德拉克斯、海军少将W. S.查尔莫斯和官方历史学家、海军上校S. W.罗斯基尔。他们对最后三章提出了宝贵的批评。海军上将德拉克斯还提供了部分有益的文件。上述诸位先生完全不必为本卷中史实和解读中的错误负责。这些错误的责任全部在我！

在诸多方面为我提供帮助的还有第三代鲍尔弗伯爵、第一代汉奇男爵、海军元帅，海德霍普的坎宁汉子爵、查特菲尔德爵士、查尔斯·福布斯爵士，以及已故的奥斯蒙德·德·B.布洛克爵士、海军上将威廉·詹姆斯爵士、巴里·多姆维尔爵士、H. M.爱德华兹、J. H.哥德弗里、已故海军上将雷金纳德·培根爵士、海军上将弗雷德里克·德雷尔爵士和西德尼·弗里曼特尔爵士，海军中将乔弗里·巴纳德爵士和 K. G. B. 德瓦尔，海军少将 H. G. 瑟斯菲尔德、海军少校彼得·特鲁布里奇、海军部图书馆副馆长 C. V. 希尔先生、大英博物馆手稿保管处副处长 E. R. 阿尔德里奇先生、大英博物馆手稿管理处的 D. H. 特纳先生、前国家海事博物馆手稿管理员凯瑟琳·林赛－麦克道格尔小姐、海军少校 D. W. 沃特斯、G. P. B. 纳什先生、国家海事博物馆的 S. L. 费希尔小姐、已故的 W. 格拉汉姆·格林先生、海军学院的已故教授迈克尔·A. 刘易斯、皇家档案馆的伊尼德·普莱斯·希尔小姐、北卡罗莱纳大学的罗宾·D. S. 西汉姆教授、彼得·M. 斯坦福德先生、加州大学洛杉矶分校资料图书馆馆长艾弗里特·T. 摩尔先生和他的馆员、国会图书馆资料与传记分部主管亨利·J. 杜贝斯特先生和他的馆员、海军部图书馆的 A. P. 杨先生和 V. S. 希斯小姐、夏威夷大学的雅克布·阿德勒教授、乔伊斯·怀特小姐和朱迪斯·冈崎夫人（最完美的秘书），夏威夷大学前雇员玛丽亚·霍尔曼夫人、莱诺克斯诺夫的费希尔文件保管人 M. B. 约翰逊小姐、海军部历史处的海军中校 F. 巴里和 W. 斐伏尔先生、盖伊·H. 乔迈利先生、贝利奥尔学院图书馆副馆长文森特·奎因先生、前海军部记录办公室主管 H. H. 埃尔默斯先生、海军大臣的首席私人秘书 P. D. 纳尔恩先生、海军部记录官 F. H. 威尔金森先生、海军部住房处的 A. E. 库里先生、大英博物馆印刷图书部的 A. 维克特·豪尔先生、英国国家档案馆的 A. W. 马布斯先生、R. L. 安斯洛先生和彼得·菲罗斯先生，纽约的牛津大学出版社社长约翰·R. B. 布雷特－史密斯先生——最后要衷心感激的是牛津大学出版社前发行人乔弗里·坎伯雷奇先生和他的继任者约翰·布朗先生以及在艾门大厦的出版社工作人员，他们的鼓励和非凡的耐心已经超出了我所应得的待遇。

我还要感谢下列出版商慷慨地允许我引用他们的出版物：乔治·阿伦＆昂温公司，迈克尔·刘易斯的《英国海军》；奥德汉姆斯出版公司和查尔斯·斯克里布纳家族公司，温斯顿·丘吉尔爵士的《世界危机》第一卷；约翰·莫里公司，彭斯赫斯特的哈丁爵士的《古典式外交》和海军少将珀西·斯考特的《皇家海军五十年》；牛津的克拉伦敦出版公司，E. L. 伍德沃德的《大不列颠与德国海军》；维克特·格兰茨公司，海军中将 K. G. B. 德瓦尔的《海军内部》；皇家文书局，

《有关大战起源的英国文件，1898—1914》，由 G. P. 古奇和哈罗德·坦伯里编纂；泰晤士出版公司，1908 年 7 月 8 日和 1914 年 3 月 18 日的《泰晤士报》社论；《20 世纪》，海军上将赫伯特·里士满的文章"军人的头脑"，引自 1933 年 1 月的《19 世纪以来》。

总之一部分解释性的注释已准备就绪。不幸的是无法注明部分注脚中引用文献的来源……文中的"海军主义者"是我的发明。用于指代那些积极支持大海军政策的平民和军官。"海军主义"是指大海军运动……我引用了很多《海军评论》（见下文，403 页）中的相关文章，但是根据这份杰出期刊的政策，我没有指出作者的姓名……关于战争的几卷将包括一份所使用的完整参考书目……有些缩写并没有在首次使用时做出说明，所以需要在这里列出[1]：

C. I. D.：帝国国防委员会
COS：海军总参谋长[2]
DNC：海军造舰总监
DNI：海军情报处处长
DNO：海军军械处处长
NID：海军情报部

亚瑟·J. 马德尔
1960 年 6 月
于火奴鲁鲁，夏威夷

---

[1] 原注：我不想让任何读者犯下像莫里女士在为她的丈夫，前海军部秘书奥斯维恩·莫里爵士撰写的传记中提到的那种错误："为节省时间用缩写指代那些部门主管，例如 DNI 指海军情报处处长。这些缩写很容易造成新来者的迷惑。有一次一个打字姑娘被要求打一封文书。K of S&P 这样神秘的字母似乎并未令她费解，结果她把信件发给了西班牙和葡萄牙国王（the King of Spain and Portugal）。海军部里没人知道还有这么一位统治者。错误很快被发现了，而文书与印刷管理员（the Keeper of Stationery and Printing）也适时地发出了信件。"

[2] 原注：COS 现在指 1923 年成立的参谋长委员会成员。

第一部

费希尔时代，1904—1910

序　幕

―――――第一章―――――

在此世上何以自保？答案无他，唯有严守你的护城河。对英人而言，其首要政治信条即是对海洋的全心信仰。

——哈利法克斯侯爵（Marquess of Halifax），1694年

如果你像经营陆军和海军那样经营自己的生意，那你会在三个月内破产。

——海军少将查尔斯·贝雷斯福德爵士
（Rear-Admiral Lord Charles Beresford），1898年

1. 时代精神

在19世纪晚期到20世纪初的西方世界，人们并不把战争视作可怕之物或者文明堕落的象征。虽然和平主义渐显头角，也有很多关于战争的可怖及非正义性的讨论，但这些并不是主流观念。欧洲已经有一百年没有发生大的战争，很多人逐渐忘掉了战争的可怕之处。而且对于1914年以前的一代人来说，战争既是非文明世界的法则，也是文明世界的法则。国家之间的冲突必然会间歇性地发生。持久的和平只是妄想。战争不仅是不可避免的，而且是人们期待和理所当然的事情。"战争代表着活力与生命，而太过持久的和平预示着停滞、颓废和死亡……只有战争才能让那些卑微的原始生命通过进化和自然选择发展成近乎完美的，能被称之为人的生灵。"[1] 而且人们坚信无情地清除那些"虚弱的个体和国家"是民族进步的自然手段。"在国家和民族之间，战争一直是优秀一方通过取代低劣一方而继续前进的普遍法则。"[2] 这样的言论在当时数不胜数。

第一次世界大战之前十年间的国际局势也预示着战争即将爆发。凶蛮的帝国主义疯狂地吞并和控制土地，加速了战争的来临。火上浇油的还有各国媒体之间的唇枪舌战和狂热的军备竞赛，后者又因竞争双方无休止地发展军备来互

相威慑和反威慑而陷入恶性加速。

在这个充斥着火药味的年代，没有哪个政府或个人会对踌躇或虚弱者施以同情。"大棒"是最具说服力的外交论据，是保证国家安全的最佳手段。对英国而言，海军就是最可靠的大棒。1890年，一位毫无名气的美国海军上校阿尔弗雷德·塞耶·马汉（Alfred Thayer Mahan）出版了他的成名作：《海权对历史的影响，1660—1783》。这本名著大大加强了英国对自己海军的信念。1892年，马汉又出版了《海权对法国革命和帝国的影响》。这些著作对海军历史研究产生了革命性影响，"就像哥白尼对天文学的影响一样"。马汉著书的主要目的是提醒美国人重视海权的极端重要性。但他却吸引了全世界，特别是英国的注意。当时的英国人对海权的概念还处于一知半解的状态。马汉并没有新的发现，但当时的历史学家在研究当代军事事务时，通常将海军史作为外围学科或次级学科来看待。而马汉第一次向人们展示了什么是真正的海权及其对历史的影响。他用众多坚实的证据证明，海权的争夺看似无声和遥远，却在多个方面影响了国家在和平时期的福祉和战争能力。他提醒了英国人他们手中拥有的特殊筹码，那就是海军优势。

"在两种情况下英格兰会陷入危险。一是本土被入侵……二是我们的贸易遭到损害。"从沃尔特·雷利爵士（Sir Walter Raleigh）的话中，我们找到几个世纪以来英国海权存在的理由。贸易保护和领土安全都依赖于海上力量，前者在19世纪末成为媒体讨论的热点。当时英国大部分粮食和工业所需的原材料都来自海外。如果贸易被切断，英国工业将无法运行，快速增长的人口将面临粮食不足，军队的装备也将失去来源。

皇家海军在人道主义方面的贡献也是英国人保持海军优势的理由。英国海军一直在通过摧毁奴隶贸易、清剿海盗和在全球维护法律秩序等行动服务于全世界。同时，就像《观察家》报（1908年7月18日）宣称的那样，"如果没有英国的海上优势，就无法守护世界的和平和进步。如果我们将海权拱手交予他人，最有可能发生的就是再次出现无休止的冲突，重生的野蛮将让文明倒退回荒蛮与衰弱的时代"。

像帕默斯顿爵士（Lord Palmerston）说过的那样，英格兰没有永恒的朋友，也没有永恒的敌人，只有"永恒的利益"。300年来英国的安全战略中有三个密切相关的原则：1. 维持一支比可能联合起来的敌人更强大的海军。就是说没有任何一支海军，或几支联合起来的海军能从英国手中夺走海权，特别是英伦诸岛附近的海权；2. 维持低地国家的独立。即敌对力量不能控制英吉利海峡对面的欧洲海岸线；3. 维持欧洲的力量均衡。即不由单一力量控制欧洲大陆。

但在世纪之交，这些维护不列颠和大英帝国安全的重要原则自拿破仑战争以后第一次受到严重威胁。1898年和1900年通过的德国海军法案开启了一场潜在大规模海军竞赛的前奏——用德国官方的话来说，他们的海军将强大到"能和最强的海军作战，从而威胁到其自身的海上优势"。不祥的是，这些与德国对英国广泛和深刻的不信任同时发生。而德国政府制定的世界政策（Weltpolitik）也使德国与英国在殖民地事务中发生不可避免的摩擦。1896年的克鲁格电报（Kruger Telegram）第一次官方揭示了德国国家战略中英国的敌对角色。尤其令英国人恼火的是德国利用英国在南非困境牟利的政策。1898年和1899年，英德签署协定，划分了两国在葡萄牙殖民地和萨摩亚的势力范围，英国在签署协定的角力中做出让步和妥协。此事被英国人视为来自德国的讹诈。德国民众中的仇英情绪也在南非战争中彻底爆发。与此同时，英德关系也随着鼓吹德国控制低地国家及欧洲其他地区的泛德国运动而恶化。不过，由于德国政府既没有将泛德国运动官方化，也没有正式否认，英国并未严肃对待德国的这一野心。

在世纪之交，英国持续百年的"光荣孤立"已经变得没那么"光荣"了。法国和俄国于1894年结成同盟，并对英国怀有深深的敌意。由于在委内瑞拉边界问题上的争执，英美关系也遇到麻烦。不过双方仍在努力增进友谊。德国在1898年和1899年两次拒绝了英国试图与她发展和睦关系而伸出的橄榄枝。而且英国的利益遍布全球，每当有麻烦或弱点出现的时候，德国总不忘趁机为自己攫取好处。奥地利和意大利还算友好，但它们是德国的盟友，根本不值得信赖。

时局的发展，英德的紧张关系，以及英国的孤立政策，都迫切需要一支强大和高效的英国海军。问题是皇家海军能否应对这些挑战。

2. 世纪之交的皇家海军

研究"费希尔时代"的关键，在于理解世纪之交的海军发展和海军上将约翰·费希尔爵士1899—1904年间所做的工作。1897年，为庆祝维多利亚女王登基60周年，皇家海军在斯比得海德举行盛大的阅舰式。这次华丽的阅舰式使英国民众对自己海军的骄傲和信心迸发。一年后发生的法绍达危机更加坚定了英国人皇家海军天下第一的信念。海军的自豪感与和平守护神的光环，使其对自身也拥有无比的信心。一本海军刊物曾感慨地说："此时此刻，在这个星球上，唯有我们才能被称为真正强大的海军。"事实上，英国海军度过的是近一百年墨守成规的时代。虽然貌似强大，但它在某些方面已是老迈、低效和千疮百孔了。

1884年和1888年，发现自己的海军已经落伍和过时的英国人陷入恐慌，由此刺激了海军的改革。特别是在那位少言寡语、顽固却又精明的第一海军大臣，海军上将弗雷德里克·理查兹上将（Frederick Richards，1893—1899年）的管理下，英国海军获得长足进步。1894年开始的庞大造舰计划使皇家海军对法俄联合海军建立起数量优势。19世纪80年代那支大杂烩般的战列舰队被淘汰，威廉·怀特爵士（William White）任海军造舰总监（DNC，1885—1902年）期间建造的"王权"级（Royal Sovereign）战列舰及其后继者让整个欧洲大陆妒羡。19世纪的最后十年里，最引人注目的是庞大的建造计划和对舰队发展的长远规划。极有价值的海军情报部也被建立起来，海军从1888年开始举行年度舰队演习，人力方面的发展亦卓有成效。自1884年开始，英国海军确实发生了很多变革。但是要想彻底蜕变成一支高效的，时刻为战斗做好准备的海军，还有很多工作需要完成。

虽然技术及其在军事方面的应用对海军的影响已不可避免，但海军管理层却畏缩不前。风帆战舰到19世纪90年代已经消失，蒸汽机、液压机械和电力已得到广泛应用，但海军官兵的训练仍停留在风帆时代。

对军官的高级训练仍被忽视。虽然海军装备的铁甲舰、蒸汽机、远程火炮、鱼雷、潜艇、水雷、无线电和高爆炮弹已经彻底改变了风帆时代的战术和战略原则，但海军军官们对新时代的战略战术知之甚少。海军既没有参谋部门或海军学院对此进行研究，也没有鼓励年轻军官通过阅读海军历史来研习战略战术原则。

查尔斯·贝雷斯福德爵士是一位极有可能在下一场海战中担任舰队总司令的将领，据称他1902年曾说过，他已经56岁了，一条腿已经迈进坟墓，但在其海军生涯中，他的全部战术经验就是指挥3艘战舰进行了合计5个小时的机动训练，而这也比其他海军将领要多得多了。一位将领回忆说："舰队训练采取的是像四对舞步那样的运动方式，所有舰艇保持一致的航速，严格按照信号手册里的几何阵型进行机动。这种演习完全忽视了舰炮和鱼雷的火力，只注重于精密准确的机动，实在是一种疯狂的举动。"[3] 显然，这种训练的目的不是提高战舰的作战能力，而是在舰艇之间展开竞争和比赛。

海军战略同样被忽视。由于第一海军大臣既没有时间也没有人手研究战略，英国海军19世纪90年代根本没有具体的战争计划。1893年夏天地中海局势紧张之际，英国的舰队司令多次抱怨海军部没有给他任何作战计划。第一份相对具体的作战计划是在1898年法绍达危机期间，针对即将发生的与法俄的冲突而制定的。英国海军在此之后才开始制定完整的战争计划。

1902年，费希尔以第二海军大臣的身份加入海军部委员会，他宣称同僚们的思想还停留在使用弓箭的时代。事实上，英国海军处在一个"擦擦洗洗"的时代。就像著名歌剧《皮纳福号》（HMS Pinafore）的第一幕那样，一个1900年的水兵还在擦洗军舰上的铜器。对海军职业的骄傲已表现成视维护战舰光鲜的外表为最重要的工作，而这也决定了军官的升迁之路。

当时，英国海军中没有人严肃对待鱼雷的威胁，连炮术也没有得到多少重视。海军元帅雷金纳德·蒂利特爵士（Reginald Tyrwhitt）回忆19世纪80年代他当海军军官生时说："炮术训练只是不得不做的糟糕差事。每季度才进行一次打靶练习……而且除了火炮军官外没有人在乎结果。马球、赛马和其他娱乐事务比炮术训练更重要。军官生不能参与马球和竞赛，但我们对本部门高级军官们取得的胜利都无比骄傲。"[4] 的确，在世纪末，炮术训练被视为累赘，还经常发生将本应用作射击训练的弹药直接扔下海的事例。由于缺乏远程射击所需的火控方法或设备，训练中火炮的射程只有2000码，只比纳尔逊时代的火炮射程略有增加。而且实弹射击会弄脏军舰的油漆，所以每次都是为尽快结束而草草了事。通常一位海军将军视察完舰艇，对其有效性的评价是检查他白手套的清洁程度。如果旗舰必须进行射击训练，海军将军们经常会因为开火时的噪音太大而留在岸上。所以，年度射击大奖的获得者命中率也极低就不足为奇了。1902年，英国舰艇的射击命中率都不超过三分之一。

6　第一卷 通往战争之路，1904—1914

△ 2. 考多尔伯爵，海军大臣，1905年2月—12月（弗兰克·迪克西画作）

△ 1. 塞尔伯恩伯爵，海军大臣，1900年10月—1905年2月（照片：《广播时报》和尔顿图片图书馆）

第一章 序幕 7

1. 特维德茅斯爵士,海军大臣,1905年12月—1908年4月(照片:《广播时报》和尔顿图片图书馆)

2. 雷金纳德·麦肯纳,海军大臣,1908年4月—1911年10月(海军部照片)

这种错误、过时的训练机制，以及只注重陈旧的事务和阻碍独立思考能力的做法，只能造就极少数真才实干的将领。费希尔就总为无法找到具备卓越头脑的高级军官而苦恼。

对水兵而言，"下甲板"的生活是极不舒适的，这样形容其实已经算温和了。水兵的食物难以下咽，工作十分辛苦，纪律极为苛刻，工资相当微薄。18世纪末著名的海军元帅圣文森特爵士制定了最早的海军军纪，此后皇家海军的纪律条令都以此为基础。这种纪律依赖于水兵的恐惧心理，而恐惧源于严厉的惩罚。海军的就餐制度就是一个耻辱：水兵们只能用手来进餐，而发给他们刀叉则被视作对纪律的颠覆和对过度奢侈的放纵。直到20世纪初，在大众的关注下，水兵们吃的硬饼干、粗制无味的食物及缺乏餐具等才成为立法机构的讨论事项。不管怎样，在那样的生存环境下，水兵们的士气竟然高涨得令人吃惊。

马汉在英国海军中备受推崇，犹如圣人。他认为构成海权的诸多元素中，集中力量尤为重要。1900年时，英国的海上力量分散在全球各处。地中海和本土水域部署的确有最新和最强大的战舰，但总而言之，欧洲以外水域部署的军舰（被戏称为"捕虫器"）种类杂乱，既不能打又不能跑。此外，海峡中队（1903年被改称海峡舰队）1900年中有三分之二的时间在爱尔兰和西班牙附近海域活动，而本土水域基本没有海军力量。因为当海峡舰队离开后，本土水域只有一支后备役中队（1902—1903年被改称本土中队和本土舰队）能担负作战任务。而该中队实际上处于混乱的状态。它由9艘老式战列舰构成，舰上只有三分之二的舰员。她们被分散布置在英国海岸，系泊在各港口内并受到严密保护。每年一次，10—12天的时间，这些老军舰会补充舰员，短时间出海巡弋。海军专家弗雷德·T. 简（Fred T. Jane）称后备役中队是"海军中不折不扣的耻辱"。这一论断在1901年的本土演习中得到证实。此外，配得上此称号的还有海军后备役舰队中的所有舰艇和后备船坞。

这就是1900年时英国舰队的现状。对于和平时期的种种任务，海军还是能胜任的。比如镇压原住民暴动、解救奴隶和遇难船只、剿灭海盗、围捕走私船只、协助地震等自然灾害的救援、测绘海图和显示主权等。但令人沮丧的是，海军角色已本末倒置。擦洗打扫整理内务和操船术比备战更加重要。贝雷斯福德的抱怨不无道理，他说："舰队没有为战斗做好准备，甚至可以说丝毫也没有……面对众多急需解决的问题，我们在很多方面连南非战争前的英国陆军都不如。"[5]

从根本上讲，英国海军的衰弱源于近一个世纪的和平，以及这一时期英国海上霸主的地位从未遇到挑战。纳尔逊子孙们的战争经历少得可怜，海军上一次在实战中向强大的对手开火还是1855—1856年的克里米亚战争。除了外交危机和其他几次机会，海军官兵的生活的确像一次悠长的假期。这在多位19世纪海军将领的传记中均有描述。而且，以往的海上对手都已衰败。法国海军在19世纪是英国海军的头号对手，但在人力和物力方面都已远逊于后者。在世纪末名列欧洲第三的俄国海军也以低效著称。而且她的最强大的舰队被封锁在黑海内。没有一个国家真心想挑战英国的海上霸权，这带来了一种致命的麻醉感。英国人的心态就像一句戏言说的那样："一个快活的英国人可以同时打败两个瘦小的法国人和一个葡萄牙人。"

英国海军与生俱来的保守性是其衰弱的第二大原因，保守性也是长时间和平的衍生物。1906年4月20日的《泰晤士报》称"英国海军非常保守，执着于传统，在精神上与它辉煌的过去融为一体，而且对任何可能破坏传统的革新都持怀疑态度"。海军中还有很多人像弗雷德里克·理查兹爵士那样，在1900年还反对取消风帆时代的训练模式。"你们已经建立了一套誉满一个时代的体系，为什么要改变它？"海军部和高级将领都不愿接受新的思想，对年轻军官们的想法也很不屑。一次，一个海军大臣对一位海军上尉的建议批复说："这名上尉有什么资格提出这种建议？"该上尉就是后来的海军元帅德维顿·斯特迪爵士（Doveton Sturdee）。海军认为自己的天才都是古人，军官们明知海军中存在的种种弱点，但却不想惹麻烦去挑战它们。这样无论是思考的空间还是那些独立和优秀的人才，都被体制轻易的压制而无从发挥。

3. 最初的复苏，1899—1904

直到世纪末，英国海军一直躺在老传统上享受着平静。在世纪之交逐渐崛起的美国和日本海军在欧洲以外不断挑战英国的海权，但这并没有惊扰到平心静气的英国人。美日是对英国友好的国家，与英国没有根本的利益冲突。而德国则是一个明显的威胁，它对英国既不友好，又野心勃勃地要把一支庞大的海军加进它本已十分强大的军事力量中，而且要让列强都敬畏它的海上力量。威廉皇帝的海军从来没有像英国海军那样受到传统的拖累，让光荣的过去和陈旧的传统将现实遮蔽在一片情感的雾霭中。年轻、机警而有野心的德国海军推崇创造力和新思想。德国海军的潜在规模，在本土水域的集中部署，尤其是它的高质量和战备水平，给英国专家以深刻印象。1898年和1900年通过的德国海军法案开始将英国海军唤醒。另一个警报来自南非战争。陆军痛苦的经历给海军以极大的心理震动。每一个认真思考的人都意识到一旦战争爆发，海军会发现它像当年的陆军一样毫无准备。

1899—1900年以来，少数对历史没有敬畏感的热心改革者，以及一些有思想、有远见、有精力的年轻军官，开始聚集在地中海舰队司令（1899—1902）约翰·费希尔中将（John Fisher）周围。他们夜以继日地工作，扫除旧日的羁绊，向海军内外宣传高效管理和积极备战的意义。的确，"舰队效率和时刻备战"成为费希尔派的宣传口号。他们首先从地中海舰队开始实践，费希尔在管理和组织方面的天赋加以一众优秀的年轻军官，在不到三年的时间里大大提高了舰队的效率。

地中海舰队的官兵很快就摒弃了帆船训练和其他过时的事物。费希尔鼓励军官研究现代海战，组织关于海战机动和战略的论文竞赛，邀请军官宣讲他们关于巡航和战斗阵型的观点（以往这是舰队司令的职责，舰队的作战计划需要他本人制定，或在旗舰长的协助下制定），组织有关海战原则的充满睿智和启发作用的讲座。他不顾工程军官的反对和第一海军大臣的质疑，发起远程高速航行试验。贝雷斯福德在他的回忆录中写道："开始时，舰队以12节航行就出现大量故障，但后来他使舰队能毫无故障地以15节航行。"费希尔还在1901年实现了他的一个野心：地中海舰队和海峡舰队组织了联合演习。计划中一旦开战，两支舰队将联合行动。费希尔本人并不是一个高明的战术家，他发起战术和战略演习的目的都是取代传统的舰队巡航方式和蒸汽舰战术。他坚持要进行不间断的炮术练习，并引入远程射击训练。1899年首先在"恺撒"号（HMS Caeser）上进行射程6000码的射击训练。他设立了名为"挑战杯"的大口径火炮炮术比赛，激励官兵们的训练热情。结果是舰队炮术有了飞跃式的提高。需要提醒读者的是，费希尔炮术方面的改革，是在珀西·斯考特上校（Percy Scott）1897 年开始的炮术研究的基础上进行的，而斯考特的研究大多数在地中海舰队以外完成。除此之外，很多费希尔未来的改革，如舰队集中、海军教育改革和全面引入燃油作为燃料等，都是在地中海舰队期间萌发的。

海军改革在费希尔担任第二海军大臣期间（1902 年 6 月—1903 年 8 月）开始加速。1902 年 12 月费希尔宣布了著名的人事改革，这次变革也被称为"塞尔伯恩计划"（Selborne Scheme），将在第三章详细介绍。1903 年 8 月 31 日，费希尔出任朴次茅斯海军基地司令，这使他能够负责在奥斯伯恩（Osborne）建立新的海军学院，也让他有时间来完善海军改革的各项方案。费希尔有关无畏舰和战列巡洋舰的构想开始于地中海舰队，却是在朴次茅斯趋于成熟的。[6] 在朴次茅斯，他还完成核心舰员计划的基本构想，也深入了解了潜艇的巨大潜力。

费希尔于 1904 年 10 月 21 日——特拉法加海战纪念日，他守护神取胜的日子——成为第一海军大臣，他开始一股脑地引入自己多年积累的改革构想。虽然有些英国人还没有完全意识到，但历史证明费希尔就是皇家海军和英帝国需要的那个人，这位强人已经准备好，直面在这支以传统为荣的、世界上最保守的军队掀起根本性的革命时要承担的巨大责任和个人风险。

第一海军大臣费希尔

---第二章---

我认识十几位这个世界上最优秀的著名人士，而费希尔爵士是其中最有魅力和最独特的一位。

——詹姆斯·L. 加文（J. L. Garvin），未出版信件，1928 年

他身上兼有马基雅维利和孩童的气质，政客和普通人都必定对此感到困惑。

——伊舍·梅内尔，《女性谈话》

1. 费希尔其人

费希尔 1904 年重返白厅时已经 63 岁，但他"就头脑、心态和精力而言仍然是海军中最年轻的人"。他"中等身材，体格健壮，有一双总是圆睁着的浅灰色眼睛，目光坚定且引人注目。平时他的表情略显高傲，但是在谈话中他的脸上会不时闪过一丝微笑，因为他的言语总是充满了含蓄的幽默感"。他有一张咄咄逼人的、好斗的脸。"大眼睛，充满好奇感的小眼珠，宽嘴巴，厚嘴唇，嘴角无情地下垂着，下巴突出，仿佛在以一种幽默的方式挑战世界，这一切都彰显了此人既不会索取，也不会给予他人怜悯的性格。"[1] 他的头发灰白而柔软，有一绺垂在前额上。最后还要提到他东方式的脸庞。他的敌人曾散布谣言说他是马来人，一位锡兰公主的儿子，而且还推断说这就是他东方式的"狡猾和不诚实"的来源。不仅是费希尔在国内的敌人这么认为，连 1907—1912 年间驻伦敦的德国海军武官魏登曼上校（Captain Widenmann）也在报告中称费希尔为"不择手段的半个亚洲人"。这一谣言长盛不衰，有时令费希尔开怀取乐，有时也确实令他感到烦恼。

1904 年 10 月 21 日到 1910 年 1 月 25 日，费希尔就是整个海军部委员会。这即使不是事实，也是实际效果。他是整个 20 世纪最令人感兴趣的历史人物之一。

他没有势力、财富和社会地位，却拥有无与伦比的才干、个性和意志力。就像他自己所说的："我加入海军时身无分文，孤立无助。我只能拼死战斗，也正是这种战斗成就了我。"在民众心目中，费希尔是通过个人能力达到职业巅峰的偶像，同时也是一名典型的老水兵。他有诸多个人标签，如幽默、讲故事高手、灵光般的智慧、快乐、有魅力，以及孩子般的热情。他也是当时最健谈的人之一。"他讲话很生动，富有创造力和与生俱来的智慧，在幽默的衬托下犹如海盐般鲜明辛辣。"他保持着一颗孩子般的心，这无疑是他令人惊异的活力和创造力的秘密源泉。"他的情绪从来就没有低落过：我们请他进晚餐时，他很有可能是跳着角笛舞步走进房间的，而且没有任何一位访客会令他觉得有丝毫的不自在。总之他非常单纯和泰然，从不流露出一丝作态和卖弄。"[2]

在自己的管辖范围内，费希尔总是显得高傲、严肃、无情，如果有人犯了严重错误，他甚至会对犯错者很残酷。海军元帅亨利·奥利弗（Henry Oliver）回忆说："他的下属中没有人有把握第二天还在那里工作。"但费希尔有时也会很热心、友好甚至感性。费希尔总会对帮助他的人感激不尽，也从来不会忘记回报哪怕是最些微的关照、敬仰或者感谢。他那张"冷酷的嘴"从不吝于示人以彻底改变他形象的微笑。孩子们通常都是机灵的批评家，但费希尔却深受孩子们的喜爱。他在孩子们眼里是个魅力无穷的人，他喜欢跟孩子玩耍，乐于让他们试穿自己闪烁着将星的军服。

费希尔其实是一个非常谦卑的人。他出身低微，笃信宗教。"他相信人生是由上帝决定的。即使他对世上某件事的公平正义有所怀疑，也会坚信上帝会在下一次把缺失的公正补偿回来。"他刚入海军部任职时，几乎每天都会去威斯敏斯特或圣保罗教堂祷告。他通常一天会去听三次布道。威斯敏斯特的主教听说费希尔曾经一天听了四次布道，警告他说这样会在精神上"消化不良"。不过他不光是前往教堂倾听布道，更多的是去那里静坐和冥想。

他熟知《圣经》，引用起经文来像清教神父那样熟练。"他经常通过非常贴切地引用新约或旧约中的一段话，就将对手驳倒或结束一场争论。"对马海战爆发时，英国首相鲍尔弗正在苏格兰。费希尔想让他知道日本人胜利了，东乡大将向俄国旗舰集中火力，并令其失去战斗力。费希尔没有用大段的文字向鲍尔弗解释，只是简单地宣布日本已获胜，然后这样解释东乡的战术："请看《列王记上》22 章 31 节。亚兰王吩咐他的 32 个车兵长说，他们的兵将，无论大小，你们都不可与他们争战，只要与以色列王争战。"他一方面宣称教授历史毫无用处，"历史记录的是被打破的观点"，一方面在争论或概括事物时经常引用《圣经》中的历史事件。当然，对于那些能支持他观点的海军史料，费希尔也会毫不犹豫地为己所用。

除舰际足球赛和板球赛外，费希尔对运动和体育比赛既不了解也毫无兴趣。他时而抽烟和饮酒，但长时间不接触烟酒也无所谓。在军舰上和花园里散步，和老朋友聊天，晚餐后如饥似渴地读几张报纸，在睡前读小说，以及，最重要的是听布道和跳舞，这些就是他的放松方式。除布道、跳舞和家庭，海军是费希尔的唯一所爱，是他的生命。

没有什么人工作时能像他那样拼命。在年龄许可的时候，费希尔拥有超人的精力，能完成那些会将大多数人拖垮的工作。他每天 9 点 30 分就睡觉，早上 5 点或 5 点 30 分起床，有时甚至 4 点就起床工作了。他在早餐之前就能完成一天里的大部分工作。在海军部，他是个不知疲倦的人，经常在周日上午加班。费希尔担任第二海军大臣时，他的秘书说"从来没有人能像他那样快地处理文件……作为一个六十多岁的人，他的精力是惊人的。一个医生曾经对他说，他的活力如此旺盛，应该'是一对双胞胎的合体'。费希尔很喜欢跟别人重复这句话。有一天一个他很喜欢的手下听了这话后回应说：'幸亏你没有孪生兄弟！想想海军若有两个费希尔会是什么样子！'费希尔听了大笑不已"。[3]

除精力过人，费希尔还有两个特质令他成为天生的管理者：好记性和追逐目标时"催债人般的执着"。能反映他执着一面的是他喜欢说的一句话："重复不休是说服人的秘密武器"。但执着不是专断，"陆军部的一个傻瓜写文章要证明我是个前后不一的人，对傻瓜而言前后不一很可怕。但如果一个人不能随机应变，这样的笨蛋有什么用！难道大晴天我没穿雨衣，就说明我永远不会穿雨衣吗？"[4]

费希尔还具有出众的说服能力，这源于他言语或文字中的知识、真诚和魄力。大型造船、工程和军火公司的管理者，大学教授，以及很多卓越和聪明的人，总是迫不及待地想要将费希尔的想法付诸实施。那个时代没有人能像费希尔那样疾风般地成就很多大事。1927年，汉奇爵士（Hankey）说费希尔和贝蒂是20世纪仅有的两位"能与最高级内阁大臣平等交流并敢于和他们争论的"第一海军大臣。[5]不过，费希尔与那些大政客们争论时并不总是占上风。这有时是因为他表达得不够清晰，不过更多时候是因为他对各个等级政客们的处事方法不屑一顾，他们不是缺乏智慧，是缺乏个性，特别是缺乏道德上的勇气，他们在费希尔和贝雷斯福德争论中摇摆不定的立场就是一例。费希尔曾经将内阁大臣们比喻成"胆小的兔子"，他晚年曾说政客们的所作所为加深了自己对上帝的信念，否则怎么解释英国作为一个国家能延续至今，而且英帝国从来没有如此强大和令人敬畏呢？

一旦做出决定，费希尔就绝不拘泥于细节。细节将留给海军部里那些深得他信任的手下去处理。在他担任第一海军大臣几个月前，费希尔告诉国王的私人秘书诺里斯爵士（Knollys）："如果我去海军部工作……而你又恰好在那儿，你会发现我两手插在口袋里来回踱步，考虑着怎样才能让我们的舰队更好地备战！我会对我在海军部的手下们说，'我可不想养这么多条狗听他们叫唤'，如果他们给我发一堆文件，那我就换一条狗好了！"[6]

费希尔厌恶书面争论。他结束这种争论"简单而又戏剧性"的手段可以用下面这个有趣的故事来说明：

> 费希尔已经厌倦了与陆军部之间关于高地步兵部署的年复一年的争吵。每年都有一大摞相关文件在海陆军之间往来两三次。一个高地步兵团从东方抵达马耳他，正处于检疫隔离状态。为避免拖延，他们在考米诺岛（Comino Island）上扎营。由于海军将他们送上了海滩而不是码头，士兵们的绑腿被海水浸湿并褪色。陆军部要求海军部对此进行赔偿，而海军对这种要求总是加以拒绝。费希尔把全部文件一把火烧了，然后告诉我如果书记员要这些文件，就说他已经把文件拿回家了。他知道没人敢向他问起这些文件。另外一个有关修理和油漆运送军马船只的长期争论也是以这种方式结束的。[7]

费希尔在工作中很少使用电话，更喜欢面对面地与人交流。他也不喜欢口述命令。虽然费希尔的备忘录和信件因官方原因需要以打字的形式完成，但他的大部分信件都是他亲手所书。直到去世，费希尔的字迹都十分清晰刚劲。他是一个热情刚健的作者，不仅有遣词造句的天赋，而且善于运用他积累的大量典故和《圣经》故事给文章添彩。费希尔的信件里充满了华丽的想象力和凶蛮的责骂，他总是把敌人叫作臭鼬、皮条客、鸡鸣狗盗之徒，有时候还发明一些词汇，叫人家恶棍或遭天谴。这样的文风让人觉得是作者用笔蘸着熔岩以疾风暴雨般的速度写出来的。费希尔还喜欢在给密友信件的结尾给自己冠以非常醒目的称呼，诸如"忠于你直到地狱冻结"，或者"永远是你的直到木炭发芽"。"无论是说话、写作还是思考，费希尔都在使用或者像是在使用大号字体或斜体字；写作时他会用粗笔在一些争论的句子下面添上一道，两道，三道甚至四道画线，而在谈话时，他会不停地以拳击掌。爱德华国王在一次争论中对咄咄逼人的费希尔说：'我希望你能停止在我脸前挥舞拳头'。其实很多聆听费希尔谈话的人都想说同样的话。"[8]

2. 费希尔的海军大臣们

海军部是海军的最高领导机构，代表着国王和王国政府的权威。整个海军部的中枢与核心是海军大臣。自19世纪70年代以来，海军部委员会及其成员的决定和行动，都由海军大臣向内阁乃至议会负责。因此，海军部委员会成员必须向海军大臣负责，而且这种责任是毫无保留的。海军部里绝不能有诸如"平民的事交给平民，军人的事由军人办"这种言论。就连费希尔这种强者，做出决定和制定政策时，都需要寻求海军大臣的批准和全力支持，不论事情是大是小。在18世纪，很多海军高级将领都曾担任过海军大臣，比如安森（Anson）、霍克（Hawke）、圣文森特和巴勒姆（Barham）等。但是自19世纪初的巴勒姆之后，海军大臣均由平民担任。虽然曾有两位退役海军军官担任过此职——第四代诺森伯兰公爵（Duke of Norhumberland，1852—1853）和博尔顿·埃尔斯爵士（蒙塞尔伯爵，Bolton Eyres，1931—1936），但该传统到一战前已根深蒂固。费希尔原本有望在1915—1917年担任海军大臣，也因此未能如愿。

其他的"海军部委员会大臣"包括四位海军大臣——均为海军军官——和两名平民大臣，还有两名秘书。很多年来，对第一海军大臣以及其他海军部委员会成员的地位和责任都有不少质疑。职责分工非常混乱，每一个人都可以染指他人的工作。1904年10月20日，费希尔结束了这种混乱。新的职责分工被定义得非常清楚。第一海军大臣负责舰队的作战能力与出航效率。他也是海军大臣的首席军事顾问。第二海军大臣负责舰队的人事和训练。第三海军大臣（审计官）负责舰艇以及后来的飞机和飞艇的设计。第四海军大臣负责运输和储备。平民大臣负责海军工厂、建筑和格林尼治海军医院。1912至1917年还增设了一名平民大臣，负责商业合同及船坞业务。一位下院议员担任议会与财政秘书。还有一位常设秘书，他也是海军部委员会唯一的平民成员。[9]议会和财政秘书负责海军预算等财政事宜。该职位于1959年10月被取消，职责由平民大臣担任。海军部秘书主要负责办公机构的管理和联络工作。他也是程序与惯例方面的专家。议会秘书和常设秘书仅仅是事实上的海军部委员会成员，直到1929年和1940年才分别成为正式的委员会成员。

斯潘塞爵士（Spencer）担任海军大臣前，海军部的传统是一旦有新的选举，海军部委员会将集体辞职。但自那之后，只有三位平民成员，即海军大臣、平民大臣和议会秘书会因选举而辞职。严格来说，他们的职位由首相决定，首相有权重新任命他们或选择他人取代。除第一海军大臣，其他几位海军大臣的任期不会超过三年，他们卸任后将重返舰队工作。

从过去的各种实践检验来看，英国海军的管理系统都是高效的。这是因为前文所述的各项原则运转良好，而这些原则能够运转，是因为海军大臣皆是干才和老到的议会成员。他们能够心怀理解地倾听军官们的建议，也具有与海军将领们共事的人际方面的技巧。1885年到1919年，英国海军大臣是汉密尔顿（Hamilton）、斯潘塞、戈琛（Goschen）、塞尔伯恩（Selborne）、考多尔（Cawdor）、特维德茅斯（Tweedmouth）、麦肯纳（McKenna）、丘吉尔（Churchill）、鲍尔弗（Balfour）、卡森（Carson）和格迪斯（Geddes）。

这几位海军大臣中，只有特维特茅斯的历史地位略低，主要与他糟糕的健康状态有关。其余几人大多数能力极其出色，剩下的几位也称得上颇具才干。海军大臣必须处理好与他职业顾问的关系，特别是与第一海军大臣的关系。在这方面给人印象深刻的是，通常英国总是能选择性格可以和睦相处的海军大臣和第一海军大臣共事，二人总是能够相互支持和互补。麦肯纳和费希尔在1908至1910年的成功合作就是一个例子。但是，如果两人的个性过于相似，这种和睦就会被打破。这在第一次世界大战中就发生了不止一次，结果都是悲剧性的。其中两个例子是丘吉尔—费希尔（1914—1915）和鲍尔弗—杰克逊（1915—1916）。丘吉尔和费希尔在私下里都非常欣赏对方，但他们的工作关系却是水火不容。鲍尔弗和杰克逊的工作关系很好，但是两个人都缺乏动力、干劲和好斗精神，而这些品质在战争期间都非常重要。这样两人便不能互补，合作起来也就无法获得成功。

1904—1910年间与费希尔合作过的海军大臣中，第二代塞尔伯恩伯爵（1900年11月至1905年3月在任）是非常活跃和能干的一位。他善于接纳新思想，也相信费希尔的天赋，所以在管理上赋予费希尔极大自由。他极尽所能支持费希尔，也因为1904—1905年的海军革命而获得赞誉。塞尔伯恩于1905年3月辞职并前往南非担任高级专员。费希尔在备忘录中给予塞尔伯恩这样的评价："没有哪个第一海军大臣像塞尔伯恩那样给予他的首席顾问如此温暖的握手。"德国驻英国海军武官对塞尔伯恩的评价却没有这样积极。"塞尔伯恩极易受他认可的人影响……他完全被约翰·费希尔爵士所操控，盲目地赞同他的所有建议。"[10]

第三代考多尔伯爵（1905年3月至12月在任）是一位个子矮小，性格温和的绅士，聪明而勤奋，他还是一名声誉极佳的成功商人。费希尔对考多尔的任命大喜过望。但考多尔由于健康原因在任时间很短，而且这是他第一次成为内阁大臣，未能在新岗位上完全施展其才能。不过考多尔在担任海军大臣期间也能与费希尔全力合作。

保守党政府式微之际，第二代特维德茅斯男爵接替考多尔担任海军大臣（1905年12月至1908年4月在任）。1907年11月的《国民评论》杂志称"他当海军大臣就像他当格林尼治天文台台长那样合格"。特维德茅斯乐观，个性平淡却也能力平平。由于被夹在费希尔派和反费希尔派之间，他显得无所适从。他既不愿以强硬示人，也不具有管理者的天赋。他对海军知之甚少，对各种海军事务提不出自己的观点，也不愿介入海军大臣们的纷争。后来特维德茅斯被发现拥有缪克斯公司（Meux and Co.）的一半股份，而该公司是海军的啤酒供应商,他因此丑闻而蒙羞。特维德茅斯晚年个人财政出现问题,而且出现了脑部疾病的症状,这些都是使他在海军大臣职位上显得平庸的原因。

1908年4月阿斯奎斯(Asquith)接替坎贝尔－班纳曼(Campbell-Bannerman)成为首相时,英国政府正在进行部分重组。特维德茅斯离开海军部,担任职位没有那么重要的枢密院议长,没有几个人对他的离去表示惋惜。继任者是雷金纳德·麦肯纳(1908年4月至1910年10月在任)。他也是费希尔在一战前合作过的最重要的海军大臣。麦肯纳就任时未满45岁,有着运动员般的体格,身材修长而挺拔,曾是剑桥大学赛艇队的成员。1907—1908年,他担任教育委员会主席,因工作出色而被提拔为海军大臣。作为一位出色的管理者,麦肯纳拥有以下特质:极具热情,思路清晰,判断精准,富有勇气和异常勤奋(他总是在拿到文件的第一时间就开始处理),具备关于议会程式的丰富知识。他还有律师般的口才,能够清晰和有条理地宣讲事务并引入他的观点(为此,他成为下院议员前曾在酒吧中练习演说)。不过,虽然麦肯纳能力出众,颇具天赋和魅力,却是一位不受欢迎的海军大臣和政客。他在下院议员面前的学究气、优越感,和在议会辩论中的粗鲁态度招致很多人的反感。"他做事精准,像个律师,而且容易激怒别人。"1905年,他加入自由党政府的经济政策团队,担任财政部金融秘书,但这并没有增加别人对他的好感。他厉行节约,致力于将海军军费控制在较低水平,结果总是被愤怒的海军将军们以及他们在海军部的代表——费希尔——所利用。不过,如果说费希尔与塞尔伯恩、考多尔和特维德茅斯的关系只能算融洽的话,他和麦肯纳的合作倒可以说是非常愉快。二人紧密团结,结成为坚不可摧的团队,也成为真挚和忠实的朋友。麦肯纳一直努力令海军在物质和效率上达到最高标准。到1911年,他已经赢得了海军的善意、尊敬和信心。不过任期结束时,麦肯纳并没有得到议会的全力支持。顺便一说,费希尔在特维德茅斯的接班人人选上更钟爱的是丘吉尔而非麦肯纳。而丘吉尔事后才知道,如果当时他多加努力的话,是可以提前坐上这个位子的。

3. 引向目标

费希尔庞大改革的根本动力是提高海军的经济性和有效性。前者尤其值得阐述，因为很多人在积极评价他的改革时都漏掉了这一点。从1889年通过海军防御法案直到1904年，海军预算在自由党和保守党治下增加了三倍。1900年的海军预算为2752.2万英镑，到1904年已增加到3688.9万英镑。而这期间其他海军列强预算的涨幅都没有这样大。1903年和1904年，在对海军预算进行辩论时，不光是在野的自由党的议员，就连很多执政的保守党议员也对高涨的海军预算提出抗议。1904年2月25日，《泰晤士报》发表文章称海军预算已成为"持续增长的沉重负担"。报社的海军新闻记者 J. R. 瑟斯菲尔德（J. R. Thursfield）是费希尔的好友，也是大海军主义的鼓吹者。他在给费希尔的信中说海军"不能再无节制地花钱。我现在日夜担心的是除非海军自己节省开支，否则我们将迎来强烈反对和大幅缩减，那将是一场深重的灾难……我不知道你对此做何感想，但是它一直像噩梦一样萦绕着我"[11]。

对于疯狂增加海军军费和军事预算在全国范围内产生的不安，费希尔当然不会视而不见。节省开支是必需的。费希尔像拿破仑那样，是少有的为纳税人利益考虑的军人。他否认"强大的战斗力与庞大的军费不可分割！反之亦然！高昂的海军开支，就像奢侈的生活一样，会导致病菌慢性滋生，这些病菌将蚕食直至摧毁人体或者军舰的战斗力！……那些不能作战的军舰上，不能战斗的军人身上，毫无产出的岸基设施中存在的病菌必须像肿瘤那样被铲除！"[12] 1904年11月，海军大臣成立了一个海军预算委员会。第一海军大臣担任主席，其他成员包括议会秘书、海军部秘书和海军总会计师。委员会的任务是审查以往每年预算的通过情况，"看看可以做出哪些削减，以及这些消减是否会影响到海军的战斗力和备战情况"。海军部各个部门的主管必须说明维持和削减每一项花费对舰队作战能力的贡献和影响。另外还要淘汰过时军舰，省下她们的修理和维持费用，并修改所有船厂的商业条款。

费希尔尤其重视"如寄生虫般疯狂滋长的船厂开支"。戏剧性的船厂改革包括解雇6000名船厂工人，精简七家"无用"的海外船厂，简化海军仓储系统，以及大量减少非必要的，可以随时补充的备用物资。这些备用物资中有些条目简直是骇人听闻。比如"海军外科医生拥有他们自己特制的玻璃杯，医生的勤务长也有自己特制的杯子。这些杯子被大量采购和储存，只是为防止医生或勤务长在需要的时候没有可用的杯子。当我说勤务长和医生可以用同样的杯子时，每个人都是一脸骇然！"[13]

实际节省的开支如下表所示：

财政年度	削减的开支（英镑）
1905—1906	3500000
1906—1907	1520000
1907—1908	450000

1907—1908财年节省的开支数量没有那么显著，是因为财政部决定不再为1905年《海军工场法案》中计划的一些工程项目提供贷款。这一决定实际已为预算节省了超过一百万英镑的开支。1908年以后，由于英德海军竞赛，海军预算开始回升。在费希尔上任第一海军大臣的1904—1905财年，海军预算为3688.95万英镑。1907—1908财年达到最低点：3141.95万英镑。而1909—1910和1914—1915财年的预算分别达到3514.27万英镑和5155万英镑。

费希尔总是很关注那些他认为能影响舰队备战能力的开支。"海军只有这么多经费。如果你要买不能用来打仗的椅子，就得从那些能作战的人员和舰艇身上挪钱。买一万把漂亮的椅子放进仓库，这就是典型的乱花钱！"

由于德国海军的发展对英国海军构成严重威胁，加强舰队备战能力是费希尔改革的核心内容。费希尔相信"德意志帝国在政治和军事上都是一个强国。而且只要一个人（指德皇）按下按钮，就能动用整个帝国的军事力量向对手发动立即的、毫无警告的和不可阻挡的进攻"[15]。费希尔认为德国人将无法在数量上与英国海军抗衡，所以他们将静待时机，直到抓住英国海军松懈的那一刻。到那时，德国将不经警告就对英国发动战争，并从英国手里夺取制海权。所以费希尔一直致力于为即将发生的英德战争做准备和计划，要求海军以充足的物质和效能严阵以待。他认为德国人发动战争的时机很可能是某个周末，特别是有公共假日的周末。这种想法可是将他在白厅的部下折磨得够呛，因为他们经常要在周末加班。有时好不容易得以在周末休息，却又会被各种事宜叫回去工作。而后来与德国的战争确实发生在一个公共假日周末。

第二章 第一海军大臣费希尔

∧ 温斯顿·丘吉尔，海军大臣，1911年10月—1915年5月（丁汉姆摄影，伦敦）

24 第一卷 通往战争之路，1904—1914

1. 雷金纳德·麦肯纳：马克斯·比尔博姆所作漫画，1913年（引自《五十幅漫画》，威廉·海因曼公司授权）

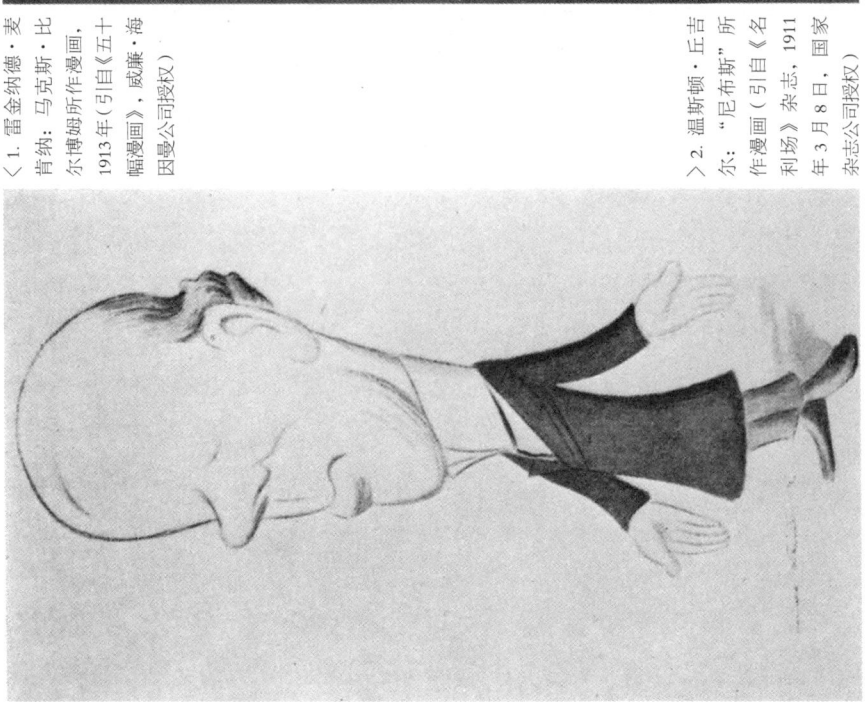

2. 温斯顿·丘吉尔："尼布斯"所作漫画（引自《名利场》杂志，1911年3月8日，国家杂志公司授权）

费希尔并没有将备战局限于海军事务。没人能猜到他最后要做什么。他对外交事务有一整套观点，而且确实发挥了作用。费希尔有着精明而现实的政治嗅觉。他是英法俄三国同盟的构筑者之一，而且还不止于此。费希尔认为与德国的战争不可避免，因此总是鼓吹英国迫切需要一个由英、法、俄以及土耳其组成的四国同盟。对于海战，他认为英国特别需要俄国和土耳其的协助：俄国可以在黑海建立舰队，而土耳其联手俄国将保持黑海和地中海之间的畅通。土耳其对阿拉伯国家还有巨大的影响力，"我们是地球上最强大的伊斯兰教力量"。1904年10月，新任第一海军大臣已经开始建议与俄国签订盟约了，尽管在当时提这种建议很不合时宜。费希尔的对土政策至少可以追溯到他任地中海舰队司令期间，那时他很喜欢讨论英国疏远土耳其的愚蠢政策。费希尔反对与日本结盟，"这是英国对自己做的最糟糕的事情"。他还总是致力于巩固英美合作关系。除此以外，费希尔对德国怀有极度的敌视。他在自己的朋友中散布条顿恐惧症，并联合了一些持同样观点的人，譬如记者阿诺德·怀特（Arnold White）、葡萄牙大使索韦拉尔（Suveral）和伊舍爵士。

费希尔的五项改革，按他考虑的顺序依次为：1. 新的青年军官教育计划（包括多个人员改革的次级计划）；2. 引入核心舰员计划；3. 淘汰过时舰艇；4. 根据现代化战争的要求重新部署舰队；5. 引入全重型火炮战列舰和巡洋舰。1902年圣诞节，费希尔作为第二海军大臣宣布了第一个改革计划。计划在他于朴次茅斯任职期间和任第一海军大臣的第一年里得以实施。1904年12月6日，在一份由海军部发给各舰队司令的备忘录中，第2、第3、第4项改革计划被宣布实施。备忘录也提到第5项改革。这份备忘录于当年12月12日正式公布。

费希尔革命

―――― 第三章 ――――

如果没有费希尔，皇家海军在战争爆发时的效率原本会低得多。这在很大程度上依赖于费希尔的天赋、辛勤的工作和无尽的精力。据说拿破仑很喜欢说："跟我要任何东西都行，除了时间。"费希尔为我们赢得了时间——宝贵的时间——确切地说，是五年的时间。

——海军上将弗雷德里克·德雷尔（Frederic Dreyer），《海洋传统》

费希尔的伟大之处在于，他成功地令我们思考。在费希尔之前，海军拥有极佳的士气和纪律，但我们的传统是将那些在训练中彰显精干、善于维护军舰外观以及在航行中保持严密队形的人判定为优秀者并予以嘉奖。费希尔让我们抛弃了那些标准，并意识到海军存在的目的是打仗，我们的训练、惯例、演习和思考都要以此为前提。

——海军上将西德尼·弗里门特尔爵士（Sydney Frementle）
1946年致作者的信

1. 人员改革

经常有人指责费希尔过于看重装备而忽略海军的人员。实际上，对费希尔来说，人总是比机器更加重要，因为他知道赢得战斗的是人而不是军舰。他总是强调海军官兵的训练、素质和应急情况下的反应速度是海权中最重要的因素。现实中他也是按这个原则行事的。

费希尔的海军革命开始于一系列重大的人员改革。其中最重要的是1902年制定，1903—1905年开始实施的"塞尔伯恩计划"。该计划的核心是所有指挥军官的新选拔与培训体系。以前皇家海军的指挥、工程和海军陆战队军官是分别选拔和训练的。费希尔将他们纳入统一的选拔培训体系。这些新人将在皇家海军奥斯伯恩和达特茅斯学院分别学习两年，然后依次作为军校生、军官生和海军少尉在训练舰或战斗舰艇上度过四至五年。大约 22 岁时，他们将结束基本训练，晋升为海军上尉。然后他们将按三个专业路线继续接受训练：普通的指挥军官或炮术、鱼雷和航海专业军官，工程军官，海军陆战队军官。每名上尉只能选择一个方向。这些军官晋升到一定的指挥岗位时，通常会放弃自己原有的专长。但是有些工程上尉和陆战队上尉会继续以指挥官的身份施展自己的特长，直到成为高级军官。这些专家军官将放弃指挥舰艇或舰队的机会，但仍可以在海军部、船厂或陆战队担任高级职务。

在旧的培训机制下，指挥、工程和陆战队军官接受完全不同的课程及训练。这在舰队中不同军官团之间造成较强的敌意。特别是指挥军官和工程军官之间有很大的隔阂。因为工程师在社会上被普遍认为缺乏教育和教养，出身大多也比较贫寒。这种偏见造成工程军官在军舰上地位较低。军舰上的指挥军官普遍具有势利和高傲的特质，看不起那些"打杂的"（勤务长和主计官）、"学究"（海军教员）、"管子工"或者"滑油工"（工程军官）。从历史上看，从 1843 年起，皇家海军中所有能被"任命"的军官都是指挥军官。

多年以来，海军工程师们一直都是引起争议的强大力量。他们得到钟爱工程技术的媒体支持，后者为他们争取到与指挥军官相同的军衔、待遇以及相似的军服。费希尔则建议取消工程与指挥的区别，按统一标准选拔并一同参加初级培训。工程军官也将接受航海技术的训练，如果需要可以指挥军舰；指挥军官也可以在需要时协助动力舱内的工作。这样指挥军官和工程军官实际上是可以互换的。不过他们在头衔和制服上还是有所区别。

海军陆战队军官以前不执行军舰上的任务，只有少数人从事情报方面的工作。他们的职责只限于步兵训练，而且每周的相关工作时间只有 6—12 小时。海军部认为这是极大的浪费。此外，陆战队军官认为他们自己属于陆军而不是海军。新的改革将让他们与其他海军军官一同接受训练，所以他们也能从事一些军舰上的工作并对海军有更强的认同感。

统一选拔和训练机制有利于将军官们归属到一个团结而和谐的团体中，还有一个更重要的原因，那就是海军的机械化。人们已经认识到现代军舰就是一架精密的机器，它要求所有的军官都至少要懂得一些有关发动机的知识。为此在海军学院和海上训练中，军官们都要接受一门通用的工程理论与实践课程，该课程约占整个军官培训时间的三分之一。

贝雷斯福德在与费希尔闹僵之前曾在给他的信中写道："在近20年的时间里，人们都在疑惑一群对蒸汽机和其他机械设备都一无所知的海军军官，如何能指挥和管理现代蒸汽舰队。每一次进步，每一个行动和任务都是在机械装置和熟练工程师的协助下完成的。"[1] 一位经常热心于批评海军部政策的海军上将卡斯坦斯（Custance）1906年说，海军军官应该像他的先辈们那样对自己的军舰了如指掌，"如果他只控制和掌握人的因素，他能做的不比伊丽莎白女王时代的水手更多"。但是我们即将看到，费希尔的此项改革将遇到强烈反对。

毫无疑问的是，指挥军官都是富裕家庭的子弟，他们来自中产阶级、晋绅以及贵族家庭。这让身为民主派，甚至在内心深处是社会主义者的费希尔尤为不平。早在1902年他就坚称"那些父母掏得出一千英镑供他们学习的孩子并没有在智力、性格和素质方面具有绝对优势……我们要让所有合适的孩子都得到机会，而不是看重他们父母的荷包"[2]。他估计年收入在700英镑以下的父母无法负担孩子接受海军军官训练的费用。这还不包括正式服役后所需的花销。而在英国有这样收入的人不超过30万人。"就是说每个家庭按5个人计，海军只能从不到150万人中挑选军官，这些人中一多半还是妇女和儿童。而英国其余的4150万人口中没有一个人有机会成为海军军官！我们正在从一个过于狭隘的阶层中选拔我们的纳尔逊。"[3]

这项改革将军官结成一个整体。而以前海军不愿将机会的大门向所有有志青年敞开，其原因还是一种保持阶级优越性的愿望。《海陆军记事》（Naval and Military Record）是一份顶级军队刊物。它1910年6月22日的刊文坦率地说："我们应该以非常理解的心态，来看待这种让出身卑微的人构成大部分海军军官的尝试。"这里的争议就是海军军官必须是一名绅士，而绅士是天生的，不是被造就的，所以他必须出生在一个绅士家庭。同样重要的是有人担心这将导致军官选拔标准的降低，即单单以智力和能力为标准，而不是将它们与性格及素质融为一体来考量。

这种论调时时困扰着费希尔。他早就致力于消除军官团内的阶级偏见。他宣称:"这个民主国家绝对不能容忍她至少99%的海军军官都来自少数的最上层阶级。我不相信有人愿意看到在一个民主国家维持一支贵族军队。真正的民主原则应该像拿破仑说得那样,'为天才敞开大门'。"[4] 不过费希尔这样做的主要目的还是让海军的效率大幅度提高。军事天才不可能只出自上层阶级。以现有标准,纳尔逊本人都不可能加入海军。罗致人才的网张得越大,越有可能找到新的纳尔逊。

奥斯伯恩和达特茅斯海军学院的学费中有三分之二由国家负担,费希尔则希望这两所学院能完全免费,尽可能面对全国扩大生源。他还一直试图让政府承担所有军校生的教育费用,因为如果只有贫困学生得到资助,学员中屡屡制造麻烦的阶级隔阂就会不可避免地到处蔓延。他的努力渐显成果,1913年丘吉尔成为海军大臣后,海军学院每年有四分之一的新学员年度学费从75英镑降至40英镑,降幅接近50%。这四分之一的学员又被分为几个类别,主要是大约10%的军官子弟和15%的贫困子弟。虽然还未达到费希尔的期望,但是在向着正确的方向前进。1947年,所有主要海军学院终于对学员完全免费。

以前长期被忽视的军官高级训练也在费希尔时代很快得到提高,这种变化是前所未有的。费希尔早在任地中海舰队司令期间就为发展全功能的海军战争学院做出贡献,虽然他在其中扮演的角色仍不得而知。1873年,皇家海军学院从朴次茅斯搬到格林尼治,但是其课程与海战战术、战争原则毫不相关,而且他们从来没有为严格训练海军少尉和海军造船师进行过任何努力。一些主要的海军基地开设了少量试验性的、不成熟的"海战教育"课,包括一系列讲座。军官参加讲座完全是自愿的,甚至不能带薪参加学习。不过海军1900年底为海军中校和上校开设了战争课程,该课程虽然与皇家海军学院共用部分建筑,但与学院的课程完全不同,更不同于那些海军基地为志愿前来且领半薪的军官们开设的讲座。整个课程将持续八个月。1903年,这一课程被分成两个为期四个月的阶段,可接纳更多军官参加。课程的基本教学大纲包括海军历史、战略战术和国际法。课程从一开始就是强制性的,也就是说来参加学习是一种"任命",和其他正式职位一样可以领全薪。这一课程在1906至1914年间从格林尼治移至朴次茅斯进行，1920年至1939年间和1947年以后又回到格林尼治，在两次世界大战期间暂停。1920年至今，该课程被称为"高级军官战争课程"，现在也被称为"战争学院"或"海军战争学院"，在费希尔时代则被叫作"战争课程学院"（1900—1907）。1908年费希尔扩大了课程内容，纳入对海军情报部下放课题的调查研究。

除促进海军军官和学员教育的现代化外，费希尔还影响了一些军官晋升方面的改革。任地中海舰队司令时，费希尔多次催促塞尔伯恩，要求紧急晋升更多年轻的上校，特别是年轻将官。"我们海军将领的老龄化情况是触目惊心的。几年之内你就会看到他们都抱着热水瓶，穿着治痛风的鞋子！"[5] 他的努力很快有了结果，一个由戈琛爵士担任主席的专门委员会开始研究军官的晋升问题。委员会提出的建议成为1903年12月8日颁布的"委员会政令"的基础。这一政令主要是要将年轻军官快速提拔成舰队指挥官和将官，而不是像以往那样，要求海军上校在成为将官之前具备漫长的服役年限。晋升将官者的年龄要求被降低三至五年，而那些没有正式岗位的军官将提前二至三年退役。改革后最年轻的海军上校、少将和中将分别只有36—37岁、41岁和52岁。

在费希尔治下，那些从商船和渔船船员中招募的后备役军官和水兵将不再在海军的基地船上和岸基兵营里使用老式火炮来训练。他们将在现代化的军舰上出海航行，并练习使用他们将在实战中使用的武器。这大大提高了后备役军队的战斗力。不过随着另一支后备役军队——皇家后备役舰队的发展，海军后备役军队的重要性降低了。前者包括一些现役和受过严格训练的人员，海军不愿失去这些宝贵的人才。1903年，海军建立了第三支后备役军队——皇家海军志愿者后备役军队，主要由业余的航海爱好者、近海船只的水手和游艇水手组成。对水兵的训练也逐渐现代化。风帆训练舰被淘汰，年轻水兵们的训练场所是陆上基地、核心舰员舰艇和远洋装甲巡洋舰。

海军上校珀西·斯考特在地中海舰队（1899年）和中国舰队（1900年）服役期间开创了海军炮术革命，证明舰炮射击可达到的精确程度。斯考特取得的成就是惊人的，他不仅提高了舰炮的精确度，还提高了舰炮的射速。当时舰队的舰炮平均命中率为30%，而斯考特指挥的舰艇可达80%。斯考特并没有什么秘密的方法。他有三项重要的发明：打点器、偏差指示仪和装填槽（装弹机）。这些设备能够快速装填火炮，并能在摇晃的军舰上快速瞄准目标。

提高炮术的努力开始于舰队，然后引起公众的关注，最后影响了海军部政策。到1902年，海军炮术不再是无关紧要的事项了。1903年，斯考特被任命为海军设在鲸岛（Whale Island）上的海军炮术学校——"卓越"号的指挥官。在费希尔的支持下，他引入新的训练体制。炮手们不再像以前那样整日学习炮术和训练手册，而是反复进行实炮操作训练。

费希尔执掌海军部后，任命杰利科为他的海军军械处处长（DNO，1905—1907年在任），炮术的复兴也迎来了新的动力。两人协同工作，使舰队的炮术达到最高水准。1905年，海军部设置了目标训练监察官（Inspector of Target Practice）一职，属费希尔直接领导，斯考特少将也成为第一任监察官（1905—1907年在任）。他的责任是视察和分析军舰的火炮射击训练，对炮术的提高提出建议，以及指导有关炮术发展的所有事项。这位矮小粗壮的军官年轻时曾被称作"袖珍大力神"。斯考特在海军炮术方面有着非凡才能，他眼睛不大，留着向上卷曲的髭须，看起来更像一个法国人而非英国海军军官。不幸的是，斯考特不是那种容易与之共事的人。"他具有傲慢和不容别人质疑的性格，就像旧约里的先知，喜欢让做错事的人受折磨……珀西·斯考特不懂得如何包装自己，没有与人打交道的巧妙手段，所以他遇到越来越多的抵制。"[6]20世纪最敢说话的海军将领之一，海军上将弗雷德里克·德雷尔说斯考特是"我见过的最敢直言的人"。德国海军武官考波尔（Coerper）形容斯考特是一位不可思议的"空谈者"和"招摇的猎犬"。但是费希尔非常欣赏斯考特的发明天赋、精力和工作方式。他在众人的反对中全力支持斯考特。就像他说得那样："我不在乎他是否酗酒、赌博、玩女人，因为他能打中目标！"斯考特在两年内将舰队火炮命中率增加了一倍，他算得上是费希尔最得意的任命。

斯考特首先改革了重要的年度舰炮瞄准手考试。以前根据火炮的口径，瞄准手被要求在相应的时间内瞄准近距离内的小型靶标开火射击，瞄准的时间通常长达几分钟，这项测试意在定期检查炮手的技术和射击精度。杰利科说："炮术的核心是远程射击……如果火炮失的那就是火炮瞄准手的错。"费希尔1905

年秋制定了战斗训练方案,以前火炮练习的射程为 2000 码,而新方案中的射程为 5000 至 7000 码;靶标的尺寸为 90 英尺长,30 英尺宽;开火舰艇的航速为 15 节。从 1907 年 11 月开始,为了让炮手的练习更接近实战,靶标由固定式改为拖曳式。战斗训练的目的,是将军舰及其所有官兵作为一个整体来检测作战能力。

费希尔改革前的八年里,海军火炮射击的脱靶率都高于命中率。1902 年脱靶的次数比命中的次数多 2074 次,1903 和 1904 年的这个数字分别为 1032 和 1916。1905 年,海军舰炮的命中率第一次超过了脱靶率:命中数超过脱靶数 1017 次。1906 年超过 3405 次。到 1908 年,大部分军舰在 6000 至 7000 码距离上的命中率都超过了数年前在 2000 码距离上的命中率。1898 年,舰炮的脱靶率为 69%,到 1907 年就降至 21%。英国海军舰队的速射和精确射击能力是十年前的 2.5 倍。

费希尔总是非常关心下甲板①的福祉。随着水兵们的训练水平普遍提高,他着手解决下甲板抱怨已久的食物、居住、纪律和职业态度等相关问题时也开了个好头。水兵伙食的档次提高,每艘军舰上都配备了烘培设备,摒弃了臭名昭著的硬质主食。水兵们也都开始使用刀叉了!通风、供暖和卫生设施也得到现代化。下甲板的薪资提高,晋升条例也得到改进。纪律方面,惩戒数量从 1905 年开始下降,方式也比以前温和,这也改善了官兵之间的关系。培根上将还提到改革中大量关于海军少尉以下人员的小革新,比如提高海军准尉的薪资,提高海军士官的地位,增加军士长的退休金,以及成立航海学校和海军技工学校等。费希尔在给《舰队》杂志下甲板专栏编辑的信中写道:"我在海军部期间对下甲板所作的改革虽然不为多数人所知,但令我非常满意,而且我还想要做得更多。"[7] 并不令人意外的是,每名水兵都知道海军上将那个平民化的绰号"杰基"。虽然还有来自下甲板的怨言,但在战前的最后几年里,费希尔对水兵福利的关心在丘吉尔那里得到了延续。1914 年至 1918 年间海军那高昂的士气就是这些改革的红利。

---

① 译注:即普通水兵。

2. 核心舰员计划

我们将看到，核心舰员、淘汰过时舰艇和舰队重组是三项紧密联系的革新，每一个都是费希尔整体改革计划的一部分。这是"杰克建起的一座大厦"，所以"我们不能修修补补！不能感情用事！不能疑心重重！不能怜悯任何人！我们必须无情！无情！更无情！因此我们必须制定计划！完整的计划！！而且我们只要计划！！！"[8] 长期以来，世界各国海军都在尝试以各种方法建立有效的后备役力量，而费希尔的核心舰员计划就是最优秀的方案。他宣称这是"现代史上最伟大的进步"，该计划的目的是使后备役舰艇尽可能地拥有与现役舰艇一样的战斗力。在旧的后备役体制下，海军舰艇分为满员的现役舰艇和后备役舰艇，后者又包括舰队后备役和船厂后备役两种。舰队后备役指那些并不急需，但随时可以经过小规模维修改装就能加入现役的舰艇。船厂后备役是指那些被部分解体，只有在最紧急的情况下才会重新启用的老式舰艇。这些舰艇在维修后可以加入舰队后备役或加入现役。总之，船厂后备役的这些舰艇不能立即服役。

每艘舰队后备役舰艇都由从岸基海军仓库调来的一群杂乱无章的人员负责维护。船厂后备役舰艇则没有海军人员负责照看，维护工作由船厂负责。舰队后备役舰艇出海时由皇家海军后备役人员操纵，而他们根本不熟悉自己所在的舰艇。虽然这些后备役人员工作很努力，有时候甚至算是创造了奇迹，但这些后备役舰艇在战争中肯定会问题重重，正如她们在航行中的频繁故障和火炮演习的结果证明的那样。问题的根源在于1889年海军大规模扩充后，根本没有足够的人手来维护这些舰艇或训练人员，大量扩充的海军官兵都被新建的大型舰艇给吸走了。

很明显，对费希尔来说，如果战争突然爆发，英国不能依靠一支只在纸面上强大的海军。必须马上采取措施。费希尔的改革将舰队后备役完全重整为"后备役舰队"，舰艇由核心舰员操纵。核心舰员的数量为满员的五分之二，包括所有技术水兵和所有保持战斗力所需的军官。这些官兵住在军舰上，通过日常训练（包括出海训练）熟悉军舰的基本性能。如果战争爆发，在动员令下达后舰员能迅速补充至满员。补充的舰员来自岸基海军兵营和朴次茅斯、德文波特和查塔姆的海军院校。核心舰员舰艇编成三个中队，分别驻扎在德文波特、希尔尼斯和朴次茅斯。每个中队都由性能相同的舰艇组成。后备役舰队每季度都要出海10—14天，主要进行战术和炮术训练。另外每年还要在满员状态下参加一次年度舰队机动演习。改革后，后备役舰队舰艇出故障和趴窝的情况几乎没有再出现过。总之，后备役舰队已经能够做到一旦需要，就在短时间内以良好的状态加入现役舰队。

核心舰员计划也有缺点，比如在挑选各个级别的舰员时，总有一些级别的人员数量难以达到要求。不过就像鲍尔弗1906年断言得那样："这一新的后备役计划不是将英国海军的战斗力增加一倍，也不是两倍，而是三倍。"费希尔也不无道理地称核心舰员计划是"我们备战的基石"，因为海军能利用和平的环境和资源让整个舰队处于备战状态。

费希尔的一个重要观点是："现代海战的特点就是突然性！……为突发的战争做准备是我们工作的关键。"不过开始的时候，并没有多余的人员用于新体制，这就引出了费希尔的下一项伟大改革。

3. 淘汰过时舰艇

费希尔认为，为核心舰员计划提供人力的唯一经济方法就是淘汰相对较小的舰艇，削减舰队规模。这一改革还有另一个意义。费希尔说："海军的首要职责就是在极短的时间内对敌人发起进攻，这样就要求我们将力量集中在确有战斗力的军舰上，所以必须淘汰那些过时舰艇。"[9]

英国海军有大量过时的小型炮艇、巡逻艇、二级和三级巡洋舰分散布置在全球各地，主要用于担当警察角色和显示主权。这种体制在蒸汽机、电报和无线电出现之前非常实用，因为在应急情况下召集海军需要很长时间。这种安排也能取悦外交部和驻外领事的女儿们，她们需要海军军官充当网球陪练和华尔兹舞伴。担负警察和救灾工作时也很有用。不过这些舰艇无法用于作战，她们既不能与排水量更大的现代军舰交战，也因航速较低而无法逃脱。她们的军官长期缺乏现代海军装备的训练，也没有在舰队或合成化兵种中服役的经验。

这个体系陈旧、有害，将作战舰员禁锢在了无法参战的船只上，在费希尔的推动下，该体系被最终废弃。根据需要，费希尔保留了一些担当警察角色的小型舰队，如在中国内河和西非海岸保留了几艘炮艇。其他小型军舰均被召回并退役。那些无法在战时承担辅助任务的舰艇被拆解或出售。这一大胆举措的最大好处，就是为核心舰员计划争取到足够的人员。

淘汰老式舰艇的改革并没有到此为止。英国海军长期保留着船厂后备役舰艇。她们仍然在海军舰艇的花名册里。这一大批舰艇大多来自19世纪后期军舰设计快速演进的年代，舰上还装备着前装火炮、带有全副桅具和木质船身，以及根本无法抵御现代炮弹的脆弱装甲。为维持"这堆吝啬鬼囤积的垃圾"，海军每年都要付出大量修理费用。费希尔的计划是将所有比两艘"尼罗河"级（1887—1888年下水）更老的战列舰，和比1900年后建造的23—24节装甲巡洋舰更低级别的所有巡洋舰淘汰。但到最后，他的计划由于过于偏激而被海军部打了折扣。尽管如此，整个淘汰方案仍是无情和全面的。正如鲍尔弗后来描述得那样，舰艇花名册中的154艘军舰被"一道勇敢的笔锋"勾销了。费希尔也说这一改革具有"拿破仑的勇气和克伦威尔的审慎"。这些舰艇中的94艘被称为"绵羊"，因为完全无用而被挂牌出售。剩下的舰艇被保留为"后备物资"。其中37艘被称为"羊驼"，可在战时执行扫雷等辅助任务。另有27艘"山羊"，将被保留舰上的武器，但不会得到维护和修理经费。"羊驼"和"山羊"被储备在三个本土基地，但没有配备舰员。海军还组建了一个特别委员会，负责每年审查现役舰艇，以便及时移除那些过时的军舰。

这一改革带来的另一个好处是为海军基地腾出大量空间，因为这些舰艇占据很多泊位，加剧了港口的拥挤。淘汰旧式军舰当然也节省了大笔毫无产出的经费，仅修理费每年就节省了84.5万英镑。

4. 舰队重组计划

费希尔整个改革计划的最上层，是按照战略需要而非依感性冲动布置舰队的舰队重组计划。老的舰队布置方案源于风帆时代，那时舰船的航速很慢，海军为保护商业航线，只能把舰艇中队分散布置。1904年在全球一共布置有9个中队和分舰队。随着蒸汽动力和海底电缆的诞生，加上后来出现的无线电，在海外部署舰艇中队的需求降低。1902年和1904年，英国分别与日本、法国结盟，

第三章 费希尔革命

而且自 1901—1902 年起，海军部将德国视为英国的主要对手，这些都令老的舰队部署方案过时。费希尔和其他一些人很早就意识到德国的威胁，现在他将负责将英国海军的主要力量集中在本土水域。

为实现舰队集中并加强海外中队的战斗力，后者被重新布置。费希尔相信"五个战略咽喉就能锁住整个世界"，它们是新加坡、好望角、亚历山大、直布罗陀和多弗。当时这些战略要地全部为英国占领，"这是我们属于失踪的以色列十支派之一的另一个证据"。为此，英国组建了五支强大的舰队来镇守这些要地，以便在战时能够快速集中。另外，太平洋、南大西洋和北美海军站的中队被撤除。好望角中队将负责南大西洋、北美中队以及非洲西海岸的防务。东方舰队以新加坡为战略据点，将控制苏伊士运河以东的海域，该舰队将合并澳大利亚、中国和西印度群岛中队。和平时期这些中队将独立指挥，每年的年度机动演习即将结束时，这些中队将在新加坡会合进行联合演习。所有属于好望角和远东舰队的小型舰艇都将被削减。

改革的第二步是将海军的精华集中在本土水域。1904 年，海军几乎所有的现代化舰艇都属于地中海舰队（12 艘战列舰）。海峡舰队的实力仅次于地中海舰队（8 艘战列舰）。不过海峡舰队并不总是驻扎在英吉利海峡。另外一支装备着 8 艘老式战列舰的本土舰队已经足够保卫本土了。出于谨慎原则，为保卫英伦列岛，正常情况下本土舰队和海峡舰队不能同时离开本土水域。但 1904 年 10 月发生了多戈尔沙洲危机，而当时海峡舰队正驻扎在直布罗陀，所以只能紧急从海峡舰队调回 4 艘战列舰，临时归属本土舰队指挥。因此到 1904 年底，海军部认为必须改变现有的舰队布置方案。从那时起，海军部的策略是"缓慢而稳步地"将舰队集中在本土。这一渐渐明朗的目标就是最终建立一支统一指挥的、强大的本土舰队。集中最终于 1909 年完成，海军部为此与贝雷斯福德上将产生了激烈的矛盾。"强大的本土舰队无法在 1904 年组建，因为那样会强烈影响国际关系。而且由于英德两国公众对此非常敏感，有必要极为小心地进行操作。海军部声称他们非常低调地完成了任务，没有引起任何政治问题，更没有影响到国家安全。"[10]

舰队重组的第一阶段，是费希尔 1904 年底在本土水域组建两支强大的舰队。

本土舰队现在更名为海峡舰队，由于增加了从地中海舰队调回的 4 艘战列舰而实力大增。1905 年夏天又接收了 5 艘从中国站撤回的战列舰，使战列舰的数量增至 17 艘〔1905 年"蒙太古"号（HMS Montagu）因搁浅而损失，战列舰数量降为 16 艘〕。新的海峡舰队的基地设在多弗，主要在爱尔兰至直布罗陀之间的海域巡逻。以前的海峡舰队更名为大西洋舰队，仍辖 8 艘战列舰，但均是最新型的主力舰。这支舰队驻泊直布罗陀，可支援海峡舰队和地中海舰队。大西洋舰队和地中海舰队每两年进行一次联合演习，而大西洋舰队和海峡舰队每年进行一次联合演习。这三支舰队各下辖一个装甲巡洋舰中队。以前的北美和西印度中队中的巡洋舰被组建成第四巡洋舰中队（也称特种中队）。它在和平时期作为训练中队使用，另外每年都要象征性地前往西印度群岛和南美沿岸显示存在。战时，这个中队将加入地中海舰队或海峡舰队。总之在舰队重组完成后，四分之三的英国战列舰都能随时投入对德作战。在日俄战争中，因为法俄的态度不明朗，英国有必要在地中海保持一个强大的战列舰中队，但这并没有影响到主力舰向本土集中的进程。英帝国一直像她在 18 世纪的历次战争中那样，将眼光投向南方和西方，现在则望向了东方和北方。费希尔也看到让舰队在它们可能作战的海域进行训练所带来的战略优势。他很喜欢引用纳尔逊说过的那句话："战场就应该设在训练场。"

5. 无畏舰和无敌舰

费希尔最为英国人所知的就是他在军事装备方面的天赋。他最骄傲的一天就是 1906 年 2 月 10 日，这一天的朴次茅斯万头攒动，热情四溢，全因一次华丽盛大的典礼：国王爱德华七世为一艘世界上最重、最快和最强大的战列舰举行下水洗礼。英国报纸早在几周前就开始讨论这一盛况，街头充斥着有关这艘巨舰的小道消息。她的排水量、火炮、航速和秘密的建造过程都引起了公众的兴趣。热心者的预言和公众的猜测，都说明这艘最新战列舰将开创海军史上的新纪元。

和之前的战列舰相比，无畏舰的创新之处是：（1）21 节的航速比任何建成或在建的战列舰高两节以上；（2）主炮为 10 门 12 英寸舰炮。英国之前建造的主力战列舰"爱德华国王"级（King Edwards）装备 4 门 12 英寸主炮和 4 门 9.2

英寸副炮。而最后一级前无畏战列舰"纳尔逊勋爵"级（Lord Nelsons）也只装备4门12英寸主炮和10门9.2英寸副炮，比无畏舰的主炮威力小得多。"爱德华国王"级和"纳尔逊勋爵"级两种口径舰炮的侧舷齐射弹丸重量分别为4160磅和5300磅，无畏舰为6800磅。从无畏舰出现至今，所有国家的主力舰都装备了8—12门单一大口径主炮；（3）取消了副炮。无畏舰只装备21门12磅轻型速射火炮用于反鱼雷艇；（4）无畏舰是世界上第一艘采用涡轮发动机的大型军舰。在培根上将看来，"在军事史上没有什么能像采用涡轮机那样产生如此巨大的进步。涡轮机出现前，军舰用蒸汽动力高速航行一天，就意味着接下来要用好几天时间对动力进行大修。而现在，这一切都像被施了魔法一样改变了……"[11]

"无畏"号1905年10月2日铺设龙骨，1906年10月3日开始海试，1906年12月完工服役。（这非凡的建造速度是通过调用为两艘"纳尔逊勋爵"级订购的12英寸主炮和其他设备才得以实现的。）军舰的外形也极为优雅。皇家海军以前有6艘以"无畏"命名的军舰，第一艘是曾在1588年为击败西班牙无敌舰队立下功劳的小型风帆战舰。第5艘则和纳尔逊一起在特拉法加大败法军。费希尔把无畏舰称为"旧约之船"，把战列巡洋舰（下文会介绍）称为"真正的宝石"和"新约之船"，因为"她们履行了'旧约之船'的诺言"。

设计委员会还提交了无敌舰的设计。这是一种新的大型装甲巡洋舰，将在1905/06财年建造3艘。无敌舰排水量17200吨，设计航速25节，也装备全重型主炮，而且除8门12英寸主炮和16门4英寸反鱼雷艇速射炮之外，没有中间口径的副炮。在重点强调的航速和火力达到要求后，受排水量的限制，只能采用中等级别的防护，与"米诺陶"级（Minotaur）装甲巡洋舰的防护能力相当。

建造战列巡洋舰有三个理由，这种有装甲防护的军舰可以（1）充当超级侦察巡洋舰，利用航速和火力优势，在面对敌人的大型装甲巡洋舰时进行强行侦察；（2）高航速使其可以追踪和摧毁最快的武装商船袭击舰，特别是德国建造的23节跨大西洋客轮，她们可能在战时加装火炮，改装成海上袭击舰；（3）作为快速侧翼，在常规海战中加强主力舰队的前锋和后卫。现有的装甲巡洋舰无法完成以上任何一项任务，不幸的是，海军部总是将战列巡洋舰与无畏舰归为一类。起初她们被称为大型装甲巡洋舰或高速战列舰，在1911年被命名为战列舰－巡洋舰,从 1912 年起称为战列巡洋舰。按照战列巡洋舰的设计意图,敌方的战列舰(尤其是无畏舰)并没有与其他战列舰交火时,战列巡洋舰是不能与之对抗的。她们的第三个功能是最不重要的,而且会干扰她们的首要任务,即发现敌人的主力舰队并报告其位置、航向、航速和动向。

战列巡洋舰的设计意图并不新颖。在前无畏舰时代,高速装甲巡洋舰与前无畏舰的区别,和无畏舰时代的战列巡洋舰与无畏舰的区别是相同的,即前者火力较弱但航速更高。日俄战争中日本海军大将东乡平八郎将他的装甲巡洋舰视为主力舰,并将她们布置在战列线中使用,但利用其高航速,赋予她们更独立的机动方式。皇家海军也打算这样使用战列巡洋舰。

将无畏舰和战列巡洋舰统称为"主力舰"(Capital ships)是从 1909 年的海军恐慌时期开始的,那一年,皇家海军为对抗德国大大扩充了自己主力舰的建造规模。这一名称开始是试验性的,到 1912 年才被确定下来。它可以追溯到国王查尔斯二世时代,指所有能被布置到战列线中的军舰。

费希尔还为海军开始用燃油代替燃煤,以及潜艇的引进和发展做出了贡献。早在 1886 年,费希尔就在海军和政府的圈子里赢得了"燃油狂人"的称号。作为第一海军大臣,他尽其所能确保海军的燃油供应,并开发了很多新的供给来源,是海军中燃油使用的先驱。费希尔也是第一次世界大战前预料到潜艇进攻能力的少数几位海军军官之一。英国于 1900 年开始建造潜艇,仅仅两年后,费希尔就断言这种武器将开启新的海战革命。因此他竭力打造一支强大的潜艇舰队,1910 年离开海军部后还一直在为此努力。

尽管费希尔信心十足,也得到很多重要政客和海军高级将领的支持,他的一些改革仍在海军中引起了不小的争议。只有核心舰员计划得到广泛支持。

海军内的争议：主要改革

第四章

  1902年圣诞节，海军训练的重大改革正式开始，随后在1904年10月21日又开始了更多无情的革命。这自然在海军内部引起强烈反应，因为改革触及海军每一个部门，范围从无畏舰革命到在舰队中用烘制面包代替硬饼干。

——费希尔的备忘录，1907年

  我不想为杰克·费希尔与他人争辩，但我告诉他们，他的前任做了什么？对人人都需要的改革来说是无所作为……那些对费希尔的抨击无疑是丑陋的……"杰基"犯了些错误（谁没有呢？），但是我在不久前写给《旁观者》杂志的信中说，他是我六十年里见过的最具革新性的海军部委员会精神领袖。

——海军上将约翰·霍普金斯致伊舍勋爵，1908年2月7日

1. 塞尔伯恩计划

  塞尔伯恩计划于1902年制定，但直至1905年才开始全面实施。也是从此时开始，对该计划的反对才变得非常激烈。海军元帅弗雷德里克·理查兹在1907年11月退休后才发声，抨击新计划是一次"危险的试验"，他要求对计划的范围和效果进行调查。还有一些强烈反对者称这一改革是"海军的大灾难"，这些人被费希尔称为"史前时代的海军将领"。其中有彭罗斯·菲兹杰拉德(Penrose FitzGerald)和曾任第一海军大臣，但是毫无作为的维西·汉密尔顿爵士（Vesey Hamilton，1888—1891年在任）。支持他们的还有一些政客，诸如前海军大臣戈琛爵士（1895—1900年在任）。

  有些批评者误解了海军部的政策。一些人称，海军军官的互换性意味着一名军官要在不同的专业领域具有相同的能力。譬如说他要作为工程师服役一段时间，然后去当航海军官，然后是火炮军官，再去海军陆战队工作。在当代美

国海军中有类似的机制，可以说真正具有互换性。但批评者似乎认为，当时英国海军的新体制也体现了这样的理念。例如海军上将菲兹杰拉德在《每日图片报》（1906年3月10日）上刊文称："那些从奥斯伯恩和达特茅斯制造出来的奇怪的混合型军官要轮流充当水手、陆战队员和工程师的角色。"这是那种典型的没有了解海军部真实意图的论调。这里要重复前面的解释，即军官们只有在22岁获得上尉军衔以前才接受统一的培训。每名军官都具有他所在部门的专业技能，但所有的军官也都有在其他部门工作所需的基本知识，并且在需要时可调往另一部门履行职责。

有些反对则来自势利的天性。指挥军官一直认为工程师处于较低的社会阶层，并认为工程师肮脏的工作环境只适合于"油脂佬"和"车夫将军"这样人。培根上将后来说，"费希尔军官改革的反对者中，有四分之三都担心改革中的'社会性'。他们害怕在这样的体制下，海军军官和他们的孩子会被迫去当工程师"[1]。奥斯伯恩海军学院的校长罗斯林·E.维密斯上校（Rosslyn E. Wemyss）在1905年观察到"一部分奥斯伯恩军校生的父母希望他们的孩子至少不要成为工程上尉，以至于没有机会指挥军舰或舰队。我怀疑他们会因为这个原因而不想让他们的孩子在工程课上获得好成绩"[2]。因为这种对工程专业的歧视，海军总是无法找到足够想从事工程工作的军官。1906年，为完成改革，费希尔建议给工程军官授予和指挥军官一样的军衔和军服。但是他被指挥军官队伍中强大的反对声击败了，他们强烈反对改变现行的区别，即使这种区别对工程军官是一种侮辱。但是工程军官要求统一军衔和地位的呼声也在扩大，1915年费希尔重返海军部时，他终于完成这一改革。

虽然塞尔伯恩曾写道："要尽最大努力给工程领域的军官以指挥军官相同的机会，包括晋升至将官的机会"，但这并没有实现。海军里的工程将官比指挥将官少得多。究其根本，那些选择指挥专业的军官被训练去指挥一艘军舰，或者整支舰队，当然更容易在职业上取得成就。而工程军官只是专注于军舰或舰队的一部分，获得晋升的机会自然较小。而且在"海军指挥军官的神圣职务"和那些"少数品种"之间还存在着巨大鸿沟。有一位受人尊重的，长期与海军军官打交道的民间人士表述了这样的观点："我第一次看到他们时（1913年），就亲眼看见并坚信，'指挥'和'工程'两个领域之间的区别有如天堑。"[3]

对于新计划还有一些其他批评。比如新学员年龄太小，很难从一个十二岁半到十三岁的男孩子身上看出他是否有成为优秀军官的潜质。而以前新学员的年龄是十四岁到十五岁半。当然对费希尔来说，降低军校生年龄是改革最重要的内容之一。"全部的秘密就在于在他们还非常年轻，可塑性强，接受能力强的时候就开始塑造他们。"

有一些深思熟虑的批评者，例如帝国国防委员会秘书乔治·克拉克爵士（George Clarke）、海军上将 W. H. 亨德森（W. H. Henderson）和罗兰·布伦纳哈塞特爵士（Rowland Blennerhassett）等，主要是基于以下几个相互关联的原因反对改革：（1）集中于工程学有削弱战略战术研究的危险；（2）在三个专业领域里的任何一个取得职业成功都要求付出全部时间和拥有天赋；（3）甲板军官（指挥军官）和工程师的职责有天壤之别，日渐复杂的发动机和锅炉要求高度集中的注意力和更高深的专业知识，所以也需要一群特别的工程军官。

尽管做了一些修改，新的军官培训体制还是没有辜负最热心的支持者对它的信心。一位在 1910 年随舰队访问英国的美国海军军官报告说，英国海军军官认为塞尔伯恩计划是一个进步。[4] 美国海军从 1899 年开始引入统一的军官培训体系并取得成功，这也证明了费希尔改革的正确性。1908 年 4 月，英国驻美国海军武官在报告中说："现代军校中军官的多样化趋势是毋庸置疑的……似乎在有效性方面存在着一种令人愉快的均衡性……征求了各级别军官的意见……大家都认为如果改变这种普遍的合并式体制，将是令人遗憾的、危险的倒退。"[5]

1906 年 3 月，费希尔得意地宣称："没有什么能阻止这个计划，偏见不能，议会不能，撒旦不能，财政部也不能，他们还不如去试试阻止一次雪崩。"[6] 但是海军部早在 1906 年就对这个计划的某些方面做了修改。实践很快证明，让年轻的海军陆战队军官接受和其他军官一样的培训是不可行的。海军陆战队军官相信统一的教育，不能让年轻人在陆战队某些特别而严格的专业方面得到足够的训练。在新的训练体制下，这些人将不会成为战士，而是不合格的海军军官。海军陆战队竭力反对此项改革的另一个原因，是它削弱了陆战队和陆军的联系。基于这些原因，计划中海军陆战队的部分被放弃了，陆战队军官仍然需要独立选拔和培训。

大战前还有一个重要的改变是丘吉尔担任海军大臣时提出的。1912年8月奥斯伯恩学院的最低入学年龄提高到十三岁半，这正好是男孩子完成海军预备学校学业时的年龄。1913年3月又实施了一个补充计划，以弥补军官数量的短缺。1909年，海军开始增加无畏舰的建造数量并扩充潜艇兵、海军航空兵以及自治领海军等，这都造成了军官数量的不足。从奥斯伯恩－达特茅斯学院培养出一名海军上尉需要9年时间。为快速增加军官数量，海军开始从公立学校的男生中招募海军军官。海军每年通过考试，从年龄在十七岁半到十八岁半之间的公立学校毕业生中招募一批海军军校生，他们将在一艘巡洋舰和德文波特基地进行总共十八个月的集中训练，然后成为军官生，被派往舰队服役。在这个计划中，军校生在加入海军前接受公共教育，然后用不到老体制所需时间的一半就可以成为正式军官。丘吉尔在评论此项改革时说，如果一座教堂没有为那些正当成熟之年的人提供受礼的机会，就会失去一些最好的人才。

第一次世界大战之后，海军部删除或改变了军官教育体制中的部分内容，特别是工程军官的培养体制。根本的原因是随着战争的进行，海军军官越来越专业化，这就要求军官的培养体制更加细致和复杂。指挥军官们发现，他们在军官生时期因接受大量的工程训练而没有时间接受足够的操舰和指挥训练。而工程军官则报告说他们因为得不到足够的相关训练而无法成为合格的工程师。另外，通过统一选拔进入军校的年轻人中选择工程专业的人数不足。

那么唯一要做的就是修补整个统一选拔体制。这一体制并没有被取消，一个经过统一选拔而被招募的学员仍然可以选择工程专业，但另一方面，必须招募一些专门的工程师来弥补工程军官的不足。这样做实际上是与统一选拔的意图相抵触的。最后，海军终于意识到工程师也不能通过统一选拔来招募，塞尔伯恩计划将指挥和工程军官的教育合二为一的思想也就失去了根基。因此在1925年，工程军官又从指挥军官体系里分离出来，就像1903年以前那样自成一体。他们仍然被称作海军中校（工）或海军上尉（工）等等，重新佩上了代表工程师的紫色圆环标志，并隶属于独立的工程部门。[7]

奥斯伯恩学院的建筑主要是没有地基的平房，这样的生活学习条件遭到很多家长的批评。1921年学院被关闭。所有的军校生都直接进入新的达特茅斯学院，并在那里度过三年九个月。1947年，入学年龄提高到十六岁，学制也缩短了一半。费希尔可能不会乐于看到被他奉为神明的，从小开始塑造海军军官的原则被放弃。1955—1956年，海军学院的入学年龄被进一步提高到十七岁半（此时大部分学生都已经完成为普通学校教育），但是恢复了费希尔最初的统一早期培训体制。只是海军陆战队的军校生仍然是独立选拔，而且不在达特茅斯就读。1957年1月，海军军校生被分类为四个专业：指挥、工程、后勤和文秘，原来的电气专业被取消。这四个专业的毕业生却同在一个军官名录里面（General List）。"我们已经决定，每名军校生未来都作为一名'军官'正式加入海军，这是他的首要职责。在达特茅斯，统一的早期训练的目的就是尽可能扩大学员所学的知识范围，不管他以后会成为一名水手（指过去的指挥军官）、工程师还是后勤专家。而统一选拔和培训是否会应用到电气专业则尚未确定。"[8]在新的体制下，进入军官名录的军官都有资格在所有岸基部门中担任指挥职务（以前这些职务中很多只有指挥军官才能担任），但是只有指挥专业的军官才能指挥舰艇。在这次改革之前的1955年，非指挥军官和指挥军官在军衔和军服上的区别被最终取消。[9]

就这样，英国海军的军官教育体制几乎经历了一个轮回。此外，一个基本的原则被确定下来，即战斗人员，不管是士兵还是军官，都必须精通现代海军的机械设备。海军元帅查特菲尔德爵士后来称，1902年军官改革是费希尔最成功的五项改革之一。海军少将西德尼·弗里曼特尔则认为这是费希尔最成功的改革。[10]弗里曼特尔以前不认可这项改革，曾说过塞尔伯恩计划"被校长们给毁了"。但他现在已经乐见其成功了。

2. 舰艇淘汰政策

淘汰老旧舰艇的政策受到媒体和军方的广泛批评。批评主要基于以下四个理由。第一，这将削弱遥远的外国海军站的海上警察力量，且因为不能再通过海军展示国旗，英国的威望也会下降。第二，也是非常关键的一点：淘汰计划使舰队失去了在战时可用于执行繁重的保卫交通线任务的舰艇。用理查兹上将的话说,这就像"在战争爆发时保护了心脏,却让动脉(指交通线)自生自灭"[11]。1909年6月30日,贝雷斯福德在演讲中称"商业航线被留给老天照管了"。他忘记了1902年他自己曾敦促海军部召回那些"既不能打又跑不掉的舰艇",这些舰艇根本无用,只能显示一下国旗。第三点和第二点是相关的。即海军部被批评没有建造小型巡洋舰去代替那些被淘汰的舰艇[除早期建造的少数巡洋舰外,无装甲和仅有水平装甲的巡洋舰(后者即防护巡洋舰)是从1908年开始建造的,而且数量很少,仅用于取代同样级别但过时的舰艇]。海军的规模将下降到尼罗河战役前纳尔逊舰队的水平。下一次战争来临时,巡洋舰成为英国海军将领们最迫切需要的舰种。用大型的装甲巡洋舰去追踪商业袭击舰是荒谬的,况且她们还要执行其他任务。第四,历史已经证明,大量小型舰艇对执行多种类型的海上行动而言是必要的。

1907年的海牙会议和1909年的伦敦宣言,都说明需要巡洋舰来保护商业航线。海牙会议同意无论何时何地,只要简单地写一页文件,各国就可以给商船安装平时库存的舰炮,将其改装成军舰。伦敦宣言的重点是在战时,中立国船只携带的食品也可以被宣布为禁运品。

费希尔的批评者手中还有其他牌可以打。1907年1月,牙买加首都金斯顿发生地震,美国海军首先赶到灾区,而英国海军在那里竟然没有一艘军舰。一时间举国哗然,人们用"不光彩"、"丑闻"和"国家的耻辱"来描述此事件。出现这种情况的原因是整个加勒比海的巡逻,以及维护英国在西印度群岛的全部利益等重大任务,都仅由几艘巡洋舰来承担。另外还有1906年8月至9月的智利地震,1906年2月的古巴革命,1906年9月桑给巴尔发生叛乱期间英国承诺提供警察力量并保卫皇宫等,这些事件中都出现了海军舰艇短缺的情况。

英国外交部认为,海军在遥远水域担任警察角色的舰艇严重不足,已经威胁到这些地区英国公民和财产的安全,从而损害英国的外交政策。"在遥远的海外,英国的很多重大利益可能会遭到灾难性的损失,而且之后需要艰苦的努力和巨大的牺牲才能弥补,而这样的损失可能只要海军显示一下力量就可以避免。"英国外交部还要求在世界各地增加海军的警察力量。布置这些孤立的海军力量，要冒在战争伊始就损失它们的危险，但"为帝国的全球利益也是值得的"[12]。因牙买加事件颜面受损的殖民部支持外交部。帝国国防委员会（C.I.D.）成员伊舍勋爵也认为外交部的要求是合理的。他注意到，"如果你愿意这么表述，那么从情感上来说，广阔的帝国中，如帕默斯顿（Palmerston）形容的'罗马公民'的那种切实需要在某种程度上被忽视了"[13]。威尔士亲王也认为费希尔的政策忽视了海上的警察任务。

那么海军部的观点是什么呢？费希尔也认为海上警察任务是必要的。他建立了四个强大的装甲巡洋舰中队作为增援力量，一旦有要求，就可派出执行显示国旗的任务。牙买加地震和其他几次事件确实令人遗憾，但海军部的部署不能被轻易影响，这些中队也不能把执行这些任务当作首要职责。另外，也不能指望海军部能预知需要海军支援的下一次地震或其他意外在哪里发生。

费希尔在一份备忘录中，对外交部1907年3月提出的要求做出具有挖苦意味的回应。他指责外交部"无法证明哪一次外交失败能归咎于海军没有真正满足要求……似乎有必要再次说明外交部没有注意到的一点，即我们已经用强大军舰和舰队的访问来代替小型和孤立军舰无意义的巡弋。到目前为止，这种策略不但没有损害，而且大大增加了英国海上力量的威望"。海军部的报告被呈交首相亨利·坎贝尔－巴纳曼爵士，还附上了一份声明，称如果要满足其他部门的这类要求，就必须增加海军军费。而海军部认为海军没有执行此类任务的必要。最后，海军部在内阁那里赢得了信任票。

对于有关保卫海上交通线的第二条和第三条指责，费希尔从法国公开的海军战略和俄国的实战经验中得出结论，敌人如果要展开大规模的海上袭击战，就必须派出强大的巡洋舰中队，所以小型舰艇无法执行保交作战任务。海军部在发展大型巡洋舰，待她们的数量足以对抗敌人的同类战舰后，余下的巡洋舰将可以用于摧毁敌人任何愚蠢到敢于驶近英国商业航线的小型舰艇。

第一次世界大战证明费希尔的批评者们是正确的。整个大战期间，英国都没有足够的巡洋舰和小型护航舰艇用于保护海上航线。当然这里有一个情有可原的情况，即造成1916—1917年海上航线危机的是德国无限制潜艇战。直到大战前夕，费希尔和少数其他军官才意识到潜艇可能被用于破交战。但当时这些人没有一个还在军中任职。

那么第四项指责呢？费希尔否定了威廉·怀特爵士（William White）的观点，即那些因新政策而被大量淘汰的无装甲的巡洋舰或防护巡洋舰曾在日俄战争中发挥巨大作用。他断言，英国的防护巡洋舰无论在保交战还是在破交战中都是没有价值的。一艘高速装甲巡洋舰就能像"蚁丘上的食蚁兽一样"把她们席卷一空。或者，就像海军情报处处长说的那样，"她们的速度和装甲不占优势，也就没有持久的战斗力，不论什么时候遇到敌人的装甲巡洋舰，都只能被迫规避或逃跑……今后决定蚁群命运的将不再是它们的咬噬能力，而是它们的速度"。海军绝不能再大量制造大型、高速，但没有装甲防护的军舰来执行传统的巡洋舰任务。这些舰艇太昂贵，而且这些"海军的白象"遇到敌人的装甲巡洋舰就只能逃跑。"即使纳税人的钱包永远也不会瘪，这种方案也肯定是有缺陷的，因为造价稍高的装甲巡洋舰绝对是更好的投资……只要我们的对手坚持建造装甲巡洋舰，而且不开工建造大型非装甲巡洋舰，我们理所当然地要采取对应措施。"英国将使用装甲巡洋舰执行跟踪侦察任务，以及远海水域的其他巡洋舰任务。这一级别的军舰有足够的优势满足所有需要应对的情况。[14]这代表着费希尔时代海军部的基本立场。

费希尔还回应了批评者的另一项指责。有些人批评海军部在淘汰那些战斗力较弱的小型舰艇时，过分专注于舰队作为一个整体在海上作战的功能，而忽视了它对陆地作战可能产生的巨大影响，比如它能压制地面力量，夺取海港城市等。费希尔则认为军舰除能阻断敌人自由地运输人员和物资以外，没有其他手段能影响陆上作战。而执行此项任务，高速强大的舰艇比低速的小型舰艇更能胜任。海军在任何情况下都无意使用战舰进攻要塞或夺取城市。历史再一次证明批评者是正确的。因为在实战中，军舰的确被用于炮击要塞和占领城镇。而且战争开始后，费希尔也制定了一个建造辅助舰艇而放缓战列舰建造的计划。他准备降低主力舰的优先度，首先满足各种原来被认为是"次要方面"的要求。

3. 无畏舰争议

围绕无畏舰展开的文字论战在她下水的那一天就开始了。费希尔曾在1908

年谈到"无畏舰诞生时海军对她的一致反对"。他的批评者从技术方面指责无畏舰，同时对无畏舰让所有现有战列舰一夜之间过时非常不满，因为这样使英国前无畏舰的压倒性优势（对德国的优势是 3∶1）荡然无存，在海权的争夺上给了德国一个与英国相同，或近似相同的竞争起点。1909 年，理查兹在给贝雷斯福德的信中说："整个英国舰队的实力已不仅符合两强标准，而且与其他所有国家实力的总和相当，但就在其战斗力达到巅峰的时候，却在心理上完全报废了，全部被贴上了过时的标签。"《曼彻斯特卫报》一直是费希尔的支持者之一，也在 1910 年 1 月 27 日刊文称建造无畏舰是一个巨大的错误。"其他海军改革所做出的节约将因它而化为乌有。它还会使国家间的军备竞赛更加激烈，而原本由于我们处于遥遥领先的地位，这种竞争还较为保守。它毁掉了我们过去通过努力获得的大部分优势，而使其他国家在很多方面与我们达成为均势。"其他自由党组织和自由党政治家也提出了很多类似的批评。党内的激进派因无畏舰激化与德国的竞争以及占用可用于社会福利的经费而对其大肆贬低。劳合 – 乔治（Lloyd George）称无畏舰是肆意而挥霍无度的炫耀。1905 年，乔治·克拉克爵士（George Clarke）秘密地恳求新任首相坎贝尔 – 巴纳曼任命一个委员会重新考虑无畏舰计划。就像克拉克和其他很多人指出得那样，英国的信条应该是永远不引领海军舰艇的设计和建造，而是发挥自己的优势，利用更快的造舰速度跟随别人前进。

　　费希尔从未否认引入无畏舰相当于一次从零开始。因为在他看来，一艘无畏舰的实力相当于两艘半现有战列舰。但他也确信，从技术发展和有关外国海军发展的情报来看，全重型主炮战列舰的出现是不可避免的，而这也将把我们引向故事的核心。

　　1904—1905 年，种种迹象都表明无畏舰一类的主力舰诞生在即，俄国、德国和日本都对此十分关注。费希尔的设计委员会在报告中称，根据海军部掌握的秘密情报，俄国和日本海军在日俄战争的经验基础上，都已决定建造装备统一的 12 英寸主炮的战列舰。费希尔也感觉到德国迈出这一步也只是时间问题。他的直觉是正确的，威廉皇帝注意到德国驻伦敦海军武官 1904 年 12 月 8 日呈交的一份报告中，声称维克斯公司正在设计一种装备 10 门或 12 门 10 英寸主炮的战列舰，"我认为这是未来的武器"[15]。费希尔也知道美国早在 1904 年春天就在设计无畏舰。

[16] 美国国会确实在1905年初批准了建造两艘无畏舰的计划（"密歇根"号和"南卡来罗纳"号），但两舰直到1909年才完工。在海军部看来，英国在这种大环境下必须尽快迈出这一步，特别是因为德国几乎是在与英国同步造舰。

费希尔知道，出于技术、战略和战术的考虑，特别是远程火力的发展，统一大口径主炮战列舰的出现已不可避免。培根曾断言："是远程火力的进步，而非无畏舰自身，让现有的军舰全部过时了。"具体来说，无畏舰的起源是基于如下考虑：

1. 鱼雷射程和精度的提高对主力舰造成严重威胁，这使得舰炮射程的增加势在必行。

2. 更远的交战距离是必要的，因为（a）远程火力结合高速性，可以让舰队选择交战距离；（b）海军必须接受已成必然趋势的远程火力，否则英国舰队将在对敌实施有效打击前，就被可以熟练运用这种战术的敌舰队击垮；（c）可以最大限度地发挥炮术水平。近距离射击无法显现炮术水平，只有利于那些训练不足的炮手。

3. 1900年以来，随着海军装备更先进的测距仪器，远程射击的可行性大为增加。

4. 由于火炮内膛，以及发射药数量和质量的不同，每一枚炮弹的飞行距离都不一样。一枚射程5000码的炮弹的射击效果在观测者看来意义不大。唯一已知的，能确保远程射击精确性的方法（这要感谢斯考特在"卓越"号上的工作）是基于落点观测的火力控制系统。就是说用齐射来代替单发射击，因为一组炮弹的溅落点比一枚炮弹更容易观测。当一组溅落点显示炮弹对目标形成跨射时，就可以得到精确的射程。

5. 培根曾就落点观测法解释说，"在远距离上，两种或更多种炮弹的'飞行时间'和'炮弹落点'的区别造成混淆"。只有用数门口径一致的重炮齐射，才能形成能够观测的水花，这需要为军舰装备8门或更多的统一大口径主炮。

6. 使用远程火力时，双方将不可能接近到让6英寸（标准的副炮口径）火炮发挥作用的距离。因此，最好将可利用的武器重量都用于最重型的舰炮。这里"最重型"的舰炮是指12英寸舰炮。但是费希尔最初并没有在16门10英寸舰炮和 8 门 12 英寸舰炮之间做出抉择。10 英寸舰炮的威力接近 12 英寸舰炮，而且一艘战列舰可以布置更多的 10 英寸舰炮。但显而易见的是，在 1904 年 10 月，费希尔更倾向于 12 英寸。因为新的火控系统在炮塔数量较少时能更有效地发挥作用。塞尔伯恩也说过，日俄战争"表明军舰的抗打击能力超过预期，因此只有威力最大的炮弹才有效果"[17]。

7. 一门 12 英寸舰炮的毁伤效果大于数门 6 英寸舰炮。而且单发 12 英寸炮弹在对付厚重装甲时也比多枚小口径炮弹累积命中带来的效果更好。

8. 12 英寸炮弹在远程射击时精度最高：如果火炮的设计制造水准相当，那么在远距离上，炮弹口径越大，飞行弹道越低平，命中率也越高。

9. 高速性在现代海战中具有战术优势。"速度就是装甲"是费希尔很喜欢的一句口号。高速舰艇能够选择交战距离并能最大限度地发挥齐射威力，而她速度较慢的对手只能用一部分炮塔射击。当代杰出的海军战术家亚瑟·威尔逊爵士（Arthur Wilson）在 1901 年的海上演习中成功试验了一种新的战术思想，后来东乡在对马海战中也证明了其正确性，无畏舰就是这种战术思想在舰艇设计上的体现。这种战术包括对敌舰队进行 T 字头跨射，以及使用优势速度和机动能力集中打击敌舰队的一部分。费希尔相信高速性即使不是日本海军在日俄战争中取胜的唯一因素，也提供了极大的助益。[18]

到 1904 年 10 月，无畏舰的基本设计在费希尔心中已经定型。1905 年 3 月，设计委员会提交报告后完成了最后的设计图纸。此时对马海战尚未发生。也就是说，最重大的决定是在海军部得到有关远东海战的全部经验教训之前做出的。但是海军武官们的报告对海军部委员会下定最后的决心起到关键作用，并证明了新设计的正确性。实战中，双方舰队的交火均在远距离上进行，所以大口径舰炮比中口径的速射火炮更加有效。驻日本海军武官 1904 年 2 月 28 日发出的第一份重要报告直到五月底或六月初才被海军部委员会传阅。海军上校特鲁布里奇（Troubridge）在报告中坚信，在二月发生的旅顺口海战和仁川海战中，远程火力发挥了极为重要的作用。海军部也对新任武官帕肯汉姆上校（Pakenham）的目击报告印象深刻。帕肯汉姆目睹了 1904 年 8 月 10 日的渤海湾海战（海军部在当年 10 月研究了他的报告），报告显示日本的 12 英寸炮弹威力巨大，相比之下，10英寸炮弹几乎可以视而不见，"尽管炮手们的技艺精湛，但他们的8英寸和6英寸火炮和射豆枪没什么区别"。1905年1月1日发出的报告中（海军部于2月28日收到），海军武官断定在海战中决定命运的将是12英寸舰炮。"中口径舰炮已经成为历史了……"帕肯汉姆关于对马海战的报告进一步证实了远程火力和重型火炮的优势。这份报告在无畏舰开工前才送抵海军部。[19]

对无畏舰及其后继舰艇也有一些技术方面的强烈批评，领军人物是一些经验丰富的海军将领，如赛普里安·布里奇爵士（Cyprian Bridge）、雷金纳德·卡斯坦斯（Reginald Custance）和海军元帅杰拉德·诺尔爵士（Gerard Noel）。马汉和威廉·怀特爵士也撰写批评文章，给他们以强有力的支持。[20] 从技术角度反对无畏舰主要有以下几点原因，虽然并不是所有的反对者都全盘接受这些观点：

1. 无畏舰以牺牲装甲来获得速度。反对者们追随他们最有力的盟友——马汉，坚信航速是决定战斗力的第二重要因素。速度优势并不总是具有战略上的优势，而且战术上的优势也被高估了。一篇刊登在《布莱克伍德》杂志上的文章总结道："海战是对主力舰的最终检验。而决定因素是战术和战斗力的优势。高速性只有有限的战术优势。决定战斗力的是进攻能力，而不是防御能力，即武备比防护更加重要。速度不是一种武器，除撤退时以外也不能提供防护。所以我们的目标不应该是让舰队具有速度和防护方面的优势，而是进攻能力的优势，也就是强大的舰炮威力。"[21]

费希尔及其支持者则从不同的角度看待此问题。马汉的权威性首先被置之一旁：不管一个海军历史学家有多么杰出，他毕竟没有能力充当海军战术和现代舰艇设计的权威。高速性在战略方面的优势是显而易见的，它能让舰队以最快的速度在理想的地点集结，或者赶上正在逃跑的敌舰队。战术上的优势也很明显，"一旦与敌遭遇，它能让你迫使敌人战斗，或让自己脱离战斗。它能让你选择交战的距离并保持那个距离。拥有速度优势，你就能包抄敌人的战列线，而且能把与敌人的距离保持在其鱼雷射程之外。"[22] 而且无畏舰的高速性不是以牺牲防护能力得来的。无畏舰火力相对于所有现有主力舰都具有巨大优势，这一点是毫无争议的。这也是海军部的立场。对于批评者那高速性是弱小舰队的武器，回避战斗、高速脱离时才有优势的论点，费希尔用海军部委员会1906年发布的一份文件加以回应。文件中列举的日俄战争中的两个战例能证明批评者的错误，以及日本的胜利即使不能完全归于高速性，也大大得益于高速性。一个例子是1905年5月的对马海战。战斗开始时东乡占据了优势位置，并能用优势火力打击俄舰队的先导舰。"如果没有速度优势，日本人将很快失去位置上的优势，因为俄舰队可以向右舷转向脱离，并迫使日本舰队沿着一个大半径的圆形航线运动。但是日舰队的速度优势使他们可以保持双方的相对位置，持续集中火力打击俄舰队前锋，直至其受到如此多损害，以致俄方陷入混乱并被歼灭。"

值得指出的是，费希尔经常在海军部文件里声称，获得速度优势的愿望并不是新观点，很多无畏舰的反对者也暗示了这一点。在英国与一个强大的防御方之间的海战中，航速一直是海军考虑的中心议题。英国战列舰的航速在铁甲舰时代一直在稳步提高，以保持对其他国家主力舰的优势。在20年中，英国、法国和德国前无畏舰的航速分别增加了2.5、3和4节，最后都达到约18节。增加无畏舰的航速只是英国长久以来的政策的延续。其实早期无畏舰的21节航速相对于外国新型战列舰并没有太大优势，所以不能说航速的重要性被过分强调了。

2. 由于有实战效果做依据，一战期间和战后批评无畏舰为增加航速和舰炮威力而牺牲防护的人越来越多。海军部要反驳并不难，因为事实是无畏舰的装甲和英国的大部分前无畏舰相当，只有两艘"纳尔逊勋爵"级的装甲厚度优于无畏舰。据信，她的所有的外国对手也都具备充分的防护。此外，无畏舰为抵御水雷和鱼雷精心布置了水下装甲防护，她也是世界上最早考虑水下防护的主力舰。事实上，无畏舰确实为其他方面的性能牺牲了部分防护。费希尔坚称："命中才是关键，而不是装甲。"不过公平地讲，战前无畏舰的批评者也都像费希尔一样低估了防护的重要性。例如卡斯坦斯就曾说过，在五十多年的时间里，痴迷于防护性能在某种程度上毁掉了每一级战列舰的设计。实际上卡斯坦斯同意法拉格特所说的："最好的防护就是自己的舰炮火力。"

3. 海军应该装备更多排水量较小的战列舰。批评者指责无畏舰计划是在强迫海军和自己竞赛。战列舰越大，可建造的数量也越少，所以英国很难建造足够的战列舰来保卫帝国。而且如果在事故或海战中损失哪怕一艘战列舰，就会对舰队的实力造成很大损失。简而言之，就像怀特爵士说的那样，海军部正在把"海军所有的鸡蛋放在一两个巨型、昂贵、华丽却脆弱的篮子里"。此外，很多人相信大量较小的军舰能向弱势对手投送出更致命和更猛烈的火力。卡斯坦斯就是这种理论的支持者。另外，大型舰艇也将增加花在干船坞、锚地和军港等方面的费用。

海军部的反驳是如果战列舰的数量增加一倍，因事故损失的概率也会增加一倍，而且在面对对手时，军舰越强大，被击沉和俘获的可能性就越小。同样，

> 无畏舰上装备的舰炮不能装备在小型舰艇上，因为那样根本无法发扬舰炮齐射的优势。现代舰炮的长度，开火时产生的巨大气浪和火炮之间的相互干扰等都必须加以考虑。一座现代化炮塔也不能在军舰上随便布置。一艘比无畏舰小的军舰只能装备更少的主炮，而用更多小型军舰携带与无畏舰相同数量的主炮更加经济的说法根本不成立……另一个明确的证据是，将同样数量的主炮装备在更多的小型军舰上，势必形成更长的战列线，在战术上将给指挥官带来更大的困难……[23]

我们还可以加上一条理由，即在近四分之一个世纪里，各个领域的军事装备都在向大型化发展，而倒退是不可能的。海军设计师们的宗旨和所有的科学家一样，都是造出更好的东西。在怀特担任造舰总监时期（1885—1902），英国一级战列舰的排水量增加了54%（从10000吨增加至16000吨）。在17900吨的无畏舰（比前一级战列舰的排水量大了1500吨）开工前，日本已经开工建造19000吨级的战列舰了。

海军部还争辩说："仅仅比'纳尔逊勋爵'级增加了1500吨排水量，就让我们获得了威力大得多的火力，几乎相同的主要防护和更加优越的次要防护，以及大大增强的适航能力……因此可以确定，我们已经最大限度地利用了增加的排水量，而且在这样的排水量下还有3节的速度优势……"[24]

然后是关于干船坞争论的精彩反驳："相对于我们的海军，干坞对于外国海军才是更大的问题。除此以外，要明确船坞和港口是为军舰而存在的，这种关系不能倒置。如果必须建造大型军舰，那我们也必须要面对她们产生的其他花销，否则如果我们只建造适合当前船坞的军舰，那么发生海战的那一天，我

们就根本不需要任何船坞了,因为这些军舰都会被击沉!"[25]

4. 最常听到的技术批评是没有正当的理由取消副炮,认为应该保留一定数量的6英寸炮和小口径速射火炮。包括特维德茅斯在内的几位批评者希望能用9.2英寸舰炮作为副炮,就像"纳尔逊勋爵"级那样。但大多数批评者还是更偏爱6英寸副炮。很多人认为日本人在对马海战中是靠6英寸舰炮而非大口径舰炮取胜的,而实战经验让日本和俄国海军都愿意继续使用副炮。日本1905年5月开工的新型战列舰混装了大口径、中口径和轻型火炮。1909年开工的下一级日本战列舰装备统一大口径主炮,但仍然保留了6英寸副炮。在对马海战中,日本舰队将交战距离拉近以尽快结束战斗。"在对马海峡中,是6英寸炮弹形成的无尽的弹雨摧垮了俄国人的士气,而12英寸炮弹终结了他们。"[26] 还有争论说即使在远距离上,6英寸火炮的精确性也高于12英寸主炮,所以在齐射中能获得更高的命中率。这里指的是火力密集度的优势,一方面是使用小型和低威力的炮弹,但能取得大量的命中;另一方面是从少量重炮发射的威力较大的炮弹,但命中的数量也较少。如果比较这两种情况下命中炮弹的总破坏力,则中口径舰炮更占优势。另外,海战的决定性距离可能比最大口径舰炮的支持者们预想得低得多。如果海战在北海进行,那里的天气是十日九阴,所以在极远的距离上不可能获得有效的命中率(这也是鲍尔弗所担心的)。那么强调穿甲威力而只装备大口径主炮是否值得呢?每一艘现代主力舰,包括无畏舰,侧舷的很大一部分都是非常脆弱的。很多重要部位都可以被6英寸炮弹所毁伤。而且一定数量的小口径速射火炮在对付鱼雷艇攻击时非常有效。现在只有皇家海军取消了这种武器。而外国海军,比如德国的无畏型战列舰和战列巡洋舰都装备了5.9英寸副炮。

海军部驳斥了对马海战中中口径舰炮制胜的观点。是俄国海军训练不足且士气低落,才让日本舰艇能不受干扰地抵近并倾泻炮弹。因此批评者们获得了有可能在近距离上与强大对手交战的错误印象。更重要的是,"在以对马海战为例时,应该记住双方的舰队都没有远程射击的经验。日本海军直到海战结束两年后才获得了火控系统,而火控系统是远程射击命中率的唯一保障(1906年日本观察员观摩了英国海军演习后,决定购买火控系统)。所以,这些有关对马海战中射程和炮术的推论都是不可靠的"[27]。

对于第四项批评引起的诸多争论，培根后来评论说，不幸的是我们不能告诉国民全部事实。海军部显然不愿意让公众知道其舰艇设计背后的任何细节和动机。这样做将会把英国海军的经验泄露给外国对手。将支持无畏舰（以及战列巡洋舰无敌舰）设计最有说服力的论点公之于众是不明智的，因为它基于舰队远程交战演习的结果和从日本舰队行动中提炼的结论，海军部对此必定讳莫如深。这些从未公开的结果在1905年被分发给舰队。在略低于6000码的距离上，10分钟内（1）相对于两门6英寸舰炮，两门12英寸舰炮取得命中的弹丸质量是前者的五倍，是两门9.2英寸舰炮的3.3倍；（2）重型火炮齐射时显示了更高的命中率：12英寸、9.2英寸和6英寸舰炮的命中率分别为37%、25%和15%；（3）比较炮弹在舰体内爆炸产生的威力，12英寸炮弹更是遥遥领先，达到70：1。[28]此外，据信6英寸炮弹能击穿非装甲防护的军舰首尾部位或炮塔上防护较弱部位，并造成巨大损害，但对水线、火炮和人员都得到良好防护的现代军舰而言，这一原本的优势已经荡然无存。

无畏舰在演习中的记录，证明了统一大口径主炮的价值。1907年进行的实弹射击中，"无畏"号第一次在8000码距离上开火，结果40发炮弹命中25发，命中率居全舰队第三名。但真正的价值是她发射炮弹的总质量，"无畏"号在8分钟内发射的弹丸质量为21250磅，比其他任何一艘军舰都多75%。[29] 1909年进行的演习显示，全重型火炮主力舰获得的命中率每次都比混合口径舰炮军舰高得多。向麦肯纳报告此事时，费希尔说："如果来自小口径舰炮的'命中的弹雨'在演习中没有效果，那么在实战中也肯定没什么用。"[30]

不过，面对批评，海军部也做出一个重要让步。一艘鱼雷艇必须要驶近到距目标几千英尺的地方发射鱼雷才有可能取得战果，所以使用12磅舰炮（口径为3英寸）就可以阻止其前进。但是鱼雷的射程很快就增加至7000码，驱逐舰的排水量也大增，这样就必须使用更重型的舰炮来防御鱼雷攻击。人们也知道德国海军的战术是以鱼雷艇支队对目标发动鱼雷齐射。英国舰队在这种情况下会被迫使用主炮来执行反鱼雷任务，这样就会减轻德国主力舰所受到的压力。因此英国海军为"无畏"号之后的战列舰布置了4英寸舰炮。在建造了约30艘无畏舰之后，英国海军为"铁公爵"级（1911—1912 年）战列舰重新装备 6 英寸副炮。此时费希尔已经离开海军部，但他仍强烈批评此举是一种"倒退"。

这里必须澄清两个谜团。一是有说法称无畏舰主要是为遏制德国的海上野心而设计的，因为这样可以让德国被迫加宽和加深基尔运河，以使无畏舰这样的大型军舰通过。[31] 德国不仅要花费巨资扩建运河，而且在基尔运河于 1914 年夏天完工之前的数年里，英国将对德国形成绝对的海上优势，因为德国的无畏舰队不能在北海和波罗的海之间迅速调动。费希尔后来也看到这一优势，他欣喜地称无畏舰让德国海军彻底瘫痪。费希尔的意思是无畏舰让德国海军（实际上是所有国家的海军）的战列舰计划停滞了一年半的时间，而且把基尔运河变成为一条无用的水沟。但是没有任何证据表明这是无畏舰设计的真正意图之一。整个无畏舰的设计思想是建立在技术和战略上的，并得到日俄战争经验以及其他海军正在计划建造类似舰艇情报的补充和强化。

另一个谜团是无畏舰完全是费希尔狂妄自大的产物，他把自己的设计思想强加给同事和海军部委员会。事实是在关于技术的问题上，不管费希尔有何倾向，他都是抱着开放的心态，也寻求别人的帮助。例如，费希尔 1903—1904 年任朴次茅斯基地司令期间，完成了无畏舰的基本设计蓝图。他在那里得到最好的技术专家团的帮助。这些专家包括朴次茅斯船厂首席设计师威廉·H. 加德（William H. Gard），费尔柴尔德造船与工程公司总经理亚历山大·格拉西（Alexander Gracie），以及诸多海军军官。费希尔重返海军部时，无畏舰的设计草稿已经完成，只剩下细节设计。1904 年 12 月 22 日，费希尔让海军大臣成立了一个顾问性质的设计委员会，成员包括七名平民专家和七名海军军官，费希尔自任主席。委员会的任务是协助海军部在最后的设计方案中做出选择。这一过程有两个目的：减少预期中的反对声；在特定问题上获得建议。可以肯定的是，费希尔的助理和设计委员会成员培根在撰写委员会对战列舰设计的决定时，只对费希尔的设计做了一处修改，"本意就是他们应该接受主要的设计思想"[32]。但委员会并不是盲目地接受费希尔的设计思想，而是发挥了很好的作用。委员会不仅可以接触到官方的情报资源，还向两位主要的舰队指挥官，本土舰队司令亚瑟·威尔逊和海峡舰队司令查尔斯·贝雷斯福德征求了意见。

委员会在 1905 年 1 月 3 日至 2 月 22 日之间进行了讨论，3 月向海军部递交报告。有数个设计方案被交由设计委员会讨论，主要区别是大口径主炮的布置方案。最后决定采用 10 门 12 英寸主炮，炮塔为双联，这样军舰在首尾向均有 6 门主炮可以射击，而侧舷齐射火力可达 8 门。因为英国装备 12 英寸主炮的前无畏战列舰首尾向和侧舷火力分别只有两门和 4 门，所以无畏舰在首尾向和侧舷方向的火力分别相当于 3 艘和两艘前无畏舰。但是用设计委员会成员 J. H. 拜尔斯教授（J. H. Biles）的话说，重要的是，无畏舰的设计表达的是"海军部委员会审慎的判断，现任造舰总监（DNC，菲利普·瓦茨）技术方面的经验，以及设计委员会成员的一致建议"。[33] 1889 年，"君权"级战列舰的设计曾引起巨大争议，时任 DNC 威廉·怀特爵士发表了一段公开声明，也可以在这里作为瓦茨或海军部委员会成员的心声："问题在技术权威和试验数据面前会自行解决。这样海军和国家可能会倾向于接受一个像海军部委员会这样负责任且信息透明的机构，非其中任何一个成员的结论。"

费希尔开始建造全重型主炮战列舰，从而废弃了英国海军原有的战列舰上的绝对优势时，他也开启了一个海军竞赛的新时代，让德国海军有了从零开始的机会。那么无畏舰是费希尔犯下的最大错误还是他天才的体现呢？作者认为是后者。一些海军著名的高级将领也这样认为，如海军上将威廉·詹姆斯爵士（William James）、海军元帅奥斯蒙德·德·B. 布洛克爵士（Osmond de B. Brock）和海军上将弗雷德里克·德雷尔爵士等。[34] 正如费希尔意识到的，无畏舰 1904—1905 年刚刚出现，就为英国获得了领先优势。对这一计划成功的最好证明，就是无畏舰被所有海军列强所接受。也就是说，海军部获得的最真诚的赞美就是各国的竞相模仿。《观察家报》（1908 年 6 月 21 日）嘲讽说："威廉·怀特爵士认为美国和德国，以及其他被愚弄的列强亦步亦趋地复制白厅盲目的错误是极其愚蠢的时候，他肯定成了陪审团中唯一有异议的那个人，而他也会发现其他 11 名成员（陪审团有 12 名成员）是他一生中见过的最顽固的人。"

在技术层面对战列巡洋舰的批评，内容与无畏舰基本一致。同样存在战列巡洋舰是否有作战价值的疑问。例如就她的侦察作用来说，一艘级别逊于它的军舰也能做得很好，因为敌人笃定要赶走那些靠近侦察的舰艇，如果必要，敌人可以使用实力占优的战列舰将战列巡洋舰驱离。在第一次世界大战及之后，都有批评声说费希尔的设计（特别是战列巡洋舰）没有通过实战的考验。首先必须澄清的是，费希尔并没有积极参与战争前夕的舰艇设计工作。他要对无畏舰和战列巡洋舰的设计理念和最初型号的设计负责。在那之后，主力舰及小型舰艇设计的发展主要由第三海军大臣（审计官）和他的部门来负责。英国的无畏舰在防护上逊于德国战列舰，但在日德兰海战中，她们经受住了大战中唯一一次重大考验。尽管有批评说战列巡洋舰为航速牺牲了防护，所以表现得不够好，但她们在福克兰和其他战场上也证明了自己的价值。如果不是弹药舱布置方面的缺陷，以及战列巡洋舰在日德兰海战中承担的角色，有两艘战巡本不应该损失。海战刚刚开始时，战列巡洋舰没有用于为主力舰队执行侦察任务，而这本应是她们的首要任务。相反，战列巡洋舰被集中起来，在远距离上与德国战列巡洋舰交战，这至少不是费希尔设计她们时的根本意图。至于贝蒂是否正确的使用了战列巡洋舰，将在后文中予以讨论。

　　本章已经提及，费希尔的主要改革刚开始就遇到阻力。在头两年，他的反对者并没有撼动他的地位。不过有些时候这些批评也令他抓狂。1905年5月12日，他写道："向上帝起誓，我真想咬他们！如有机会我会这么做！"通常他还是心平气和的，他希望"一个人独处，把挫败感赶走"（1905年5月28日）。在1906年7月的一份会议记录中，他谈及改革中的一些"无足轻重的小波澜"。德国海军武官在报告中称，即使是"他的反对者也认识到他的高效率，并认为他是第一海军大臣的合适人选"[35]。

　　转折点发生在1906年的夏天和秋天，波澜开始于1906年7月27日英国宣布削减造舰计划。但和十月底爆发的风暴相比，这次风波还是微不足道的。

海军内的争议：
费希尔－贝雷斯福德对立

―――――― 第五章 ――――――

军人的首要职责是服从命令，一个现役军官不能在全国到处游走，去挑那些当权者的错。

——贝雷斯福德在伦敦商业大厅的演讲，1893年7月20日

我们必须谨记，反对所有改革的人通常都是那些年纪太大，或者是以他们头脑的接受能力已经不能意识到，在1903年，对管理和体制的要求已经和1803年完全不同的人。

——贝雷斯福德致费希尔，1903年4月

这场争端源于两种强烈意愿以及两种支配型人格之间的碰撞。两种观点虽然背道而驰，但都行得通，因为他们考虑的都是海军和国家的福祉。

——塔普莱尔·多林（Taprell Dorling），《战舰》

1. 新本土舰队

1906年10月，海军部发布了一份备忘录，标志着新本土舰队的诞生。这是自1904年12月开始实施的，将舰队集中在本土水域政策的合理步骤之一。"……我们唯一潜在的敌人是德国，这样自然就能得出结论，即，对舰队布置的要求已经和一年前法国、俄国还是我们最大对手的时候不同了。"[1]就当时来说，和平时期有战斗力的后备役舰艇被编成三个独立的中队，布置在三个本土基地，它们的指挥官就是基地司令。战时，这三个中队将由海峡舰队司令辖制。到1906年秋天，海军部有信心认为核心舰员计划已经成功地通过了测试阶段，于是决定将

三个后备役中队合并成一支舰队——本土舰队,并由一名司令统领。虽然这些舰艇还驻泊在各自的基地,但舰队司令将定期率领她们以舰队编制进行训练和演习。这一方案的目的是增强核心舰员舰队的战斗力。因为如果海峡舰队无法正常巡逻,而敌人趁机发动突然袭击,这支本土舰队就要首当其冲地担负起本土防卫的任务。新的本土舰队仍下辖三个中队,但为了让指挥官在危机时能够采取有效行动,海军部把驻守在希尔尼斯的后备役中队换成现役主力舰中队并调拨给本土舰队。该中队被称为诺尔中队(Nore Division),有6艘满员战列舰,是分别从其他三支正规舰队——海峡、大西洋和地中海舰队中抽调而来的,每支舰队抽调两艘,其实力占本土舰队13艘战列舰近一半。诺尔中队将经常出海训练,并常年处于可以紧急出动的状态。本土舰队的另外两支后备役中队分别驻扎在德文波特和朴次茅斯,跟以前的舰队后备役舰艇相比已经实力大增。而且和以前的核心舰员舰艇相比,本土舰队的后备役舰艇都至少有五分之三的舰员(以前是五分之二),所以她们可以像海军部期望的那样,无须配齐成员就可以出海执行各种训练任务。实际上,这些后备役舰艇可以像诺尔中队的舰艇一样,在几个小时内就做好战斗准备。大西洋舰队和本土舰队将定期在海峡舰队司令的指挥下进行联合演习。依惯例情况是这样的:海峡舰队是英国海军实力最强的舰队,坐镇波特兰,两侧各有一支舰队掩护其侧翼,分别是诺尔中队和驻在比尔黑文的大西洋舰队。

对这样的舰队重组计划,保守党媒体和政客发出了震天的抗议声。他们高呼政府和海军大臣们"背叛"了国家;政府为党派斗争的需要而"牺牲"了帝国安全。很多批评者声称组建本土舰队的唯一目的就是为了省钱。即使是身为费希尔好友的国王秘书诺里斯爵士也认为他做得太过分了。"他有如猴子般精明,让国王相信他的核心舰员舰队只要不沉怎么都行!我想这是与常识相悖的……"[2]

海军部用"近乎备战"(practically ready)的理念取代"即刻备战",招致了一些批评。在批评者看来,这无异于"非备战"。因为(1)本土舰队虽然战时归海峡舰队司令管辖,但平时并未处于后者即时和直接的领导下;(2)新的舰队部署违反了战争的首要原则之一,即在重要地区集中兵力;(3)本土舰队的大部分舰艇只由核心舰员操纵;(4)本土舰队无法通过自行训练或与海峡舰

第五章　海军内的争议：费希尔－贝雷斯福德对立　63

队合练成为有实战能力的舰队；（5）为组建本土舰队，英国的主力舰队，即海峡舰队的实力被削弱了。批评者认为德国舰队处于即刻备战状态，如果两国突然宣战并立即投入战斗，德国舰队能在海峡舰队未及赶到时压倒诺尔中队。

批评者认为要消除损害，就应将海峡舰队和本土舰队合并。海峡舰队缺乏鱼雷舰艇和巡洋舰；而从现代海战的战术要求上来看，本土舰队的战列舰实力太弱。此外，两支舰队应该一直在一起训练。以及，应遵从集中原则，积极改进舰队的备战训练。

反对者得到外交部的有力支持。即使在收到费希尔的书面解释后，外交部仍视舰队重组为一个危险的警报。

指望清醒的人去相信停在本土基地的核心舰员舰艇战斗力和现役舰队一样是极其幼稚的。他（费希尔）无法证明削减现役舰队的实力没有损害海军的战斗力，也不能否认在海外执行警察任务的舰艇将被大幅度削减；而将力量集中在海峡对付连费希尔都认为是遥不可及的德国的进攻，将大大损害英国的海外政策和利益。对此唯一的解释就是节省经费和费希尔想要谄媚自由党。[3]

在费希尔看来，这些都是对本土舰队荒诞无知的攻击。当然他也有众多支持者，他们认为海军部要同时达成经济性和有效性，而且这两个原则可以完美结合。海军部的基本原则是将海军集中在本土水域，而且"因为担心会引起德国的注意，这一进程将低调而缓慢地完成"[4]。新的无畏舰完工后，费希尔也将她们悄悄派往诺尔，并解释说她们无法与老式舰艇协同训练。一支由最好、最快的战列舰组成的强大舰队，以这种安静而未引起德国警觉的方式集中到北海，那里可能就是未来的战场。如果费希尔公开这种意图，并将后备役舰艇和新的无畏舰派给海峡舰队（该舰队一直被视为英国在本土水域的一线作战力量），必然会被德国解读为针对他们的威胁，并因此进一步增加自己的海军力量。总之，这就是海军部的逻辑。另外海军部还有以下考虑：

我们唯一潜在的敌人就是德国。德国可以在几个小时内将全部舰队集中起来对付英国。因此,我们必须能在几个小时内集中起一支两倍于他们的力量来应对。如果我们能把海峡舰队和大西洋舰队一直保持在英吉利海峡(比如诺尔的附近),就能符合上述要求。但是这样既不可行也不适宜,而且如果我们与外国的关系骤然紧张,海军部出于战争准备而将海峡舰队和大西洋舰队派至有利的作战水域,那么外交部和政府会立即因为这一步骤具有挑衅性而否决它。[5]

在这件事上,海军部倒很乐于运用马汉的权威观点,即在和平时期不适宜保留一支庞大的、长期处于满员备战状态的舰队。"必须承认后备役力量在一个战备体制中的地位,因为这是不可避免的。"这一显著的事实是世界上所有海军都能看到的。海军部试图在和平时期将一部分力量组织起来,使其在战时能够以极短的准备时间就加入战列线作战,本土舰队就是问题的答案。这里当然还有节省经费的动机:为后备役舰队配齐人员每年将多花四百万英镑。"但是我们已经非常强大了,为什么在这样坚实的和平环境下多花四百万英镑,来让英国海军保持一种永久性的战争状态呢?"[6]

在舰队重组的最初阶段,费希尔并不打算让诺尔中队在任何情况下独立对抗整个德国舰队。诺尔中队的作用是在战争爆发时立即增援海峡舰队。海峡舰队与大西洋舰队联合起来,可以对德国舰队形成压倒优势(海峡舰队的实力与德舰队相当),但两支舰队经常离开本土水域执行联合巡航或训练任务。在它们缺席的情况下,本土水域就没有一支满员舰队可以使用。但现在,诺尔中队加上本土舰队的其他核心舰员舰艇,就可以对付敌人的突然袭击。事实上,海军部希望诺尔中队"能够在敌人趁其他英国舰队缺席而发动突袭时起到阻滞作用……"[7]

批评者还完全忽视了海军部1906—1907年反复做出的声明,即本土舰队的发展是一个循序渐进的过程。1907年时它还处在初创阶段,1908—1909年才能成为整建制的舰队。海军部拒绝澄清该舰队进一步扩大的本质,虽然在1909年的质询中,海军部声称其意图一直是要让本土舰队最终成为本土水域的一支强大舰队,并要将海峡舰队囊括其中。建立诺尔中队只是实现该目的的一个不引人注意的手段而已。1907年8月3日,本土舰队接受国王的检阅,并进行了带有战略性质的演习,随后舰队从锚地考斯(Cowes)出发并分散。这次亮相证明

第五章 海军内的争议：费希尔－贝雷斯福德对立 65

了本土舰队的效率，也缓和了民众的焦虑情绪。1908年夏天，"无敌"号和其他强大的主力舰加入本土舰队。这使诺尔中队自身的实力超过了整个德国舰队。如果海峡舰队和大西洋舰队不在本土，诺尔中队已可以独立对抗德舰队。这就是海军部的初衷。

将舰队集中在本土水域的下一个阶段是从1909年3月开始的。结果是贝雷斯福德降下了他的将旗，除大西洋舰队外，本土水域的全部海军力量都归于本土舰队，并由其司令统一指挥。前诺尔中队成为本土舰队第一中队；海峡舰队成为第二中队；核心舰员舰艇组成第三中队；"特殊勤务舰艇"（减员的核心舰员舰艇）成为第四中队。而为了让大西洋舰队真正履行它的主要职责，即担任本土水域主力舰队中额外的一个满员中队，它被转移至新完工的多弗基地。大西洋舰队将在本土舰队司令的要求下与之联合行动。但是海军部还在考虑另一个建议，即在有可能获得澳大利亚舰队支援的情况下，将大西洋舰队保留为一支独立的力量。必要时它可以增援地中海而不削减任何其他舰队的实力，也不会引起国际的紧张。如果大西洋舰队成为本土舰队的一部分，那将它调往地中海就会被视为英国海军的正式行动。这样到1909年春天，保卫本土水域的力量是本土舰队（16艘满员和8艘核心舰员战列舰，10艘满员和10艘核心舰员装甲巡洋舰，其中3艘为战列巡洋舰）和大西洋舰队（6艘战列舰和4艘装甲巡洋舰）。

2. 费希尔的"个人准则"及行事方式

1906年，反对者从一开始就抓住机会，再次试图败坏海军部从新训练体制到无畏舰的全盘政策。他们指责海军部的改革存在缺陷，大部分舰艇未处于备战状态，驱逐舰力量与德国相比处于劣势，人员不足，忽视在英国东岸为无畏舰建造足够的岸基设施等。另外还有一些次要的指控未在此列出。"反对者集团"或"不同政见者"（这是费希尔的叫法）在新闻界的领导有：（1）大多数保守党媒体，包括《布莱克伍德》杂志（Blackwood's Magazine）、《国家评论》（National Review）、《每日快报》（Daily Express）、《每日邮报》（Daily Mail）、《环球报》（Globe）、《晨邮报》（Morning Post）、《旁观者》（Spectator）和《标准报》(standard)等;(2)海军专栏记者,如《每日邮报》的 H. W. 威尔逊(H. W. Wilson)、《晨邮报》的军事记者 L. 考普·康福德(L. Cope Cornford)和斯潘塞·威尔金森(Spencer Wilkinson),以及《泰晤士报》的军事记者雷平顿(Repinton)等;(3)部分海军军官,从被费希尔称作"史前化石"的退休海军上将 C. C. 彭罗斯·菲兹杰拉德(C. C. Penrose Fitzgerald)和维西·汉密尔顿(Vesey Hamilton)爵士,到一些现役海军将官,如兰顿(Lambton)、诺尔(Noel)、卡斯坦斯(Custance)、贝雷斯福德和乔治·克拉克(George Clarke),另外还有一些受人尊敬的退役海军将官和专家,如理查兹、埃德蒙顿·弗里曼特尔爵士和威廉·怀特爵士;(4)"所有'贵族'和'社会'大军"(费希尔语),由伦敦德里女爵(Londonderry,第六代伦敦德里侯爵的妻子)牵头。现在除少数以外,反对者并没有攻击费希尔的所有改革,他们对改革中的种种优点和创新也有不同意见。"一个人抱怨新的海军教育体系,但赞同舰队重组和新型舰艇。另一个人喜欢奥斯伯恩学院,但讨厌无畏舰。第三个人赞赏奥斯伯恩和无畏舰,但希望将舰队规模扩大一倍,而且憎恨老旧舰艇淘汰方案。"[8]但是总而言之,这些反对者从骨子里不信任费希尔和他的计划。[9]

站在费希尔一边的,除爱德华国王和一些亲密的朋友外,还有(1)自由党媒体,他们只是对无畏舰计划持保留意见,并担心此举会加剧海军竞赛。一些当代最具才华的自由党媒体人都属于费希尔的阵营。如《评论的评论》杂志(Review of reviews)主编 W. T. 斯蒂德(W. T. Stead),《威斯敏斯特公报》(Westminster Gazette)主编 J. A. 斯潘塞(J. A. Spencer),以及《每日新闻》的 A. G. 加蒂纳(A. G. Gardiner)等;(2)海军记者,如约翰·雷兰德(John Leyland)、阿奇巴尔德·赫德(Archibald Hurd)、杰拉德·法因斯(Gerard Fiennes)、阿诺德·怀特(Arnold White)以及杰出的海军历史学家朱利安·科比特(Julian Corbett);(3)某些保守党媒体,比较著名的有《泰晤士报》《每日电讯报》(Daily Telegraph)和《观察家报》(The Observer),后者的杰出编辑 J. L. 加文(J. L. Garvin,1908年担任编辑)主要负责费希尔的专题新闻,是他的最坚定的支持者;(4)两份主要的军方刊物,《陆海军公报》(Army and Navy Gazette)和《海陆军记事》(Naval and Military Record);(5)大批的海军军官,虽然以年轻军官为主,但也包括

第五章 海军内的争议：费希尔-贝雷斯福德对立

一些著名的高级将领，如乔治·金-豪尔（George King-Hall）和约翰·霍普金斯爵士等。[10] 德国驻英海军武官估计"海军内部费希尔的支持者和贝雷斯福德一样多，虽然后者喜欢通过媒体营造出他比较受欢迎的样子"[11]。

对费希尔的很多指责都涉及他决意要完成的工作的本质。一支军队从长期和平的昏睡中被惊醒，惶恐地发现自己正在吃力地为战争做准备，而那些长久以来的惯例和传统要被颠覆，所以听到由此发出的痛苦哀嚎也不奇怪。就像圣文森特时代那样，所有的保守势力对费希尔群起而攻之是自然的事。重新评估传统和习惯要付出很高的代价，很多海军军官（其中大部分已经退休）从本质上讲都不愿改变。对他们祖辈有益的东西对他们也一定有益，做出任何改变对海军来说都意味着堕落。事实是，皇家海军的每一次改革都会遇到海军内外的反对，反对的强度和改革的力度相关。一个例子就是在上一代人那里，淘汰风帆战舰就产生大量的争议并严重分化了海军。

但是，动荡和反对主要来自费希尔为人诟病的个人准则和改革的方式。前者主要是（1）费希尔背离了海军部委员会管理体制。在这个体制中第一海军大臣只是委员会中所谓"平等的第一"，而现在的"个人秀"是从1904年10月20日管理职责重新分配开始的。第一海军大臣独自负责备战以及舰队作战和出动效率，这是对海军部委员会功能的重新定义。（2）有批评指改革的决定和执行都是非常草率，没有努力赢得海军同僚的配合。（3）费希尔周围的人组成了"费希尔帮"（Fisherpond），对他唯命是从。这将与下面第三条批评相关。

至于对费希尔改革实施方式的批评，主要是（1）改革以一种"大肆宣扬"的方式展开（菲兹杰拉德公开说过："以鼓号齐鸣的方式开展每一项所谓的海军改革"），并且肆无忌惮地使用媒体，这与海军的传统和习惯相背，也伤害了官兵的感情。（2）费希尔在舰队中安插耳目。（3）费希尔视海军为私物，提拔他"偏爱的人和溜须拍马者"，而打压那些不属于费希尔帮的独立军官。

让我们来审视这些严肃的指控。确实，作为第一海军大臣，费希尔就是皇家海军，而皇家海军就是费希尔。海军部委员会开会并不频繁，第一海军大臣通常与委员会成员一一会面（不过请注意，没有规定要求海军大臣和第一海军大臣在咨询某事时要召集委员会或与其成员单独会面）。被采纳的政策都是费希尔的政策，而每一项都必须立即或尽快付诸实施，他不能容忍任何形式的拖延。即使是费希尔的好友伊舍爵士，也抱怨说费希尔"太过我行我素，想管理每一个人。这是他为自己设下的险境和陷阱"[12]。但这种强势而坚决的管理方式总能带动手下和他一起前进，也总会被保守派和拘泥于条条框框的人斥为"独断专行"。海军部在历史上倒是盛产这种"独断专行"的人，这种人具有坚定的目标，并以强大的驱动力促使他们的同事与之一起达成目的。

另外，相信费希尔以一己之力完成改革，或者只得到极少帮助，或者凌驾于他人之上的想法都是极其错误的。其他海军大臣并不是无足轻重，他们也要提供意见。杰利科熟知海军部内部的运行方式，他也是费希尔的坚定拥护者。1915年，杰利科在给第二海军大臣的信中将费希尔与他的继任者们做了比较："自费希尔1910年离开海军部后，没有一个第一海军大臣能和其他海军大臣有效共事。他作为一个传统意义上的第一海军大臣时也是不错的，但我敢说他是最后一个改变这一切的人。A. K. W（亚瑟·威尔逊爵士，1910—1911年任第一海军大臣）在这方面真是令人绝望。"[13] 海军上将培根曾在1904—1905年担任费希尔的海军助理，在那以后多年与费希尔保持着亲密的关系，下面是他对于费希尔行事方式无懈可击的证言：

没有人能像费希尔爵士那样坚持自己的观点，对待争论却又如此开放。对于那些他自己并无把握或不精通的技术知识，费希尔总是持开放态度，直到自己被说服，但一旦被引上可以形成结论的道路，他就变得非常固执……我们记得一些激烈的争论和观点上的冲突导致无法立即做出决定时，对立双方在他面前你来我往地较量，他时而倾向于一方，时而又偏向另一方，这是为了装作倒向一边而激励另一方战斗的锐气，最后的结论形成后他就不会再摇摆了。特别是有一次，他一心想把某个方案立即付诸实施时，一场争论阻止了他，直到一个合理的批评被加注到文件上。那一整天，内部的争论硝烟弥漫，费希尔不耐烦地等待着最后的文件，拿到后他抓起来一口气读完，然后放下来说："好吧，我看这个做不了。"他极度失望，但理性判断压制了浮躁。对那些了解他的人来说，这些细节说明了他是如何驱走所有可以影响他观点的草率与独断意愿……

第五章 海军内的争议：费希尔－贝雷斯福德对立

费希尔爵士在很大程度上依赖于任命委员会来考验他的方案。很多人指责他用赞同他的人来组成这些委员会。这些吹毛求疵的批评者是多么短视！费希尔爵士从来就不想实施注定失败的计划。这样只能有损于计划制定者的声誉和国家利益。他会把那些有关计划可行性的所有观点都拿到委员会上讨论。事实上，我们知道他曾经推迟召集一个委员会来考虑一个他已经倾心两个多月的计划，为的是让一位曾经撰写和表达过对此计划强烈反对的军官加入委员会。但是，当一个方案被决定下来，那么制定细节和实施方案的委员会成员自然是那些支持计划的人。如果让反对计划的人加入这个委员会，就只会造成混乱和拖延。[14]

那么改革的决定是草率做出的吗？绝非如此。改革是经过多年思考而做出的决定，这些思路已经被大量经验所验证。那么，改革是鲁莽实施的吗？我们可以来看一下费希尔是如何对待自己职业生涯的。费希尔知道他的第一海军大臣的任期只有五年，所以他在改革的实施上总是非常急迫而激进。但是他没有意识到要在一支保守的海军中进行一番横扫一切的革命，最终的成功依赖于激励起所有人的爱国主义和团结精神，以及全力以赴的协作努力。他没有尝试说服他的对手，或缓和他们的批评。他对自己和自己的判断具有无限的信心，但这在让他全力以赴的同时也激怒了对手。另外他从不会改变或妥协。"从不解释"和"只有傻瓜才会争论"是他最喜欢用的格言。他最亲密的朋友批评他用极其愚蠢的方式攻击和排斥很多高级军官。伊舍爵士曾请他"有点马基雅维利精神，用精细而不是粗暴的方式去对待那些体现公众观点的敏感的媒体，不管后一种方式看上去有多么诱人"[15]。对于那些劝说他采取冷静和缓和姿态的人，费希尔回应说："如果有人踢我的屁股，我就要去踢他们的屁股。"而结果大多是不幸的。"他把他们全都激怒了，他身上有某种东西能让敌意转化成疯狂。"即使是离任之后，他也毫不悔改："纳尔逊是一个斗士，不是一个管理者或魔术师——这就是一名第一海军大臣应有的形象。"[16] 他给自己选了一个墓志铭——"至死战斗"，这也是纳尔逊手下一位舰长的墓志铭。

为扭转公众的观点，费希尔广泛运用民间报纸。以前采访海军部的记者在冰冷的海军部走廊里等候两个小时后，能见到一位年轻的上校就很开心了，而现在他们却成为费希尔威严的私人书房里的座上宾。费希尔经常亲自送所谓的"弹药"给那些对他友好的海军记者，以支持自己的政策，其中包括一些机密和秘密的海军部文件，目的是引导他媒体方面的盟友，有时这些文件会被邮寄给记者。J. A. 斯潘塞曾记录了费希尔是如何"毫无顾忌地利用媒体……他轮流给每个记者奉上情报，我们则用对他本人及其政策的宣传来回报他，以前从来没有人能从报界获得这些支持，以后也不可能再有"[17]。费希尔有时走得更远，他用一些海军作者代为评审、修改，甚至直接撰写一些重要文件。费希尔特别欣赏科比特，后者在海军战略方面极具造诣。所以毫不奇怪的是，一些新闻记者中的领军人物纷纷转而支持海军部所有的，或者大部分的政策。可以确定的是，他们中的大多数，如科比特（作为海军历史学家，他的分量远超那些记者），是真诚地支持费希尔和他正在尝试做的事。对费希尔这种行为的唯一辩护是他相信，没有媒体的支持他的改革就无法成功。斯潘塞说得不错，费希尔的行为具有"最高尚和最爱国的动机"。简而言之，结果是好的，方法则值得商榷。按常理来说，费希尔与媒体的亲密关系完全违背了海军作为"沉默军队"的原则。很多海军军官及其他人对此都非常反感，他们轻蔑地称这些记者为费希尔的"媒体禁卫军"，并质疑在这种"不健康的氛围"中，如何能存在独立的思考和坦率的批评。

对于费希尔在舰队中安插耳目的指控，事实是这样的。费希尔从不同舰队中获取信息的手段，不光有官方渠道，还有他与一些关系密切的年轻军官的私人书信来往。当时是海军上校的培根就是其中一位。培根是费希尔的热心支持者，也是极具天赋的海军技术专家。费希尔认为他是"海军中最聪明的军官"。培根是海军潜艇部队的创始人之一，也是费希尔设计委员会的成员，还曾担任"无畏"号的第一任舰长。1906年春天，培根在贝雷斯福德的地中海舰队任职期间，费希尔要求他定期汇报舰队的状况。培根向费希尔发出了六至七封极具分量的信件，后来成为著名的"培根信件"。培根后来解释说："我向约翰爵士指出由那些一线军官发现的海军部方案中的缺点，这对海军是有益的……没有一封信中包含了对地中海舰队中任何一位高级和低级军官的哪怕一句批评；除一个例子以外……我也没有提到任何人的名字。"[18] 这种通讯是有先例的。一个世纪

第五章　海军内的争议：费希尔－贝雷斯福德对立　71

以前，巴勒姆爵士在这方面有过之而无不及。他鼓励海军将官和上校们向他发送有关他们上司能力的秘密报告。但是在20世纪的海军，鼓励发送有关上司的秘密报告则是为人所憎的。从1907年秋天开始，海军里就流传着有关培根信件，即舰队里的"间谍"的谣言。后来费希尔未知会培根就把他的信件付印成册，发给几位自己挑选的军官传阅，为的是收集反对贝雷斯福德的黑材料，这引发了强烈的反应。这种行为本身就很可疑，因为那些毕竟是私人信件。1909年春天，培根信件的内容终于被披露了。

　　对费希尔在提拔军官方面"偏袒"的指责并不重要。费希尔执掌大权以前，海军的任命和提拔原则就是利益（家族、军中关系和政治等）和资历，而不是个人优点。费希尔改变了这种原则，强烈反对提拔那些平庸的高级军官。如果说费希尔对什么人有偏袒的话，他是严格地按头脑来选拔人才的。他任职海军鱼水雷学校"弗农"号（HMS Vernon）指挥官时在日志中写道："偏袒就是高效率的秘密。"他的意思是选拔人才的原则是优点、能力和效率。费希尔年轻时就因为能力突出而被上司破格提拔，现在他要给其他人以同样的机会来超越比他们资深的军官，也进一步激怒了他的敌人。但是他不会容忍"傻瓜""蠢蛋"和"先天不足的笨蛋"。"如果我把一个人提拔到他的上司头上，他必须努力证明我没有犯错才行。"

　　当然，费希尔提拔的都是同情和理解他改革的人，尤其是那些被任命到海军部关键职位上的年轻军官。一个权威人物要把支持他想法和改革措施，并能团结协作的一群干将集聚在他身边，这其中还有什么更深层次的原因吗？这些任命是不受私人关系影响的。圣文森特当年挑选纳尔逊去执行最终演变为尼罗河之战的任务时，曾遭到一些高级将领的激烈指责，他回应说："对计划负责的人必须有权利挑选去执行计划的人。"费希尔或许也这样回应那些批评。批评者把费希尔提拔的亲信叫作"费希尔的豺狼"（Fisher's jackals），但他们的确是一群卓尔不群的海军上校，具有聪慧的头脑和丰富的经验，也不会以沉默应对那些不可行的想法。斯考特、杰利科、培根、麦登（Madden）、奥利弗、里士满（Richmond）和亨利·杰克逊（Henry Jackson）都曾是费希尔的助手，这些得到破格提拔的年轻人很多都在1914年占据重要岗位。

那么费希尔没有惩罚过他的反对者吗？他被认为生性有仇必报，而且他确实对那些积极反对改革的人进行了最残暴的威胁。他相信"三 R"原则——"无情、无情、更无情"（Ruthless, Relentless, Remorseless）。"他们的妻子会变成寡妇，他们的孩子会失去父亲，他们的房子会变成粪堆"，这只能算作普通威胁，意味着费希尔会运用权力毁掉这些问题军官的职业生涯。但是费希尔一般只说不做就能达到目的。确实有一些有能力和才干的军官被另一些能更好执行改革措施的人取代了，但如果这些新来者是全心和全面地推行改革的话，那么这种更替就是必要的。另外在他长期的指挥生涯中，无论在海上还是岸上，越重要的指挥岗位，越会交给那些支持他观点的人。在个别情况下，持反对观点的人会走向哗变的边缘。

一个例子就是海军上将杰拉德·诺尔爵士。他虽然严肃而固执，却是名优秀的军官，作为一名传统意义上的老水兵具有很高威望。1905 年 6 月 6 日，担任中国舰队司令的诺尔收到海军部的电报，命令他将手下的 5 艘战列舰立即调回欧洲，以应对一旦俄达成和平协定就会出现的复杂局面。诺尔大胆地直接去电海军大臣，以美国海军在亚洲有 3 艘战列舰为理由挑战海军部的命令。海军部则毫不客气地电告他执行命令。诺尔继续抱怨说调离所有主力舰是"对舰队司令的侮辱"，他试图保留一艘战列舰。考多尔给这位不羁的将军发来一封更犀利的电报："……我认为在我做出前面的回复后，命令应该被顺利地执行，而不应有更多的评论。有关此事项的所有通讯都应该发往海军部委员会而不是海军大臣。"[19] 尽管诺尔这样抗命不遵，之后也强烈反对费希尔，他仍在 1907—1908 年担任诺尔基地司令，并在 1908 年 12 月晋升为海军元帅（虽然哈丁曾散布谣言说"诺尔被任命到诺尔基地，是因为费希尔畏于他没有把柄可抓"[20]）。

这并不是说费希尔就是天使，即使是他朋友们的证言也说明他从不缺乏复仇精神。例如巴腾堡的路易斯亲王（Prince Louis of Battenberg）曾写道："他的确是个伟大的人，他的所有改革都造福于海军。但是他也在海军开启了有害的派别之争……任何人以任何方式反对 J. F. 都会被打压。"[21] 温斯顿·丘吉尔说费希尔"总是以积极行动来配合他激进的宣言……而在他第一次担任第一海军大臣期间，成为亲费希尔派或者'费希尔帮'（海军内部的名称）的一员是受

第五章 海军内的争议：费希尔－贝雷斯福德对立 73

到他偏爱的必要条件"[22]。J. L. 加文就此评论道："如果说他是以平凡、狭隘和个人的方式报复，我认为我们不应该为他下明确的结论。但是我想我们得承认，他的复仇精神贯穿了整个有关海军改革的争论。"[23]

费希尔在这方面并非完全清白，这也是很多当代作者的观点。下面的例子更证实了这一观点。乔治·克拉克爵士曾反对无畏舰计划，并数次干涉海军事务，而这些事务在费希尔看来根本与之无关。为此克拉克遭到费希尔的报复，从帝国国防委员会秘书的位置上被踢到海外任职（1907年）。以下这个具体的事例也可为证。1906年，海军上尉（后来成为海军上将和爵士）巴里·多姆维尔写了一篇名为"理想战列舰"的论文，并获得皇家联合军种学院的论文奖。在论文中，多姆维尔呼吁为无畏舰安装更强大的副炮。费希尔被这样的论调所激怒，从此以后都对多姆维尔怀有敌意。1907年夏天，多姆维尔在"无畏"号上任火炮军官巴托洛梅中校（Bartolomé）的副手。既然多姆维尔不认可这艘军舰上的火炮配置，费希尔不希望他在自己最喜爱的军舰上任职，想把他调往贝雷斯福德手下的一艘军舰。精明的巴托洛梅向费希尔指出，这是要把多姆维尔送往敌人的阵营，他知道这艘人手不足的新军舰上的很多秘密，而贝雷斯福德也反对无畏舰。被提醒的费希尔取消了任命，但要巴托洛梅保证多姆维尔在"无畏"号上规矩行事。另一件事发生在1909年12月，多姆维尔接到命令，从他在希尔尼斯的办公室（本土舰队）赶到海军部面见海军大臣麦肯纳。多姆维尔抵达后被告知，他的名字已经进入拟定晋升的军官名单并呈交海军部委员会，但第一海军大臣说他听力有问题，已安排他做体检并取消了晋升。第二海军大臣布里奇曼质疑费希尔的决定，并认为多姆维尔的听力并不影响他的工作。麦肯纳吃惊地看到两位高级将领在为一名军衔仅是少校的低级军官而争吵，于是通知海军部委员会他要亲自检查多姆维尔。多姆维尔在海军部度过了愉快的一天，并通过了"听力检测。然后这位和蔼的小个子告诉我，他惊讶于我的听力如此之好，而且我应当在年底前获得晋升，但必须对此保密"。费希尔对多姆维尔的打压并没有到此结束，1912年他还恶毒地阻止帝国国防委员会秘书汉奇（Hankey）调用多姆维尔担任自己的助理。后来汉奇派多姆维尔去海军部面见费希尔。两人终于忘掉了过去，会面进行得十分顺利。[24]

有两件事无须争论，一个是悬在非费希尔帮成员头上的报复氤氲。海军上将 H. M. 爱德华兹（H. M. Edwards）曾记得"作为非费希尔帮的成员，如何避开可能令费希尔不开心的风险——我总是小心翼翼，如果在海军部的一条走廊里远远看见他，我会溜到另外一边，以免他露出不喜欢我的样子"[25]。费希尔的复仇心理和举动无疑源于他强烈的爱国主义和为海军献身的精神，后者也是他唯一的兴趣。海军的效率和实力，一声令下即可战斗的备战状态，就是他为之疯狂的目标。费希尔根本不在乎个人的成功。他很乐于接受各种荣誉，包括大量英国和外国的饰物和勋章，他说这些为国家而获得的装饰让他看起来"像一颗盛开的圣诞树"。但是费希尔非常质朴踏实，他本可以从海军正常退休，并从一家大型军火公司得到一个收入丰厚的职位，但他从不会享受巨额银行账户带来的快乐。国家和海军永远是第一位的，他告诉诺里斯："我总是要在国家和海军之间做出选择，大多数情况下我选择了海军。"

此外，可以说费希尔凶蛮的行为对于打破旧秩序而言是必要的。他意识到只有不择手段的强硬才能动摇海军建立在风帆和实心炮弹上的顽固心理，而加强战斗力和积极备战也只能通过扫除那些累赘、无效和无用的东西来实现——"用尽一生与帽贝、寄生虫和水母战斗。"没有哪个"完美的绅士"能够完成他所做的工作——霸道地碾过一切反对者，全心集中于实现目标，毁掉了很多身居高位的人，最后也包括他自己。那个时代需要这种个性，皇家海军和大英帝国都要为此感谢他。

3. 费希尔和贝雷斯福德

公认的"反对者集团"的领袖是海军上将查尔斯·贝雷斯福德爵士（后来成为男爵），虽然他不是真正的主脑。贝雷斯福德具有那个时代最优秀的品行：坦率、开放、时髦、冲动、善言。"他性格上的弱点是爱出风头、虚荣，在道德感上较为肤浅。但另一方面，这些缺点目前尚在可以接受的范围内，他以真诚赢得了海军官兵的喜爱。同时他也是一名爱国者。"[26] 他麾下的官兵都很爱戴和敬仰"查理 B"，因为他的魅力、温和、活力、幽默感，以及永远不变的仁爱和通达，他在英国民众中也受到普遍欢迎。人们不会忘记 1882 年海军炮轰亚历

第五章　海军内的争议：费希尔－贝雷斯福德对立

山大的战斗中，贝雷斯福德率领"秃鹰"号炮艇（Condor）冒着埃及军队的炮火抵近马拉博特要塞（Fort Marabout），与敌军进行了90分钟的激烈战斗，而对方有32门火炮，其中16门是大口径火炮。这次大胆的攻击极为出彩。"秃鹰"号被召回时，旗舰上的官兵向她欢呼并挂出信号："干得漂亮，'秃鹰'号。"贝雷斯福德也因此役被破格提升为上校。人们也不会忘记贝雷斯福德在下院为海军所做的斗争。

但贝雷斯福德在才干和职业成就上没有达到他个人魅力那样的高度。虽然他是个强有力的演说家，但他不善于辩论，而且他的公开演说在结尾总是给听众留下一种死气沉沉的感觉。丘吉尔评论贝雷斯福德晚年在下院的表现时说，贝雷斯福德即将起立发言时不知道自己要说什么，站在那里发言时不知道自己正在说什么，言毕坐下后不知道自己说了些什么！J. L. 加文有一次说贝雷斯福德是"一架大飞艇……有史以来最大的废话篓子"。而德国驻英国海军武官对他的评价是："作为一名爱尔兰人，他有强大的想象力，豪爽的脾气，与生俱来的幽默感，也是天生的空谈家。他是个话痨，喜欢夸张，而且经常偏离事实。"[27] 考波尔还有一次形容他是"不知疲倦的废话狂"。作为一名海军军官，贝雷斯福德非常勤奋，他天生善于管理，并能让手下发挥出最大的潜力，也是一名老练的水手。但他肯定不是一名优秀的战术家或战略家。贝雷斯福德对海峡舰队的指挥在某些方面陈旧过时，他手下的一位军官回忆说："我从未见过如此'像旗舰'的旗舰……所有事宜都要围着司令一个人转，他对各种仪式简直着了迷……我对这段日子的回忆全部被无休止的风笛声、提醒注意的命令和军号声给占据了。"[28] 不管贝雷斯福德的职业生涯如何平庸，他和他的支持者们还是真诚地相信，他能成为比费希尔更优秀的第一海军大臣。

费希尔担任地中海舰队司令期间（1900—1902），贝雷斯福德曾任他的副司令。当时他们就在很多事项上针锋相对了。但真正让他们反目的是几次事故，这里我只列出其中两例。第一个发生在地中海舰队刚刚结束一次夏季巡航时，贝雷斯福德的旗舰长指挥旗舰"拉米利斯"号（HMS Ramillies）在马耳他港锚泊时出错，导致第二分队的入港被耽搁。费希尔大发脾气，发信号命令他的副司令："让你的旗舰立即像个真正的水手一样重新出海并返回。"海军上将查特菲尔德认为这个信号开启了整个的海军大仇目。[29]

培根则认为两位将军的仇恨开始于费希尔被一个特别委员会晋升为海军元帅（1905年12月4日），而这个元帅的位置是为费希尔额外增加的，这样就让他可以再继续服役四至五年来完成他的改革。先前的两位第一海军大臣，瓦尔特·科尔爵士（Walter Kerr）和弗雷德里克·理查兹爵士都因晋升海军元帅而延长了任期，所以费希尔并没有打破惯例。据培根讲，贝雷斯福德已经被内定为下一任第一海军大臣，所以他得知费希尔无意于1906年1月达到年龄上限后退休感到非常失望。[30] 这一有趣的理论后来从考多尔写的一封信中得到证实："他可能已经在某种程度上完成了海军部的工作——并且我相信是无价的成就——但是（1）如果他现在离开会有什么结果？难道在查理B看来这不是一次胜利吗？这样算是一个很坏的结果吗？（2）我们能用谁来代替J.F？……"[31]

在作者看来，查特菲尔德和培根所讲的两件事是最主要的原因。事实是费希尔和贝雷斯福德一直到1906年秋天还保持着正常关系，虽然因为贝雷斯福德反对费希尔的几项改革，两人的关系正渐行渐远。1905年9月，费希尔曾抱怨"那个庸俗自大的混蛋贝雷斯福德写的东西，是我这辈子见过的最纯粹的胡扯。看他写的文件得出的结论就是海军大臣们都是白痴，而贝雷斯福德是一个，也是唯一一个无所不知的人！"[32] 两人正式决裂并搅动整个海军是在1906年，具体说是因为舰队重组计划。在那之后，贝雷斯福德在众多反对者的鼓动下越来越频繁地批评费希尔的改革措施，"反派"领袖的头衔就自然落在贝雷斯福德头上了。他是一个真正的爱尔兰人，生来把以下犯上当作乐趣。1906年底，他的一个兄弟去世，给他留下一大笔财产。这笔意外之财让贝雷斯福德可以闲暇时在格罗斯维纳街（Grosvenor Street）的家中尽情招待宴请那些与他趣味相投的人，并因此成为反对者的中心人物。费希尔注意到："贝雷斯福德说他总是在厨房里忙而无暇聊天。"

在此必须提及贝雷斯福德的副司令，他也曾怂恿自己的主官。卡斯坦斯是一名非常能干的军官，学识渊博，熟读各国海军文献。但是他脾气暴躁，缺乏气量，而且非常古板，对军中所有事宜都会强硬且直言不讳地说出自己的观点。至少费希尔认为，卡斯坦斯对他的敌意中有私人因素。卡斯坦斯"对我极为仇

第五章 海军内的争议：费希尔－贝雷斯福德对立

视，因为我在当第二海军大臣的时候对他（时任海军情报处处长）表达了一些我的不满，打翻了他的苹果车"。[33] 费希尔用他所谓的"卑劣的狡诈"，将卡斯坦斯派往本土舰队担任副司令，他知道贝雷斯福德也恨卡斯坦斯。但费希尔没有想到精明的卡斯坦斯很快就把"查理 B"玩的团团转，这也造成了贝雷斯福德和海军部之间更大的麻烦。卡斯坦斯谋划并将贝雷斯福德推上前台，而后者也是一个从不会在战斗中后退的人。贝雷斯福德的得力助手，舰队参谋长斯特迪（Sturdee）本应让贝雷斯福德专心于自己的事务，可惜他没有这样做，因为他也恨费希尔。这里我们要进一步讨论人的个性能在多大程度上影响历史，而历史学家在评估它对某些事件的影响时却会感到无从下手。[34]

1907 年 4 月，时任海峡舰队司令的贝雷斯福德开始高调反对费希尔。他批评海军部的政策，议论海军部的命令，以粗鲁和反叛的态度就许多话题多次致函海军部，这在英国海军史上是从未有过的。他对海军部和费希尔（他称费希尔为"我们危险的疯子"）的态度为每一位官兵所熟知。他反对建造无畏舰（他称"那种军舰让我们从零开始"），反对舰艇淘汰计划和节省军费的政策。他为公众所知的最大不满是新组建的本土舰队。1907 年 5 月 13 日，贝雷斯福德对海军部称，新的本土舰队"误导公众并将帝国置于险境"。他强烈要求所有用于本土防御的舰艇，无论平时还是战时，都应该归他指挥，这样所有舰艇才能在一起训练和演习。他指责说"以现有的备战情况和组织方式，本土舰队和海峡舰队实际上处于毫无准备的状态。这样在战争的开始阶段，德国海军就很有希望获得压倒性的优势"（1907 年 6 月 14 日）。

1907 年 6 月 5 日，海军部也发文愤怒地回击贝雷斯福德："战争从来都不可能在没有任何紧张关系或外在原因的情况下毫无察觉地突然爆发。如果我们的作战计划必须基于这种紧急情况，就意味着舰队要永久性地保持战时状态……不管怎样，我们总是保持着最高战备状态……舰队比以往任何时候都要准备充分，特别在是动员速度和战斗力方面。"[35]

1907 年的整个春天，贝雷斯福德都要求海军部增强他舰队的实力，特别是小型舰艇。他对海军部的另一个批评是自己没有收到任何作战计划。这一点他并没有错，但海军部的传统政策是向舰队司令下达"作战命令"（War Orders）

而不是作战计划。作战命令只包含一个所需采取措施的概要（海军部笼统的意图），以及紧急情况下舰队司令采取处置措施时需要强调的要点。在作战命令的基础上，舰队司令要基于手下战舰的布置情况制定他自己具体的作战计划，作战计划将下发给各舰检查和确认，根据军舰的实际情况，作战计划可能会有增补。在这一争端中需要指出的是，海军部给海峡舰队的作战命令已于1905年6月24日下达给贝雷斯福德的前任亚瑟·威尔逊爵士。贝雷斯福德确定将上任海峡舰队司令时，包含作战命令的信件被转交到他手中。为帮助他进一步制定自己的作战计划，海军部于4月底交给他一份188页的名为"作战计划"的文件，该文件由海军部起草。文件封面上明确注释着并不要求舰队司令必须执行这些计划："这里的观点和计划（还有材料会不时被加入）绝非必须采纳，因为作战纲领的形成是基于多种考虑，所以这份文件仅具有指导价值。"贝雷斯福德没有理睬文件中的任何方案，而是起草了他自己的作战计划——一份针对德国的"战役计划草稿"——并于5月13日呈交费希尔。这是一份非常特别的计划，需要动用的巡洋舰比皇家海军现有的要多得多，连战列舰也比现有数量多好几艘！他的计划草稿的基础就是1905年海军部的作战命令，而他的目的就是要批评海军部。海军部没有批准他的计划，而是于6月14日给了他一份修改后的作战命令，并取消了1905年作战命令，指示贝雷斯福德根据新的作战命令指定作战计划。而贝雷斯福德发现新的作战命令仍不切实际。

另一项批评是舰队司令应该事先知道，战争即将爆发的时刻他能得到哪些用以增援的舰艇。贝雷斯福德6月27日写道："我绝不可能呈交一份'具体的，用于在战争爆发时针对特定对手和数种紧急情况的作战计划'，除非我知道哪些舰艇能用于执行这些计划，以及在哪里能找到这些舰艇。"舰队司令用这个理由来拒交作战计划是与海军部政策相悖的。

……在任何情况下，海军部都不想让自己或舰队司令处于尴尬的境地，或者用列出可以派出增援的具体舰艇名单这样大量的细节给计划蒙上阴影。通过这种明智的概括性文件，我们的一线司令就不会迷失在不重要的繁文缛节中。用过于精细的计算来给出昨天还不可用而今天就可以指望的舰艇的名单，这种极为脆弱

第五章 海军内的争议：费希尔 - 贝雷斯福德对立

的计划绝不是海军部委员会乐于看到的。[36]

贝雷斯福德6月27日写的信可视为他一系列"不合时宜"和"挑衅性"信件的集大成者。海军部委员会和舰队司令的关系濒临破裂。特维德茅斯建议费希尔与贝雷斯福德面谈，看是否能控制事态，"不再有更多激怒对方的通信"。7月5日，费希尔、贝雷斯福德和特维德茅斯在海军部会面。海军大臣向舰队司令提出了四个问题，其中两个重要问题如下：

（3）"你为什么不努力营造与海军部之间良好和诚挚的关系？"

（4）"你能否向我们解释，为什么说'本土舰队是个骗局，并且对帝国而言是危险的'？"下面是这次特殊会议的一部分文字记录：

贝雷斯福德：……那么这件事——问题3——你得先让我对问题3笑上个至少十分钟……虽然我的观点很激进，但我绝对想和海军部建立诚挚的关系。无论公开还是私下，我都没有说过任何反对海军部的言论……

特维德茅斯：如果你写信给我本人说我们的本土舰队"是个骗局，并且对帝国而言是危险的"，这可不是海军部愿意看到的，而这种话你却重复了多次……我必须告诉你，对海军部第一大臣说他委员会的政策极为重要的一部分是完全无用的，是个骗局并对帝国很危险，我认为这是对海军部不友好的表现。

贝雷斯福德：那是一封私人信件。我们在讨论那些重要的问题时用词都非常激烈……那只是"用词"。如果我们突然投入战争，你会发现那是真实的。如果我通过官方途径指责海军部，或者就此大骂海军部，那将是完全不同的样子……我绝不认为我有违抗命令的意图。我给海军大臣的信件不应向海军部委员会公开，那是一封私人信件……

特维德茅斯：信件没有注明为私人信件，其他信件倒是注明了是私人信件。

贝雷斯福德：……我本应该在上面注明"私人"和"机密"的。

特维德茅斯：我不能把它简单地看作是一次私人通讯，我认为那是一份非常重要的信件。

费希尔：我十分确定你明白我们双方都有意建立友好和诚挚的关系，但如果海军部下属的舰队司令对海军部做的所有事情发牢骚,并且给海军大臣写这样的信,那良好的关系是不可能存在的……

特维德茅斯:我认为对本土舰队如此严肃的指责应该是有坚实依据的。你应该解释它如何是骗局,如何对国家有危险。

贝雷斯福德:那是一个"用词"。我可以把所有细节给你写出来。公众认为舰队能够立即投入作战。你会用什么词?——耽搁不了一个小时:好吧,不是那样。

……

贝雷斯福德:我不想向海军部委员会下命令。委员会有权力——法律赋予的权威,而且只要有法律赋予的权威,它就要负起责任,别人不能负责。它可能会犯错误,但它是负责任的权威——无论公开还是私下,我都只会带着最大的尊重致信给你。

此时从海军部的角度来看,会谈已经完全失败了。"舰队司令对问题的回答是笨拙的抗辩、逃避和闪躲,而且经常自相矛盾。"[37] 海军部就贝雷斯福德6月27日提出的要求做出了让步,他想要"一支足够的舰队,其中对处于备战状态的战列舰、巡洋舰、侦察舰艇和驱逐舰都有具体的要求"。海军部将两艘装甲巡洋舰、两个驱逐舰支队(24艘)和它们的后勤船只调拨给海峡舰队,但没有给贝雷斯福德想要的另外两艘战列舰。7月18日,贝雷斯福德表示满意,"我现在可以在明确的战线上制定作战计划了"。但他直到第二年的6月6日才将修改过的计划呈交海军部。

海军部松了口气之后,在这次争端的结尾提醒贝雷斯福德(7月30日),海军部"总会对高级将领以正常方式表达的意见予以考虑,但海军部不能与下属军官就政策问题展开争论。舰队的战斗单位部署和将被执行的战略计划都只能由海军部委员会来决定"。实际上,事情并没有在7月结束。直到贝雷斯福德任期结束,他一直在就本土水域的舰队组成和部署提出异议。贝雷斯福德后来用作战计划和作战命令的整个故事,来支持他在任职海峡舰队期间对海军部缺乏作战计划的指控,他指出海军部最大的缺点是没有一个研究战略的部门——海军参谋部。

第五章　海军内的争议：费希尔－贝雷斯福德对立

争端越来越多，贝雷斯福德与费希尔的关系也越来越糟。1907年11月12日，他向海军部抱怨过早调走了他麾下三位重要军官：他的参谋长斯特迪上校，他的副司令卡斯坦斯中将和本土舰队驱逐舰指挥官蒙哥马利少将（Montgomerie）。

14. 我注意到部队里有种情绪，认为因为我的缘故使一位军官的任命受到了不公正的待遇。这也许不是事实，但我知道这种印象是存在的，而且肯定是由最近的一些任命所引发的……

17. 从我这里同时调走三位如此重要的军官，将极大地增加我已经负重不堪的工作。他们的调离无助于我提高舰队的效率。这可能不是有意为之，但表面上看肯定有一种试图阻止或拖累我去履行当前国家最重要职责的愿望……

18. 那种海军部一直以来给予高级和优秀指挥官的惯常的礼仪、斯文和客气，在我这里都荡然无存了。

11月21日，海军部很有耐心地回复贝雷斯福德，说他在卡斯坦斯调动的事情上搞错了；斯特迪已经接受了担任一艘战列舰舰长的职务，这对他来说是一种晋升，而这也是贝雷斯福德本人一直要求的；海军部已经在8月7日和21日致函贝雷斯福德，解释了蒙哥马利去职的原因。海军部唯独没有对贝雷斯福德信中的第14段妥协。"这是非常严重的指控"，海军部要求贝雷斯福德提供"具体的证据"（他后来没有提供）。海军部对第17段中论调的态度是"非常严厉"的，并提醒贝雷斯福德"再一次重申，不管是在本土水域还是其他地区，帝国海上防御的责任在于海军部委员会"。海军部也不能理解第18段。"但是在与你的通讯中，作为下级，你上书海军部时不断使用那些他们从未用过的字句，他们发现在回复中保持官方一贯的冷静而不越线已经非常困难了。"

1907年12月9日，贝雷斯福德"严重关切本土水域缺乏非装甲巡洋舰和驱逐舰的问题，并指责说这将给在北海活动的英国战列舰队带来危险，因为德国的驱逐舰可能会在没有被察觉的情况下出动"。海军部对此"强烈地"否认：我们的舰队和我们在其他方面一样，对德国拥有绝对优势；他的言论是"毫无必要的危言耸听"。

贝雷斯福德1907年11月11日撰写了一份备忘录，在圣诞节前他将这份备忘录发给当年10月参与联合演习的，来自海峡、本土和大西洋舰队的军官传阅。1908年1月17日，海军部就这一行为对他进行了申斥。在备忘录中，他宣称海军准将贝利（Bayly）手下的驱逐舰训练很差，而对装甲巡洋舰的使用原则从根本上就是错误的。海军部要求他收回备忘录，并在重新递交前删掉其中最无礼的两段。因为"前者在影射本土舰队司令（布里奇曼）的能力，而后者攻击了海军部现在和以前的政策"。这件事过去之后，摩擦又接踵而来。最严重的是舰艇油漆事件，这是轰动一时的新闻。

1907年11月4日，贝雷斯福德下令停止演习，各舰进行油漆和清洁工作，为即将在斯比得海德进行的德皇检阅（11月11日）做准备。正准备开始一次炮术训练的第一巡洋舰中队司令珀西·斯考特少将极为愤怒，他本来就很痴迷于海军炮术。斯考特接到命令后取消了计划中的所有炮术训练。"罗克斯堡"号（HMS Roxburgh）巡洋舰要求继续训练时，斯考特给舰长发去信号："看起来油漆比炮术更重要，所以你最好回来，赶在8号之前把自己弄得漂亮些。"

贝雷斯福德11月6日听说这事后大为震怒。他把斯考特召到舰队旗舰上，在紧张的气氛中，贝雷斯福德当着卡斯坦斯和弗里（Foley）两位将军的面训斥斯考特，说他的信号"无可救药的低俗，口气自大，以下犯上而且有辱身份"[38]。斯考特非常错愕。他"一声不响，脸色苍白，什么也没说就拖着脚步，缓慢地"离开，返回自己的旗舰"好望角"号（HMS Good Hope）。贝雷斯福德随后电告全舰队，对事件做了简报，并命令斯考特将那条大逆不道的命令从"好望角"号和"罗克斯堡"号的日志中删除。贝雷斯福德因为这条命令而对斯考特大肆羞辱是极不公正的。后来德皇因为天气原因迟到了两小时，根本没有检阅舰队。

11月8日，贝雷斯福德向海军部指控斯考特向全舰队发出了一条命令，对舰队司令进行了"肆意的嘲讽"。这种"公开侮辱"上级的行为招致了"以纪律和服从命令为原则的严厉处罚"，他要撤除斯考特第一巡洋舰中队司令的职务。海军部并不支持这种惩处。海军大臣们已经致函斯考特，表示他们"严重不认同他的行为，舰队所有的军官都应该明白以纪律和良好的秩序来体现对上级完全服从的原则，并依此原则行事"。海军部11月13日将他们的观点告知

第五章　海军内的争议：费希尔－贝雷斯福德对立　　83

贝雷斯福德。但事情并没有结束。贝雷斯福德已经"公开地严厉斥责"了斯考特，海军部也致函批评了他，这种惩罚本已足够。

贝雷斯福德对处理结果非常不满，认为海军部"对如此恶劣的抗命行为仅进行了私下里的告诫"。他继续迁怒于可怜的斯考特，命令他将来只能以书面形式与舰队司令通讯，而且拒绝邀请斯考特参加任何他举办的社交活动，甚至在训练中把斯考特的中队布置在尽量远离旗舰的位置上。

油漆事件很快成为公众热点。很多原本立场不同的媒体，如《每日邮报》《海陆军记事》和《曼彻斯特卫报》，以及其他一些报刊，都认为一个一贯违抗海军部命令的人却因为手下的一次微不足道的违纪而大声抗议，这本身就是很奇怪的事。有些文章甚至走得更远，宣称贝雷斯福德以一个莫须有的罪责在全舰队面前贬低一位下级军官，他拒绝给斯考特解释的机会，诸如此类。1908年1月5日，贝雷斯福德请海军部注意媒体中出现的大量"贬损"他舰队司令形象的文章和说明。他为军纪所限无法回应，所以要求海军部反驳这些指责。但是海军部既不打算重提此案，也不想卷入与媒体的论战。

1月18日，当时格调低俗的周刊《约翰·布尔》刊登了一篇文章，指责贝雷斯福德"骄傲自大"，"自始至终"的目的就是要"羞辱"斯考特，并宣称他已经"证明了他自己"不适于接任费希尔。海峡舰队的每一位军官都收到了一份该文密封的复印本。震怒的贝雷斯福德要求海军部根据这篇"诽谤"他的文章起诉刊物的出版商，并将油漆事件的细节向公众公开。海军部所能做的是允许贝雷斯福德将海军部于11月13日发给他的信件在二月底之前传达给舰队的军官们，这样才使贝雷斯福德感到自尊得到维护，事件也就此结束。

但此事件也导致两个对手之间的仇恨再也无法弥补，因为贝雷斯福德认为费希尔插手了整个事件。而无法将斯考特撤职也是因为费希尔——斯考特是费希尔帮的一员——他也肯定《约翰·布尔》上的文章是在费希尔的授意下写的。"我无疑受到了最肆意大胆、阴险和懦夫式的攻击，而这都是那位来自锡兰的先生授意的。"[39]

油漆事件将贝雷斯福德—费希尔和海军内部的纷争推向了最尖锐的阶段。现在这一将海军高层分为相互仇视的两大阵营的争执再也无法隐瞒下去了。争执双方在海军部和舰队中都有自己的代表人物（还有一批军官持中立立场）。军中那种"兄弟帮"（band of brothers）的传统已不复存在。海军军官们都回忆起18世纪发生在凯佩尔（Keppel）和帕里瑟（Palliser）两位将军之间的激烈争吵。那场争执也造成了海军分裂成两个阵营，而结局是英国海军在美国独立战争中的失败。如今两大阵营都在发表演讲，发行宣传册，用笔名撰写大量文章和信件投往报刊杂志。贝雷斯福德度假时经常出现在各个沙龙和会所，大谈自己对海军中"亲密同志关系"的消失是多么痛惜，宣扬对军中异教徒发动所谓的圣战。"海军俱乐部里充斥着暂时离职的军官和愤怒的气氛，老将军们为那个不能提及名字的人争得面红耳赤。而《泰晤士报》成了军舰上的炮孔，大家都通过它来向对手开炮。"其中也不缺乏幽默的轶事。1908年1月，贝雷斯福德托病不出，为的是把内阁部长和他的支持者们哄到他的床前以示支持。那"简直就是17世纪和皮普斯先生。想想大家看到贝雷斯福德戴着睡帽，他的夫人在床另一侧握着他的手的样子。这就是海军战斗力和国家福祉的写照"[40]。

那么费希尔对这场反对他本人和他改革政策的战争作何反应呢？1907年1月，他已经感觉到他正"站在所有伟大的改革者都曾被引领到的悬崖边缘，而他们最后都摔下去了"。但是像费希尔这样的斗士是不会退出舞台的。他告诉威尔士亲王说他的皮"就像犀牛皮一样，所有带毒的标枪都刺不穿它！"与此同时，虽然当时人们都认为费希尔是个没有感情的人，但他对横加在他身上的攻击仍感到痛心。他曾对一个朋友说："等我退休了，我会写很多回忆录，这些回忆录的名字都将是'地狱——一个曾经到过那里的人著'。"如果不是有一群忠诚的朋友，还有国王的鼎力支持，费希尔可能会被击倒。私下里他们可能也会批评他的行事方法，有时候也会批评他的政策。但是这些忠于他的人，像爱德华国王（他总是告诉费希尔要"保持冷静"）、伊舍、诺里斯，一大批报纸编辑和海军记者，对费希尔的支持从来就没有动摇过。

到1908年初，海军内部的分裂已经对军纪产生了严重影响，在公众的眼中也已无比丑陋，更危及国家安全，以至于所有的媒体都在呼吁停止这种仇恨。贝雷斯福德派停战的条件是对海军部政策进行独立调查。这一要求最早出现在1906年年底，现在才正式提出。反对者为调查建立了一个资料库，所有资料的

第五章 海军内的争议：费希尔－贝雷斯福德对立

结论都是无畏舰计划、驱逐舰和小型巡洋舰的短缺，以及舰队重组等一系列的改革都有损舰队的战斗力，所有这一切都是"灾难性"的。

提出调查的要求无异于火上浇油。费希尔派大声疾呼，认为必须恢复海军的纪律，而唯一能达成和谐的途径就是贝雷斯福德停止抗命和不忠，并全心和忠实地与海军部合作，或者他可以选择退役，如果愿意他可以成为议员，在议会中和海军部的代表继续争论。海军部的立场在给内阁的一份备忘录（1908年1月25日）中表述如下："……海军部不惧怕调查；但如果批准调查的原因是下属通过抗命和挑战权威来质疑海军部的作战政策，那海军部委员会的所有成员都不可能继续履行职责了。"2月，海军部得到首相坎贝尔－巴纳曼的"明确的保证"（费希尔在其他场合曾称之为"书面约定"），不会有任何针对海军部政策的调查。继任首相阿斯奎斯也在4月15日确认了这项保证。

时间来到1908年的春夏之交，事态仍然在趋于紧张。在5月1日的海军学院晚宴上，费希尔坚持要与贝雷斯福德握手，尽管后者尽量躲着他。但是在5月11日的一次招待会上，在国王、内阁大臣和海军军官们的面前，贝雷斯福德拒绝了费希尔伸出的手并转过身去。这一不光彩的举动很快在舰队中尽人皆知。

7月1日发生了另一起标志性事件。演习中贝雷斯福德给斯考特发信号，命令他指挥的第三分队的两列军舰同时向对方转向180度。此时两艘装甲巡洋舰"好望角"号和"阿盖尔"号（HMS Argyll）正沿平行航线行驶，间距1200码。如果执行转向命令，两舰将会相撞。"阿盖尔"号执行了命令，向右舷转向16罗经点（180度）；但是"好望角"号的军官在得到斯考特的允许后，拒绝执行向左舷转向16罗经点的命令，从而避免了另一次"维多利亚"号灾难（1893年）。这造成了极大争议，贝雷斯福德要把斯考特送上军事法庭。海军部则认为有必要首先设立一个调查法庭，来为军事法庭采集足够的证据，海军大臣麦肯纳也认为这样符合海军的利益。而且这样可以暴露更多丑闻，显得贝雷斯福德在这次事件中有恶意报复的动机。贝雷斯福德非常懊恼，他致信海军部（8月27日）说："如果这种公开和悍然的抗令不遵不受惩处，我会很难相信海军部能理解这种违纪行为不仅对海峡舰队，而且对整个海军会造成什么后果……"这一事件当然也被泄露给了媒体（7月7日）。

就在这时,军事专家亚瑟·李发表在《泰晤士报》(7月6日)上的一封信引起轩然大波:"……已经不能否认海峡舰队司令(他将在战争爆发时成为所有舰队的最高指挥官)正在与指挥他巡洋舰中队的舰队司令,或者说与海军部的第一海军大臣冷战……"《泰晤士报》7月8日刊文,坚持认为:

贝雷斯福德必须在屈服和辞职之间做出历史性的选择。这并不是他和海军部委员会分别持有的观点孰对孰错的问题,这些观点涉及他们理解有所不同的政策行为。如果查尔斯·贝雷斯福德爵士处在一个有更多自由和更少责任的位置上,他提出这个问题是无可厚非的。但只要他还在现在的职位上,就不能随便把他对海军部委员会缺乏尊重和有严重分歧的态度,通过官方或非官方的行动向他的舰队或国家公开。

这是一份抓住了问题关键的精彩声明。无论海军部的改革好坏与否,整个海军的职责就是服从和忠于这个高于他们的权威。海军部之外不允许存在业余海军部,也不能像费希尔所说的"角色颠倒"(下级管上级)。

到1908年夏天,双方阵营中有很多人都沉迷于一场"困扰两院"的论战。即使是像奥斯丁·张伯伦(Austen Chamberlain)这样对费希尔极具善意的人也认为,三位当事人都应该离开,而且费希尔的"作用已经消失,他现在的影响力已经是负面的了"。一些贝雷斯福德的支持者也敦促采用激进的解决方案,即同时赶走费希尔、斯考特和贝雷斯福德,这样才能在海军中结束私人矛盾,恢复团结。这个建议确实被部分实施了。海军部8月将斯考特调任他职(这是与贝雷斯福德商定的一部分,得到了他的同意),并允许他继续服役到1909年2月后离开海军。现在,轮到贝雷斯福德了。

阿斯奎斯夫人告诉《评论的评论》编辑斯蒂德,"她丈夫认为费希尔在贝雷斯福德问题上十分无力:如果他们家有两个仆人无法友好相处,他们只能将两人或其中一个开除!"[41]也有分析认为,内阁的松懈和踌躇使问题不能得到迅速而有效地解决。用费希尔的话说,霍尔丹(Haldane)和其他几位找贝雷斯福德谈话的阁员没有意识到他们实际上"是在和叛军调情,和对海军军纪造成无

第五章　海军内的争议：费希尔－贝雷斯福德对立　　87

可挽回的破坏的人做交易"。而且内阁在开除贝雷斯福德方面没有做任何努力。

早在1908年1月，海军部就在考虑解除贝雷斯福德的职务，而且还找到了发生在1795年的先例。当时舰队司令胡德爵士（Hood）未能执行海军部的命令，结果被命令交出指挥权并调任岸基岗位。5月下旬，麦肯纳已经确信为了海军的利益和帝国的安全，必须解除贝雷斯福德的职务。海峡舰队司令和海军部委员会之间的良好关系是至关重要的，而只要贝雷斯福德担任司令，这种良好的关系就不可能存在。7月，麦肯纳试图让内阁同意借1909年初海峡舰队并入本土舰队的时机将贝雷斯福德解职，那也将结束他的海军生涯。但是这一建议遭到了内阁的"强烈反对"。费希尔较早前曾写道："他们对贝雷斯福德'畏首畏脚'，高估了他捣乱的能力和影响力。"[42] 到12月，麦肯纳终于成功了，16日贝雷斯福德得到命令，他将在本土水域舰队重组时（1909年3月）交出指挥权，这比舰队司令惯常的三年任期提前了一年。

看起来海军恢复了平静，但这只是表面上的。爱德华国王曾在8月称内阁大臣们是一群懦夫，因为他们没有开除贝雷斯福德，而他觉得海军部现在这么做也并非明智。也许最好能让贝雷斯福德再干一年，"因为国王担心他现在会生出事端，制造麻烦和困扰"[43]。威尔士亲王也有同样的疑虑。他在1909年1月2日写道："他现在是作罢了，但之后会做什么我们还要拭目以待。他可能会鼓动议会对海军进行调查，天知道还有什么。"[44] 后来证明这两位王室成员的确能明察秋毫。

下一阶段的主题是1909年的海军大恐慌。在贝雷斯福德派的眼中，为费希尔的棺材钉上最后一颗钉子的，就是海军部忽视了建造无畏舰有可能造成这一恐慌，它在新年伊始就如同飓风给了英国一记重击。我们现在就开始讲述德国海军的威胁和1909年海军恐慌的故事。

德国海军的挑战，1900—1908

―――― 第六章 ――――

当前的隔阂不仅仅是海军军备问题导致的，它甚至不是主要原因。德国海军的壮大只是这一顽疾的症状之一。不幸的根源是德国政府和人民的政治野心。

——埃尔·克劳爵士的备忘录，1910年10月20日

在战前数年里，海军问题无疑给英德关系布上了厚重的阴云。除了一些像巴格达铁路这样的小争议以外，我们与德国的关系是毫无问题的，如果不是德国开启的这场令人筋疲力尽的海军竞赛，整个欧洲在下一个十年里都不会有波澜，英国也不必在德国的逼迫下为我们海岸的安全制定庞大的海军发展计划。

——彭斯赫斯特的哈丁爵士（Lord Hardinge of Penshurst），《旧外交》

1. 起源

1900—1905年见证了两国人民和两国政府间关系的逐渐恶化。德国新闻界和许多宣传人士强烈谴责英国在南非进行的"强盗式的冒险"，抨击说英国军队是一伙"雇佣军"，还利用漫画讽刺诽谤英国女王。英国在南非的失败在德国国内引起了阵阵欢呼。德国政府在南非战争中所持的态度本无可厚非，但它趁英国无暇顾及而在其他地区大肆为自己揽取利益的做法却令英国人大为不满，后者对德国人的动机越来越疑虑。总之，满心不快的英国正逐步患上条顿恐惧症。

双方的情绪高涨到如此地步，以至于1901年联盟谈判的结果从一开始就注定了。1901年10月25日，约瑟夫·张伯伦（Joseph Chamberlain，时任英国殖民大臣）的言论又无异于火上浇油，他指责德国军队在1870年普法战争中的行为野蛮残忍。这番言论引起德国人的愤怒声讨。两国政府也因此互相攻讦，导致英国的反德情绪一发不可收拾。1901年11月20日，《泰晤士报》刊文遗憾地说："这种日益明显的仇德氛围开始只是令英国人感到惊讶而不是愤怒，但现在正逐

渐深入人心。"1902年4月，后来在一战中为英国外交立下汗马功劳的西塞尔·斯普林－莱斯（Cecil Spring-Rice）在伦敦评论这种对德态度的"显著"转变时说："外交部内外人人好像都认为世界上只有一个敌人，那就是德国。"[1]

正是在英德关系严重恶化的背景下，德国海军"有征兆"地发展引起英国人的重重顾虑。1898年的德国海军法案将舰队的规模扩大到19艘一级战列舰，8艘装甲岸防舰，12艘大型和18艘小型巡洋舰。该法案将完成这一造舰计划的时间定为1903—1904财年。1900年的海军法案制定了规模更大的扩充计划。到1920年（造舰计划将在1917—1918财年结束），德国海军的主力舰队将有两艘旗舰，四个战列舰中队，每个中队8艘战列舰，另外还将有8艘大型和204艘小型巡洋舰。在海外将有3艘大型和10艘小型巡洋舰。后备役舰队将有4艘战列舰，3艘大型和4艘小型巡洋舰。1900年的造舰计划在悄然迅速、条不紊地进行，相比之下，英国的造舰计划却没有这么顺利。1900年至1905年之间，共有12艘德国战列舰开工建造，而且进度飞快。同时期有14艘战列舰下水，仅比英国少了两艘（未计算英国1903年从智利回购的两艘战列舰）。英国海军专家一致的意见是到1906年，德国将拥有世界第二的海上力量。更可怕的是，德国海军在炮术、训练和人员方面都非常优秀。对一些有见地的英国人来说，欧洲大陆海军力量的中心正在从土伦和布雷斯特向基尔和威廉港转移。

1901—1902年起，英国海军部开始严重关切德国海军的发展。1901年11月15日，塞尔伯恩向内阁递交了一份备忘录，其中的关键一段是：

德国的海军政策明确而连贯。德皇看来已经决定动用国家全部力量来推进德国的贸易、殖民地和其他利益的发展。这必然伴随着德国海军实力的增强，以使其与我国海军的对比较当前更加有利。这种发展的结果就是如果我们与法俄开战，德国将占据主导地位。与此同时，在海军力量方面，德奥意三国同盟与法俄的对比也会与现在不同。那些对德国海军近况了解甚多的英国海军军官也都认为他们的确非常优秀。[2]

塞尔伯恩1902年10月提交的一份内阁文件又向前迈了一步，海军部现在确信德国海军的建设是以对英海上作战为目的的。

越是审视新德国舰队的构成，就越清楚这是为与英国舰队可能发生的冲突而设计的。德国海军的发展不是为了将来在与法俄的战争中占据优势。与法俄的战争结果将取决于陆军和陆地战场，而庞大的海军经费要让德国审慎地削减它相对于法俄的军事实力。[3]

在一份给作者的声明中（1938年），塞尔伯恩进一步强调了这份文件中所考虑的德国海军舰艇的"明确设计意图"："海军部有证据表明，德国建设海军是为了堪与英国海军一战；有限的作战半径，拥挤的居住空间等等，都意味着德国战列舰将用于在北海上作战，而没有其他考虑。"

到1902年，英国政府、海军部，以及大部分英国民众都认为德国舰队的威胁比法俄联合舰队要大得多。1902年10月，德皇在给沙皇的一封信中，自己署名为"大西洋上的海军上将"。这一消息传到英国，被视为德国将有能力挑战英国海军的最新的狂傲声明。1902—1903年冬天，英国联合德国，用海军弹压发生在委内瑞拉的金融骚乱。德国海军指挥官擅自行动，炮击了委内瑞拉的海岸要塞，几乎使德国和美国开战。英国民众再次被激怒，认为这是德国出于侵略目的而发展海军的又一证据。

1904年夏天的诸多事件也凸显了德国海军不断增长的威胁。爱德华国王6月为出席基尔帆船赛而访问了德国。为在他叔叔面前炫耀德国海军的强大，德皇几乎将所有能动用的舰艇都集中在基尔湾。蒂尔皮茨后来回忆，爱德华在检阅德国舰队时"多次以眼神或言语与塞尔伯恩交流……这给我留下了不愉快的深刻印象"[4]。为护送王室成员，英国也派出一些海军舰艇，随行海军军官的报告也证实或强化了德国海军渐具威胁的观点。"狄多"号（Dido）巡洋舰的报告称："虽然他们的军官谈吐非常友好，令他们看起来和善可亲，但总而言之他们的口气和给人的感觉，特别是在岸上的时候，都具有明白无误的反英情结……德国人在动用每一根神经来将他们的海军打造成一架完美的战争机器……他们的军舰无疑都呈现出极佳的状态。"[5]

在基尔的英国新闻记者也对德国海军的发展印象深刻。《泰晤士报》驻柏林的记者6月25日记述了德国海军基地的情景："这一派繁忙的景象向每一个人展示一支新兴海军力量正在飞快成长……而最令人难忘的……是舰队的高度备战状态和官兵们无尽的精力。基尔中队总是处于繁忙的训练中。"《泰晤士报》7月1日总结说"没有哪个幽灵能像德国入侵那样萦绕着我们;可以感觉到我们的责任是要密切关注德国海军,研究其可能的战略目的,这种感觉丝毫没有因我们在基尔所目睹的景象或者听到的所谓保证而减少。"其他一些报纸更加敢言,例如《圣詹姆斯公报》6月25日报道:"有备则无患,这种竞争性的持续扩军只有一个目的——就是要在某一天与我们决斗。"

基尔盛事结束两周后,一支德国海军舰艇中队受爱德华国王之邀访问普利茅斯。但是德方受到英方的冷待。德国大使7月12日向柏林报告:"大部分报纸将我们舰队的每一步发展都视为对英国的威胁。很多人叫嚣,德国海军对英国水域奇怪的频繁访问,目的就是让德国海军部获取英国舰队的海岸防御情报。德国舰队在普利茅斯的出现,提醒大不列颠必须拥有足够的武装,保持绝对的海上优势。"[6]这是对英国媒体观点的绝妙总结。

同时宣布的一项仲裁条约的签署也只获得寥寥掌声。对《环球报》(7月13日)来说,这只是"德国舰队这一严峻事实以外的'无关紧要的事'"。就连态度温和,对条约赞赏有加的《曼彻斯特卫报》(7月14日)也担心英德之间的敌意"源于太多方面,太刻骨铭心,这么一份轻描淡写的协定根本产生不了什么影响"。

7月,奥古斯特·涅曼(August Niemann)的小说《世界大战:德意志之梦》的英译本在英国出版,小说的名字被改成《对英国的征服即将来临》,其内容显示出"德国对英国明确的敌意"。这本小说在德国很快就卖掉了25000册。书中描述了一个针对英国的法俄德同盟,该同盟的目标就是建立世界新格局。作者设想俄国进军印度,而德国军队则在没有受到英国舰队拦截的情况下顺利登陆苏格兰,一支法德联合舰艇中队在英国的弗拉兴(Flushing)外海击败了皇家海军。法俄军队在英格兰登陆,而德皇以胜利者的姿态进入伦敦并主导了和平条约的制定。战争中英国大部分海外殖民地均告投降。英国译者说:"此书的意义和立场都是明显和重要的。"也是从1903—1904年,英国的作家开始编写德国入侵的故事。最著名的是 1903 年夏天出版的厄斯金·柴尔德斯（Erskine Childers）的小说《沙岸之谜》。这部战争小说幻想英国海峡舰队被骗离本土，而英国随即受到了来自弗里斯兰（荷兰—德国的北海沿岸地区）的突袭。这部作品是以后几年中众多流行的入侵故事的鼻祖，它们的目的都是提醒公众注意德国的威胁。

这一系列事件的结果就是在 1904 年下半年，人们都在谈论英德之间不可避免的战争。而就在此时，费希尔成了海军部的掌舵人。

2. 摩洛哥危机

1904 年英法协约的签订，使得法国海军的压力不再是海军部计划中的基本因素，现在可以腾出手来对付北海出现的危机了。但是在协约签订之后一年多的时间里，海军部仍在暗中计算法国海军的实力和布防情况。原因之一是日俄战争令英法关系一度紧张。尤其是在 1905 年 4 月，法国为取悦自己的盟友，有意曲解中立法，允许正在赶往远东的俄国波罗的海舰队使用印度支那的金兰湾。此时如果英德关系没有进一步恶化，德国海军还不会成为皇家海军无可争议的头号对手。但这种情况在费希尔入主海军部的第一年就发生了。

1904 年 10 月 22 日，就在新任第一海军大臣的椅子还没有坐热的时候，一出令人愉快的滑稽剧上演了。沙皇的波罗的海舰队刚刚开始它不幸的远航，就在多戈尔沙洲将来自赫尔的英国拖网渔船误认成日本鱼雷艇而开炮射击。几天之内英俄两国几乎开战。海军部派舰艇跟踪俄国舰队，直到他们离开英国水域，还为摧毁这支"发疯的舰队"（《海陆军记事》毫不客气地这样称呼）做了其他准备。指挥海峡舰队的贝雷斯福德在直布罗陀外海毛手毛脚地总想制造擦枪走火的机会。俄国黑海舰队也试图通过达达尼尔海峡进入地中海，虽然这样做违反了有关国际条约。11 月 3 日，危机结束了，尽管为阻止俄国黑海舰队与波罗的海舰队会合，（12 月 9 日在帝国国防委员会）英国首相仍将与俄国开战作为选项之一。直到 1905 年 5 月 1 日，海军情报处的奥特利（Ottley）还认为"明年八月前我们极有可能与法、德、俄同时开战"。第二天海军部委员会与首相会面，鉴于远东不确定的海上局势，英日可能发生的尖锐利益冲突，以及英国与欧陆三强的紧张关系，决定取消原定在 6 月 13 日前开始的年度"大演习"。因为演习需要将舰队分散，而不这样做被认为更加明智。事态在对马海战和朴次茅斯和平会议之后得以平息。

日俄战争使英德关系更加紧张。英格兰盛传说所有麻烦背后都有德国人，他们试图离间英国和法俄的关系。连海军部也相信这种幻像，"情况看起来很严重，肯定是德国人在背后搞鬼……""和平似乎在今夜得到了保证，但没人知道以后会怎么样，因为德皇正在绞尽脑汁地策动一场我们与俄国的战争。"[7]

1904—1905 年冬天，德国国内的战争恐惧也在增加。德国政府非常担心英国会对德发动突然袭击，因此将部署在远东的舰艇调回本土，并取消了海军人员的圣诞假期。英国新闻界的一些文章，在本土水域集结的英国海军（在德皇看来是直接针对德国），以及英国海军圈子的闲谈中也都有这样的恐惧。后者包括一些相关人士在公开场合轻率的谈话。1905 年 2 月 3 日，海军部平民大臣亚瑟·李（Arthur Lee）宣称要对付德国，皇家海军"将在对方来得及在报纸上读到宣战新闻之前就先发制人"。这种危机感在 1905 年 11 月有关无畏舰建造的消息化为英国入侵德国的谣言时达到高潮。当时德皇甚至动员部分舰队并召回了驻英大使。皇帝非常生气，"我这么一个在 20 年里为和平竭尽所能的人，竟然在所有场合都受到了如此屈辱的误解。有十年时间我不得不面对德国媒体的诘难，因为我对英国太过友好了；同时我又不得不面对英国媒体的攻击，因为我是一个德国人"。他愤怒地抨击英国媒体的罪恶宣传，点名了《国家评论》《泰晤士报》，尤其是《每日邮报》，以及"伊格诺特斯"（Ignotus）、"卡尔查斯"（Calchas，J. L. Garvin）以及此类作者撰写的"诽谤性文章"。[8]

费希尔对战争的看法，简而言之就是为结果不择手段。他总是在谈话中描述战争残酷的本质。人们经常引用他 1899 年参加海牙和平会议时说的话："战争是可怕的。战争中的人性！你还是谈谈地狱里的人性吧……好像战争还能是文明似的。"现实中费希尔并非嗜血成性的人，他性情平和，而且坚信战争是人类最愚蠢的行为。但是他呼吁一旦战争爆发，就不能以软弱的方式进行。"我在和平时期唯一的目标就是完成这一计划（指 1904 年的舰队重组）！因为如果你在本土和海外竭尽所能令每一支部队都处于临战状态，而且能先发制人，首

第六章　德国海军的挑战，1900—1908

先重击敌人的软肋，在他倒下后再踢上一脚，然后把俘虏浇上油点着（如果你能抓到俘虏的话！），最后踩躏他们的妇孺，别人就再也不敢惹你了。"[9] 换句话说，像他经常表达的那样，英国舰队的职责就是"先敌打击，予敌重击，持续打击"，在这样的倾力攻击下敌人就会被击溃，国家也会免于陷入旷日持久的、没有结果的战争泥潭。

费希尔发动一场预防性战争的"计划"应该可以证实这种沙文主义倾向。在与一些密友的私人谈话中，费希尔提出效仿他心目中的英雄纳尔逊在1801年面对丹麦舰队采取的行动，在德国舰队变得更强大之前实施"哥本哈根"计划。实际上费希尔混淆了1801年纳尔逊击败丹麦舰队的哥本哈根海战和1807年海军上将詹姆斯·甘比尔（James Gambier）迫使中立的丹麦舰队未战而降的哥本哈根之战。1904年末和1908年初，费希尔至少有两次在兴致很高的情况下向国王提出了这一建议。第一次国王的回应是："我的上帝，费希尔，你一定是疯了！"第二次国王似乎接受了这一计划。[10] 1905年5月或6月，据说费希尔向考尔多爵士（Cowdor）建议："爵士，如果你想粉碎德国舰队，我现在就已经准备好了。如果你再等五到六年，那时就会困难得多了。"海军大臣曾向首相鲍尔弗转达过这一建议。首相也曾对费希尔说："我们不想粉碎德国舰队——但要保持备战状态。"费希尔回答说："好啊，别忘了我警告过你的。"[11] 尽管有这些证据，但当代研究者认为费希尔从来没有认真考虑过这种计划。他也曾在《回忆录》中哀叹，"在我们这儿掌权的即不是皮特也不是俾斯麦"，因为他意识到当时的英国政府不可能采取这样的行动。海军部未考虑过这一计划，它也未出现在费希尔时期的海军战略中。

遗憾的是，就像历史上经常发生的那样，传说总是比事实分量更重。以德皇为首的德国军政要人们真的相信费希尔在计划进攻德国，这种想法也被英国报纸和私人演说中时而出现的预防性战争计划所强化。[12] 这也能解释为什么1904—1905年间很多德国人对此神经过敏。而且这种想法旷日持久，德皇1906年6月对英国驻德国海军武官杜马上校（Dumas）说："你知道我们的军官认为约翰·费希尔爵士的最大目标就是和我们开战。"杜马在与诸多德国海军军官和权威人士交流之后报告说，德国人对英德战争的恐惧是"非常真切的"，同时德国人真诚而迫切地希望双方和达成和解。一份海军部收到的非官方来源的报告称："德国人最担心约翰·费希尔爵士,视他为英国最有权力的人,认为他倾向于在德国海军过于强大之前就将其歼灭。而且德皇也同意这样的看法。"[13] 1907年初,"费希尔来啦"的说法曾在基尔当地引起恐慌,吓坏了的家长连续两天都没让孩子去上学,柏林的股市也一片惊恐。数年后,德国海军大臣缪勒上将(Müller)向英国大使说起费希尔,"这个爱胡闹的坏蛋想把一场对德国的'特拉法加'海战当作自己离开海军部的纪念品,这样他就会以'赫尔戈兰的费希尔勋爵'而名留青史"[14]。

俄国在远东的惨败给了德国一个在英法同盟得以巩固之前将其击破的机会。显然是因为法国在摩洛哥未能与德国抗衡,在对法国采取一次外交攻势时,德国政府受到了将军们看法的鼓舞,后者相信法国并未准备好进行陆上军事行动,英国即使实施军事援助也会成效甚微。德国的想法是通过羞辱法国,让英国看到这个盟友根本没有利用价值,或者像英国驻巴黎大使说的那样:"向法国人民宣扬英国对他们没有任何用处,投向德国才是更好的选择。"[15] 德皇在丹吉尔侃侃而谈,支持摩洛哥的独立(1905年3月31日),触发了摩洛哥危机。德国的压力还迫使法国外交部部长德尔卡塞(Delcassé)在6月6日辞职。但这并没有结束危机。德国要求召开有关摩洛哥地位的国际会议,而法国7月1日也被迫同意了这一要求。

德国的策略不但没有破坏英法友好关系,反而令它们结成了事实上的同盟,因为德国的计谋已经被英国政府和公众识破。而在危机中,海军部也非常担心德国在摩洛哥海岸的活动。费希尔坚持认为德国在摩洛哥大西洋一侧海岸获得加煤站对英国将是灾难性的,因为这将大大增加途经好望角英国商业航线的危险。"我确信德国无论如何也要占据摩洛哥的一个港口,我也确信从海军的角度来看,他们获得这样一个港口对我们必然是极为不利的,会引发一场战事。除非我们能获得丹吉尔,这样才可能(只是可能)让双方打成平手。"[16] 鲍尔弗则认为,就算费希尔和海军情报处长(奥特利)的假设成真,也不一定会是灾难性的。但是外交大臣兰斯当和费希尔的观点一致,他准备让英国和法国站在一起"坚定地反对德国在摩洛哥获得港口的企图"。但是他的继任者爱德华·格

第六章 德国海军的挑战，1900—1908

里爵士（Edward Grey）却没有这么大的热情去反对德国。他甚至想用海军基地的议题来和德国做交易。他向首相承认：

> 我发现德国人试图在世界上多处地方占据煤站或港口，我们也试图在每一处阻止他们。我不是海军战略专家，但我怀疑阻止德国人在远离他们基地的地方获得港口的重要性；或者将来某个时候，我们会承认阻止德国人获取这样的港口并非英国政策最重要的目标，这样做可能对和平大有好处。也许事实表明，德国在摩洛哥的大西洋一侧获取港口将是解决摩洛哥会议中种种难题的手段……将一个港口让与德国，有一天可能会成为我们在外交方面打出的一张有奇效的牌。[17]

摩洛哥危机对英法关系产生了直接而深远的影响。德尔卡塞在被迫辞职前公开宣称，他相信大不列颠已经建议法国签订一个正式的联盟协约，并准备在法国受到德国入侵的时候援助法国。此时，英国在该问题上到底给了法国多少承诺令不少历史学家感到迷惑。英国到底有没有明确承诺要与法国结盟呢？答案是否定的。现代的研究者们都没有找到证据支持德尔卡塞的声明，即英国向法国保证将向石勒苏益格派出一支十万人的军队，或者封锁易北河，虽然后者曾是英国陆军部战略的一部分，而前者在费希尔的战略中占据了显著位置。[18] 不过，"虽然英国对结盟的承诺并不存在，但当时的局势无疑已经发生了变化，第一次出现了英法结盟对付共同敌人的可能性"。[19]

可能性不仅已经出现了，而且正在向现实迈进。毕竟，就像兰斯当警告德国驻英国大使的那样，如果德国轻率地发动对法战争，很难说英国政府能够在多大程度上承受公众的压力。[20] 此时出现了一份很有意思的海军部文件，为结盟问题提供了端倪，文件的名字是《英国在德国入侵法国时的干涉行动》。文中透露费希尔1905年6月24日命令海军情报处处长起草以下两份文件：（1）"在需要支援法国的突发行动中调遣现有舰队的可能性"；（2）对德国采取海军行动时舰队的部署。事实是1905—1906年，海军部、陆军部和帝国国防委员会都在考虑可能发生的英法联合与德国交战的战略。[21]

1905年12月至1906年1月，英法两国军方的参谋人员进行了非官方的，无约束力的军事交流。可兹证明的是,早在鲍尔弗任首相时,两国海军就开始了非正式的交流。我们知道费希尔很早就想和法国海军建立亲密的合作关系。的确,当时他给人的印象是很想做给德国人看。"这看起来是个联合法国打击德国的黄金时机,所以我迫切希望你能提出此项(结盟)事宜……最好是你能给巴黎发一份电报,告诉他们英法海军是一体的。这样我们能在一夜之间抓住德国舰队,占领基尔运河和石勒苏益格—荷尔施泰因。"[22] 伊舍则清楚地感到"费希尔发动战争的危险性比德皇还要高",虽然他不认为费希尔有那么草率。[23] 1905 年 6 月 26 日,海军情报处长奥特利在回复费希尔 24 日提出的要求时说:"在通过结盟获得压倒性优势之前,最好能与法国海军的指挥层交换意见,以免出现误解和混乱。"这说明当时两国海军还没有开始交流。双方的接触可能开始于当年七月。我们现在确定,1905 年,在兰斯当的主导下,"法国海军武官已经在不相互承担义务的前提下与费希尔进行了非正式会晤,讨论一旦德法开战,我们所能提供的援助"。[24] 此事可以从格里 1906 年 1 月 15 日发给驻法大使的公函中得到证明:"在对战争做小心谨慎的准备方面,费希尔似乎在很久以前就和法国海军武官打交道了,他无疑有了全套的海军计划。"[25]

这一切似乎给人以一种英法两国海军关系非常和睦亲切的印象。实际上,不管费希尔在 1905 年与法国海军军官接触的范围和性质如何,他在 1906 年初关键性的几个月里采取的是完全不合作的态度。[26] 这是他基于以下几方面考虑的结果。首先,他确信战争不会发生。另外,他总是对作战计划保密,倾向于私下里和海峡舰队司令威尔逊协商安排。还有就是他相信英国海军能独自完成使命,而法国舰队只会碍事(费希尔在整个危机期间都不信赖法国)。当然,这也是英国海军传统的精髓所在。英国对联盟和盟友的不信任可以追溯到第三次英荷战争,1673 年 8 月的特赛尔海战(Battle of Texel)中英法联合舰队中法国指挥官的碌碌无为。另一个导致英国不信任法国海军的特殊原因是,法国海军从 1902 年开始已经衰落,到 1905 年,法国海军已经沦落到欧洲第三,舰艇的建造效率极其低下。法国主要靠战列舰方面的优势来对付德国,但他们的前无畏舰已经大大落后于对手。大部分战列舰吨位过小,只有 6000 至 8500 吨,根本不适用于 20 世纪的海战。连法国自己的海军将领在谈及这些小型战列舰时也

第六章 德国海军的挑战，1900—1908

都表示不屑。一位法国海军总参谋长（相当于英国的第一海军大臣）曾不无讽刺地评论道："两个体衰的男人永远比不上一个强壮的男人"。法国新型装甲巡洋舰的设计也很糟糕。她们的舰首低伏，耗煤量大机动性却不好。舰队中充斥着对火炮型号繁复和火药质量低下等诸多问题的抱怨。法国海军状态不佳的原因之一是海军部长更换频繁，无法形成稳定的海军政策。直到1908年，法国海军仍然没有起色。

费希尔认为，英国海军在任何情况下都能独立作战。1906年1月2日，他向法国海军武官吹嘘说，如果英国与德国开战，后者很快会就发现自己已经没有一艘舰艇，也没有一块殖民地了。在法国能提供的帮助里，他唯一感兴趣的是驻扎在敦刻尔克的法国潜艇与驻扎在多弗的英国潜艇的合作。海军部没有说明与法国舰队联合行动的计划，也没有向法国人透露有关这方面的任何考虑。费希尔甚至不同意为基本的预防性措施制定一个供双方确认的信号代码，或者就双方舰队联合作战时的通讯做出安排。双方从来没有真正交换过意见，也没有战时联合行动的具体计划。在1908年的波斯尼亚危机中，以及1911年8月至9月的阿加迪尔危机中，两国海军部就双方舰队在战时的角色问题曾有过沟通，但没有具体内容的记录。直到1912年，费希尔和对此同样没有兴趣的继任者威尔逊退休之后，英法海军的合作交流才真正开始。

回到1905—1906年的冬天，作为最后一根救命稻草的费希尔拒绝参与在法国领土上与法国展开的军事合作。1906年1月12日，帝国国防委员会批准了陆军部的一项计划。该计划将在德国入侵法国而英国被迫参战的情况下，在14天内将十万英军送到海峡对面的法国港口。费希尔拒绝参与运兵行动中海军部分的计划制定，负责运兵航线的安全会成为海军的"负担"，海军希望到远海作战。费希尔非常倾心于一项两栖作战计划，就是在石勒苏益格—荷尔施泰因地区登陆。而法国对此根本就不热心，他们希望德国违反中立条约时，法军能在比利时得到英军的支援，或者就部署在法军的左翼。费希尔在这一时期的态度激怒了克拉克，他斥责道（1906年1月21日）："在这个糊里糊涂的国家里想把任何一件事情办好都很难。"陆军将领们也都受够了费希尔，陆海军的关系从此闹僵，一直到大战前夕。

到1906年春天，与德国开战的可能性逐渐褪去。到四月份，对战争的准备松懈下来，在阿尔赫西拉斯会议（1906年1—4月）上，摩洛哥危机在经过一番努力后终于结束。但就在这个月，奥特利写道："欧洲的风暴中心已经从地中海转移到了北海。"

3. 动机

1905—1906年的冬天出现了两个重要性无法估量的因素：首先，"英法协约被放进炼炉中接受考验而没有褪色……虽然双方并没有正式结盟，英国也没有许下秘密承诺，但英国将在法国遭到德国进攻时向其施以援手已经是共识。其次，在多年的孤立政策之后，我们已经将一个危险的对手转化成一个强大的朋友"[27]。英法在阿尔赫西拉斯会议上的密切合作也进一步强化了同盟关系。另外，德国海军的威胁在英国看来已经成为既定事实，除1909年的海军恐慌时期以外没有太大的变化。

一些媒体（尤其是《国家报》《旁观者》杂志和《威斯敏斯特公报》）和一些政界人物，主要是自由党的说客，试图淡化德国的侵略性战略，贬斥那种只要其他列强发展一点海上力量就是针对英国的习惯性思维。只要英国维持两强标准，就没有必要去刻意仇视某一国家并针对其采取行动。德国发展海军的意图是防御性的，所以英国没有必要咄咄逼人。

而坚持大海军主义的媒体却反复宣扬，德国海军的功能从法理上讲绝不是防御性的：它不是为保持海路畅通，从而确保德国从海外输入粮食，因为如果有必要，德国可以从陆路获得粮食；它也不是为了对付俄国，因为后者的海军已经沦为三流水平；它也不是为了对付法国，因为德国陆军完全可以碾压法国；它也不是为对付美国，因为德国战列舰有限的作战半径使其无法远离本土水域。很多证据表明德国主力舰队将集中在北海，背后还能获得一支庞大陆军的支持。德国发展海军只为挑战英国的海权，英国外交部、保守党和自由党中的帝国主义政客都持这样的观点。而且自由党首相阿斯奎斯"给了格里一些演讲方面的建议，要点是除用于进攻目的外，这里没有人能够理解德国为什么需要，或者将如何使用它的21艘无畏舰。首要目标就是我们。显然根本没必要用这样的舰队来保卫德国的海岸线，也不会是用来保卫自己的海上航线，后者主要是巡洋舰的功能"[28]。

另一方面，皇家海军作为一支防御性的海上力量，不对任何其他列强构成威胁。因为英国没有一支强大的常备陆军，无法对其他列强发动入侵行动。格里曾经精辟地总结了英国的地位："如果德国海军的实力超过了我们的海军，德国陆军就能征服我国。而德国就没有类似的危险：因为不管我们的舰队多么强大，海上的胜利也不能让我们靠近柏林。"[29]

德国对自己的海军政策有一个简单的辩解。无论是公开还是私下场合，德皇和他的大臣们都不厌其烦地反复强调德国的海军并非用于进攻，德国的殖民地、船运和海外贸易都有了相当发展，所以有必要建立强大的海军来保卫这些利益。海军扩张还有一个并未大肆公开传播的次要动机，即强大的海军是德国外交政策的必要附件。海军既能加强德国作为其他国家盟友的价值，又是强有力的外交手段。德国的海军，加上它强大的陆军，将使其在世界上发挥主导性的影响。德国会将压倒性的海军力量用于外交和——如果需要的话——军事领域，正是这一点困扰着英国政府、海军部和公众。鲍尔弗是个不会被轻易吓到的人，他以下的这段发言就总结得非常到位（他在1905年12月至1911年11月间担任反对党领袖）。

就个人而言，我是最不愿意相信德国恐惧症的人之一。但是，现在我也不能抗拒这样的结论，即每一个德国人都认为"英国是敌人"；一些头脑清醒的德国人可能还承认德国无法独自在海上与英国对抗的同时，德军参谋部——更糟糕的是，日耳曼民族——认为当下的时代要逼迫他们祭出最强的力量，去迎接那些和德国本不相关的挑战，那就是扫除挡在他们主宰欧洲，或建立一个庞大殖民帝国道路上的唯一强国，而迎接这一挑战的时机已经来临。[30]

抛开一些危言耸听的警告（比如德皇有建立泛日耳曼国家的疯狂合并计划），清醒的英国人也担心德国在近东、中国、非洲，特别是在海峡对面的丹麦和低地国家的扩张。莱茵河口，加上马斯河（Meuse）与埃斯科河（Scheldt）的入海口，对德国的海军、陆军和国家经济都极具价值。德国缺少港口设施来容纳它的军舰,基尔的位置很差,而威廉港是一个人工浅水港。德国的这些目标肯定会遭到英国的反对,因为这些目标的实现将完全冲破英国外交政策的底线,打破欧洲列强的平衡,同时会让英吉利海峡最窄部分的对面出现一个最强大的敌人。"如果德国要成为欧洲大陆的统治者,不列颠就要成为站在盎格鲁—萨克逊民族最前沿的哨兵。英国将不得不时刻准备迎接战争,夜以继日地警惕着那强大而富有侵略性,并且试图征服欧洲大陆的陆军和海军。英国也将不得不准备第一个接受德国强大的事实和突然的入侵。"[31] 外交部的高级文员艾尔·克劳警告说:"一个国家集最强的陆军和最强的海军于一身,这将迫使全世界联合起来,用一致行动来摆脱这一梦魇。"[32] 简而言之,英国相信德国海上力量的任务不是确保自身安全,而是为德国建立世界霸权服务。

1904年以后,越来越多的英国官方和非官方人士都相信,德国海军持续发展的终极目的,就是合适机会甫一出现,如果有希望获胜的话,就与英国皇家海军一决高下。格里同意那些在公众中流传的危言:"如果德国舰队强大到足够向我们挑战,我们就应该在战争和外交羞辱之间做出选择……我不是说那是贝特曼-霍尔维格(1909年后继任比洛成为德国首相)的目的或是他所希望的,但我们必须强加给他。"[33]

那么皇家海军就必须为那场战争做准备,越来越多的英国人认为这已不可避免。"……人人都确信我们和德国终将一战,原因只有一个,那就是德国不打一仗就无法扩大它的贸易。"[34] 费希尔不断用强烈的措辞将这种观点灌输给国王,爱德华"可以感到他强辩时的威力"[35]。伊舍爵士是费希尔和国王的密友,也是爱德华当政时期在幕后对英国国策最有影响力的人之一,他在1906年9月就确信"德国是敌人",同时"在不远的未来,可以预料在德国和欧洲之间会有一场决定谁是霸主的巨人的碰撞。1793—1815年的动荡将再次上演,但这次试图统治欧洲的是德国,而不是法国"[36]。一年之后他又说:"德国即将与我们在海权和贸易地位方面展开竞争。它渴望海权,并要把贸易推向全世界……它必须为不断增长的人口寻找出路,它需要庞大的殖民地,并将其并入德国。而这些殖民地都在英帝国的范围内。因此,*德国是敌人*。"[37] 这也是当时英国外交思想的基石。

海军竞赛背后是英国的条顿恐惧症和对德国海军的猜疑,即克劳说过的"德国处理与其他国家关系时的那种躁动的、爆炸式的且令人不安的举动"。说到底,政治因素才能真正解释英国对北海对面舰队扩张的反应,不过值得注意的是这一点如何被掩盖,以及早至1905—1906年间,德国海军的持续发展怎样成为英德关系中巨大的绊脚石和"唯一的障碍"。

1904—1905年,德国海军新近占据的重要地位,迫使英国开始考虑修订自己海军实力的标准。

4. 两强标准

英国海军实力的两强标准可以追溯到查塔姆伯爵的时代(1770年),考布登(Cobden)和其他人在克里米亚战争之后重新将其发掘出来。官方的正式确认时间是1889年3月7日,海军大臣乔治·汉密尔顿爵士(George Hamilton)在议会声明,所有海军大臣和首相的演讲本质上表达的都是"我们的海军应该达到这样的规模,即它至少要等于其他任何两个国家的海军实力之和"。在之后的15年里,这一标准反复被两党的相关官员所确认。

到1905年,两强标准开始迅速过时。它曾经适用于海军实力一度位于世界第二和第三的法国和俄国,而且英国很可能与它们交战。1904年,根据海军部的计算,德国海军已经取代俄国,成为英国之后两个次强海军之一。这一事实和英国面临的卷入日俄战争的危险,促使鲍尔弗出台了新的海军标准(1904年3月1日),其核心原因是如果英国在与另外两个海军强国的战争中耗尽了实力,它就只能向尚未参与战争的第三个海军强国屈膝乞怜。所以,两强标准必须在两强之外还有冗余。这种冗余的程度没有定义,也没有声明英国可能要交战的那两个联合起来的国家是谁。但是直到1904年下半年,英国政府这一新标准中的相关国家就是法俄同盟以及可能参加干涉的德国。

费希尔十月重返海军部的标志性事件之一,就是细化修改后的两强标准。一个由巴腾堡的路易斯亲王率领的海军部下属委员会1904年11月建议,英国在战列舰方面要对"那些最有可能联合起来反对我们的国家"保持至少10%的优势，这些国家联合体按可能性的顺序为"1. 德国和俄国；2. 法国和俄国；美国则一直被认为是友好的"。10% 的冗余在 1907 年年底被确认。1905 年 2 月 20 日，由奥特利牵头的一个委员会确认了巴腾堡委员会的结论。虽然法德联盟或法德俄三国同盟也被纳入考虑，但在对马海战之后，俄国海军已经不再是英国考虑自己海军实力标准时的因素，这清除了法德以外所有联盟的可能性，而法德海军也成为皇家海军之后的两个欧洲次强。因为在数量上完全等同不能让一方有取胜的绝对把握，所以战列舰方面 10% 的优势是必要的。

费希尔阐明了 1905 年以后海军与法德同盟对抗的政策依据：美国和德国在海军方面将竞争第二的位置，而法国已经退出这一竞争。在四个海军列强中，日本是英国的盟友，法国也是英国的朋友，美国是"英国的亲戚，而我们永远不应该和它作战"。另外两个需要考虑的友好国家是意大利和奥地利，"他们都严格遵守条约义务，不可能牺牲他们的利益而与我们开战"。

这样就只剩下德国了。它无疑是可能的敌人……至少在当前，建立只针对德国的海军力量是安全的。但是我们发展海军不能只为当前：海军部受托于未来的几代英国人，他们也许不能像我们一样享受这般安详的天空。我们今天下水的军舰可能要对未来 20 五年的国际局势施加影响，而德国——或者不论是我们那时要面对的哪个敌人——也可能有机会与另一个海军强国联合（即使是暂时的）。因此两强标准是一种理性的解读，绝对没有过时。[38]

1905 年下半年，一切都很顺利，英国的安全也非常稳固。1905 年的海军计划包括第一批试验性的，但也是革命性的军舰———艘无畏舰和 4 艘无敌舰（"无敌"级），但是年底前决定取消后者中的一艘。因为海军情报处 1905 年年底发现，外国海军的建造计划无法改变现有的令人满意的力量对比，特别是在英国领先的全重型主炮主力舰方面。1907 年年底，英国将拥有 52 艘 A 级战列舰，而法德海军合计只有 43 艘主力舰，只及英国的四分之三。即使是加上 10% 的冗余，英国也只需要 48 艘战列舰。[39] 英国民众虽然并不了解全部事实，但也如同海军部一样对自己的海军实力颇为乐观。

5. 考多尔计划

1905年12月4日，也就是在保守党政府辞职前不久，出台了《考多尔备忘录》，确定了英国未来必须遵循的造舰计划：每年建造4艘大型装甲舰（这里指无畏舰和战列巡洋舰）。随后坎贝尔-巴纳曼的自由党政府也欣然接受这一计划。但研究了1906—1907年度预算之后，政府却有了改变计划的考虑。该年度的造舰计划由考多尔治下的海军部委员会制定，且在1906年三月已经获得议会通过。自由党政府有如下两个考虑：一是有削减预算的愿望。在一月的选举中，很多自由党候选人都许诺要削减政府预算，并希望成为国际上削减军备的榜样。削减预算和裁军的考虑是基于自由党增加大众福利开支的政策纲领，自由党在竞选中也承诺要做到这一点。但若不能停止将国家资源"毁灭性地浪费"在军备上，这种承诺就如同浮云。1909年前的时局证明了自由党中以阿斯奎斯、格里和霍尔丹为代表的，在媒体中以《威斯敏斯特公报》和《每日纪事》为代表的帝国主义者或大海军主义者所说的：自由党理想主义的羁绊就是军备。在社会改革和"膨胀的军备"之间没有一个简单的选择。但直到大战爆发，自由党内的激进分子——和平主义者、节约派和热心的社会改革家——的大多数都抱着"小海军"的观点。这些人的代表是坎贝尔-巴纳曼，他1908年去世之后，劳合-乔治和温斯顿·丘吉尔成了领军人物。支持他们的媒体有《曼彻斯特卫报》《每日新闻》和《国家报》。

1906年春天，内阁的观点是英国因无畏舰的建造（1905—1906财年建造了一艘无畏舰和3艘战列巡洋舰）而极大地巩固了国家安全。这样一来，对海军部而言，想要捍卫自己在1906年建造4艘无畏舰的计划是不可能的，因为整个欧洲都还没有开工一艘无畏舰或无敌舰，而且也没有国家有即将建造的迹象。费希尔和他的同僚们只能顺从地在1906—1907年度计划中砍掉了一艘主力舰（5月26日）。如果英国潜在的对手们没有迹象要实施特别的造舰计划，英国还将在1907—1908年削减一艘装甲舰。自由党政府希望得到的更多，他们相信1907年召开的海牙国际会议将帮助英国进一步缩减造舰计划。海军部（7月12日）被迫同意只在1907—1908财年建造两艘装甲舰，如果海牙会议没有就裁军达成协定，才会开工第3艘装甲舰。

这实际上是对考多尔备忘录的修订,并于 1906 年 7 月 27 日得以在下院宣布。海军部的议会秘书埃德蒙·罗伯特森(Edmund Robertson)向下院保证削减是海军部委员会建议的。他和首相争辩说,削减造舰计划是向其他列强证明英国裁减军备的愿望以及准备实施裁减的诚挚之心。坎贝尔-巴纳曼补充道:"一个已经进了一顿丰盛的、足够他身体所需的晚餐的人,如果只是为撩人眼花而继续吃喝,并不能让他自己更强壮。"

议会中的反对党,大海军主义媒体以及海军协会,都在痛骂海军大臣们允许政府把他们"当作自己懦夫行为的伪装",成为"小英格兰人的工具"。人们害怕削减军备只是个开始,而两强标准终将受到威胁。到 10 月份,对皇家海军终将沦为二流的恐慌达到了顶点。对此起催化作用的是柏林在八月初宣布了第一艘无畏舰的建造计划,而她排水量将比"无畏"号更大,火力也更强。而且还有传言说,德国将在同年提出新的补充造舰计划(1900 年海军法案的补充法案将增建 6 艘装甲巡洋舰,主要装备海外舰队和后备役舰队,将使德国海军大型巡洋舰的总数增加至 20 艘),并以更快的速度建造。英国的海军主义者承认目前的情况是令人满意的,恐慌的根本原因是对手的造舰计划被披露后,一些人对未来几年英国海军地位的预期过于悲观了。《标准报》(10 月 22 日)就以这种口吻暴露了他们的恐慌:"自由党政府上台以来的十个月内给国家造成的损失,比我们与一个欧洲一等强国开战所能预想的损失还大。"德国首相比洛接受《每日邮报》的采访(9 月 4 日)和在德国国会发表的长篇演讲(11 月 14 日)时,均否认德国要在海上与英国为敌,但这些都不能让英国那些悲观的预言家们闭嘴。

这种喧噪并没有在前座议员那里得到多少回应,也没有得到大部分海军主义者的支持。海军内部也很有信心地认为,如果真的有危险,海军部一定会大声呼吁出来。费希尔认为恐慌是"愚蠢的"。海军部委员会不会被纸面上的计划吓到。英国有 7 艘新主力舰——一艘无畏舰(1905—1906 年计划)已经完工,3 艘无畏舰(1906—1907 年计划)即将开工,3 艘战列巡洋舰(1905—1906 年计划)已经完工了一半。而当时还没有其他任何一个欧洲国家开工建造哪怕一艘全重型主炮主力舰(德国直到 1907 年才开工了第一艘无畏舰和第一艘战列巡

第六章　德国海军的挑战，1900—1908

洋舰）。但一些诸如《国家评论》这样的大海军狂热分子还是把费希尔当成是"考布登主义内阁吝啬政策"的应声虫，并要他对放弃两强标准负责。

海军部1906年对现状的满意，源于驻柏林海军武官杜马上校发回的报告和一系列资料。其中有一篇发表在《德雷斯顿新闻》（2月5日）上的文章。文中承认"皇家海军的实力，相当于仅次于它的另外海军三强的实力之和……德国如何能……与这样强大的力量抗衡？"海军情报处处长评论说："这篇文章说明作者站在德国的角度，非常正确地理解了最近重组过的英国海军的真实实力，以及德国海军若敢于向我们挑战，将会面临怎样的危险。这总体上代表了和平的迹象和趋势。"杜马还递交（7月28日）了一篇来自《西里西亚人民报》（7月15日）的文章，题目为"战时德国海军应该进攻还是防御"。杜马在附上的评论中说，这篇文章体现了他相信是"深思熟虑的德国海军军官的观点"。文章列举了自1903年以来出版的大量书籍，它们都建议德国海军采取进攻战略。"这些观点造成了负面影响，产生了巨大的破坏作用。德国人不喜欢防御，但在未来的战争中，如果我们的舰队不想经历另一场对马海战那样的惨败，就最好把自己的角色定位于防御者。"11月12日，杜马报告说他出席了有一些德国海军参谋部成员参加的晚宴（对外国海军的研究是这些军官的任务之一）。"他们认为我们的舰队对他们具有四比一的优势……他们都像往常一样，用羡慕的口吻谈论起去年夏天英国海军的大规模机动演习。毫无疑问，这次大演习不仅令德国海军印象深刻，我还可以说，也震撼了整个德国。我认为此事不到一周就会见诸报端。"费希尔在这份报告的页边上写道："我们凌晨3点通知，3小时内英国海军所有船只就顺利出海，中间没有出现任何耽搁、失误和故障！"[40]

上述和其他报告积累的影响，令海军部有充分的信心认为英国海军的前景将是从最好走向更好。1907—1908财年计划的两艘无畏舰将保持英国在战列舰方面的优势。确实，英国"对德国（我们未来多年间唯一的敌人）现有的优势是如此巨大，以至于即使我们现在停止所有造舰计划，关于我们的海权处于危险的任何谈论也都是荒谬的！！！"[41]

虽然1907—1908年度造舰计划的主要内容在1906年7月就已公之于众，但1907—1908财年预算1907年2月28日正式出台时，还是被当作自由党危害国家安全的阴谋，遭到大海军主义者的攻击。他们对"放弃"两强标准尤为愤怒，认为首相唯一的工作就是"空想"着邀请〔他在自由党新发表在《国家报》上一批文章中最早的一篇（3月2日）中提出的〕其他国家达成裁军的国际合约。《每日邮报》（3月6日）宣称："是时候提醒海军部和政府停止以削弱海军为代价来给悲天悯人的社会主义者提供经费了。"

下院的态度与外界批评的聒噪和风暴形成鲜明对比。罗伯特森3月5日的演讲对预算作了说明，并未受到多少其他议员的批评。"我在这里代表海军部发言，在他们看来，我们今天提出的造舰计划将足以维持两强标准。"到1909年春天，海军将拥有4艘无畏舰和3艘"无敌"级战列巡洋舰，而那时法国和德国在海上还不会有能与这些战舰匹敌的舰艇。鲍尔弗自己也不得不承认，不管怎样定义两强标准，英国海军都拥有无可辩驳的优势。

4月17日，特维德茅斯宣布德国决定参加海牙会议"将对下列事实毫无影响，即如果有外国海军扩充他们的造舰计划，我们也将相应地扩充我们的计划，以保持英国海军在海军列强中的地位"。很明显，海军竞赛的下一步动作将取决于海牙会议的结果。

6. 海牙会议

第一次海牙和平会议（1899年）留下了很多未竟之事。1905年9月13日，俄国政府提议召开第二次会议。俄国于1906年4月公布的会议议程主要是增订有关战争与和平的国际法，没有讨论限制军备的议题。其他国家却不想局限于此，坎贝尔-巴纳曼政府上台时就承诺减少或限制英国的军事预算，同时也让欧洲加入军备控制。6月，英国通知德国，希望两国在军备控制方面有所合作。意大利支持英国的建议；美国虽然觉得此时提出控制军备不太明智，但也愿意在海牙会议上参加讨论；俄国和法国则对此无甚热情，他们虽然不会明确反对英国的建议，但都想让它成为海牙会议上"第一个被扼杀"的建议。

只有德国，以及盲目追随它的奥匈帝国，坚决反对在会议上讨论军备控制，随后还宣称即使将其列入议程也拒绝参与讨论。德国丝毫不想掩饰它的想法，即英国的建议只是针对德国，其厚颜无耻的目的就是维持海军的现状。虽然英国政

第六章 德国海军的挑战，1900—1908

府不这么认为，但爱德华七世和英国海军部却完全同意德国人的看法。1905年8月15—16日，爱德华与威廉在克龙贝格（Cronberg）会晤。据说英王当时坦承海牙会议是一个"骗局"，不仅会毫无成果，而且是危险的，有可能造成摩擦。德皇对此表示同意，并声明如果会前确定要将军备控制列入议程，他将不会派代表参加会议。"每个国家都必须按照保护自身利益和维持国际地位的需要来决定它所需军事力量的规模。"[42] 德皇宣称德国绝不会在1900年的海军法案上退让。

坎贝尔－巴纳曼控制军备的意愿与英国维持海上优势、德国扩充海上力量之间的矛盾似乎是不可调和的。另外，英国政府虽然在七月有一番表态（见本书第106页），但海军部和政府发言人都反复保证英国的海上优势绝不会因为削减造舰计划而受到威胁，海军也从来没有获得过目前这样的主导地位，英国海军力量早已超过了两强标准，因此英国的裁军建议在欧洲大陆根本无人响应。1906年夏天，一些德国报纸强烈怀疑英国提出裁军建议的诚意。杜马向蒂尔皮茨（1907年1月9日）提及这些德国舆论并保证英国的善意时，后者回应说：

> 是的，这也许是真的，但我们的人民现在和将来都不会理解这样的企图。我本人能意识到亨利·坎贝尔－巴纳曼爵士这种典型的清教徒式的想法无比真诚，富有宗教道义。但看看事实吧。英国已经比德国强大四倍了，并且与日本，甚至还可能与法国结盟。这样一个巨人却要求德国这样一个侏儒削减军备。在公众看来这是可笑的，若以马基雅维利式的观点来看，我们应该永远不会同意这样的东西……我准备承认它是正确的宗教愿望，但对生活这个世界上的人们来说太不现实了。我们已经决定要拥有一支舰队，而且将严格按照我们的计划来建造和维持这样的舰队。

海军部对削减海军军备的看法与蒂尔皮茨一样现实。而且数十年来，每当有政客试图遏制军备竞赛时，海军部的说辞都是那一套：

> 对那种在列强中限制新建计划，通过修补和更新来保持各国海军现有舰艇总数和海军力量对比的建议，海军部的态度如下：

从纯机会主义和自私的角度来看，我们的海军当前显然具有优势，所以我们也许会同意这样的原则，只要其他国家也愿意这样做，但是……

首先，谁能保证每个国家都能忠实地执行限制军备的条约？逃避责任或者没有履行条约会受到惩罚吗？即使会，谁来负责执行呢？

其次，过时的军舰怎么办？她们是要被摧毁或解体吗？如果是，那么定在何时呢？——在新舰艇铺设龙骨之前，还是在下水的当天，还是服役的那一天，或者什么特定的时刻吗？

对这一建议的清晰理解对保证其成功是至关重要的，因为除非提出一些可操作的方法来知会欧洲各国这些过时的舰艇已经被有效地拆除，没有任何重新启用的可能，否则就没有手段来阻止一个不择手段的政府在名义上建造新舰艇取代老舰艇的同时，掩盖他们不想彻底拆除老舰艇的意图。

再有，像俄国这样的国家会觉得这建议合他们的胃口吗？他们难道不会坚持把海军实力和地位恢复到三年前的水平？

德国对一切军备控制臭名昭著的敌意也是一块绊脚石，有效地扼杀了各种主张"限制军备"的诚意。那么德国这样一个潜在对手正在迅速而毫无顾忌地一艘接一艘的建造舰艇，玩着这种无情的"抢邻居"游戏（一种纸牌游戏）的时候，英国，或者法国（还有更多）如何能同意停止扩充海军呢？……

并且，如果几个主要的强国出于自身的利益而将他们的愿望强加给小国，我们预计那些小国将不可能顺从地默许或赞成让他们的自由在外交压力下被戴上镣铐。

在这种情况下，通过限制军备达成和平的目的不仅不可能实现，而且还会导致战争……

而且还有着诸多实际操作上的困难。

例如，有什么手段能阻止一个（同意限制军备条约的）国家将它的造船能力用于建造大量大型、灵活的蒸汽动力船只，表面上用于商业，其特性却适于在战时改装成辅助巡洋舰或袭击舰呢？这种船只与普通商船之间的区别几乎是不可能被界定的。并且任何一个签字国都不愿意在扩大商船队方面受到国际条约的限制。[44]

第六章　德国海军的挑战，1900—1908

迟至1907年春天，英国政府还在坚持要将限制军备的建议带到海牙。4月30日，比洛在德国国会发表了一次令人难忘的演讲，拒绝了英国的建议。"德国政府不能参与此项讨论，他们的想法即使不是危险的，也是不可行的。"格里对德国的态度表示遗憾，但努力也没有白费。"比洛现在公开了态度，我们也就明白了自己所处的位置。如果谈判是不可能或是无果的，我们将继续那些本已暂停的建造计划。"[45]

1907年6月15日，海牙会议开幕，会上并没有讨论削减军费开支的问题。8月17日，爱德华·弗莱（Edward Fry）爵士发表了20分钟的演讲，仿佛给限制军备的议题举行了葬礼。这位英国资深代表的一番肺腑之言赢得了各国代表们的掌声，他宣布"各国政府都有强烈的愿望去重新认真研究这一问题"。同时，弗莱还声称英国政府愿意和任何一个国家每年就海军计划进行秘密的交流和讨论，"目的是在互信的基础上定期促进对海军军备的限制"。会议10月18日闭幕。

保守派媒体对海牙会议能否在军备控制方面取得成果抱着怀疑或讥讽的态度。出现了大量有关人类天性、列强之间的猜忌以及难以实现的操作性等方面的争论。会议的教训就是，唯一能阻止战争的就是积极准备战争。为遏制日渐激烈的军备竞赛，"我们必须遏制人类自己的天性。这难度可以与破坏爱情、婚姻，或者控制饥饿感相提并论"（《每日邮报》，8月19日）。自由派媒体则宣称，他们相信会议将取得一些成果。当这些希望破灭后，他们的失望溢于言表，但仍然试图从各国的誓言和弗莱的建议中寻找自我安慰。《曼彻斯特卫报》（8月19日）表达了自由派的幻灭："视限制军备为无政府主义的炸弹，恨不得立即把它扔进一桶水里去，这样的会议是不会向着千禧年政客们夸夸其谈的目标迈进的，更不用说他们的心里想的比嘴上说的要少得多。"

海牙会议上军备限制议题的失败产生了灾难性后果。英国代表之一雷伊爵士（Reay）简洁地总结说：海牙会议"没有给人们以更强的安全感，而是反其道而行之"。这反映了英德之间的仇恨从此成为欧洲局势的主导因素。大规模削减海军预算的希望是建立在海牙会议的基础上，或者，就算不能达成广泛的国际协定，也要在特定列强间达成暂缓军备发展的安排。会议在这方面没有取得任何进展，1907年建造计划中的第3艘无畏舰海牙会议结束前一直没有动工，现开始建造了，德国也在年底扩大了造舰计划。海牙会议的一个重要结果就是其后多年，英国的海军主义者一直没有耐心再听取英国应该主动与德国达成裁军协定的观点。"坎贝尔－巴纳曼提出了这样的建议，而且他还为向德国人显示诚意而暂停考多尔计划。结果是什么呢？德国人前所未有地加快了造舰进度。"这就是这段历史的逻辑线索。

1907年8月，在海牙会议期间，传来了英俄在亚洲问题上达成协定的消息。署名"卡尔卡斯"〔J. L. 加文（J.L.Garvin）〕的作者抓住了该协定的内在重点："它（德国）已经挑战了我们民族生死攸关的海权。这就是我们急于与世界上其余国家弥合分歧，我们与第三共和国以及沙俄帝国的关系在过去七年里完全改变，以及我们切实但明智地以小利益的牺牲来换取主要利益的原因。"[46]

7. 渐暗的地平线

蒂尔皮茨"在一份秘密报告中私下里承认，*目前英国海军的实力四倍于德国海军！我们将会让皇家海军继续保持那样的实力。*迄今我们建成和在建的无畏舰有10艘，而到去年3月德国还没有一艘！但是我们不想把都这些拿出来炫耀，因为这样做会在议会引来麻烦"。这是费希尔1907年10月4日致爱德华国王信中的内容。[47] 11月9日在梅耶爵士（Mayor）一次宴会的演讲中，海军上将满满的自信彰显无遗。费希尔告诉自己的同胞可以"在床上安睡"，安全有绝对保证，不会被"妖怪"惊醒。演讲广受好评，但它也让大海军主义派中的反费希尔集团想起"与要宣传物品的质量没有任何关系的广告"，以及"历史性灾难前夕无能陆军大臣悲剧性地昂首阔步"〔指1870年时的法国陆军大臣勒伯夫（Le Boeuf）〕[48]。

在费希尔演讲时，天际已经逐渐阴暗下来。10月3日，杜马报告说德国媒体频繁报道在新一届国会开幕后，德国将出台一部新的海军法案，或者是一部1900年海军法案的修订案。实际采取的形式是后者，11月18日公布了一部修订案，1908年2月在国会通过。根据这部修订案，20年舰龄的无畏舰将被更新（也就是说将开工新的替代性战舰），而1898年海军法案中规定，战列舰要服役20五年才会被淘汰。这将使1908—1909, 1909—1910, 1910—1911, 以及

第六章　德国海军的挑战，1900—1908

1911—1912财年中新建和为取代老式舰艇而新建的战列舰达到4艘（3艘无畏舰和一艘战列巡洋舰），而非法案修订前的3艘。之后每年的开工数量将为两艘，直到1917—1918年法案结束。修订案还将1900年海军法案中的"大型巡洋舰"定义为战列巡洋舰。这意味着1900年法案中的38艘战列舰和20艘装甲巡洋舰依照新法案将变为48艘无畏舰和战列巡洋舰。

德国的新计划在海峡另一边敲响了警钟。《每日邮报》（11月25日）鲜明地指出该计划的"主要思想就是要打造一支舰队来满足泛德国主义的理想和愿望，而且要比世界上最强大的海军还要强大"。12月19日和1月5日，格里两次公开警告，称德国扩充海军将可能迫使英国加强自己的海军。就保守派媒体而言，德国的举动需要英国发出实际的和立即的回应，因为这种扩军可能将北海两岸拖入战争。到1907—1908年的冬天，二比一的造舰计划终于出台了。W. T. 斯蒂德多年来都坚持全面裁军和不惜代价谋求和平的信念，此时他却首先提出了这一想法。他还得到了《每日邮报》《观察家报》《晨邮报》《标准报》《旁观者》《星期六评论》《海陆军记事》《陆海军公报》，海军联盟、伊舍爵士、H. W. 威尔逊、赫德（《半月评论》中笔名为伯劳的作者）和其他作者的回应。一些人怀疑特维德茅斯—费希尔的海军部能对此做出何种程度的应对措施。

另一方面，自由派媒体虽然对德国修改计划不满，但并不认为这值得警觉。英国的优势依然是压倒性的，因此没有必要在1908年制定一个"惊恐"的造舰计划。《国家报》（1月18日）提醒政府，它在竞选中"压倒一切的"承诺是削减军备。《曼彻斯特卫报》（12月29日）认为英国的海军对手正在"快速成为影响欧洲政局的首要问题"，但是英德每年四比三的新建主力舰数量可以在最近的将来保证国家安全。

海军部对德国海军造舰计划的反应十分镇定。1907年12月，海军部委员会向海军大臣递交了1908—1909年造舰计划，一年开工4艘主力舰的考多尔计划再度被缩减。鉴于以下无可动摇的事实，实在无法为该计划辩护：到1910年，英国将有7艘无畏舰和4艘战列巡洋舰在役，而德国只分别有4艘和一艘。海军大臣们因此提出了一个"非常简朴"的计划——仅建造一艘无畏舰和一艘战列巡洋舰，以及6艘非装甲巡洋舰和16艘驱逐舰，另为潜艇拨款50万英镑。

其中巡洋舰和驱逐舰都是替代老式舰艇所急需的，但就这一艘战列舰，也是海军部据理力争才得到的，因为内阁反对任何增加海军军费的计划。

虽然根据我们当前在战列舰方面拥有的优势，取消这唯一一艘战列舰的造价也许是有道理的。但我们深知并坚信在1909—1910年实施一个扩大的造舰计划是必需的（德国的造舰计划加强了我们的这种信念）。完全停止建造战列舰将使英国的装甲制造业也停顿下来，这不仅不经济，甚至可以说是灾难性的。同样的，取消计划中的战列舰也将突然停止重型舰炮炮座的建造，这也将是灾难性的。事实上，为对1909—1910年的计划有所助益，应该是明年（1908—1909）开工两艘战列舰。如果德国维持目前的造舰计划（我们没有理由怀疑他们不会这么做），我们到1910年将被迫在一年内开工5艘战列舰，甚至在1909年就可能被迫如此——这将取决于德国人的造舰速度。不管怎样，取消明年计划内唯一一艘战列舰的建造是不可接受的，如果我们没有开工两艘战列舰的话，也将招致激烈的批评。[49]

在海军大臣们看来，在1907—1908财年预算的基础上增加一百20五万英镑是"最简朴"的方案，特别是因为这一数字是从原先215万英镑的增加额上降下来的，他们11月将后者呈递给内阁时吓坏了财政大臣阿斯奎斯。

然而危机接踵而至。内阁专注于经济方面的承诺，急于实施社会改革，担心下院中自己党派中的激进议员在保守党议员的支持下，提出修正案来挫败改革。内阁因此坚持将新财年的海军预算限制在1907年的水平上。事实上，他们还希望能削减134万英镑。1908年1月21日和2月12日的内阁会议对预算问题进行了激烈争论。会上时时出现最后通牒和以辞职相要挟的场面（其中就有特维德茅斯）。2月4日，费希尔向主管工程的国务委员刘易斯·哈考特（Lewis Harcourt）保证说海军部的预算已经是不可再削减的最低限度了，后者用"高傲的"口气向他暗示如果这样的话，要么有五位内阁成员辞职〔显然指他自己、麦肯纳、劳合-乔治、伯恩斯（Burns）和克鲁（Crewe）〕，要么整个海军部委员会辞职。费希尔回应说在这种情况下政府将很难组建新的海军部委员会时，哈考特脱口而出，说贝雷斯福德随时可以接替费希尔担任第一海军大臣。当晚，劳合-乔治在一个晚宴上也重申了哈考特的声明，即除非削减海军预算，否则贝雷斯福德将接替费希尔的职务，并将预算削减两百万英镑。费希尔反驳说那样的话贝雷斯福德将会在三个月内"出卖"政府，他还重申目前的预算已无可削减。第二天劳合-乔治出席了海军部委员会的一个会议，仔细研究了海军预算的细节，海军部委员会坚持自己的立场。费希尔派海军部的议会秘书前去见坎贝尔-巴纳曼，向他详细解释了预算的每个条目和削减预算的不可能性。首相被说服了，决定维持海军部的预算计划，但是作为替代，要从霍尔丹的陆军那里削减30万英镑的经费，并且把海军预算的增长额削减到90万英镑，但这并没有影响到新建舰艇的计划。费希尔对此表示满意。

海军预算已经很多年没有如此激起人们的兴趣了。2月24日预算发布那天就引发了对政府的新一轮诅咒。保守派媒体不恰当地称新的造舰计划是"耻辱"，《每日邮报》（2月25日）问道："英国是否将会为给老年人发放养老金而牺牲海权？"《泰晤士报》则像以往那样温和，但也下了如此判决："无罪，但下次不许了。"军方媒体以及多位海军作者，包括阿奇巴尔德·赫德和威廉·怀特爵士则接受了在战列舰建造"创造历史"的时刻采取这样的政策：那一年没必要逞英雄。自由派媒体则因此分成两派。《曼彻斯特卫报》《每日记事》及《每日新闻》欢呼海军预算"微不足道"的增长是对那些危言耸听者的胜利。英国海军的地位是不可撼动的，一个最简朴的造舰计划已经足够了。但是像《国家与早晨快报》这样的激进派媒体还是跳起来批评这种"膨胀的军备"。

3月9日，对海军预算的争论达到高潮，人们对英德两国当时的造舰速度进行比较后产生了重重顾虑。反对派声称，如果德国能够在两年内建成一艘无畏舰，那么罗伯特森3月2日在下院中宣称的那些乐观数字就失去了意义。他说到1910年秋天，即使不包括1908年计划中的军舰，英国也将拥有12艘主力舰（两艘"纳尔逊勋爵"级、7艘无畏舰和3艘战列巡洋舰），而德国只有6艘（4艘无畏舰和两艘战列巡洋舰）。罗伯特森承认德国可能会加快造舰进度，使德国海军在1910年底拥有10艘主力舰（7艘无畏舰和3艘战列巡洋舰）。若是那样，英国可以加快1908年计划中两艘主力舰的进度，使英德双方的主力舰对比在1910年底达到14∶10。鲍尔弗3月10日问道，按现有的造舰速度，1911年秋英德两国主力舰之比有没有可能仅为13∶12。[50] 阿斯奎斯临时替代生病的首相发言，他以一个重要的声明作为回复。阿斯奎斯重申了格里2月13日向下院所做的说明，即英国在海牙会议上建议列强对各自的造舰计划保持公开和透明（虽然德国对此毫无兴趣），但再次明确英国将保持两强标准，并声称如果1911年年底英德两国的主力舰之比可能达到13∶12，英国政府1909年春天"不仅会拿出建造足够军舰的计划，而且将确定这些军舰的开工日期，从而让那位正直而受人尊敬的先生做出的1911年年底德国海军优势的预言无法实现"。

阿斯奎斯的声明被自由派媒体所接受（唯有《国家报》的怒火仍未平息），而且让最极端的海军主义者以外的所有人松了一口气。有那么一段时间，海军主义者们担心造舰计划的争论在未来将会悄无声息了。伊舍爵士则将阿斯奎斯做出抚慰大家声明的原因归于德皇给特维德茅斯的一封信。著名的特维德茅斯信件事件也导致海军大臣的声誉遭到致命打击。

2月6日，《泰晤士报》刊出一封伊舍致帝国海上联盟（Imperial Maritime League）的信件。这个组织成立于1907年年底，成员主要是对海军联盟不满的人，他们的主要目标之一就是把费希尔从海军部赶走。伊舍信中的最后一段话产生了爆炸效应："在德国，自德皇以下没有一个人不希望看到约翰·费希尔爵士倒台。"这封信还透露，为安抚英国人的恐惧，威廉以德皇的名义亲手给特维德茅斯写了一封长达九页的信件（2月16日）。这封被特维德茅斯称为"令人震惊的通讯"的信件于2月18日被交到他手中。德皇声言他完全不能理解为什么英国人不能对德国海军的崛起表示特别的理解。德国海军的发展绝非针对英国，德国无意挑战英国的海权。伊舍援引的德国人对费希尔的看法被描述为"一段十足的梦呓"。

德国皇帝给一位英国内阁成员写信，这绝对是一件非同寻常的事情。爱德华国王为德皇这次"新的背离"向他的外甥表达了不满。特维德茅斯因收到如此尊位者的来信而洋洋得意，到处炫耀，还把信展示给每个人看。有人认为，在1909年将被证明是致命的那些"脑子有病的人的首轮阴险攻击"，或许可以说明特维德茅斯是多么不谨慎。特维德茅斯的轻率程度还体现在他竟然在2月

第六章　德国海军的挑战，1900—1908　117

20日复信德皇，在信中向德皇透露了新的海军预算，而该预算几天后才呈交议会。可以确定，他是得到了格里的同意才这样做的。

《泰晤士报》的军事记者雷平顿（Repington）2月底听到了有关德皇信件的风声。他认为这是"在预算即将呈递议会这样一个关键时刻，为德国的利益而试图对英国海军大臣施加影响的阴险尝试"。[51] 为阻止再次出现这种情况，雷平顿以信件的方式在3月6日的《泰晤士报》上发表了一篇通讯。《泰晤士报》的编辑已经得知了德皇信件的内容，他们都支持雷平顿。《泰晤士报》也成了新一轮抗议的领导者。"如果以前还有人对德国海军扩张的意图有所怀疑的话，在出现这种基于德国的利益而试图影响英国海军大臣的举动之后，没有人还会存有这种怀疑了。换句话说，这种尝试的目的是使德国海军更容易超越英国海军。"没有多少媒体附和《泰晤士报》，反而批评它试图引起人们的恐惧。媒体的攻击集中在不幸的海军大臣和他"异乎寻常的草率"上。3月9日，特维德茅斯就此事向海军大臣们做出了说明，主要解释了他给德皇回信中的语句，但这并未令人满意。

让人觉得既吃惊又好笑的是，阿斯奎斯直到3月6日才在《泰晤士报》上得知他的海军大臣和德皇之间的通信。[52] 首相自然感到十分烦恼，但同一天召开的内阁会议决定将此事粉饰过去。所以阿斯奎斯当天告诉上院，德皇的信并非官方信函，只是私人之间的通讯。他并没有揭示一个事实，即德皇比英国议会更早得知了英国海军预算的内容。政府成功掩饰了真相，并且没有令议会发出强烈反响，主要原因是他们用分享秘密的形式成功拉拢了鲍尔弗和兰斯当，使他们保持了中立态度。保守党领袖意识到特维德茅斯若公开他给德皇的回信，就会在下院引起警觉，继而有损英德关系。不管怎样，整个事件导致英国人加深了对德国的坏印象，因为他们都对德皇不请自来，干涉英国人自己事务的举动感到愤怒。

这一事件的第二个结果是致命地削弱了特维德茅斯的地位。4月份，因坎贝尔-巴纳曼去世，内阁进行了改组，而特维德茅斯借此机会宣布退休，这使整个国家，包括他本人都有一种解脱感。阿斯奎斯出任首相。坎贝尔-巴纳曼对海军事务没有多大兴趣，而且就像伊舍说的那样，他总是处于"嗅觉迟钝"的状态；

而阿斯奎斯不同,他一直对海军政策有兴趣。阿斯奎斯有着异常强大的意志力,虽然这很少激发出创造性的思维和观点。海军部可以无视他的前任,但不得不小心地应付他。新任海军大臣是雷金纳德·麦肯纳。热情而精力十足的劳合-乔治从贸易委员会转任财政大臣;丘吉尔进入内阁,成为贸易委员会主席。在接下来的三年多时间里,这二人是内阁中提倡社会改革和削减海军预算的领袖人物。从海军主义者的观点看,能稍微抵消这二人影响的是"精打计算起来有着苏格兰式韧性"的罗伯特森戴着贵族头衔退休了,代替他的是主张大海军主义的麦克纳马拉(Macnamara)。

劳合-乔治—丘吉尔团队立即投入行动。5月4日,在海军部委员会的会议上,麦肯纳同意在1909年开工4艘无畏舰,且若有必要就开工6艘。在战列舰建造方面主张二比一的费希尔不禁欢呼,这"也许是迄今为止最大的成功"。格里则威胁说这个四—六计划若被拒绝他就辞职。劳合-乔治和丘吉尔却坚持称4艘主力舰太多了,而且他们似乎得到了阿斯奎斯的支持。丘吉尔曾作为德皇的客人到德国参观德国陆军的演习,这一经历加强了他反对增加军费开支的信心。他相信德国的和平意图,也确信英德两国之间没有根本的敌对因素。哈考特在一次选举演讲(10月3日)中应和丘吉尔,强烈谴责那些散布海军恐慌的媒体。只有"虚弱的心灵做出的病态想象",才会认为德国的海军计划是对世界的威胁。海军预算的增长将威胁到政府社会改革方面的法案,针对这一令人担忧的局面,自由党媒体在1908年不断强调削减军费的关键,是要在海军发展上与德国达成共识,使双方都能减缓造舰速度。

8月11日国王对克龙贝格的访问,让英国人对英德海军共识燃起了希望。格里本人满心希望访问既能为双方共同削减海军预算铺平道路,又能增强两国民众的友好感情和安全感。但他要是看到7月16日德皇给德国大使梅特涅(Metternich)报告所做的批注,就不会这么乐观了。德皇写道:"我不希望以德国海军的发展为代价来获得与英国的友好关系。如果英国以限制我们的海军为条件伸出友谊之手,那就是对德国人民和他们皇帝毫无底线的羞辱和卑鄙的冒犯,我们的大使一开始就应该予以拒绝!……(海军)法案必须被毫无保留地执行;英国人喜不喜欢随他去!如果他们想要打仗,可以发动战争,而我们绝不会害怕！"[53]

在克龙贝格，国王与外交部的合作算不上令人愉快。他试探性地提及海军经费问题，但当德皇表示没有兴趣时，这个话题就立即结束了。当天（8月11日）晚些时候，哈丁再次向德皇提及此事，指出如果双方没有就放缓或修改造舰进度达成协定，英国就不得不在1909年实施一个扩大的新造舰计划。海军竞赛将恶化英德两国关系，万一两国出现严重、甚至是琐碎的纷争，"在未来几年内"可能会出现非常紧张的局势。德皇对哈丁提出这一话题非常恼火。英国人无须为德国的海军计划操心，英国也没必要为此扩建海军：德国舰队无意进攻英国，而英国海军的实力已超出了两强标准。德国的海军计划"已经事关国家荣誉，理应完成。德国绝不能容忍外国政府试图与德国商谈此事的企图；这样的建议是与国家荣誉相悖的，政府若接受就会在国内引发混乱。德国宁可走向战争，也不愿屈服于这种霸权"[54]。威廉皇帝谈到此时非常亢奋。当天晚上，英国大使拉塞勒与德皇的谈话也很不愉快。

拉塞勒和哈丁的报告使外交部确信，德国在海军问题上的态度已经更加强硬，而且由于德国方面（德皇、德国政府和媒体等）"不厌其烦"地反复强调绝不允许外国对德国海军的发展规模发号施令，因此此时在外交方面不可能有任何作为。不过此次会议的一个结果是，由于德皇毫不妥协，爱德华国王已经转而支持二比一的造舰标准，"这是唯一正确和安全的方案"。从此，英国政府再也没有主动提出解决海军竞赛问题。

1908年，英国媒体经常警告国家说德国即将尝试入侵，即"来自海上的闪电"。立场不同的媒体，如《陆海军记事》和社会主义者办的《号角》（Clarion）都参与了讨论。入侵意图的证据是德国公海舰队于7月在大西洋进行了首次巡航。10月，《海军联盟年鉴》的编辑阿兰·H.伯戈因（Alan H. Burgoyne）发表了一部有关德国入侵的幻想小说——《不可避免的战争》，其中描述了奸诈的德国人是如果攻击英国舰队的。

10月28日，《每日电讯报》发表了著名的德皇访谈录，谈话的对象是一位匿名的英国人〔其实是斯图尔特·沃特利少校（Stuart Wortely）〕，这使情况更加恶化。德国统治者大倒苦水，抱怨英国人误解了他的作为。"你们英国人都疯了，疯狂的像3月里发情的野兔。"他抗议说自己本是英国的好朋友,但也明白地暗示说,他的大部分国民并非如此。他再次强调自己的海军并没有威胁到英国,它不是为与英国作战而建立的,而是为保护稳步发展的德国的贸易和在远东的利益。格里非常担心英国人民"听到德国皇帝宣称大部分德国人对我们有敌意后会感到震惊",他也把这种担心告诉了梅特涅。格里是个名副其实的预言家,他在几周后伤感地宣布:"我上任后还没有什么观点,能让这么多英国人民看待德国时如此警醒和戒备。"[55]

在英国,对德皇失言的即刻反应是海军主义媒体一致要求建造更多战列舰,特别是人们意识到,现在正是内阁即将讨论新海军预算的时期。为确保英国在1912年的优势,采取二比一标准,在1909年开工6艘无畏舰是"不容削减的最低"要求。《泰晤士报》《观察家报》《每日快讯》和《标准报》希望在1909年开工7艘主力舰;海军联盟则要求开工8艘。海军主义媒体的观点是,在德国追求海上霸权的时候还大谈英国海军的优势是疏于做为的表现。他们想知道的是政府正在做什么,有什么计划来安抚这些抗议的声音。就像《帕尔摩尔公报》(The Pall Mall Gazette,11月10日)所说的那样:"政府没有付给国民他们允诺的现金,只是开了一张支票;而国民不喜欢这样的安全感,他们只想看到真金白银。"

政府试图通过澄清海军力量的标准来打消人们的焦虑,但关于海军力量的定义有很多模糊的概念。有人建议海军部,法国和德国每开工一艘战列舰,英国也相应地开工一艘,这样就能紧跟欧洲两支最强海军的计划来实施两强标准。还有人催促英国按超过这一标准10%来制定造舰计划。有人声称美国的野心已经超过了法国,应该按德国和美国的造舰进度制定两强标准。另一个建议是海军应该放弃两强标准,而实施两个德国标准(二比一标准)。11月12日和11月23日,英国首相在下院宣布两强标准定义如下:比两个次强海军的联合力量还多10%的优势。坎贝尔-巴纳曼1906年7月27日和8月2日曾宣布英国遵循的两强标准,但那个标准只是一个"笼统的指南",具体的标准将决定于"两强到底是谁":其定义是要考虑谁对英国友好,以及它们之间是否互相敌对。而阿斯奎斯关于两强标准的定义则非常明确具体,因此在下院的两党议员和海军主义媒体中都受到了欢迎。而《每日记事》以外的自由派媒体都对此定义不满,认为这样的标准不现实，有可能将国家引向金融灾难。不过海军主义者们有一个重要的保留意见。一份日报声明："现在剩下的唯一一件事就是把船造出来"，而这正是阿斯奎斯尚未承诺要做的事情。鲍尔弗的防务顾问，英俊而又精明能干的亚瑟·李上尉（12月9日在皇家联合军种学院）以他才华横溢的辞藻表述此事："简而言之，政府已经给这个国家开出了一张有效期三个月的支票，我相信英国希望看到这不是一张空头支票，而是可以兑现的支票。"

因为政府坚定地拒绝在下一届议会开幕前公布造舰计划，海军主义者整个冬天都在搅闹，而且在预算公开前越发喧嚣。公众则"处于一种非常担心，甚至是痛苦焦虑的情绪中"（《观察家报》，1909年2月7日）。自由派一方则是近乎慌乱的状态。自由派媒体认为海军预算的增加已是在所难免，但增长额不应超过三百万英镑；开工三至4艘主力舰就完全足以向德国证明，英国绝不会坐视一个"富有挑衅性和侵略性的霸权"出现。1月底有谣言说，海军预算将增加六百万英镑，开工8艘战列舰，这简直把自由党人士吓晕了。《国家报》和《每日新闻》都警告称，若此事成真，将破坏自由党的团结。

海军部1908年自始至终都没有看到任何迫在眉睫的危险。它也和杜马一样，确信德国在接下来的三到四年里将坚持走和平道路。杜马的结论基于多种考虑，其中有：（1）英国本土舰队的实力比德国海军至少强大两倍。（2）德国海军在北海只有两个可用的港口，即威廉港和布伦斯比特尔（Brunsbüttel）。后者的水域开阔，很容易受到鱼雷舰艇的攻击；前者在扩建工程完成前无法容纳超过十或12艘主力舰。（3）在基尔运河拓宽工程完成前，新的大型战舰只能从波罗的海绕道司考海角（Skaw）进入北海。而这是一段危险的海路。（4）德国的海军专家"强烈怀疑"他们目前的海岸防御能力。他们将重建岸防系统。[56]

但杜马几个月后在离任前递交了另一份长篇报告，对德国数年来扩充海军的意图感到悲观，这已足够让海军部产生顾虑。他报告了德国民众中"广泛散布的对英国的仇恨"，并将其归咎于他们对英国殖民地的嫉妒，对英国以既得利益在各个方向阻碍德国经济扩张的气恼，对英国不承认德国列强地位的愤怒，对英国在南非战争和摩洛哥危机中处处陷德国于外交困境的光火。势力非常强大的德国海军联盟做足了工作，以至于"我现在怀疑如果时机得当，德皇是否（当然是如果他希望的话)还能阻止自己的国民去和英国争夺海权"。德国将等待审判之日的到来,而那一天"并不遥远,并且完全取决于他们海军的全速建设和陆军——用于对付法国——实力维持在最高水平上"。新的海军法案将令德国海军在1915年春天之前拥有三17艘可用的战列舰,而那时英国海军的战列舰数量约为54艘,这样德国海军的实力1914年时就将达到英国海军的三分之二。而如果英国在海外遇到"暂时的麻烦",两国海军实力的对比就会让人们禁不住惊呼德国有进攻英国的危险。因为海外的麻烦可能会让英国从本土抽走8艘战列舰(很多批评者认为那些已经部署在地中海的,以及其他相当一部分英国战舰其实并没有处于备战状态),这样就会让德国暂时取得战列舰的优势。杜马听到的是有四种情况可能导致上述危机:美日战争;英国和土耳其争夺埃及的战争;英日盟约的过期(1920年);以及那时已经占领了朝鲜的日本将注意力转向澳大利亚。杜马报告的结论是,德国意图在它认为自己足够强大的时候挑战英国,因为"今天每一个德国人的心底都正在升起一个微小、疯狂的诱人愿景,那就是勇敢突破在周遭约束他羁绊的光荣之日即将到来,他甚至能从英格兰那里夺来海上霸权,成为有史以来最强大的陆海强权之一"[57]。

对于这份报告,海军部的助理秘书格拉汉姆·格林(Graham Greene)读起来毫无兴致,他觉得如果杜马能说明他的感观都源自何处,会使报告更令人感兴趣一些。杜马的结论肯定不是得自于德国海军军官,因为他遗憾地声称自己很少有机会和他们在社交场合交流。格林的推测是正确的,那就是杜马的资料源于当时的德国报章。

英国驻柏林陆军武官特伦奇上校(Trench)发出的一份报告与杜马口吻一致。他注意到德国民众中一种普遍的"精神烦躁"。他主要将此归咎于德国外交在过去几个月中受到的"震动",特别是爱德华国王和沙皇六月份在雷瓦尔(Reval,现爱沙尼亚首都塔林)的会晤,7月在布拉格召开的泛斯拉夫大会,以及伴随着一股亲英情绪的土耳其立宪运动。特伦奇的结论是"只要做好战争的心理准备,动员国家,便可在危机缓和之前随时诉诸武力,一声令下即可开战"[58]。

特伦奇的报告给海军部留下了深刻印象。海军情报处处长斯莱德(Slade)认为(9月9日)德国人易怒的主要原因有两个。有一个"自然"的原因,即在人口以每年一百万的速度增加的情况下，德国必须扩大自己的领地和贸易。还有一个"人为"的原因，即反抗英国的暴行——英国是德国所有弊病的根源——反抗的手段就是通过海军法案。"皇帝已经……播下了风的种子，而现在……正在收获飓风。这种爆发力对那些教育程度较低的大众来说是如此之强，以至于就算皇帝想控制也无能为力了。"斯莱德认为德国"在土耳其失去威望"是另一个不详的因素。"德国在土耳其方向上的出路现在被关闭了，而这明显有利于我们，这给了德国人另一个机会激励他们去做非理性的努力，就像用剑来解开戈耳狄俄斯之结一样。"斯莱德的结论是局势"非常严重，任何能够削弱我们海军优势的希望都会促使德国迈出使两国终将后悔的一步"。第二海军大臣梅上将（May）相信（9月18日）"一支强大的，对德国具有压倒性优势的海军是保证和平的最佳手段"。

这一年中，海军部掌握的有关德国海军可怕挑战的证据越来越多。新任驻柏林海军武官赫伯特·L. 希斯上校（Herbert L. Heath，1908年8月至1910年8月在任）及其前任对德国舰队的实力有着同样的印象。他在首批报告中坦白地宣称"德国海军军官几年内就会在人才准备和作战能力上等同于我们的军官。在这种情况下，帝国的安全似乎将完全依仗于战斗舰艇的优势"[59]。斯莱德评论这份报告说："德国海军近来显然取得了巨大进步，他们在拼尽全力向前发展。"年底前汇集的令人不安的报告，让对英国来说最重要的"战斗舰艇的优势"也陷入危险。它们将英国当年最重要的海军盛会推入阴影中——三百多艘英国舰艇于夏天在北海上进行了机动演习。这支在舰艇数量和战斗力上都无与伦比的舰队在三周的实战演习中表现优异，没有发生一起失误或事故。但有关德国海军发展的报告涌入海军部时，这显示英国海军战斗力的精彩一幕很容易被忘掉。

这次英国历史上最大的海军恐慌，背景是阴云密布的国际局势。1908年9月25日，法国强行抓回了三名从法国外籍兵团逃走的德国逃兵，而他们的逃脱得到了德国驻卡萨布兰卡领事馆的协助。德国要求法国向其道歉，法国予以拒绝并要求国际仲裁，但德国坚持法国要道歉在先。法德危机直到11月中旬才结束，双方同意将争端提交国际仲裁。其间法国曾一度与战争差之毫厘，英国也几乎参与其中。伊舍在11月5日的日记中写道："我还未有过如此紧张的一天。我在国防委员会待了很长时间。"11月12日他写道:"周六那天战争似乎就要发生了……(法国)从未请求或试图询问我们是否会协助他们。事实上,阿斯奎斯、格里和霍尔丹已经决定协助法国了。"[60] 1908—1909年冬天,卡萨布兰卡危机刚刚过去,奥匈帝国1908年10月对土耳其控制的波斯尼亚和黑塞哥维那的吞并又引发了波斯尼亚危机。

1908年行将结束时,唯有一件事能将公众和白厅的不安转变成一级恐慌,那就是德国加快造舰计划的情报。

1909 年海军恐慌

―――― 第七章 ――――

……在其他方面均等的情况下，一个国家的海军力量可以通过计算其战列舰的数量来评估。这是一个简单迅速而又较为精准的方法……对我们这样一个帝国而言，必须在战争中控制海权，否则就要灭亡……如果我们比较我们拥有的战列舰数量和敌人或对手拥有的类似舰船数量，以此来评估我们的相对海军实力，是不会被误导的。

——海军部备忘录，《海军力量的均衡，1906》，1906 年 4 月 30 日

1909 年春天，虽然还谈不上恐惧，但德国海军在英国国内造成的紧张情绪已经极度高涨，很难想象一个有着光荣传统的头号海上强国会出现这种场面。

——魏登曼致蒂尔皮茨，1912 年 7 月 28 日

我已经就"恐慌"一词查了字典，发现它的意思是"出于想象的恐惧"。好吧，这可不是出于想象的恐惧。另一本字典的解释是"纯粹出于想象或毫无根据的恐惧"，但这也不是纯粹出于想象或毫无根据的恐惧。

——莫里斯·汉奇爵士（Maurice Hankey）的证词，军火制造和贸易私人公司皇家委员会，1936 年

最后达成了一个奇怪而且特别的解决方案。海军部要 6 艘战列舰，节约派要 4 艘，而我们做了折中：8 艘。

——丘吉尔，《世界危机》

1. 序幕

1908 年 3 月，英国议会在辩论海军事务时提出了德国海军可能加速造舰的

问题。到1908年末和1909年初，德国海军的造舰，以及装甲、舰炮和炮塔等生产的加速都引起了英国民众的紧张，后几项装备的制造速度直接关乎军舰的建造进度。1908年12月8日，麦肯纳建议内阁将1909—1910财年中战列舰的建造数量由原计划的4艘提高至6艘（费希尔更希望得到8艘）。尽管有丘吉尔和劳合-乔治的反对，政府还是倾向于接受海军部的建议，除非柏林能够明确保证放慢他们的造舰速度。12月18日，英国政府就此知会德国大使梅特涅。

当时形势如下：德国1906年批准建造两艘无畏舰，1907年3艘（其中一艘为战列巡洋舰）。这5艘战舰中的4艘于1907年8月开工，第5艘于次年3月开工。根据1908年制定的德国海军法案修正案，1908年将开工4艘无畏舰（包括一艘战列巡洋舰，全部于1908年11月开工），1909年再开工4艘无畏舰。这样计划和建造中的德国无畏舰共有13艘，而且都将在1912年前建成服役，但是没有一艘能在1909年3月前完工。英国舰队1909年初的状态是：建成和在建的无畏舰共10艘，另外1908年预算中批准了两艘，1909年预算中可能有海军部建议的6艘。这样英国在1912年将有18艘主力舰，而18:13的对比将无法使英国海军无畏舰方面的实力符合两强标准。更糟糕的是另一个关键因素，即人们确信1912年春天德国将有17艘无畏舰，甚至可能是21艘，这也是海军恐慌产生和蔓延，以及海军部坚持要求最少建造6艘无畏舰的原因。怎么做到的？答案是德国加快了造舰进度。白厅有什么证据证明德国在加速呢？

官方和非官方来源的证据有：（1）德国造船业的规模已经显著增加，使得造舰速度的提高成为可能。（2）炮塔和炮座的制造时间决定了主力舰的建造速度。而新任第三海军大臣杰利科从非官方途径得知克虏伯公司（德国主要的火炮和炮座供应商）炮座方面的生产规模已经大幅增加，现在已经"大大超越了"英国的同类公司。这让海军部"有充分的理由"相信德国已经能够每年建造8艘主力舰。实际上，海军部（错误地）夸大了克虏伯公司的炮座制造能力。（3）克虏伯公司一直在秘密囤积用于制造火炮、装甲和炮座的金属镍。德国政府最近也购买了"数量特别大的"镍用于装甲制造。这些都能证明德国正在全面提升其造舰能力。麦肯纳认为，除非预见到造船业将发生井喷式的增长，否则商业公司不会投资扩大厂房并积累原材料。综合以上原因，海军部相信，德国此时建造主力舰的能力已与英国相当,而英国已不能依赖自己在造舰速度上拥有的一年的时间优势了(英德建成一艘主力舰所需的时间分别为两年和三年)。这是一个"最惊人的结论"。

现在我们知道,主要是克虏伯公司为提升主力舰舰炮的制造速度而临时增加了生产设施,才使得德国造船厂完成一艘战列舰或战列巡洋舰所需的时间为27至33个月,而不是蒂尔皮茨在舰艇建造合同中所规定的32—36个月。[1]

海军部从下列事实中推断,德国正利用他们增设的工程设施来加速无畏舰的建造:(1)一份对德国1909—1910财年预算的分析(英国政府于1908年12月获得)指出,德国政府为1906—1907财年和1907—1908财年主力舰建造所支付的前三笔款项仅略高于1908—1909财年主力舰建造的前两笔支出。杰利科相信这意味着德国最新型主力舰"比我们的最新军舰要强大得多",或者像海军部所估计的那样,德国的造舰速度已大幅提高。就这方面来说,杰利科是正确的。(2)海军部有情报表明,德国在主力舰开工前就积累了所需的物资材料,通过对德国购买原材料的估算,海军部预计德国1909年计划中有4艘主力舰。这些军舰的订购日期是1908年10月,而德国船厂正在收集原材料,准备在该财年开始(1909年4月1日)之初就开工建造这些战舰。海军部根据1908年10月出版的德国媒体所做的报道,以及驻德海军武官和驻但泽英国领事的报告,确认3艘属于1909—1910财年计划的主力舰建造合同已经提前签订。这比通常要提前了至少六个月,而且是在德国国会投票通过预算之前。麦肯纳总结说:"这样,将无法凭借法律条文确定这些军舰的完工日期。因此我们只能考察德国的造舰能力,通过分析他们正在做什么来判断他们能够做什么。"[2] 麦肯纳相信德国的无畏舰建造能力已与英国相当,"最后的结论是最惊人的,一旦这一判断是正确的,那么透露给公众将会引起巨大的警醒效应"[3]。

虽然德国海军武官魏登曼否认(1908年12月15日)德国提前签订了1909年计划中的造舰合同,但后来梅特涅承认(1909年3月15日)1909年计划的4艘主力舰中,有两艘的合同1908年10月就已经签订了。[4] 这确实发生在德国国会通过预算之前,但是是有条件的(另外两艘主力舰的投标将在1909年秋天进行),而且这只是出于财政方面的考虑。格里解释说:"……德国政府发现造船商正在组成托拉斯，以便向政府提价。为阻止这种托拉斯的形成，政府向造船商承诺，将提前确定两艘主力舰的建造合同，他们也知道国会将会顺利批准预算。"[5] 没有证据能够反驳梅特涅的声明，但就在他做出声明的当天晚些时候，英国对他的话就产生了怀疑。

考虑所有因素后，海军部的诸大臣1月已经"相当确定"德国1912年春天将拥有17艘无畏舰和战列巡洋舰，而非官方公开计划中的13艘。海军部预测德国1910年计划中的4艘无畏舰将在1909年秋签订建造合同（就像1909年计划中的4艘主力舰的合同被海军部认定是在1908年秋签订的那样），并在1910年4月开工。还有一种可能，如果德国不受财政限制并发挥全部造舰潜力的话，到1912年他们将有21艘主力舰。"鉴于到明年夏天将有四部船台被空余出来，部分造船工人将处于无工可开的状态，那么比较可行的做法是在1909年下半年再开工4艘，并在1911年年底前建成：这样到1913年4月就将有21艘主力舰。"[6] 这一骇人的可能性促使海军大臣们修订了他们对1909年造舰计划的建议。据他们估算，包括老式战列舰在内〔但不包括英国的15艘"君主"级和"卡诺普斯"级，以及德国的10艘"恺撒"级和"维特尔斯巴赫"级（Wittelsbach），这些舰艇被认为是"等价的"〕，并且假设英国开工6艘主力舰，那么到1912年4月双方的实力为：德国，（至少）17艘无畏舰和10艘前无畏舰；英国，18艘无畏舰和25艘前无畏舰。如果将每艘军舰赋予一个权重（无畏舰，100分，前无畏舰，40至80分之间），英德双方的对比是3200∶2300，英国拥有4∶3的优势。如果德国完成21艘主力舰，而英国完成20艘（假设1909—1910财年开工8艘主力舰），双方的得分是英国3400，德国2700，英国拥有5∶4的优势。

这份备忘录未提及两强标准，原因很简单，当前需要尽力维持的是对德国的一强标准……

事实是即使以最有利于我们的设想，到1912年我们在海军方面的优势也几乎完全依赖于老式舰艇，而在只有无畏舰才能算作一线主力舰的时代，这些老式舰艇将逐渐退役。我们认为形势是严峻的，我们想要强调的是，到1912年，英国与德国无畏舰18∶17的优势无论如何都不能在一场对德国战争中保证我们的海权不受威胁。

因此我们认为，努力在1909—1910财年计划中增加两艘装甲舰将是极其重要的——我们将开工8艘主力舰，除非预期的德国造舰计划出现了意料之外的修改，导致它在1912年春天无法完成17艘主力舰。我们有必要在此日期之前完工8艘主力舰，最后两艘要在1910年3月底前开工。

事实上，8艘是一年内开工主力舰数量的上限。英国有足够的船台同时开工更多主力舰，但没有工厂来为8艘舰以外的主力舰制造武器。

1908年英国造船和机械工业的急剧萎缩更加坚定了海军部的上述立场。单是克莱德船厂，两年内承建海军舰艇的吨位就从50000吨下降至5000吨。到9月，船厂有超过三分之一的工程师失去了工作。《每日邮报》1908年4月18日发出警告："如果政府不是由一群铁石心肠的迂腐学究把持的话，早就得到了造船业的支持……战列舰成本的80%是英国工人的工资。一个庞大的造舰计划就是避免人民疾苦的最佳手段。"军方媒体和海军联盟也就此问题在9、10月间大声疾呼。没有证据表明造船业的困境是海军部1909年庞大造舰计划制定的决定性因素之一，但这的确对海军部的政策产生了影响。保守党将就业问题当作自己的政治资本，1909年4月从保守党党部发出的传单，将建造战列舰作为解决失业问题的手段。"我们的海军和我们的失业工人都在挨饿；如果不让这个政府下台，下一个挨饿的就是你！"

2. 马利纳事件

恩特·H. H. 马利纳（Enter H.H.Mulliner）是考文垂军火公司的常务董事，一位出色的企业管理者。考文垂军火公司是1904—1905年由三家大型造船公司共同成立的新企业，它们是约翰·布朗（John Brown）、卡梅尔·莱尔德（Cammell Laird）和费尔柴尔德（Fairfield）公司。1906年5月马利纳就警告海军部，鉴于"克虏伯正在为加快制造大口径舰炮和炮座进行巨额投资"，德国已经具备了加快海军建造进度的能力。但他当时没有声称德国的造舰计划实际上已经开始加速了，直到1908年4月，他才数次向海军部补充这一信息。马利纳无疑是正确的，但海军部并没有根据他的判断在 1906、1907 和 1908 年扩大自己的造舰计划。1908 年秋，海军部自己的情报才使他们开始重视马利纳以前的发现。1909 年 2 月 24 日，在与帝国国防委员会秘书奥特利的会面中，马利纳补充了一些"若是可靠，就是新的、重要的"信息。他让奥特利注意克虏伯工厂在过去六年内的巨大增长——1902 年有 4.5 万名工人，到 1909 年就达到了 10 万人——事实上克虏伯公司最近已经做出安排，以便随时增加重型火炮和炮座的产出。他们重炮和炮座的最大产出已经两倍于三家英国公司的总和。克虏伯公司的火炮制造设备和制造炮座的精良机械，使他们在这方面大幅度领先英国，而且制造舰炮所需的时间比英国少三分之一。马利纳的结论是，如果德国突然做出决定，他们能在战列舰的建造上超过英国，因为他们的战列舰一下船台就能安装所需的武器装备。

马利纳这样做无疑是出于爱国的动机，但也并不是完全如此。考文垂军火公司和出资成立它的三家造船企业当时都出现了经营问题，主要是因为考文垂公司在成立之后就没有收到过大口径火炮和炮座的订单，三家母公司也没有任何大型舰艇的订单。马利纳自然希望能从一个庞大的造舰计划中分得一些舰炮的订单。汉奇爵士则指责马利纳"滋扰"政府。

军火公司向政府施压并不是新鲜事。这也是 19 世纪 80 年代以来大海军主义盛行和海军大发展的原因之一。军火企业的手中握有这样几张王牌：（1）它们有大量显赫的股东和经理人，还雇用了很多经验丰富，曾在政府和海陆军中任职的前高官，所以在向政府施加影响方面驾轻就熟。1907 年起担任海军军械总监的海军少将培根就在 1909 年成为考文垂公司的常务董事。1912 年，两位曾在政府和军队中担任高度机密和重要职务的退休高官成为阿姆斯特朗公司的董事。他们是查尔斯·奥特利爵士和乔治·默里爵士（George Murray），后者在 1911 年以前任财政部常设秘书，这些在当时都不是特例。（2）工业界及军火制造业内部存在着互依关系，这种关系在经济不景气的时期尤为重要，因为海军支出将为大量工人提供就业机会。（3）政府在某种程度上公开坚持海军主义立场，使得在国际局势不安定的情况下，有必要令私人军火公司维持高效运转的状态，一旦需要就能在短时间内扩大生产。（4）军火公司之间只是名义上的对手，实际上它们有亲密和良好的合作关系。

前两条可以从以下海军部备忘录的摘抄中得到证实，这份备忘录是在1907年海牙会议前提交给政府的，其中表述了海军部对削减海军军备的观点：

> 现如今，军用舰艇建造牵涉的既得利益非常庞大，几乎涉及制造业和商业的每一个分支。
>
> 任何限制海军军备的建议都将立即沉重打击这些利益，以致这些利益集团尽其所能地联合起来反对削减军备，这将产生强大的反对力量。
>
> 另外，保持造船业的繁荣与健康事关英国的最高利益，这是其他国家无法比拟的。如果将英国置于"限制海军军备"的路线中，将不可避免地严重冲击我们的主要国家工业，那对国家来说真的明智吗？[7]

很明显，军火公司能从陆海军的扩充过程中获得直接利益，它们施加的压力也是真实而有效的。不过我们也不应夸大军火商利益在海军扩军，特别是1909年海军恐慌中起到的作用。后来有人将马利纳事件绘成了神话，说是他促成了1909—1910年8艘无畏舰的建造计划，他的名字也成为军火商邪恶影响的象征。但据我们所知，事实是马利纳只是作为军火公司代表在1909年的海军恐慌中与政府进行了接触，他所提供的信息对海军部的造舰计划并无影响。但马利纳在海军恐慌中的确是一个重要角色，他向反对扩军的一方透露了自己提供给政府的信息（他开始一直守口如瓶，直到6月26日在《标准报》发表了匿名信件，8月2日在《泰晤士报》上发表了署名信件）。这样一来，他对最终导致造舰计划扩大的焦虑起到了火上浇油的作用。鲍尔弗和李在3月29日的下院辩论中都声称他们是从私人公司（即马利纳）那里获得了所需要的信息。

3. 危机顶点

1月和2月的英国内阁，气氛犹如一锅正在加热的水，温度慢慢上升，直到沸腾的边缘。大臣们都得到了海军部提供的信息和海军大臣们的建议。但内阁中的激进派认为高涨的海军预算威胁到了自己党派的社会改革计划，所以不为所动。此外,很多人还认为大量增加海军经费将彻底激怒德国人。譬如劳合-乔治对阿斯奎斯说:"我不会再次强调我们大家在以前和最近一次选举中许下的诺言,即削减这些由草率的前任们制定的庞大军费开支。你在下院众多忠实的支持者都严肃地看待这个诺言,即使是增加三百万军费也会浇灭他们的热情,而第二年增加500—600百万肯定会让他们大跌眼镜……他们将认定维护一个自由党政府已失去意义。"[8] 劳合-乔治和丘吉尔如同两个火枪手(后者是领袖),坚决不认同麦肯纳和海军大臣们对1912年危险形势的看法。他们不相信德国会秘密建造比1900年海军法案中规定数目更多的无畏舰(劳合-乔治认为在法定的开工日期之前数月开始造舰,只是为缓解船厂工人失业的压力)。新预算中的4艘无畏舰足以保证英国海军在1912年的优势(卡斯坦斯和威廉·怀特爵士在4艘无畏舰计划方面给了丘吉尔技术上的支持——据费希尔讲,他们这样建议是因为如果这一计划被采纳,他将会辞职)。不过劳合-乔治和丘吉尔也想暗示下院,如果德国的造舰进度证明英国有必要跟进,那么议会有可能会被要求通过增加两艘无畏舰的方案。内阁中的其他激进派成员也持相同的观点,其中包括莫雷(Morley)、劳伯恩(Loreburn)、伯恩斯(Burns)和哈考特(Harcourt)。他们认为英国在前无畏舰方面具有压倒性的优势,因此无须紧张。而海军派则由麦肯纳和格里率领,其他人还有克鲁(Crewe,他的态度有所保留)、朗西曼(Runciman)和霍尔丹。他们都认为应坚决执行至少建造6艘无畏舰的计划(费希尔和麦肯纳2月一起在幕后致力于建造8艘无畏舰的计划,虽然他们认为6艘已经足够)。激进派内阁成员声称如果建造数量超过4艘他们就辞职,而首相主张建造6艘。

斗争围绕着6艘还是4艘的问题展开。多种个性在其中发挥作用,大家情绪暴躁。诺里斯曾问道:"丘吉尔为什么会参与此事,仿佛对他事关重大?当然不是出自什么信念或原则。他头脑里的每一个主意其实都很可笑……"[9] 伊舍在政治上属于自由派,对内阁中两位节约派的领袖都很不满。一封有趣的信件可以说明他是多么不信任这两位党内同僚。他认为丘吉尔的做派实际上是被他想当党内激进派领袖的野心左右。"另一方面,乔治有一天会倒向托利党……乔治与他的处境格格不入。他相信海军主义,却为激进派代表的身份所阻,所以他只能紧紧抓住丘吉尔的尾巴跟着他走……我从不相信这些人会做至死的斗争。此事对他们非常不利。"[10]

麦肯纳极度讨厌劳合-乔治，认为他在道德上没有原则性。后者现在也认定麦肯纳对他毫无价值。1月24日，在格里的外交部办公室内，召开了一次讨论德国制造炮座的工业设施的会议。海军部诸大臣、麦肯纳以及多位阁员均有出席。劳合-乔治在房间内踱着步，突然掷出这么一段惊人的评论："这些以前都没有被发现，我想这说明海军部是多么疏忽。虽然我认为诸位将军不会同意，但我希望看到查尔斯·贝雷斯福德爵士入主海军部，而且越快越好。"麦肯纳当即反驳："你很清楚我们得悉此情报后就立即通知了内阁。而你当时的评论是：'这些都是生意人的八卦消息。'或者类似的什么话。"[11]

到1月底，内阁在此事上完全陷入僵局。海军部采取静待的策略。2月23日，费希尔在威斯敏斯特宫的宫院里见到保守党领袖之一奥斯丁·张伯伦（Austen Chamberlain），费希尔大声向张伯伦保证说（同时还让他保密！）"他稳如泰山，内阁并不想倒台，所以他知道一切尽在他掌握之中。"[12] 阿斯奎斯的耐心正在耗尽。"节约派已经惊慌失措，丘吉尔和劳合-乔治联合起来把大量自由派媒体拉入同一阵营……他们暗示会辞职（只是虚张声势）……但是好几次我都想把他俩开除了事。"[13]

在这一过程中，保守党媒体和政客一直在用最大音量叫嚣：为保证英国在1912年的海军优势，必须实施6艘无畏舰的计划。保守党领导人，如奥斯丁·张伯伦，鼓励海军大臣们"坚持立场"就能获得胜利，就像他们在1893—1894年间赢得斯潘塞计划一样。2月26日，《每日记事》宣称政府已经就建造4艘战列舰达成一致，虽然内阁成员们同意在年底可以根据需要增加造舰数量，但保守派的情绪已经高涨，张伯伦则彻底爆发了。如果海军大臣们接受这样的计划，那么"他们就应该被枪毙，除非整个故事是假的……阿斯奎斯则应该上绞架"[14]。

报纸上的故事与事实基本相符。对内斗激烈的内阁来说，不管最后采纳的是4艘还是6艘无畏舰的方案，一方做出妥协是不可避免的。2月24日，在一次关键的内阁会议上终于达成了这种妥协。阿斯奎斯提出了一个巧妙的方案来满足各方的要求。即在新财年中开工4艘无畏舰，另外如有必要，就在1910年

4月1日前再开工4艘。内阁危机终于结束了。

随后,麦肯纳在海军大臣们的怂恿下,与阿斯奎斯就在预算案中如何对这种妥协遣词造句进行了一番讨价还价。海军大臣们担心政府只想在1909—1910财年中建造4艘无畏舰——用哈丁的话说,"妥协意味着通过承诺建造比政府真正意图更多的战舰来迷惑公众"。[15] 麦肯纳在海军大臣们的坚持下,希望政府用明确的字句对预算作出说明,即如果认为有必要,即使来年没有债务授权,政府也将开始以负债的形式采购建造第二批4艘无畏舰的材料。海军部认为这样可以让下院在通过1909—1910财年预算之后,还能投票提供建造这4艘应急战舰的款项。这个附加在226页政府预算案中的条目3月5日得以通过,内容如下:

王国政府可能在1909—1910财年期间发现,有必要准备在下一个财年的4月1日开始紧急建造更多的战舰。因此政府要求议会授予他们有效实施该计划的权利。这一权利将使他们可以在1909—1910财年内为制造火炮、炮座、装甲、动力和造舰而订购、积累和供应材料,以便在上述日期开工另外4艘军舰并在1912年3月前完工。

丘吉尔和劳合-乔治从中嗅到了不详的气息,现在也开始支持建造6艘无畏舰的方案,但为时已晚。海军部已对他们不理不睬了。

海军大臣们在给麦肯纳的一份备忘录中也清晰地说明(应他们的要求,备忘录也呈送了首相),海军的情势已经"前所未有的危急",少于8艘无畏舰是于事无补的。"……1910年4月1日那4艘军舰的订单必须在7月签订,而现在就应该开始招标。"[16] 这份备忘录附有费希尔在3月2日与一个阿根廷军事代表团部分成员会面后的评论。这次会面极具成果,因为这支阿根廷代表团刚刚详细考察了德国的造船厂和克虏伯的工厂。克虏伯公司巨大的产能和规模庞大的工厂给阿根廷人留下深刻印象。根据他们的计数,克虏伯公司即将完工的12英寸和11英寸火炮有一百门。这让费希尔很便捷地预测出德国主力舰可能装备的主要武备。阿根廷人还报告说德国正在建造12艘主力舰(虽然有些还处于材料准备阶段),第13艘则刚刚开建或者即将开工。费希尔得出结论,到1911

年4月，德国将拥有十二3艘主力舰。因为有空余的船台，在接下来的几个月里德国还将开工4艘主力舰。"他们确实可能已经开工了8艘新舰，还有4艘即将开建。而我们现在只有12艘（建成或在建）！我们应该尽可能快地造舰。如果德国人愿意，他们绝对有可能在1912年4月拥有21艘无畏舰。"

3月10日，梅特涅通知格里，"根据最权威的消息来源"，德国到1912年年底不会建成13艘无畏舰，它也不会加速造舰计划。如果提前订购1909年计划中军舰的材料，承建商将冒很大风险。格里曾在3月初的会谈中向梅特涅重提相互检查造舰情况的老建议，现在再次提出，英国希望两国的海军武官向各自海军部通报对方的实际造舰进度。否则，海军部永远也无法得知订购军舰的确切完工日期。"在两国默认的情况下，英国有必要保持一定的优势。"[17]德国人对此不感兴趣。在这种情况下，英国政府认为别无选择，只能按自己的估计行事。3月17日，就在议会进行有关海军预算的大辩论的第二天，梅特涅表示，他对英国政府在议会中的代表没有接受他3月10日的官方保证非常惊讶。格里回应说英国海军部有确切的情报，德国至少有13艘主力舰处于在建状态。这一数目和梅特涅所谓的官方数目之间有差距，是因为德国未将战列巡洋舰计算在内。格里在一个月内第三次重申，防止这种误判的唯一方法就是允许对方的海军武官参观船厂并了解军舰建造的实际情况。德国大使则向格里保证（3月18日），1912年底前德国不会完成的那13艘无畏舰中也包括战列巡洋舰。

梅特涅在3月做出的保证并没有影响到海军部的估测和计划。费希尔相信德国大使在撒谎。"我们要对谎言建立优势。"3月24日，费希尔偶遇梅特涅，两人对视了一会儿后，费希尔脱口而出："如果你不让我们的海军武官前往计数（在建主力舰）的话，怎样才能打消这恐惧呢？大使先生！"梅特涅回答说："这是不可能的！其他国家也会想这么做——另外，你们会看到一些我们想保密的东西。"费希尔对此的理解是德国正在建造"比他们声称的要大得多的军舰"[18]。

最终的预算（增长了275万英镑）和海军大臣就预算作出解释的备忘录于3月12日公开。由于遭到托利党的强烈反对，政府不得不小心应付接下来有关海军预算的辩论。虽然预算已经符合自由党内激进派同僚的要求，但除非反对党也对这一预算表示满意，否则海军恐慌必定会进一步加剧。3月16日是海军预算辩论的第一天,下院里挤满了议员和听众。人们已经很多年没有对有关海军预算的辩论有如此高涨的热情了。议员们认真倾听发言,大部分时间都很安静。会议中间的休息时间根本没有人离席!在贵族座席上,坐着热心的听众威尔士亲王,他手托下巴向前倾身,凝神聆听每一句发言。费希尔坐在发言者的座席后方。为辩论做开场白的麦肯纳坐在首相身旁,阿斯奎斯偶尔与他简短交流。丘吉尔靠近首相就座,麦肯纳在发言中强调英国维持海上力量的必要性时他十分活跃,不断大声喊"支持!支持!",麦肯纳对海军预算的解释获得了自由党议员的多次喝彩。他的演讲清晰而坦诚,完全没有凌厉或虚伪的辞藻。在鲍尔弗式的反对声沉寂下来后,阿斯奎斯也做了同样精彩的发言。首相落座后,议长环顾在场的议员,议员也眼望着议长,在大约三四分钟内没有人起立发言,议会气氛因为刚刚公开的重要事实而显得肃穆凝重。

辩论双方对两强标准没有异议。海军实力的所有对比都只针对德国。确实像鲍尔弗断言的那样,下院要辩论的问题是,是否要在关键的主力舰数量上对德国保持一强标准。鲍尔弗和阿斯奎斯之间的最重要的分歧是德国军舰的完成日期。以下是双方所持的观点:

	无畏舰和战列巡洋舰		
	英国	德国	
		阿斯奎斯版本	鲍尔弗版本
1911年4月	12	9	13
1911年8月	14	11	17
1911年11月	16	13	17
1912年4月	20[19]	17	21[20]

所以,最好的结果将是英国在1912年对德国保持20∶17的优势,而最差的结果将是16∶21的劣势。阿斯奎斯称德国没有能力建造鲍尔弗预测中多出来的那几艘无畏舰。但是反对党的首席发言人亚瑟·李在17日继续的辩论中再次搬出了鲍尔弗悲观的预言,因此加深了人们对前一天辩论的印象。

自由党激进派并没有在辩论中发声。下院中的小海军主义者大约有160人，他们发起的削减海军经费运动很快就被人们遗忘了。与之类似的是自由党媒体，议会上公布的数据犹如打了他们一个耳光，所以不敢再提无畏舰计划是否过于庞大。但他们还是反对在预算中加入4艘紧急建造的无畏舰，而且依旧强调英国在前无畏舰方面拥有"强悍的优势"。蒂尔皮茨在德国国会预算委员会上的发言（3月17日）也给反对者们提供了口实。蒂尔皮茨的发言其实是向英国公众传达当天梅特涅告诉格里的信息：德国迟至1912年秋天将只有13艘，而非17艘无畏舰（包括3艘战列巡洋舰）；德国建造无畏舰的进度也不会比法律规定或财政所能支持的更快（这些保证在八月由德国外交部和海军部重申。英国没有接受他的官方声明，为此蒂尔皮茨抱怨了很久）。自由党媒体因此认为，只要在1909年开工4艘无畏舰，就无须为1912年的情况而恐慌。紧急建造4艘无畏舰的计划只可以出现在1910—1911财年的预算里，而不能作为1909—1910财年预算的补充条款。

如果说阿斯奎斯和麦肯纳用他们确认的情报让党内的激进派以严重保留的态度回归，那么这一情报现在也成了保守党手中的牌。政府"认为他们已经在造舰规模上使预算在激进派眼中看似合理，他们也是从这一点出发来发言的。但是他们大错特错了，他们在小海军主义者面前所做辩护只是加剧了真正的攻击——那就是他们做得还不够"。奥斯丁·张伯伦的这一分析完全正确[21]，保守党政客和媒体直到3月16日还都同意在1909年开工6艘无畏舰已经足够了，但是16日的辩论在议会和媒体中引起了强烈反响。政府的海军政策必须明晰，不能有任何模糊之处。预算中那些有条件的条款必须成为强制性条款。政府必须毫无拖延地开工所有8艘主力舰，第二批4艘主力舰的建造不能依第二年的计划而定。即使开工8艘，以一强标准计算，英国也只有3艘无畏舰的优势。前无畏舰在衡量海军实力时已不再重要。这就是保守党政策的要点。

"我们要8艘，我们不能等"，由保守党议员乔治·韦恩汉姆（George Wyndham）喊出的这句口号一时间成为流行语。斗争在"恐慌散布者"，或者用他们喜欢称呼——"爱国主义者"，与"和平主义者"或"小英格兰人"之间展开。《每日新闻》宣称（3月2日），"极具感染性的惊慌正在像瘟疫一样传播"。双方围绕4艘紧急建造的无畏舰,像希腊人和特洛伊人争夺帕特罗克洛斯的遗体那样战斗。《国家评论》(4月)把英国将海权交给德国人的责任推给费希尔,"马歇尔·勒伯夫的化身"——这位法国陆军大臣在梅兹与色当战役前夕吹嘘法国军队的备战已经到了"连绑腿上的最后一粒扣子也扣好了"的地步。《星期六评论》(3月20日)说麦肯纳在16日的演讲是"斯多姆伯格(Stormberg)和马格斯方丹(Maggersfontein)战役(南非战争)之后公众听到的最可悲、最具羞辱性的消息。"《旁观者》(3月21日)建议英国人"坚持'8艘,全部8艘,别无所求只有8艘',越多人站出来,就越能将挡在路上的个人或党派打败"。《帕尔摩尔公报》(3月18日)满怀激情地大声疾呼,"就像法国在1792年和1870年那样,呼号声在大地上回荡——'公民们,祖国正处在危险之中!'"《每日电讯报》(3月18日)称:"……我们现在还无法面对任何一幅挂在墙上的纳尔逊肖像,如果国家在此时缔造和平,那就是人类历史上最屈辱的投降。"其他的保守党媒体和社团,包括《泰晤士报》、海军联盟、帝国海运联盟、伦敦商会国防委员会和一个新的团体——岛民协会也表达了同样的观点。伊舍情绪激昂,大喊如果不能立即得到8艘无畏舰,就要海军部委员会集体上绞架。国王也是8艘无畏舰的公开支持者。奇怪的是,军方的媒体——《陆海军公报》《海陆军记事》以及布拉西的《海军年鉴》——都没有成为歇斯底里的海军狂们的牺牲品。他们尽量减少了事态中的恐慌元素,而支持6艘无畏舰的计划。

3月19日,伊舍写道:"政府一寸都不让步——所以应该狠狠敲打他们。"当天这种敲打就来了。鲍尔弗要在议会发起谴责政府的议案,内容是:"本议会认为,王国政府宣布的立即采购最新型战列舰的政策不足以保证帝国的安全。"谴责议案的发起原因是首相一直拒绝保证建造4艘应急无畏舰。自由党议员接受这样的议案只不过是为了让人们觉得反对党在明目张胆地从海军中攫取政党利益。3月22日首相在下院中的激昂演说是"不道德、不爱国,操控党派焦虑"。保守党媒体的回应也是类似的。"自尼禄乱政以来,还从来没有过比这更加怪异和可悲的景象,即为平衡政党预算而危及宝贵的百年基业。"(《每日电讯报》,3月24日)

3月29日是对谴责议案进行辩论的日子,议会再次爆满。政府方面的首席发言人是格里,在他的演说过程中会场上既安静又充满了力量。他没有否认局势的严重性。不过政府不应该对4艘紧急无畏舰做出承诺。这些军舰现在并非必要,而如果立即建造她们,就等于让政府失去了根据德国可能建造的新型战舰来修改自己的设计方案的机会。格里再次建议让两国海军部互派代表,自由参观对方的船厂和军火仓库,并就造舰和经费交换信息(德皇听说格里再提此建议时火冒三丈,认为格里的建议"如此冒犯,可与1870年法国大使贝内代蒂提出的引发普法战争的建议相比!")[22]格里接受了蒂尔皮茨3月17日的声明,但指出如果德国政府决定加快实施海军法案,那么为加快进度而扩大制造能力是可能的。据此,英国政府不会因蒂尔皮茨的声明而放弃可能在1910年4月追加建造4艘无畏舰的计划,这些军舰也不会限制明年的造舰计划。格里还在演说中发出严厉警告,如果列强之间的军备竞赛持续升级的话,"我相信迟早有一天会毁灭文明"。鲍尔弗在辩论的最后陈述中着重强调了英国所依赖的海军优势已经极其微弱。议案最后以353票对135票被否决。

双方的立场都没有因辩论而有所改变。每一方都称辩论证明了自己的观点,而且都继续使用布拉西《海军年鉴》、简氏《战舰》和其他资料来构建自己的海军对比图表。只要在已建成、在建或者计划中的军舰数量耍上一点小把戏,就能变出任何想要的结果!连政界的最高层都在玩这种游戏。丘吉尔当上海军大臣后曾写道:"讨论海军的技术细节时常常出现这种情况,争论的要点不是基于它们的实质,而是如何选取它们。"[23]例如在1909年,对海军实力的计算很大程度上取决于是将两艘"纳尔逊勋爵"级算作无畏舰(自由党激进派观点)还是前无畏舰(海军部和保守党观点)。

对8艘无畏舰的争论持续到4月和5月,但激烈程度已大大减弱了。到5月底,歇斯底里的仇德情绪也大部冷却。4月29日公布的劳合-乔治的社会改革预算分散了民众的注意力。而在这段时间里,海军部一直在按照4艘应急无畏舰肯定会被批准并在1909年订购的预想行事,虽然她们在1910年4月1日以前不可能开工。海军部和他们在内阁中的支持者在劳合-乔治—丘吉尔派坚定的态度面前绝不会有什么机会,后者认为这第二批4艘无畏舰尚属未定之事(费希尔曾当面向丘吉尔建议,将这4艘无畏舰命名为"温斯顿"号、"丘吉尔"号、

"劳合"号和"乔治"号。"她们将英勇战斗！勇往直前！"）。如果被迫接受8艘无畏舰的计划，他们也要将4艘应急无畏舰置于1910—1911财年计划。这样将是两年建造8艘无畏舰，或者最多10艘大型装甲舰。海军部则希望建造12艘：1909—1910财年8艘，1910—1911财年4艘。内阁中双方的死硬分子为此陷入僵局时，传出了麦肯纳和格里要辞职的小道消息。有报道称麦肯纳"被同僚对待4艘应急无畏舰的态度弄的身心疲惫"。他的怒火直接指向劳合-乔治和丘吉尔，有时也指向阿斯奎斯，因为他"太软弱"[24]。格里显然准备在4艘应急主力舰或其中的两艘在本财年没有被批准的情况下离开内阁。[25] 阿斯奎斯伸出援手，安抚敌对双方。他于4月17日在格拉斯哥发表演讲，称英国大量的前无畏舰在未来数年内仍能捍卫英国的海权，而在当年就订购8艘无畏舰并不明智，因为之后可能会出现性能更好的舰艇。

其实就在阿斯奎斯演讲时，奥匈帝国无畏舰计划的情报已经说明海上局势发生了重大变化。1908年12月3日费希尔就警告首相，奥匈帝国新的海军计划中包括无畏舰，但直到1909年4月都无人再提及此事。奥匈帝国有9艘在役的前无畏舰，另外还有3艘在建。情报发现虽然没有无畏舰在建，但奥匈帝国正积极考虑建造三至4艘无畏舰。"即使没有确认，也有很强的证据"证明数月前他们订购了一部将在波拉（Pola）建造的大型浮动船坞。而德国有可能为奥匈帝国建造无畏舰。阿斯奎斯为此情报大为困扰，以至于在星期日晚上11点（4月11日，复活节周日）给费希尔发出了特别信函，询问有关奥匈帝国无畏舰的最新情报。奥匈帝国的造舰计划在意大利引起了更大反应，英国驻意大利海军武官报告说意大利人的"精神大受打击，他们觉得奥匈帝国建造一流的战列舰就像魔术师从帽子里面变出鸡蛋那么容易"[26]。随后就出现了一个意大利无畏舰计划。

意奥两国的造舰计划对英国海军政策产生了决定性影响。政府在7月26日向议会说明时，将德国海军搁在了一边，提醒议会注意意奥两国的举动。两国都有可能各建4艘无畏舰。一艘意大利无畏舰已经开工，另外3艘可能在年底动工。麦肯纳因此宣布，政府将把4艘应急无畏舰列入当年的计划，且不会影响1910—1911财年计划，阿斯奎斯也确认了该决定。本财年无条件建造的4艘无畏舰中的第一艘已经开工，第2艘将在几天后铺设龙骨。另外两艘（其中一艘为战列巡洋舰）在11月动工。虽然第二批4艘主力舰（同样是3艘无畏舰和一艘战列巡洋舰）不会早于1910年4月开工，但由于已有计划，而且造舰物资将提前订购，她们将在1912年3月前完工。这一决定的宣布令保守党松了一口气。但除了《每日记事报》，自由党媒体都不相信政府已经决定要建造4艘应急无畏舰。他们认为到1912年，英国的前无畏舰和无畏舰合计起来将对德国具有压倒性的优势；没有迹象表明德国加速了造舰计划；奥匈帝国和意大利的无畏舰将相互抵消。不过，海军恐慌已经结束了。由于三次显示海军力量的盛况，人们恢复了镇定和信心。这三次阅舰式是：6月12日在斯比得海德进行的帝国报业大会阅舰式；7月17日在泰晤士河口南岸举行的阅舰式；以及7月31日在怀特岛的考斯（Cowes）为沙皇举行的阅舰式。

4. 徒劳的谈判

德国首相比洛一直渴望同英国建立友好关系，他认为英国国内的病态反应是担心德国会威胁英国长久以来的海上霸权所致。蒂尔皮茨强调英国人的躁动是英国官员们关于德国造舰计划的"错误声明"造成的，比洛则轻描淡写地说这只是"一个次要因素"。重要的事实是"德国正在打造一支庞大的舰队，并由此产生了与英国发生冲突的危险……英国将在全世界反对我们，而且将联合欧洲其他力量，利用有利时机抢先对我们发动攻击。这可能将在两年内发生，只待俄国陆军的实力得以恢复"。蒂尔皮茨认为英国人紧张的根源是对德国经济发展的妒忌，他举例说英国在经济上不断干扰德国在中国、俄国、中东及其他地区的发展，"用一些残酷的手段使德国的经济处于困境"，由此让世人对德国的未来失去信心。如果英国有这样的意图，则可以通过强大的海军有效地在经济上对付我们。比洛则不同意蒂尔皮茨的这个主要前提，需要重点考虑的仍是海军问题。[27] 4月14—15日，比洛与海军上将缪勒和德皇进行了谈话，"一次又一次表达了对维持和平的忧虑"。

（他告诉缪勒）海军恐慌已经到了触动英国中产阶级钱袋的地步，否则它就会平静的消退。他们认为新建军舰必然需要巨额预算（意味着增税），结果就是"国债"的崩溃。所有这些都让中产阶级转而支持承诺采取大胆政策清除那个讨厌的海上对手的政党。在英国,一个保守党政府将给我们真正带来战争的危险……我们应该全力让自由党执政,该党包含了英格兰所有热爱和平的人。因此,我们应该满足自由党的目的,达成两国共同削减军备负担的协定。[28]

德皇和蒂尔皮茨(未提及魏登曼)不认为英国有发动预防性战争的可能性。蒂尔皮茨争辩说英国海军和德国军队一样,总体上都是反对战争的,而英国商人更不想要战争,因为他们的生意将大受损失。"预防性战争的可能性犹如稻草人,是我们的外交官们(如梅特涅)企图让反对他们的人折服时虚构出来的东西。"他们不得不面对英国存在着广泛仇德情绪的事实,而他们的海军政策令这种情况更加恶化。问题是,他们能否通过修改海军政策来改善政治上的处境。德国在波斯尼亚危机中的外交策略以及德国海军"无声、低调的"扩张都极大地提高了德国的声望。

海军问题上的让步将让我们失去已经到手的东西。我不能理解其他人为什么没有同样的考虑。最好的解决办法是坚持下去……两年后造舰的速度将降至每年两艘主力舰。到那时紧张的局势就极有可能放松下来。但是之后几年,只要我们的海军还在发展,这种紧张就不会消失……皇帝陛下的想法完全正确,即在当前形势下,我们应该等待英国出台新的军备计划后再行动。我不认为这有很高的可能性,但一旦发生,我们不能带着一套有限的资本进行谈判……绝不能以军事上的让步来换取英国的政治承诺。据我判断,你和冯·基德林先生(von Kiderlen,当时的德国外交大臣)建议的手段是正确的。即在政治上先"放松",再"达成一致",然后是军备协定。而非将顺序反过来,首先削弱军力,然后为更好的协定而做出模糊的承诺。[29]

这实际上就是德国政府采取的策略,他们不打算等待英国人采取主动。1909年春天已经有过一些出于政治互信而进行的接触,目标是在两国间达成中立和互不侵犯的条约。英国首相和外交部对此并不感兴趣,协约的提议只是被视为德国通向欧洲霸权的桥梁。英国政府建造4艘应急无畏舰的决定刺激了德国，使其再次尝试与英国接触。7月14日，霍尔维格（Hollweg）接替比洛担任首相，如果他有什么想法的话，那就是更渴望和英国达成协定。他为此准备了一个更诱人的方案。8月21日，新首相宣布他的政府已经准备讨论海军事务，而且还有一套全面的政治互信计划。德国内阁"热烈欢迎"有关海军经费的建议，并且承诺以"最充分的理解"接受其他列强提出的"以不损害（与英国）友好关系为前提"的政治动议。蒂尔皮茨的缺席使柏林推迟了下一步行动。直到10月14—15日，德国才向英国大使递交了建议。建议的要旨是德国将不得不继续推行计划——只有国会投票才能改变它——但是两至三年后，政府将准备不经国会就将造舰的"步骤放缓"。通过延长海军年度经费支出的时间跨度，每年开工的主力舰数量将从4艘减为3艘。戈琛对此明确反对，因为到最后，德国总的造舰数量并没有变化，那样就无法限制海军经费，英国也就不可能限制自己的海军经费。贝特曼·霍尔维格只能回应说如果双方能在海军问题上达成一致，而且同时能达成一个必须包含海军协定的政治互信协定，就能平息两国民众的愤怒，那么德国国会"非常有可能"在数年内有意制定一个减少海军规模的计划。德国期望政治协定能在某种程度上与1908年4月签订的波罗的海协定一致。后者由德国、俄国、瑞典和丹麦共同签署，目的是维持波罗的海国家的现状。

德国的建议在英国受到了冷遇。外交部对海军和政治两方面的建议都无兴致。其中，政治协定包含了确认德国对阿尔萨斯—洛林的占领，这有可能破坏与法国的盟约。格里向梅特涅解释说（10月28日），英国很难签署这样的政治协定，因为其中包含有声明称"我们无意与其他国家联合起来共同反对德国，在任何事宜上我们都无意与德国为敌"。这样"给人留下的印象是，相比以前与我们结下良好关系的国家，我们与德国的关系更加亲密"。但关键还是海军问题。

我明白，在德国国内有观点认为有必要与英国达成普遍的共识，使气氛更加和睦，以至于有可能签署一个海军协定。但是还有一种反对意见：即认为只要海军经费维持高涨的水平，一个普遍的共识不能对公众的观点形成积极的影响，反而会成为被批评的对象。为消除这种疑虑，必须首先签订一个海军协定……

为了让两国人民相信海军开支并非针对对方，也为了避免可能的秘密发展和利用海军预算来形成优势，最有效的方式就是两国海军部坦诚的交换信息。但是形成一个令人满意的方案将困难又耗时。[30]

德国 11 月 4 日以折中建议作为回应：海军协定和政治协定可以同时谈判和宣布。德国提出的海军协定是在三到四年后，双方新建主力舰将不超过各自国家海军专家建议的数量。海军专家们还将决定如何解决舰艇建造信息交换的问题。政治协定是指双方互相保证（戈琛所言）"任何一方不能有入侵另一方的企图，双方不能互相攻击，而且在一方遭到第三国或集团进攻的情况下，未遭进攻的一方应该保持中立"[31]。

英国外交部完全拒绝了德国的建议。对克劳来说，德国建议的协定"有些单方面"的意味。因为这样一来，皇家海军"不仅可以用来对抗德国，还可以用来对抗世界其他国家的造船数量将受到限制"，德国则可以放手对付任何其他国家。外交部助理副秘书兰利（Langley）强烈反对英国保证在德国投入战争时保持中立，因为不管怎么措辞，"都必将对我们与法俄的关系产生灾难性的影响"。哈丁认为任何海军协定，如果不能修改德国的海军计划，而仅仅是将其发展减缓了几年，就没有任何可取之处。而政治协定的建议就更不可接受，因为它将破坏欧洲的政治平衡。"必须牢记，德国称霸欧洲的一个障碍就是独立而强大的英国海军……如果英国自缚手脚，在德国谋取欧洲霸权时保持中立，将有损一百多年来英国对欧洲和世界和平做出重大贡献的光荣地位。"[32] 为避免过于直白地拒绝德国，格里于 11 月 17 日通知梅特涅，即将到来的大选使政府在 1 月前很难，也不希望做出决定。这将把问题束之高阁至少两个月，而且由于双方隔阂甚远，也许会拖延更长时间。

总而言之，现在情况是德国看重政治协定，而且这一协定必须能保证英国的中立地位，因为德国相信在与法俄最后摊牌的时刻，后者只有在获得英国军事援助的前提下才能对德国形成威胁。英国则对海军协定更感兴趣，但英国不想仅仅让德国用更长的时间来建造计划中的军舰，而是要切实削减德国新建军舰的数量。这样才有可能在实质上削减双方的海军经费。在社会改革计划急待完成的情况下，减轻财政压力是自由党政府的首要目标。德国想将两份协定等同起来进行谈判，但除非他们能得到一个对德国有意义的政治协定，否则他们不会签署一个仅对英国有意义的海军协定。也就是说，只有英国明确保证不会在任何可能的冲突中与德国的敌人结盟，德国才会考虑削减海军军备。英国做出不参加侵略德国的同盟的模糊承诺还不够，因为德国一直在企图发动侵略他国的战争。就像德国首相后来宣称（1910年12月17日）的那样，局势不会得到缓解，"除非法国明白它不能依靠英国的支持而蠢蠢欲动"。英国书面保证不侵略德国是一回事，但英国政府绝不会承诺中立地位，这将使英国因受德国的恩惠而疏远法俄。英国希望德国削减海军和德国希望英国在欧洲战争中保持中立之间的鸿沟（或者说裂痕）是如此之大，已经无法弥合。面对持续的海军竞赛、不断超支的预算，和在政治上接受德国建立欧洲霸权，英国只能两害相权取其轻，毫不犹豫地选择前者。变通还将出现，但英国的立场自1909年秋天之后就再也没有动摇过。

一位独具慧眼的美国历史学家说："没人能责怪英国想用更少的花费维持海权，也没人能责怪德国在英国培育的协约体系面前坚持他们的海军法案，这一体系剥夺了德国在外交上的自由。"[33] 英国永远也不会认为与法国签订协定是对德国安全的潜在威胁，德国也不会意识到在一个军备竞赛、实用政治和帝国主义互相对抗的世界里，海权对英国安全的重要性。

5. 结语

从后来的事实来看，海军部1909年对1912年海军势态的预测并不准确。到1909年年底，英国并没有发现德国明显加速了造舰进度。那么蒂尔皮茨的解释是真实的吗？还是像麦肯纳在数年后改口得那样，断言"德国开始否认，随后又承认了造舰进度加快，但在英国议会揭露之后就停止了？"[34] 德国海军部的档案指向前者，但本书作者承认，并没有就有关问题彻底研究这些档案。[35]

总之，德国1908—1909财年和1909—1910财年的造舰进度都没有比"正常"时间更提前。而1910年4艘军舰的建造还因为英国主力舰突然装备了13.5英寸主炮而被拖延。1909年的争论中，各方都把1912年4月时德国的主力舰数量拿来做文章。英国认为德国那时"肯定"已经建成了13艘无畏舰,更可能建成17艘。但这个"关键时刻"到来时,德国只有9艘无畏舰建成或在役。不过到1912年3月31日,英国也只有15艘在役的主力舰,因为1909—1910财年计划中的8艘无畏舰到"危险"的1912年只有3艘得以完工。丘吉尔曾做出了历史结论:"在事实面前再回顾当年争论时出现的浩瀚的文件,可以确定的是不管怎样,仅就事实和数字而言,我们(丘吉尔和劳合-乔治)是完全正确的。悲观的海军部对1912年做出的预测完全失算……根本没有秘密的德国无畏舰,蒂尔皮茨上将也没有隐瞒主要的造舰计划。"[36]

这里我们必须提醒读者。正如丘吉尔后来所言,虽然他和劳合-乔治"在狭义上是正确的,但我们未能正确把握命运的大潮。伟大的功绩属于海军大臣麦肯纳先生,他以无比的决心和勇气战斗并承受了来自自己党派的压力。"[37](他的此番赞美也应该给予费希尔!)丘吉尔自己毫不怀疑英国将与德国一战,也确信对于这场命运未卜的战争,英国必须在海上具备绝对的优势。如果1909年没有决定建造那4艘应急无畏舰,到1915年1月大舰队将只有21艘主力舰(另有一艘已经损失,5艘处于修理和改装中),而德国则有20艘。简而言之,是1909年的4艘应急无畏舰,使英国海军在关键的开战初期具有更高安全系数。

1909年的海军恐慌还有几个重要的副产品:(1)数个自治领提供无畏舰,开始成立一支大英帝国舰队;(2)更加确定与德国的战争不可避免;(3)通过海军协定来限制军备的政策从此被认为是自由党激进派的空想;(4)虽未明言,但传统的两强标准已被抛弃;(5)加剧了反费希尔的斗争。

(1)由于"疲惫的巨人在帝国的重负下呻吟",自治领伸出了援助之手。1909年3月22日,新西兰政府致电伦敦,称愿意承担一艘马上开工的无畏舰的费用,如有必要也可以为第2艘出资。6月,澳大利亚政府也承诺负担一艘无畏舰的建造费用。英国政府感激地接受了这些援助。当年夏天在帝国国防会议上决定,澳新出资建造的主力舰将是战列巡洋舰。她们将在1910年开工,1912年建成。

(2)用丘吉尔的话说,"人们第一次就德国威胁论达成广泛的共识,像在全国拉响了警报。普鲁士人意味着灾难,他们嫉妒英帝国的伟大,如果他们看到一个可以让我们付出代价的好机会,就会充分加以利用。这种凝重而不断加深的感觉已不再局限在政治和外交人士的圈子里。"[38] 英国国内不断出现对德国海军侵略意图，以及战争不可避免和即将来临的警告。J. 艾利斯·巴克（J. Ellis Barker）在《19世纪》一书（1909年4月）中警告人们突然袭击的危险。一夜之间就可能出现一个貌似合理的开战理由，诸如一艘德国渔船诱使一艘英国炮艇对其发动了炮击等等。海军上校戴维·贝蒂（David Beatty）在伦敦市政厅的一个午餐会上宣布"考验海军战斗力的时间一定临近了"[39]。报业大亨诺斯克利夫爵士（Northcliffe）在9月的温尼派格午餐会上对听众说，只要德国看到有胜利的机会，就会立即对英国开战。《国家评论》也多次表达了同样的观点。斯潘塞·威尔金森的著作《不列颠与海湾》吸引了大量关注，书中认为现实情况是"从现在开始，英国不得不面对真正的战争，所以要立即开始准备这场随时可能发生的冲突"。1909年12月13—23日，《每日邮报》连续刊登了十篇有关"英国和德国"的文章，在两国都引起了反响。这些文章的作者是社会主义刊物《号角》的编辑罗伯特·布拉奇福德（Robert Blatchford），他也是新当选的海军联盟执行委员会成员。这一系列激情澎湃，颇具煽动性的文章用夸大的言辞和不实的证据来证明德国的目标是称霸和征服全世界。作为第一步，德国正无情地准备进攻和摧毁大英帝国。其中一篇文章专门指出，德国海军就是德国计划反对英国的最有力证据。爱德华国王对"布拉奇福德的暴力倾向表示不悦"，作者在社会主义、激进派论坛和自由党媒体上也遭到谴责。但是克罗默（Cromer）、考多尔、柯曾（Curzon）和贝雷斯福德等社会名流都受到文章的影响，更不用说上百万《每日邮报》的读者了，他们都热情地像接受福音一样接受布拉奇福德的文章。

以德国入侵英国为题材的战争幻想小说（柴尔德斯的《沙岸之谜》是最热门的作品），以流言和臆想为蓝本的间谍故事等，反映了英国国内的紧张情绪；再加上海军恐慌的出现，都对英德关系起到了恶化作用。有传说德国间谍遍布英国东海岸，绘制地图，测量水深。陆军少校A. J. 里德（A. J. Reed）以及威廉·勒丘（William Le Queux）撰写了多篇战争幻想故事，文中声称在英格兰和苏格兰有6500名德国间谍。甚至连政府也开始认为到处都是间谍。3月25日，首相任命了一个帝国国防委员会的下属委员会，在之后的数月内每月举行三次会议，讨论本国存在的"外国间谍的现象与范围"。虽然记录显示英国只有49000名德国人（1901 年的调查结果），意味着其中约有一万人接受过军事训练，但是对国内受过军训的德国预备役人员数量的估计却非常离谱，从德利斯考尔上校（Driscoll）的 350000 人，到罗伯茨爵士（Roberts）的 80000 人，再到约翰·巴罗爵士（John Barlow）的 66000 人。一份报纸"发现"德国人在查令街路口一个银行的地下室里储存了数千支步枪，用来在开战时武装德国预备役人员（真相是这些步枪是迷你步枪俱乐部协会购买的过时武器）。

很多作者还指出，舰队面临着来自空中的危险。有人指出，两年内德国就将拥有 20 艘续航时间 30 小时，航程可达 600 英里的飞艇，每艘可以携带 1—3 吨炸弹。英国没有能与之匹敌的武器。1908 年 12 月，英国海军部考虑了德国在开战伊始使用"飞行"舰队用高爆炸弹轰炸舰队的可能性。据认为此举并不可行，但需要继续关注。

另外还有关于德国特种水雷的故事，这本是德皇讲的一个笑话。这些水雷将由货轮装箱携带，布设在英国本岛和怀特岛之间的索伦特海峡，以及泰晤士河口等英国海军舰队的主要集结地。这一童话般的故事竟然被鲍尔弗等人当了真，但是陆军部没有发现任何证据，而有人提醒费希尔注意此事时，他讽刺说："我太忙了，才不会为这种奇幻故事浪费时间！"《标准报》还刊登了（9 月）另一个荒谬的故事，说德国有一个关于强力磁铁的专利，这种磁铁可以被沉入海港的入口处，由电缆与一个电源相连，可以摧毁军舰，或者让英国的军舰失控，乖乖地被交到德国人手中。

整个国家的神经过敏也影响到海军部。5 月 8 日，本土舰队突然收到紧急电报称德国有可能发动袭击。海军部也从殖民部得到情报称，德国在加拿大的海军预备役人员已接到了返回德国的命令。费希尔本人认为这些都是空穴来风，结果证明他是对的。紧张气氛在五天后消失了，因为海军部得知在加拿大并未发生任何异常情况。德国在加拿大的海军预备役人员只是得到通知要进行例行训练，仅此而已。

（3）自由党的喉舌，如《曼彻斯特卫报》《每日新闻》和《威斯敏斯特公报》仍在努力对德国投入与英国的海军竞赛表达一种友好的理解态度。但是"这些报纸也意识到想要让德国改弦易辙，停止和英国作对是不可能的。我们不情愿地建造舰艇要归咎于德国人对民族精神的渴望,这也是激烈的竞争即将代替无用的、过分强调文明的和平主义社会的证据,后者在世界事务中已经失去了它的至尊地位"[40]。英国追加建造4艘无畏舰在德国也产生了惊醒的效果,不过,不管德国海军联盟如何努力,德国海军法案也不太可能被扩充。这至少是英国驻德国外交人员的观点。例如戈琛就认为,英国无疑将保持它的海上优势,这在很大程度上是因为"(德国)目前有观点认为要建立更好的英德关系……同时,最新型战列舰的巨额成本肯定……已经开始造成德国纳税人的不安"。海军情报处长也认同戈琛的判断。[41]

与此同时,英国社会更加强烈地要求针对德国制定海军力量的新标准。这也带来了另一个副产品:

(4)对两强标准的实质性放弃。1908年11月,阿斯奎斯已经明确声称海军标准要"对两支次强海军的主力舰实力之和具有10%的优势,无论这两支海军属于哪个国家"。但是1909年5月26日,首相在下院的演讲中,用鲍尔弗的话说,"模糊和掩蔽了他曾在议会里使用的完美清晰的修辞"。阿斯奎斯说,两强标准"并不是一个僵硬的教条,而是一个适机而变的经验法则,在应用时要考虑政治和战略环境"。很明显,在首相以言辞施放的烟幕背后,两强标准已不再有效。虽然之后议会还定期讨论海军的标准问题,但政府的声明都很不清晰和精确。直到1912年3月28日,海军大臣丘吉尔告诉议会,英国官方的海军标准是在无畏舰方面对德国具有60%的优势。1914年3月,丘吉尔告诉议会海军部在"1908或1909年"就已经开始采用这一标准。实际上,新标准是1909年4月由第三海军大臣和海军审计官杰利科首先提出的。

那么,是什么考虑促使海军部改变了实力标准呢?问题的症结在于美国海军,其实力当时仅次于德国海军。虽然美日关系和英日同盟生出了一些复杂的局面,但英国政府和民众在大战前的十年里都拒绝把美国视为潜在的敌人。《评论的评论》(1908年3月)道出了英国人的心态:"我们不会因为几个日本人就和美国打仗……我们不会和我们的美国表亲打一场内战。"帝国国防委员会认为一场英美之间的战争"不仅会突破人类愚蠢的上限,而且可能性是如此之低,以至于无须为其做任何准备"[42]。海军部在同一份备忘录中还认为德国和美国不可能联合起来对付英国,因为它们两国的外交政策有诸多冲突。1908年4月14日,帝国国防委员会讨论加拿大的防御问题时,与会成员都认为英美之间的战争是一个无须考虑的命题,而且不管怎样,英国也没有能力为加拿大提供军事防御。英国政府对此立场从未改变过。1914年5月14日帝国国防委员会会议的一个结论是:"在考虑西大西洋英国领地的防御问题时,无须担心美国会对这些岛屿发动攻击⋯⋯"[43]费希尔本人从未接受"我们发起一场对美战争的可能性,任何有那种想法的倾向都是不允许的"[44]。费希尔坚定地支持建立一个英语国家联盟。

奥特利曾在一封信件中对海军立场的核心做出说明。

⋯⋯我真正的担心是,我们怎样做都不可能无限制地在造舰方面保持等同于美国、德国总和的水平。我国的资源根本不能与美、德资源总和相比。一两天前有人非常自信地对我说,在美国至少有一百位百万富翁,每一位都可能拿出一百万美元来造军舰,如果美国人的爱国热情有一天高涨起来,这样级别的巨额经费将使美国立即成为海军强国⋯⋯

所以⋯⋯我们必须放弃(因为无力负担)针对美国的两强标准。[45]

杰利科声称旧的标准"危险而极不可靠",它适用的外交和战略环境已经不存在了。"以德国和美国为例,没有人幻想会和两国同时交战。但是如果我们真的这样幻想,针对这两国的两强标准将使我们在本土附近海域连单独对付德国的优势都没有。"没有必要对德国形成二比一的优势,因为它的海岸线很短,我们很容易在多弗海峡以及设得兰群岛和挪威之间监视其出海口。"在所有级别舰艇上都对德国形成60%的优势"的标准就能满足英国的需要。[46]这成为英国海军的新标准,虽然在实际操作上还是只适用于主力舰。从1909年开始,英国官方只认真统计德国海军的实力(我们将会看到大战前一至两年意奥两国的海军扩充使态势更加复杂)。很明显,新的标准在1912年以前没有透露给内阁。

1909年海军恐慌的最后一个重要的副产品是反费希尔运动的强化,对此我们将单独成章介绍。

费希尔的退休

第八章

在海军历史上,除了可怜的宾上将以外,还没有哪位将军或军官由于这么多的反对而成为焦点……

——贝蒂致妻子,1909年4月6日

我十分遗憾不能参加你的晚宴以庆祝这伟大的一天(1910年1月25日,费希尔的退休日)。我必须去德普特福德发表演说。你的祝酒词应该是——"为欺诈、窥伺、恐吓、腐败、专断、自私的结束而干杯",在四年中,这些东西一直是世界上最优秀海军的噩梦。

——贝雷斯福德致H. H. 莫里诺上校(H. H. Molyneux),1910年1月24日

也许我错了,但我一直相信,27年来驱使他的唯一动机就是使英国海军获得无出其右的地位,我不会说他从不犯错。谁没有犯过错误呢?但他是一位伟大的公仆,晚年仍然奉献于他的职业和国家。他是阿斯奎斯追求道德勇气过程中的牺牲品。

——伊舍致J. S. 桑达斯(J. S. Sandars,鲍尔弗的秘书),1909年9月9日

我想没有人经历过这样的五年……这划时代的烙印如此清晰鲜明,可与纳尔逊的功绩媲美。

——科比特致费希尔,1910年1月25日

1. 海军质询

让费希尔下台的呼声越来越高,这从1909年3月20日《每日快讯》的一篇文章中可见一斑:

事实是，英国几个月内就将处于自特拉法加海战以来最脆弱的时刻，而唯一要为此负责的就是第一海军大臣……首先，他要为海军在最近三年一直"挨饿"而负责……如果某个令人难以满意的方案付诸准备时他以辞职相威胁，就能迫使那些节俭狂人们就范。另外，他声名狼藉的"在床榻安睡"的演说（1907年11月）就是对自由党激进派的直接肯定。我们以公众的准则来拷问约翰·费希尔爵士，并在我们国家面临的灾难前再次对他说，你就是那个罪人！

费希尔的另一条罪过是忽视德国海军造舰进度的加速，没有为建造全部8艘无畏舰而施压。但是事实是：（1）海军并没有"挨饿"。在海军恐慌时期，海军部和整个国家从来没有对英国海军的优势产生过怀疑。（2）1909年1—2月间的关键时刻，海军部诸位大臣的立场都非常坚定。而费希尔也以公众的观点全力支持自己的同僚。（3）1909年春，费希尔和麦肯纳致力于4艘应急无畏舰建造的实现，同时像得到过明确的建造许可那样行事。毫无疑问的是，如果内阁最后否决了这4艘无畏舰，费希尔将会以辞职抗议。（4）对于忽视德国海军进度的指控，费希尔斥之以"一堆恶心的谎言……德国加快造舰进度和克虏伯扩大产能的事一周内我们就知道了。他们刚开始这样做，我就已经将有关备忘录交给特维德茅斯（1907年12月3日）并呈递内阁"[1]。不过这份备忘录只记录了海军大臣们对德国新造舰计划的忧虑。1908年关于德国加速造舰的报道出现前，费希尔确实不知道德方的情况，也没有采取什么相应措施。到1908年年底，越来越多的报道涌入人们的视野，费希尔和他的同僚才开始做出决定。在此事上，我们也曾指出，费希尔夸大了1908—1909年德国造舰计划的规模和目的。

两个政治阵营里都有费希尔的批评者，他们都认为1905年后出现的德国海军威胁有以下一个或数个原因：费希尔的自大，引入无畏舰，以及他的大规模无畏舰建造计划。批评者们认为这些作为给当时激荡的局势火上浇油，给和平的机会设置障碍，而且将国家引上战争之路。利德尔爵士（Riddell）在他的日记中写道："他是个了不起的人，但步子总是迈得过大，导致其他国家也被迫超越原有的计划。"[2] 后来费希尔的批评者也提出了相同的观点。必须承认，费希尔确实比较"自大"。关于无畏舰，前面已经做出评论。至于第三个指控，费

第八章 费希尔的退休

希尔只是在厉行历届海军部（以及其他国防部门）一贯遵循的格言："想要和平，必先备战。"英国的海上优势并没有阻止战争的发生，但英国和它的盟国却靠这种优势赢得了战争。

不过，对海军部政策的质询给了费希尔最后一击，而且这又将贝雷斯福德请回了舞台。1909年3月24日，贝雷斯福德在朴次茅斯降下了自己的将旗，而且场面极其盛大。当天晚些时候，伦敦街头也出现了和朴次茅斯一样澎湃的热情，就像一个国家英雄取得一场伟大的海上胜利之后回到祖国一样。滑铁卢车站的站台上挤满了人，还有几千人挤在通向车站的各条道路上。贝雷斯福德踏上站台时，响起了雷鸣般的欢呼声，无数顶帽子被抛上天空，妇女们拼命挥舞着手帕，人们齐声唱起了"他是个快活的好人"。很多热情的人爬上车站的大理石柱，冒着危险带领大家欢呼和唱歌。这场面就是"查理B"在当时大受欢迎的真实写照。

贝雷斯福德的职业生涯显然已经结束，虽然他还有两年才到强制退休年龄。《标准报》（3月24日）准确表达了贝雷斯福德派的观点："麦肯纳先生因无惧于道出真相而被开除了，这就是故事的全部。"《评论的评论》（3月号）也说出了费希尔派的感言："古语说得好，两个人骑一匹马，总得一前一后。查尔斯爵士从来没有意识到他可能是骑在后面的那位。因此造成的内部矛盾不仅是丑闻，而且会危及我们的海军。"

贝雷斯福德在离职前一个月曾与鲍尔弗进行了一次长谈。两人是多年的好友。他们的交往可以追溯到1887年，而且二人在世纪之交的通信中称对方为"我亲爱的阿瑟"（同僚们一般称他"鲍尔弗先生"）和"我亲爱的查理·贝雷斯福德"，后者到1908年已变成"我亲爱的查理"。贝雷斯福德在与费希尔的斗争中多次寻求鲍尔弗的帮助和安慰。在这次谈话中，贝雷斯福德竟然唐突地问鲍尔弗，如果他成为首相，自己能做些什么（贝雷斯福德显然认为海军恐慌将迫使现政府下台）。如果鲍尔弗任命他为第一海军大臣，他将对海军事务保持缄默。否则他会"把国家搞得天翻地覆"。鲍尔弗告诉他现政府可能还要执政两年，因此他还不能开始考虑组建新内阁或海军部委员会。[3]

一个月后，贝雷斯福德已经成为一个只要自己愿意就可以直抒胸臆的自由人，受他在岸上所受迎接的鼓舞和激励，贝雷斯福德计划对费希尔展开全面进攻。在投入战斗之前,他在3月26日就此咨询了鲍尔弗。他给鲍尔弗讲述的是一个噩梦般的故事。尽管英国在战舰和火炮方面占据巨大优势,但仍然岌岌可危:舰队的战略部署是错误的,巡洋舰和驱逐舰极度短缺,海军部根本没有可实施的作战计划。那么鲍尔弗对贝雷斯福德将很快公开提出的这些批评有什么异议吗?没有。但他建议贝雷斯福德把自己的建议告诉首相。鲍尔弗还说他相信海军部有足够的作战计划,虽然这些计划的优劣是另一回事。[4] 顺便一说,鲍尔弗处在一个难堪的位置上,他同时是贝雷斯福德和费希尔两人的告解神父。鲍尔弗掌握人际平衡的能力很强,这两位敌对的人都非常信任他。

3月30日,贝雷斯福德见到首相,简要解释了他反对费希尔管理海军部的理由,随后于4月2日向首相去信,解释了他几项主要指控的细节。贝雷斯福德威胁说如果政府对此不作为,他就要把争执闹到全国。在麦肯纳的请求下,阿斯奎斯决定(4月19日)任命一个帝国国防委员会的下属委员会,不公开地调查这些指控。麦肯纳将担任委员会主席,四名内阁大臣,克鲁、莫里、格里和霍尔丹是委员会成员。调查程序与皇家委员会(委员会自身可以投票发起谴责)通常发起的对海军部委员会事务的质询调查非常不同。帝国国防委员会遂行这次质询时,只在它的常规职责内行事,调查的范围也仅限于某些指控。

但费希尔被激怒了。"格罗斯维纳街一个房间里的一帮现役海军军官开个会就能要挟内阁,并使最强大的海军部委员会摇摇欲坠,你能想象这样的情景吗!为什么'少壮派'不在其中!这肯定是最坏的国家管理方式!"[5] 从心理上看,费希尔为事情的突变而被激怒,甚至威胁要辞职。后来他接受了伊舍(4月14日)和国王(4月20日)的劝解而留任。不过他也誓言战斗,"我不会离开,除非我被踢走!"

费希尔受到的羞辱之一,是海军部委员会历史上首次因一名犯上的下级军官指控而被迫接受审查并自我辩护。另一个羞辱是乔治·阿姆斯特朗爵士在宪法俱乐部的演讲中和4月23日的《泰晤士报》上公开了培根的两封信件(1906年3月21日和4月15日)。[6] 阿姆斯特朗怨恨——他本人是贝雷斯福德派的主要领导者,犀利而精明——的主要原因正如德国海军武官分析的那样:"乔治·阿姆斯特朗爵士这样一位年轻的海军军官,就因为鲁莽地批评了约翰·费希尔爵士而被开除出海军（1892年），虽然他已经被迫公开道歉。从此他就誓言要向费希尔复仇。为实现自己的誓言，他用多年时间收集材料，现在终于派上了用场（培根的两封信是无意间落在他手上的），他可以和伙伴们一起出谋划策，发起反对费希尔的运动了。"[7]

阿姆斯特朗的揭露引起了轰动，也让贝雷斯福德和他的朋友们开始公开指控海军部在舰队中安插耳目——尤其是培根，他是费希尔派往地中海舰队监视贝雷斯福德的间谍。议员们抛出了很多尖锐的问题，报纸上充斥着有关报道。费希尔的回答并不能令人信服。他请伊舍（4月13日）转告鲍尔弗："在这场正在展开的巨大斗争中，你问的问题没有答案，只能把有关联的事件一条一条印出来审视，否则想在如此大量的通讯中得出线索是不可能的。"[8] 麦肯纳在议会中做得比费希尔更好。5月19日他遗憾地表示："关于此事唯一的抱怨是，在这些信件被付印曝光之前，我一位尊敬的朋友（贝莱尔斯，参见第五章内容）的良好声誉还没有被破坏。对此他（费希尔）表示极其遗憾，我也极其遗憾。除此之外，那些信件中的其他内容都应该被付印，因为它们值得保存。"5月27日，麦肯纳又发表了意味相反的声明："难道下院真想被要求去谴责一位伟大人物，就因为他在致力于一项宏大任务时下令付印了一批原本不应该被印出来的信件？……这种攻击对第一海军大臣是极大的不公，而他已经得到连续四届海军大臣毫无保留的信任……在此，我呼吁下院不要被这些编造的东西所误导，向一位为国家奉献最多的伟人施以哪怕是最些微的谴责。"

《威斯敏斯特公报》（5月28日）的文章切中了事情的要害："但此事即使是用最坏的言辞来形容，和海军利益相比也是微不足道的。一遍又一遍翻旧账来引人注目，不仅仅是想要维护正统，更是想开展针对某个人的斗争。"这准确地指出了事件的本质。贝雷斯福德派根本不想让费希尔轻易脱身。培根信件的曝光使反费希尔运动更加恶毒，第一海军大臣遭到了越来越多下流无耻的个人攻击。威尔士亲王原本一直在费希尔和贝雷斯福德之间保持着理性的中立（虽然他在海军事务上有很强的个人观点），此时却站在了贝雷斯福德阵营一方。费希尔永远也忘不了此事。这也影响了费希尔对乔治五世（威尔士亲王加冕后）和王室的态度（他经常把乔治五世形容成导致以色列分裂的罗波安王）。

哈罗德·尼科尔森爵士（Harold Nicolson）曾经这样描述亲王："虽然他被众多海军中的前上司和前同僚灌输了正面和反面的观点，但他仍设法保持中立态度。他对这种情况总是感到非常遗憾，但一直设法让自己超然于内部斗争之外……"[9] 但这在1909年春天以后已经不复存在了。诺里斯为此提供了确凿证据：

> 他对"杰基"和海军部都使用了非常强烈和偏激的言辞……言语中他似乎对此事怀有个人的怨气。事实上所有和他谈及此事的人都是强硬的反费希尔分子，而一位总是在他左右的海军军官朋友〔海军上校H. H. 坎贝尔（H. H. Campbell，助理海军情报处长）〕是其中最坏的一个。我认为这个家伙的作为是对他上司的极大不忠。除你我二人，威尔士亲王从不听取其他方面的任何解释，而我俩都不是职业军人！[10]

4月27日至7月13日，麦肯纳的委员会共举行了15次会议。他们听取和审查了各种口头和书面报告。包括麦肯纳提供的文件，海军部所做的干练的汇报，以及贝雷斯福德在他的"海军大脑"卡斯坦斯（他在两次会议中出示了证据）陪同下提供的证据。费希尔被有意回避了。他只在一次会议中接受了询问。帝国国防委员会成员亚瑟·威尔逊爵士在6月24日举行的第13次会议中出席作证并接受了询问。贝雷斯福德在第一天就阐述了整个事件，其方式用阿斯奎斯的话来说是"出色和（在整体上）温和的"。但是随着询问的进行，贝雷斯福德的一系列作证给委员会留下的越来越深的印象是：此人能力极差，根本无法理解，更不用说去证实他所提出的指控。而贝雷斯福德用来获得支持指控证据的手段也令人存疑。经调查，两名助理海军情报处长，坎贝尔上校（负责贸易部）和亚瑟·R.赫尔伯特上校（Arthur R. Hulbert）都为贝雷斯福德提供了"弹药"——一份他们没有资格交给贝雷斯福德的官方文件。数月后坎贝尔向威尔士亲王保证，自己从未以秘密或其他任何方式向贝雷斯福德泄露过任何文件的内容。他解释说他仅仅是向贝雷斯福德提供了某一封信件的存档编号，并建议他向委员会指出这封能支持他指控的文件！[11]

8月12日，调查委员会以议会文件的方式提交了报告。导出结论的证据并

第八章 费希尔的退休

没有公开，因为委员会声称大部分证据的内容都属于保密性质。关于整个诉讼的记录有两卷，而且从未向公众公开，第一卷为328页的记录，第二卷为245页的附录。[12] 在质询中，委员会共向贝雷斯福德、麦肯纳和其他证人提出了两千六百多个问题。贝雷斯福德提出的指控涉及的时间跨度是从1907年4月15日他被确定将成为海峡舰队司令，一直到1909年4月2日他致信首相指控海军部对战争准备不足，以致给国家安全带来危险。贝雷斯福德认为海军部在以下三个主题上有重大缺陷：1. 本土水域舰队的组织和部署；2. 本土水域的小型舰艇和驱逐舰；3. 作战计划和情报。

对第一个主题的主要指控是（1）负责本土水域防御的舰队被分散置于多个指挥机构之下，这种布置非常危险；（2）因修理和维护，海峡舰队无法维持组建它所需的舰艇数量，给敌人发动袭击以可乘之机。在作证时，贝雷斯福德认为德国采用了集中舰队的体制，要想反制就必须采用类似的战略，即在本土水域保持一支处于现役状态的，类型齐全的，而每一类型都由性能一致的舰艇组成的舰队。战列舰和巡洋舰应该组成三支主要的分舰队，其中两支归舰队司令指挥，第三支是独立的分舰队。

贝雷斯福德认为，这些分舰队的舰艇应该多到不会因舰艇离队维修而使实力受损，两支分舰队联合后，应该在主力舰上对或许是临时组建的最强敌方舰队占据优势……在现役舰队背后是一支由核心舰员操纵的后备役舰队。根据这些针对现有舰队组织的建议，本土舰队、大西洋舰队和本土水域的巡洋舰中队分属不同指挥的情况将不复存在，它们将重新组成一支庞大的舰队并归于一名指挥官旗下。

未出版的报告很好地总结了海军部对此指控提交的长篇回复。一些专家也非常赞赏海军部的回复。

简单言之，在查尔斯·贝雷斯福德爵士担任舰队司令期间，海军部在本土水域对舰队组织所做的布置，就是为了创造一个必要的过渡阶段，以便逐渐在本土建立一支统一指挥的强大舰队，并在它可能的战场——北海——进行训练。我们对舰队的布置是针对当时我们潜在对手的组织和实力做出的，完全可以保证国家安全，舰队的布置有必要存在一定的缺陷，这部分是因为国际关系的敏感性，部分是因为海军部希望将核心舰员舰艇整合成本土舰队的一个单独的中队之前，使其完全达到有效状态。

海军部还解释说，如果必须坚持的重要原则之一是在未来的战场训练舰队，分散布置一定数量的舰艇就是不可避免的。大量的训练必须在港口内进行，但北海没有一个合适的港口能永远容纳本土舰队的两个中队。海军部的观点是，因为在开战前总是有时间将分散的中队集中起来，就算是发生"来自海上的闪电"（可能是一次驱逐舰发动的鱼雷奇袭），分散的各中队受到的损失将比集中成一个目标要小。因此，在他们未来的方针中，当德国海军集中在北海时，海军部将考虑舰队集中原则，但在其他时间，舰队将分散为数个具有一定指挥自由度的中队，在波特兰、罗赛斯及其他基地进行训练。

贝雷斯福德指责说，有舰艇因维修而退出现役舰队时，并不总有核心舰员舰艇能够填补空缺，海军部承认这是事实，但主要的原因其实上面已经提及，即就算有舰艇暂时缺席，海峡舰队的实力也总是比满员的德国公海舰队强。

海军部否认他们未能在这方面实施曾经宣布过的政策，并辩称海军部委员会决定和宣布的是海峡舰队有舰艇进行长期维修时才提供替代舰艇，而不是（像贝雷斯福德所称的那样）在舰艇进行例行年度维护时就派舰艇顶替。

海军部没有直接回应贝雷斯福德本土舰队战斗力不足的指责，而是声称多次应急反应演习表明，核心舰员舰艇可以在五个小时内完成动员，海军部还提供了本土舰队的炮术成绩甚至比海峡舰队还要高出一筹的数据。

在海军部受到查尔斯·贝雷斯福德爵士批评的那段时期，海军上将F.布里奇曼爵士在大部分时间里担任本土舰队司令，他宣称自己对舰队的战斗力和备战状态完全满意……

针对查尔斯·贝雷斯福德爵士对舰队结构提出的批评，海军部指出，本土水域现有的舰队在结构上没有重大差别，唯一的例外是大西洋舰队出于前面已经提及的原因，被保留成为一个独立的舰队，而不是成为本土舰队的第三支分舰队……

亚瑟·威尔逊爵士对这部分质询看法的依据，是查尔斯·贝雷斯福德爵士对舰队结构的批评在他的时代是有道理的，但他指出的缺陷已经因为最近引入的改革而消失了。

第二项主要指控是本土水域舰队极其缺乏小型舰艇和驱逐舰。英国只有37艘无装甲防护的巡洋舰可以随时投入战斗，而德国有38艘。贝雷斯福德将这种状况归咎于"除役"政策。他认为这项政策的实施没有考虑到战争的需要。用大型装甲巡洋舰来执行小型舰艇的任务是对这些舰艇的不当运用，使昂贵的军舰面临不必要的危险。贝雷斯福德进一步批评说，巡洋舰的短缺使海军部无法在战时有效地保护海上交通线。

对于巡洋舰的数量，海军部指出贝雷斯福德的数字仅包含二级和三级巡洋舰。所有能执行巡洋舰任务的舰艇都应包括其中，真实的数字是英国的88艘（30艘装甲巡洋舰，42艘非装甲巡洋舰和16艘鱼雷炮艇）对德国的四14艘（6艘装甲巡洋舰和38艘非装甲巡洋舰）。装甲巡洋舰不能用在德国基地出口附近执行监视任务，但因她们具有强大的攻防能力，所以她们在远海比非装甲巡洋舰更适合在昼间执行侦察任务，也可以在距德国海岸一定距离外监视其航道（例如斯卡格拉克）。现有巡洋舰的数量已足够同时完成侦察和贸易保护任务。为应付未来需要，海军部每年开工6艘非装甲巡洋舰，而德国每年只建造两艘。在保护商业航线方面，海军部指出尚没有来自德国舰艇的危险，因为德国在海外只有少量舰艇，无法与英国在同一海域的力量抗衡。贝雷斯福德的指责还取决于德国能否在平时就在商船上储备火炮和弹药，而海军部的情报显示那些船只并没有携带这些火炮和弹药。

在鱼雷舰艇的问题上，贝雷斯福德列出的数据是：123艘英国驱逐舰对德国的71艘；75艘英国鱼雷艇对德国的83艘。他认为由于大量此类舰艇总是处于维护当中，实际数字要大打折扣。此外，在123艘英国驱逐舰中，只有38艘适合在北海活动；老式驱逐舰和所有鱼雷艇都是以在法国海岸作战为目的建造的，所以航程都较短。他还指责英国驱逐舰的火力没有最新的德国驱逐舰强大。最后，贝雷斯福德质疑了潜艇的效能。"潜艇总是处在迷雾当中。"她们仅仅是一种防御武器，不适合装备在英国的进攻型舰队中。

海军部对此的回应是，贝雷斯福德指出的无法使用的 55 艘旧式驱逐舰（30 节）确实不太适合在北海执行进攻任务。尽管如此，她们仍然能在那里有效发挥作用。相对于日本在日俄战争中成功使用的驱逐舰，这些英国驱逐舰的作战半径占优而适航能力与之相当。日本驱逐舰连续 18 个月在距己方基地 200 海里的中国海域活动，那里的气候条件比北海更恶劣。因此，海军部对用于进攻作战的驱逐舰数量（95 艘）非常满意。如果德国采取进攻战略（贝雷斯福德一直这样认为），情况就对英方更加有利：英国能够使用 27 节的旧式驱逐舰，旧式的近岸驱逐舰（或者现代鱼雷艇），以及 50 艘鱼雷艇。这样总共有 158 艘驱逐舰和 50 艘鱼雷艇可用于对付数量少得多的德国的进攻型驱逐舰。未来两年，英国海军还将分别增加 16 艘（1908—1909 财年）和 20 艘（1909—1910 财年）驱逐舰。在驱逐舰的火力上，老式的德国驱逐舰大多装备一门 12 磅炮和五门 6 磅炮，大大逊于英国驱逐舰的多门 12 磅舰炮。德国最近已开始使用 23 磅舰炮，而海军部已经决定为自己的新式驱逐舰装备已成功使用的 31 磅（4 英寸）舰炮。最后，海军部无法接受贝雷斯福德对潜艇作战潜力的评价，最新型号的潜艇已经可以用于进攻作战。

第三项主要指控是关于"作战计划和情报"的。贝雷斯福德指责海军部在战事发生时无法拿出可以实施的作战计划，他担任舰队司令期间也从未收到过有关战时战略部署和作战计划的命令。关于第一点，他的说法属实与否取决于他的前两条指控是否成立。而第二点则"在对多个证人的交互询问下被他大幅修改"。海军部则以 1907—1908 年间与贝雷斯福德有关作战计划和命令的通讯作为证据，进行了犀利的反驳。此外，贝雷斯福德还说他从来没有接收到足够的资源来完成自己的作战计划并及时更新。他特别缺乏有关本土舰队和大西洋舰队舰艇备战状态的最新信息，而这两支舰队将在开战之初由他来指挥。在这个问题上，贝雷斯福德和海军部都有正确和错误之处，其实背后的主要困难是双方缺乏融洽的合作关系。

威尔逊有关作战计划的证据的总结特别值得关注，因为他在海军战略方面与费希尔观点一致，这些观点也在他接替费希尔担任第一海军大臣后指导了他的作为。

亚瑟·威尔逊爵士认为，为指导战争爆发时舰队的行动而在和平时期起草一份详细的作战计划既不可行也无必要。这些计划要经多人之手才能从海军部传达到舰队司令，所以其机密性无法保障。另外，海军部对舰队战备的指导通常是命令它们完成某些特定的任务，而如果战争开始后情况与当初设想的不同——这种情况几乎可以肯定会发生——那么依据变化的情况改变计划就会非常困难。他非常肯定地认为，在平时制定的任何计划都无法在战时实施。他认同查尔斯·贝雷斯福德爵士的一个观点，即制定计划具有积极的指导意义……他认为海军部交给查尔斯·贝雷斯福德爵士，现在却被查尔斯·贝雷斯福德爵士和卡斯坦斯批评的那些计划非常有用，只是实施它们必须要考虑当时的实际情况。

他认为制定查尔斯·贝雷斯福德爵士要求的那些计划，诸如明确告知每一艘军舰的舰名和职责，是完全不可行的。如果（像委员会总结的那样）亚瑟·威尔逊爵士在此项事宜上的观点是正确的，那么查尔斯·贝雷斯福德爵士为明确我军舰艇备战状态而定时通报确切信息的要求就根本不重要。

委员会的报告于8月12日作为议会文件被提交。[13] 报告说明了基本的争论事项，以下是委员会对贝雷斯福德指责海军部的几项问题的结论：

第一部分——本土水域舰队的结构和部署
1909年3月起，本土水域的所有海军力量，除了大西洋舰队外，都被划归本土舰队，并由一名司令官统一指挥……
根据委员会的观点，以上舰队构成……基本符合查尔斯·贝雷斯福德爵士提出的所有要求，唯一重要的区别是大西洋舰队出于战略原因，仍为独立指挥……他们赞同亚瑟·威尔逊爵士的观点，在他们看来，先前的安排具有短暂而临时的特点，现有构成不会与之抵触。

第二部分——小型舰艇和驱逐舰
查尔斯·贝雷斯福德爵士认为在他担任指挥官期间，本土水域的小型舰艇和驱逐舰的力量非常薄弱……她们的力量是令人满意的……在这方面并不存在危害国家安全的缺陷。

按照查尔斯·贝雷斯福德爵士的观点，巡洋舰严重短缺的一个后果是无法为贸易保护提供足够的力量……查尔斯·贝雷斯福德爵士提出的指责没有足够的证据。

第三部分——作战计划

在致首相的信中，查尔斯·贝雷斯福德爵士最初的声明是"在即将指挥海峡舰队之际，我未能收到任何有关我的舰队在战争中如何行动的战略部署和作战计划"，经过对多个证人的交互询问后，他对该指控做出了修正。他并没有足够的证据在此事项上提出抱怨，委员会对此结果表示满意。

另一件与作战计划有关的事宜需要在这里指出，即查尔斯·贝雷斯福德爵士批评海军部缺乏一个有效的战略决策部门。

海军大臣向委员会提交了一份总结，显示海军部已经在最近开始成立参谋部门，并指出有关的下一步计划正在制定当中。

总结

根据委员会的观点，调查显示在受到指控的时期，海军部对战争的准备，无论是舰队的构成和部署，舰艇的数量，还是作战计划的制定等，都没有危害到国家的安全。

海军部认为，因为与海峡舰队司令之间缺乏良好的合作关系，他们制定的非常合理的政策，即使没有完全，也被严重破坏了。海军部委员会因查尔斯·贝雷斯福德爵士不断挑战上级的命令而对他失去信心；而在另一方面，查尔斯·贝雷斯福德爵士也未能服从和执行海军部的指导和命令，并未将海军部视为自己的最高上级。

海军资深和富有经验的军官对重要战略战术原则看法的分歧给委员会留下了深刻印象，他们满怀信心地期待海军参谋部的进一步发展，海军部、舰队指挥官及其参谋人员未来都将从中受益。

委员会显然并没有支持贝雷斯福德的主要指控，它的裁决也主要倾向于费希尔。但是贝雷斯福德在8月16日的一封公开信里宣称对委员会的报告"总体上非常满意"。他声称他的忧虑和指控已经被调查所证实，而他的支持者也宣布了胜利。根据贝雷斯福德派的观点，报告显示海军部已经正式采纳了贝雷斯福德反复要求实施的几项改革，并且在执行上完全按照他的指示行事。其中一个声明是：一支庞大的、由性能一致的舰艇组成的舰队在本土水域组建；舰队接受统一指挥；核心舰员舰艇现在被视为后备役舰艇；海军参谋部正在组建中。其实只有最后一项在某种程度上可以归功于贝雷斯福德。贝雷斯福德的庆贺只是建立在错误的臆想上，报告中对此已经写得很明白了。对三项指控中的第一项，他还以为那些本质上"短暂而临时"的安排是永久性的，而且是因为他的介入才得以实施。但是《曼彻斯特卫报》机智地指出（8月17日）："只有贝雷斯福德自己才能解释，为什么一个在四月还对国家有危险的计划，现在在他嘴里却成了他的判断和智慧的成果。"贝雷斯福德的自大和自负在此表露无遗。他的私人信件也说明他真诚地以为自己是一位胜利者。"事实上委员会如果把海军部的头头们撤掉，就会得出更多有利于我的结论。但他们滑头地用官样文章暗示我在违抗命令，而你也会发现这是'绝对的谎言'。"[14]

费希尔的支持者，自国王以下，都欢呼这份报告是对海军部的肯定性裁决。但费希尔本人却深感失望，他对报告总结的第二段把他置于谴责的阴影中表示不满。"所谓海军部对贝雷斯福德没有足够信心的说法是一个肮脏的把戏，因为贝雷斯福德在升起将旗的24小时之内就滥用了这一信心！"[15]而这段话更说明了他的痛苦和愤懑："根据他们掌握的证据，完全可以把他当作一个庸俗的骗子而打倒，如果这样做他就会永远身败名裂，再没有哪份报纸会理他！"[16]费希尔一直坚信委员会的成员对贝雷斯福德那帮人心怀顾虑，甚至是恐惧。诺里斯也这样认为。"我对这份苍白的报告一点也不吃惊，我一直认为委员会的组成是非常荒谬的，那些成员都很害怕贝雷斯福德，这从他们在调查中对他的态度就可以看出来，尤其是阿斯奎斯。"[17]阿斯奎斯天赋异禀，作为议员也是精明能干，但他从来就没有直面事实的意志力。他在这件公案中的作为给人留下的印象是想同时给两位海军上将以清白，这样就可以避免在党内造成分裂。培根的总结公正地写道："内阁对下属违抗命令的宽恕给海军的纪律性造成了严重伤害。"

调查报告还有一个令人不愉快的余波。贝雷斯福德公开了(《泰晤士报》，10月25日)自四月以来与首相之间关于"最近几年海军部臭名昭著的胡萝卜加大棒的手段"的通信。对他公开信件的举动，贝雷斯福德在一封私人信件里解释说："我以前从来没有揭露过海军部的讹诈手段，因为我认为那看起来更具私人性质，但现在我可以开始为我的军中袍泽们战斗了，过去五年来令人恶心的讹诈行为都必须被曝光。"[18]在这些写给阿斯奎斯的带有威逼意味的信中(大约有十封，其中10月23日的信件最为重要)，贝雷斯福德就斯特迪、赫尔伯特和坎贝尔的案件向首相施压，他指控海军部因为这些人与他的关系(赫尔伯特和坎贝尔)而不公正地对待他们，这违反了4月22日首相做出的承诺，即无论一名海军军官在委员会作证与否，都不能有损他在军中的职位。海军大臣命令赫尔伯特暂时离职(7月2日至10月11日)，从10月12日开始，他和坎贝尔都只得拿半薪。麦肯纳向阿斯奎斯解释说他这样做是因为海军情报处重组，所以有"直接和足够的理由"。海军情报处的重组包括取消贸易部(负责人是坎贝尔)并将其职责转移给贸易委员会。另外还把作战部(负责人是赫尔伯特)和动员部的职责转移至一个新建的海军动员部(这使海军情报部成为专门收集和分发情报的部门)。而一名军官如果在某个岗位上任期结束，在上任新职位之前通常都只能拿半薪。赫尔伯特和坎贝尔都将被优先考虑派往新的岗位。不过麦肯纳也坦率地承认将两名军官留在海军情报部"无论如何也不合适"，因为他们在质询期间向贝雷斯福德递交了机密文件。"向职责范围以外的人透露机密内容属重大违规行为……这导致他们的直接上司，海军少将贝塞尔(Bethell，海军情报总监)对这两名军官严重不满。一个部门的负责人和他的下属之间的互信被破坏了，所以不得不将坎贝尔上校和赫尔伯特上校调离。"[19]贝雷斯福德则指责(10月23日)说实施海军情报部"'重组'的真正原因"就是除掉这两名军官。

1905年5月至1908年2月，斯特迪担任贝雷斯福德的参谋长。提到他，贝雷斯福德宣称自从1908年9月斯特迪晋升海军少将之后，有7名比他资历浅的军官获得了比他更高的职位。麦肯纳对此是这样解释的："海军少将斯特迪是

第八章 费希尔的退休

〈1. 海军上将查尔斯·贝雷斯福德勋爵,地中海舰队司令,1905—1907,海峡舰队司令,1907—1909（C. W. 福尔斯所作肖像,国家肖像画馆董事会授权）

〈2. 海军少将帕西·斯考特（引自斯考特,《皇家海五十年》,约翰·莫雷,1919年）

166　第一卷 通往战争之路，1904—1914

> 2. 海军少将珀西·斯考特："斯派"所作漫画（引自《名利场》杂志，1903 年 9 月 17 日，国家杂志公司授权）

> 1. 海军上将查尔斯·贝雷斯福德爵士：马克斯·比尔博姆所作漫画（引自《五十幅漫画》，威廉·海因曼公司授权）

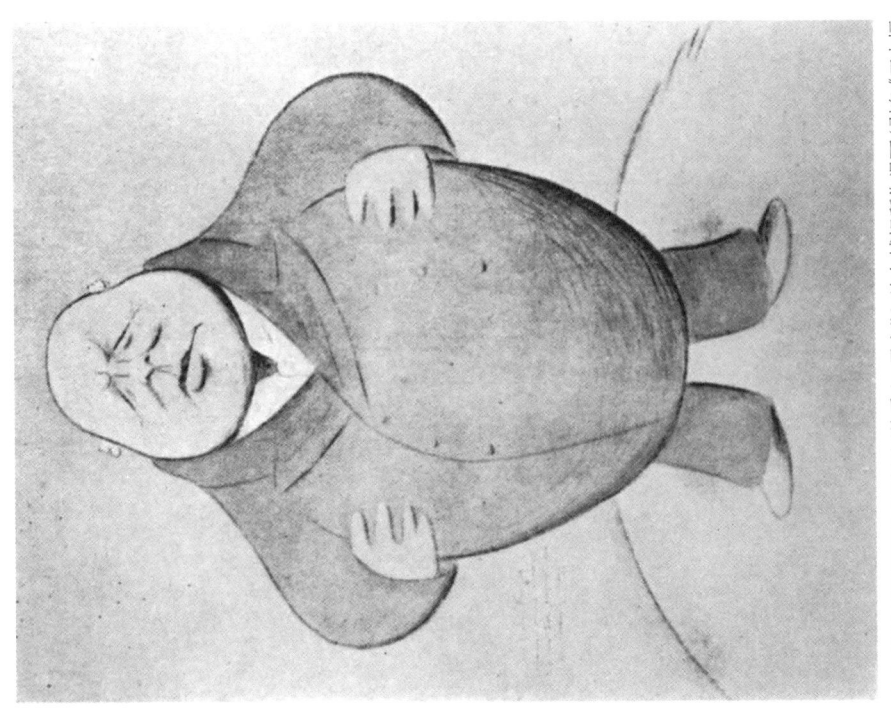

第八章 费希尔的退休 167

最优秀的军官之一,他的天赋和经验主要与他在舰队中的工作相关。只有两名资历较他浅的军官获得了舰队指挥职务(前海军情报总监斯雷德和前海军部参谋长布拉德福德,威尔逊认为两人都应该破格晋升)。我相信如果问到斯特迪少将,他会说他宁愿等待一个海上指挥岗位,而不是立即得到一个岸上的职务。"[20]

贝雷斯福德提出指控时的草率程度可以从这个例子看出(10月23日):"海军少将斯特迪不再担任我的参谋长的时候(当时他还是上校),他成为'新西兰'号的舰长。我问过不少于五名海军上校是否愿意接替他担任参谋长职务,可他们全都以担心有损自己的职业生涯为由拒绝了。1907年11月我向海军部正式报告了此事。"如果被证实,这可以算是针对麦肯纳—费希尔管理层最严重的指控。但如果贝雷斯福德重读他1907年11月的信件,他会发现他写的是:"他们(五位海军上校)都认为斯特迪上校是为获得海上指挥经历而被迫离开参谋长职位的,他们也不想因此失去晋升为将军的机会。"麦肯纳也向阿斯奎斯通报了这些事实。

在给首相的同一封信中,麦肯纳还轻松抹去了贝雷斯福德提出的另一项不严谨的指控。后者称(他说这些指控被记录在1907年11月12日他呈交海军部的信件中)"感到海军中一名军官的职业生涯会因为跟我个人有关系而被损害。"麦肯纳列出了1907年1月贝雷斯福德担任地中海舰队司令时,以及1908年12月担任海峡舰队司令时他的参谋军官和旗舰军官的名单,以及这些军官现在的职位。事实是这些曾在贝雷斯福德麾下服役的军官没有受到任何处分。而且海峡舰队还有记录称"从来没有这么多来自同一艘舰上的军官同时获得提拔"[21]。贝雷斯福德最后一次发出的责难是(《泰晤士报》,11月1日):"我指控的合法性并未受到影响……我再次强调,就像我说过的,海军部存在着一个窥伺、不公和恐吓的制度。"私下里,他还使用了更强烈的字眼。"我已经通过信件证明了那个混血儿(指费希尔)正在使用讹诈手段,推行他专断和危险的管理体制。"[22]

自那以后,贝雷斯福德彻底沦为一个党棍,竭力攻讦政府和海军部。在当年底的一次竞选演讲中(他在1月的大选中获得了下院议席,直到1916年进入贵族院),他更是超越了以前的言论。贝雷斯福德宣称在过去四年里,海军已成为个人私利和党派利益的工具。大选后他不再谈论海军事务,仅在 1912 年 1 月再次现身,出版了一本名为《背叛》的书。在书中他恶毒地控诉英国自 1902 年以来的海军政策,其实这书名用在贝雷斯福德自己身上倒很贴切。

2. 辞职与回顾

质询报告又引起了对第一海军大臣的新一轮攻讦,而且无耻程度更甚一步。《国家评论》(9 月号)发现"他犯下的大大小小的罪行数不胜数",而且"如果有人要上绞架的话,他一定会在最近的那根灯柱上被吊死"。10 月,以前多次出现的谣言再次流传起来,说费希尔将被封以贵族头衔,然后离职。这一次谣言成真了。由于内阁没有在贝雷斯福德派面前全力支持费希尔,他感到深受伤害。另外,费希尔希望能确保让 A. K. 威尔逊接替他的职位,后者年龄尚在允许的范围内(威尔逊只比费希尔年轻一岁,即使费希尔在 1910 年 1 月离职,他也只能任职两年),会延续他的政策。当然,决定性因素还是费希尔的地位已经被质询大大削弱了。10 月 20 日,麦肯纳和阿斯奎斯做出决定,费希尔将在 11 月初辞职并加封贵族头衔。诺里斯说,既然已经决定,费希尔"心情大好,并对这样的安排非常满意"。封爵的日子选在 11 月 9 日,当天是国王的生日,这样也可以令对手难堪,费希尔被加封男爵爵位。没有实战经历的海军军官想获封贵族非常困难。在现代海军史上,费希尔之前只有海军上将亚瑟·胡德凭借在 1889 年海军防御法案下强化海军的努力而获封男爵。虽然费希尔很高兴成为贵族,但他原本期望得到的是子爵头衔。国王没有给他更高的爵位,是因为他发现历史上没有一位第一海军大臣曾被直接加封子爵,即使那些成功赫赫的将领,纳尔逊、圣文森特、安森等等,在首次获封时也只得到了男爵头衔。费希尔的辞职从 1910 年 1 月 25 日他的 69 岁生日当天生效,而不是在最初决定的 4 月份。威尔逊的继任于 12 月 2 日获得官方正式确认。

费希尔离开海军部的时机非常恰当。此时他在海军中朋友和敌人的数量几乎相等。更重要的是,团结是海军长期以来最鲜明的特质,如今海军的团结精神已被破坏。这并不全是费希尔的过错,但由于他的行事风格,他确实要为海军古老的兄弟帮精神的削弱负部分责任,这种精神是纳尔逊留给海军最珍贵的遗产。海军需要一段时间来修养生息，需要停止对骂和相互攻讦。另外，新的问题正不断涌现，而解决这些问题的最佳手段是依靠新成立的海军参谋部，我们将会看到，如果费希尔继续留在海军部，他将成为解决问题的障碍。因此他在1910年退休的时机是恰当的。此外，当时海陆军之间的关系非常恶劣，而费希尔对此并非没有责任。陆军参谋部想把全部英国远征军布置在法国军队的左翼，这个计划让费希尔不寒而栗。费希尔认为将英国军队投入欧洲大陆的战争是愚蠢的自杀行为，他一直都强烈反对此方案。另外，费希尔在抵御入侵的战略和兵役制度问题上也与陆军不合。如果这些还不够的话，费希尔一直都觉得陆军一无是处，包括极度自负、铺张浪费和对现代战争的无知。最后，费希尔非常憎恶陆军大臣霍尔丹（称他是"一个滑稽的耶稣会士"）。霍尔丹在1909年预算制定的问题上反对海军部，他还积极鼓吹建立海军参谋部，最近还以"国防大臣"自居，在海军质询中，他也倾向于贝雷斯福德派。这些原因使得只要费希尔还留在海军部，陆海军就不可能制定出一个联合作战计划。

到1910年，费希尔已经完成了他的工作。旋风般的精力，无比的热情，强大的说服力，集创造力、眼光和勇气于一身，誓与所有陈腐的传统和习惯为敌，自圣文森特之后英国海军最伟大的管理者，"杰基"·费希尔就是昏昏欲睡的海军最迫切需要的那个人。他担任第一海军大臣的五年是现代皇家海军史上最值得回忆和收益最大的时期。他将一场毁灭性的怒火烧向陈旧的体系。在这令人筋疲力尽的五年里，和海军有关联的每一个人都没有得到片刻歇息。"好似有一千把扫帚同时在扫除蛛网。"在极度保守的传统的狭缝中，他变革了海军，用几年的时间完成了需要几代人才能完成的改革，为海军奠定了永不可摧的坚实基础。费希尔交给国人的是一支全新的海军，比他刚刚加入时更强大，更精良。他用一把火荡涤了过去"所有那些臃肿、顽固、僵硬的老旧躯壳"。

批评费希尔的手段并不难，但同样容易的是指出这样一个简单的道理，特殊的人才能应对特殊的情况，这个人要强势、威严，具有毫不妥协的个性。说费希尔一贯正确是荒谬的。就像我们即将看到的，1914年的英国海军还有一些明显的弱点，而费希尔必须为其中的一部分负责。他无疑犯过错误，就像他反对建立海军参谋部和那项过于无情的舰艇淘汰政策。但是拿破仑说过，一个从不犯错的人永远不会取得任何成就,而费希尔取得了巨大成就:他奠定了英国海军在第一次世界大战中赢得海上胜利的基础。想想如果没有他在20世纪第一个十年的工作,英国海军在大战中能有多少胜算,就会让人毛骨悚然。海军少将罗伯特·阿巴思诺特爵士(Robert Arbuthnot)从来就不是费希尔帮的一员,他在1914年7月的海军阅舰式后说:"这里最卓越和最现代化的东西都是费希尔爵士创造的。"温斯顿·丘吉尔并非对费希尔持完全肯定的态度,但也做出了以下公正的评价:

确定无疑的是,费希尔为之奋斗的东西有90%都是正确的。他伟大的改革令皇家海军在历史上最危急的时刻保持了实力。他给海军带来的冲击就像南非战争给陆军带来的冲击一样。经历长期的宁静与无可挑战的自满后,远方已传来低沉的雷声。是费希尔挂起了风暴警报,把所有人都赶上了甲板。他迫使海军的每一个部门开始重新评价自己的地位和存在的意义。他通过动摇、鞭策甚至哄骗的手段将他们唤醒并积极投入行动。但是这一过程进行时,海军并不是一个令人愉快的地方。纳尔逊传递下来的"兄弟帮"精神暂时,但仅仅是暂时,被抛弃了。[23]

费希尔,一个特立独行的伟人和狂暴无情的仁者。

第二部

战争前奏,1910—1914

麦肯纳—威尔逊组合，1910—1911
―――――― 第九章 ――――――

我很好奇德国人到底在玩什么游戏，他们为什么疯狂地执着于达成政治协定。我觉得事情是这样：我们知道他们极端憎恶"大国均衡"这个字眼。实际上他们曾经这样告诉我。他们想称霸欧洲，就要清除掉唯一的障碍——英国海军。他们想要一个能达成这种效果的协定。

——爱德华·戈琛爵士至亚瑟·尼科尔森爵士，1910年10月22日

多么美妙的天意指引着英格兰！正当一股强大的自然趋势给我们发展海军的努力拖后腿时，阿加迪尔出现了！

——费希尔致伊舍，1911年8月1日

1. 白厅的新秩序

1907年3月，威尔逊降下他的将旗时，离他作为海军上将强制退休的年龄只差几天了。一个特别成立的委员会将他晋升为海军元帅，使他的服役期得以延长五年。因为当时没有一个海上指挥岗位可以由这样高军衔的人来担任，他在接下来的两年里都在诺福克郡斯瓦福汉姆（Swaffham）的家里赋闲。1909年4月，威尔逊成为帝国国防委员会成员。这年秋天的任命到来时，他其实是极不情愿接替费希尔的。他认为自己的本性和天赋更适合于在海上指挥舰队，而不是在海军部做管理工作。经过爱德华国王的施压，他才成为第一海军大臣。威尔逊的任命被公开宣布时（12月2日）得到了海军和公众的认可，因为他跟任何派别都扯不上半点关系。对于刚刚撕裂海军的争议，威尔逊完全保持着超然的态度，而且高调地拒绝和记者及政客打交道，因此对他的任命舒缓了冲突。贝雷斯福德也说："总算见到了一点蓝天，威尔逊的任命是对全军将士的温暖援手。"[1]

其次，威尔逊的履历给人以信心和崇敬之情。人们都知道他是如何获得维多利亚勋章的，那是1884年，在苏丹的埃尔特伯（El Teb）战役中，威尔逊的举动被雷德沃斯·布勒爵士（Redvers Buller）称为他所见过的最勇敢的行动。当时敌人已经在英国的步兵方阵中撕开了一个缺口，威尔逊上校看到有数名敌人正在向缺口发起冲锋，他只身冲过去挡住敌人，先用剑砍倒了一两个敌兵，但他的剑突然从剑柄处折断了，于是他就徒手和敌人搏斗，直到一队英国步兵上来增援才脱险。1901年至1907年，威尔逊一直在海上担任最高指挥——执掌海峡舰队和本土舰队。在这期间，他在国内外赢得了当代最优秀的海军战略和战术专家的荣誉。他在狭窄水域和大雾中指挥舰队的技巧已经成了一个传奇。威尔逊还是机械方面的专家，善于创造发明。他发明了双筒鱼雷发射管，并率先将探照灯用于白昼时的远程通信。

那么亚瑟·尼维特·威尔逊究竟是个怎样的人呢？他身量中等（5英尺9英寸），有着强壮的身板和运动员式的体格。他的头发和方形的胡须均已斑白，"而他的蓝眼睛总给人一种凝眉皱眼的感觉，就好像看到了一阵强风从浪尖上吹走了一抹浪花"。他从不在意自己的外表和穿着。威尔逊一生未娶，除了射击和户外运动外，他唯一钟爱的就是皇家海军。他为人非常保守和固执，自信、冷静、刚直得像一枚钉子。他没有亲近的朋友。丘吉尔写道："他绝对是我见过和所知的最无私的人。"威尔逊为人友善，在他偶尔放松下来的时候也不乏那种冷冷的幽默感。他在同僚中的外号是"拖船"，"因为他总在工作，拉、拽、拖"。对普通水兵来说他是那种"老式"的指挥官，因为他总是同时驱使自己和他们一起拼命工作。他有两次在圣诞假期将整支海峡舰队带到西班牙水域演习。面对那些渴望归家的军官和士兵的抗议和投诉，他只是厉声断喝一个词——"干活儿！"但威尔逊还是深受手下爱戴，因为他谦虚、简朴、无私、仁厚。

就威尔逊的能力而言，他并不是一个成功的第一海军大臣。作为一个管理者，威尔逊有一个严重缺陷，就是不能把任何重要的工作下放给别人去做。这是他当舰队司令时的特点，他很少向部下解释他计划的内容和原由。另外他为人固执，事情一旦决定就非常执着。爱德华国王曾就奥斯伯恩和达特茅斯海军学院和他进行过一次毫无结果的讨论，之后国王说他是"我碰到的最固执的人之一！！"[2]

威尔逊凡事保密的特点也无助于他的管理工作。在海军中大概除费希尔和 H. F. 奥利弗上校（H. F. Oliver，后来成为海军元帅）这两位他最信任的朋友之外，他拒绝向任何人透露他的观点、动机和意图。费希尔的看法是"他从不多言，但他勤于思考！"最后，威尔逊与人相处时缺乏技巧。

威尔逊还未接替费希尔，麻烦就开始出现。（虽然官方的上任日期是 1910 年 1 月 25 日，但他在 1909 年 12 月就开始执掌海军部了）。几位海军大臣都对他的固执、高压手段和保密原则不满。第二海军大臣（1909—1911），海军中将弗兰西斯·布里奇曼爵士早有预感。"威尔逊是最好的选择，但以我的经验，无论与他共事还是当他的下属，都不是一件愉快的差事。沉闷得要死！而且人所皆知的是他毫无灵活可言。他从来不征求任何人的意见，而且没有耐心争论，甚至可以说不可能与他争论任何事！"[3] 六周以后，伊舍在与费希尔和麦肯纳共进晚餐后报告说："麦肯纳发现亚瑟·威尔逊爵士很难相处。他用高压手段对待布里奇曼中将，就好像他是军舰上的一名海军中尉一样——而且他对此非常固执。"[4] 不可能指望威尔逊开辟一个改革的新时代。他确实能保持费希尔政策的连贯性，但不会接受新的思想。威尔逊醉心于海军装备，忽视人员和战略思想的发展；他缺乏远见，倾向于打造一个稳重克制，不那么进步的海军部。霍尔丹感叹说（1910 年 9 月）："海军部委员会已经发生了变化……海军部向所有新思想和进步关上了大门。"[5] 最后连费希尔也承认"威尔逊在岸上没用！"[6]

2. 无畏舰与政治

海军部委员会重组后的第一个任务就是推动 1910—1911 财年预算在内阁和议会获得通过。1909 年 11 月，委员会已经决定在下一财年建造 4 艘主力舰，而 1911—1912 年将需要开工 6 艘。但 12 月 1 日，海军部从维克斯公司执行董事特雷弗·道森那里得到情报，奥匈帝国已经开始建造两艘无畏舰。于是海军部临时决定将 1910—1911 财年的主力舰数量从 4 艘增加至 6 艘。1910 年 1 月，麦肯纳将修改后的预算案提交内阁讨论时引发了一场危机。海军大臣、格里和其他人都宣称，如果阿斯奎斯站在劳合-乔治一派那边，他们就辞职。但是风暴很快就结束了，因为海军部又提出在今后两年里每年建造 5 艘主力舰：每年开工 4

艘无畏舰和一艘战列巡洋舰（新预算将增加450万英镑，使总额达到4000万英镑）。麦肯纳通知首相，1910—1911年计划将使英国到1913年3月拥有25艘无畏舰，这还不包括澳大利亚和新西兰承诺出资建造的两艘战列巡洋舰。届时德国将有17艘无畏舰，奥匈帝国的两艘也应已接近完工。"奥匈帝国发展海军造成的唯一麻烦是我们将不得不派无畏舰到地中海去，那样会削弱我们对德国的无畏舰优势。"[7] 该预言是1912年舰队完全重组的源头。

外交部对新计划中仅有5艘主力舰不太满意，因为德国将在下一年里开工4艘。英国应该至少建造6艘。"这将让德国人以为我们对军备竞赛已经非常厌倦，而他们将很快有机会从我们手上攫取海权……五比四的比例算不上两强标准。"[8] 新的预算案于3月9日公开，一周后在议会展开讨论，海军主义者的批评文章也如约而至。不过《每日邮报》的观点是"虽然远非理想方案，但这已经是我们能从激进派政府那里得到的最好的预算了。"这也算是反对派的官方立场。

自由派媒体极不情愿地接受了这种"空前的要求"。《每日新闻》(3月10日) 慨叹"这个军事巨兽的胃口随着它的食量不断增长。给它4艘无畏舰它就要8艘，给8艘就要16艘，给它16艘还不会满足。它的胃口无关需要和事实。它是非理性仇恨和懦夫般恐惧的产物。只有两个国家的民主制度才能终结这种野蛮的对抗"。丘吉尔在内阁中也表达了这种观点。他在给国王的信中说，新财年的计划是"没有先例的"。在大约一年的时间里要动工15艘主力舰（1909—1910财年的8艘，澳新资助的两艘和新财年的5艘）。德国已经停止加快舰进度，到1912年4月他们最多只有13艘无畏舰，可能只有11艘，绝不像英国预期的那样有17艘，或者有人估计的21艘。与这11艘或13艘对应的是，英国将有至少20艘主力舰。"在通常情况下，这些预算案会在下院引起激烈争论，（但是）……毫无困难地通过了。两院间的政治因素决定了这种情况（指上院改革议案）。对各种花销的抵制从来没有像现在这样微弱过。"[9]

丘吉尔说的没错。海军大臣在1909年做他的年度报告时，议会里人满为患。而一年后（3月14日）他做年度报告时，议会里一半席位是空的，16、17两日的辩论也毫无波澜，甚至算得上沉闷。一年前下院中那种引起全民关注的激昂情绪已全无踪影。

第九章 麦肯纳—威尔逊组合，1910—1911

平静是暂时的，海军主义者们的注意力被这年春天德国海军的一系列活动所吸引。公海舰队将第一中队（也即是舰队的一半）从基尔调往北海上的威廉港，并在布伦斯比特尔（Brunsbüttel）兴建港口，基尔运河在那里进入易北河河口。两座能容纳最大型战舰的船坞已经在威廉港完工，第三座也接近完成。这些活动意味着德国很快会将海军的重心，即整个公海舰队从波罗的海移至北海。这被英国看作是德国准备让其海军与英国一战的险恶计划的证据。一家英国报纸鼓吹在英国北部建立海军基地，以应对德国的转向。整个英国东海岸实际上处于不设防状态。唯一面向北海或与北海相接的海军基地在查塔姆，虽然还有罗赛斯正在建设，但完工却遥遥无期。现有的几个英国基地——米尔福德黑文（Milford Haven）、普利茅斯、朴次茅斯，包括查塔姆，都不利于舰队在北海上快速集中，或长时间在北海上执行作战任务。

另外，越来越多的声音要求像1889年海军防御法案那样，通过发行国防债券为海军提供经费——确保一个稳定、持久的造舰计划，以使皇家海军达到二比一或其他能维持绝对海上优势的标准。一个稳固的海军计划能避免那种勉强度日的方案，也可以避免在过度自信和惊慌失措之间剧烈摇摆。6月，帝国海军联盟上书首相，要求议会批准一项总额为一亿英镑的国防债券。在这份诉求书上签字的有一百多位海军将领和五十多位陆军将领。埃德蒙德·考克斯爵士（Edmund Cox）还提出了一个更绝妙的主意：英国应该挑起与德国的争端，然后摧毁其舰队，这是结束"这场没完没了的徒劳竞赛的唯一方法"。[10]

关于海军问题，9、10月间又出现了自由党媒体所称的"恐慌复燃"，或者像海军主义者说的"爱国主义的呐喊"。有人鼓吹1911—1912财年计划中最少要有6艘主力舰，以确保对三国同盟的优势。鲍尔弗一次慷慨激昂的演讲（格拉斯哥，10月19日）极大地鼓舞了大海军派。反对党领袖就海军事务严厉地谴责了政府。他将英国海军对德国的微弱优势（1913年时主力舰25∶21）形容为"极为悲哀和危险"，而且强烈暗示一定要达成一亿英镑的国债计划。麦肯纳在议会中回应（10月20日）说，在历史上除个别情况和极短暂的时期外，英国和平年代的优势从未像现在这样大。最坏的危险是未来的危险，它存在于危言耸听者的日历上，并被不断向前推进。麦肯纳指出，1908年鲍尔弗将危机临界点定于1911年；到了1911年又推到1912年；而现在已经是1910年了，他又改称1913年。麦肯纳还纠正了鲍尔弗的估计：1913年时英国的优势是8艘无畏舰，不是4艘，因为鲍尔弗把德国1911年将要开工的4艘主力舰计算在内，又排除了英国1911—1912财年的5艘无畏舰。如果加上两艘"纳尔逊勋爵"级和两艘自治领战列巡洋舰，英国的优势将是12艘。

自由党政府却更关注自己党内的激进派在1910年不断增长的不安情绪。他们受工党鼓动，反对"无意义的军备膨胀"。在一些内阁成员的鼓励下，党内的压力不断增加，有谣言说要把除掉麦肯纳作为遏制庞大海军计划的第一步。虽然作为斗士的麦肯纳从来不会在意阴谋诡计，但他在议会中的坦白（1911年2月8日）却助长了节约派和和平主义者的怒火。在回答一个质询时，麦肯纳坦率地承认他在1909年3月做出的预测是不准确的。他的声明包括：德国现在只有5艘无畏舰，而不是他曾经说过的到1910年秋天将有9艘，因为1908年计划中的4艘尚未完工；到1911年，德国主力舰不会超过9艘，而不是原来预测的13艘，因为1909年计划中的4艘军舰无法在1911年完工；德国拥有17艘主力舰的日期是1913年，而不是原来预测的1912年；最后，德国拥有21艘主力舰的日期是1914年，而不是原来预测的1913年。激进派说，麦肯纳已经承认英国"过度造舰"，所以他必须削减海军经费，为以前造成的经济上的"大错"而赎罪。他们要求减少即将开工的主力舰数量（4艘已经够多了，还有传言说海军部想要6艘，而内阁建议的是5艘）；另外还要减缓造舰进度。激进派的目标是把海军预算限制在4000万英镑。

他们的计划在内阁中得到了劳合-乔治的支持。1911年2月16日，他同意了1911—1912财年4439.25万英镑的海军预算和5艘主力舰的造舰计划，同时得到麦肯纳的承诺，将在1913—1914财年前将年度海军预算降至四千万英镑。麦肯纳承诺的前提是德国在1914年3月前不会为扩充造舰计划而修改海军法案。他认为陆军经费在接下来两年里的削减是交易的一部分，所以那四百四十万的削减将由两个军种共同完成。因此霍尔丹在3月1日向内阁表示他绝不会妥协时（他获得了相当的支持），麦肯纳只承诺对海军预算的削减不能超过三百万英镑。劳合-乔治对他的同僚受到"背后的节约派和面前的大海军主义者"夹

第九章　麦肯纳—威尔逊组合，1910—1911

攻表示同情，但他仍坚持要求麦肯纳维持原先的承诺。陆军经费的削减不是讨价还价的一部分。麦肯纳答应劳合 - 乔治他会"交货"。财政大臣则提出了五个理由，来支持他两年内将海军预算降至四千万英镑并不为过这一论点：

1. 即使是四千万英镑的海军预算，也比三年前增加了八百万。
2. 过去两年我们开工（不算两艘自治领战列巡洋舰）的主力舰数量至少比你在 1908 年 11 月对内阁所称的必要数量多 3 艘。
3. 你那时的建议建立在德国造舰进度大大加快的错误印象上。
4. 我们与德国的关系已经明显缓和。格里对双方达成协定，减缓军备竞赛非常乐观。这将大大节省 1913—1914 财年的预算。
5. 格里似乎认为英国很有希望减少在海外水域的军舰数量。[11]

麦肯纳则毫不退让（3 月 3 日）。"当我承诺会'交货'时，我肯定你会同意这是'海陆军共同的货物'。"他声称不会同意超过三百万英镑的削减，但他补充说如果劳合 - 乔治前述理由中的第四、五条在将来实现，他会发现这 440 万英镑全部来自海军。事情暂时平息了。但海军经费模棱两可的情况随后在内阁中引起激烈争论。

正如预计的那样，1911—1912 财年预算 3 月 9 日公布后，立即遭到小海军主义派的谴责（《每日新闻》《曼彻斯特卫报》和《国家报》），他们斥之为"庞大""夸张"、建立在"危言耸听的基础上""煽动性的"，未能纠正 1909 年海军恐慌之后的"过度造舰"。而《每日记事》，甚至《威斯敏斯特公报》都相信预算太高了，但也是无奈之举。麦肯纳在议会所说的（3 月 13 日）到 1914 年在欧洲水域形成 30∶21 的无畏舰优势，对保证国家安全来说并不算过度。

一些托利党的喉舌，其中包括《泰晤士报》，多少给予了预算一些认可。其他媒体则指责政府制定这么可怜的无畏舰计划无异于叛国，新预算只是延续了勉强维持一强标准的政策。而这一政策所针对的德国，将在 1911 年开工 4 艘主力舰。鲍尔弗和李在议会中宣称（3 月 16 日）按当前计划，到 1914 年英国无畏舰的总数是不足的（他们认为 1914 年春天是新的关键时刻）。海军在欧洲水

180　第一卷 通往战争之路，1904—1914

◁ 1. 海军元帅亚瑟·威尔逊爵士，第一海军大臣，1910年1月—1911年12月（海军部照片）

◁ 2. 海军上将弗兰西斯·布里奇曼爵士，第一海军大臣，1911年12月—1912年12月（厄内斯特·摩尔所作肖像）

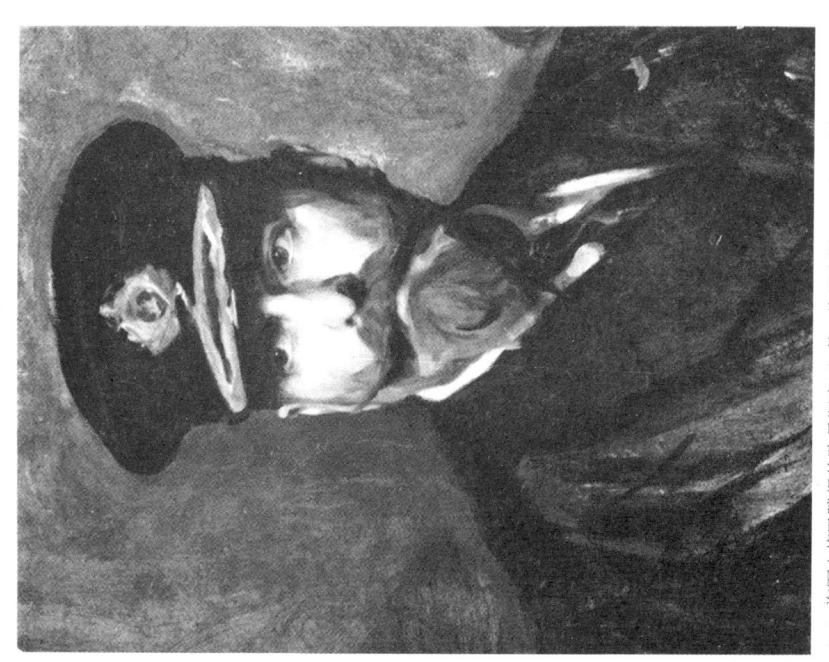

第九章 麦肯纳—威尔逊组合，1910—1911 181

∧ 1. 海军上将巴腾堡的路易斯亲王，第一海军大臣，1912 年 12 月——1914 年 10 月（菲利普·德·拉兹罗所作肖像素描，海军元帅蒙巴顿侯爵授权）

∧ 2. 海军上将乔治·卡拉汉爵士，本土舰队司令，1912—1914（J·罗素父子公司摄影）

域将只有209艘无畏舰（因为一艘已确定将派往远东），而德意奥三国同盟将拥有相同数量的无畏舰。

麦肯纳肩负起他一贯艰巨的任务，在议会中（3月13日，16日）为海军计划已足够维持绝对海权而辩护，同时还要努力说服党内的小海军主义者。他的演讲如往常一样清晰而充满激情。但明显可以看出，比起那些反对党议员，说服党内的同志更加困难。他向党内同僚描绘了（3月13日）海军预算已经达到了"高潮"的希望，前提是德国不修订它的海军法案——从1911年年底开始把每年开工的主力舰数量从4艘降至两艘，这样英国政府就有理由相信德国人没有进一步扩充海军的企图。格里也在一场雄辩中（3月13日）期待各国能发现律法比武力更能弥合裂痕，并意识到一旦背负上巨大的军备开销，就会成为自我监禁的囚徒。所有人都会感到税赋的重担，都会面临努力筹措国防经费的巨大压力。格里看到了天际线上的曙光。他和麦肯纳一样，预计德国若不修改海军法案，英国的海军经费就将大幅削减。

德国将格里的演讲视作英国海军政策的宣言。英国似乎正面临着财政困难。"格里的屈服是因为德国海军法案，以及德意志民族不允许任何人妨碍这一国之重器的坚强决心。"德皇也附和了海军武官的激情。"如果我们在四、五年前听从了梅特涅和比洛的建议而停止造舰，我们现在要面对一场'哥本哈根'式的战争了。就现在来看，他们尊重了我们的坚强决心并向事实屈服了。所以我们必须毫不动摇地继续执行造舰计划。"[12]

自由党的小海军主义者并没有被格里和麦肯纳打动。3月13日，激进派以议会对最近军费"巨额增加的担忧"为由，发起了削减军事预算的议案，结果以276票比56票被否决。3月16日工党提出了一个稍加修改的议案，称海军军费的增加是"对外国事务的误判，是对和平及国家安全的威胁"。该议案也以216票对54票被否决。政府两次获得大胜，但如果海军竞赛继续下去的话，蠢蠢欲动的激进派和工党就会占据上风。

麦肯纳和格里没有理由为德国的意图感到乐观，他们在议会的演讲既是说给国人听的，也想让德国人听到。但是几个月后就有传言说德国将修订海军法案，目的是增加1912年以后的舰艇建造数量。1911年2月17日，驻柏林的海军武官沃特森上校（Hugh Watson，1910年8月—1913年10月在任）报称德国有可能修改海军法案，以使德国海军在1912年及之后能每年开工3艘主力舰，而不是目前法案规定的两艘。但不管这传言如何流传，毕竟还不是事实。一切都取决于1910年夏天恢复的海军谈判的结果。如果谈判成功，将大大减小德国在1912年修订海军法案的可能性，反过来也会让英国政府实现削减海军预算的承诺。签订一个更广泛的海军协定的可能性也可能因谈判的成功而显著增加。

3. 海军谈判

英国政府面临着自由主义民众和议会的压力，更不用说还有来自政府内部的压力，故认为需要再次努力与德国达成某种海军协定。因此1910年7月，德国首相表达愿意在遵守海军法案的前提下延缓造舰进度的愿望时，阿斯奎斯感到决不能让这个机会溜走。外交部对谈判并不抱希望，仍在外交部担任高级干事的克劳对德国人的所有建议都疑虑重重。它们都是"圈套"，而且德皇和他的政客们"没有一个说话靠谱的"。英国人担心德国人只想要一个政治协定，根本不打算达成海军协定，这样一来，英国和法俄之间的互信将被打破，从而使力量对比朝完全有利于德国的方向变化，而这正如德国所愿。1910年接任哈丁担任负责外交事务的常设副国务秘书的亚瑟·尼科尔森爵士也和克劳一样，怀疑德国人的诚意和企图。在1911年6月的加冕庆典期间，尼科尔森出席了一个宴会，他的邻座说英国如此友好地招待德国王储和公主，以及代表团中的德国海军军官，如果不借这个机会推进英德谈判，促进两国关系，那就太可惜了。

"……这时候，阿瑟爵士像被刺到了一样跳了起来，大声宣布只要他还是外交部的头儿，英国永远、永远也不应该与德国为友！"[13]在柏林的爱德华·戈琛爵士以及格里没有这么严重的条顿恐惧症，但也对海军谈判的效果表示不乐观。

1910年8月14日，戈琛向德国首相递交了阐述英国新立场的备忘录。备忘录指出了两种遏制海军预算的途径。一是修改德国海军法案。因为德国人已经明确声明这绝无可能，所以英国政府愿意放弃先前的主张，不再将其作为达成协定的必要条件。二是德国在不放弃海军法案的前提下"放缓节奏"（贝特曼·霍尔维格语）。英国政府准备就此议题与德国谈判。至于德国人坚持要先于或与海军协定同时达成的政治协定,英国不会接受一个"不同于"它与其他欧洲国家之间现存协定的协定,但"愿意做出这样的保证,即英国和其他国家间的任何协定都不会针对德国,英国对德国也没有敌意"。

格里受命于内阁,抱着"总比什么都没有好"的信念在同一备忘录中提出了另一条建议——一份德国不扩充海军计划的协定,附有两国定期交换造舰进展的海军情报的条款。这样的协定至少将"消除对未来不确定性扩充的顾虑;具有可观的道德效应,也会更受欢迎"。这背后还有一个同样重要的动机。在英国,新型战舰的技术细节——尺寸、防护、火力、航速、发动机功率——都会通过海军预算或军舰完工、接近完工时的新闻报道为德国人所知。但德国军舰的细节是保密的,只有逐渐泄密后才为人所知。同时,德国在造舰时采取的保密措施远超过英国。所以海军部很愿意有这么一个交换协定,只不过认为政府不太可能说服德国人接受它。

接下来就是历时一年半、断断续续而毫无结果的谈判。[14] 关于放慢造舰速度一事,英国人努力想把它与情报交换分开讨论,但德国人一直对此含糊其辞。双方从来没有在这方面进行过真正严肃的谈判。至于其他海军提案,10月12日霍尔维格正式在原则上接受了情报交换的建议,但鉴于这只是个附加条款,他反问英国人如果德国不增加海军法案中规定的计划,能得到什么样的"等同"的回报。他坚持一个政治协定是"任何海军协定必不可少的先决条件"。如果没有政治协定,德国民众会认为海军的利益被出卖了。正如海军上将缪勒向戈琛解释的(10月17日),"俄法同盟绝对是对德国有敌意的;这是一个非常紧密的同盟,其中包括了动员手段和战争计划。英国的加入只能被解读成对我们不友好的行为"。他引用的英国其他不友好的行为还有在摩洛哥的政策和巴格达铁路计划。接着缪勒非常直白地重申了德国海军政策。

我们承认英国的海权,英国必须靠它维系自己的殖民地和贸易。但我们不能接受如此压倒性的优势,以至于英国在任何时刻都可以毫无顾虑地攻击我们。我们想要一支足够强大的海军,能在遭到入侵时摧毁部分英国海军,以使别的国家不再惧怕其实力。这就是舰队的现状。(此处缪勒加上了给德皇的注释:"我

第九章 麦肯纳—威尔逊组合，1910—1911

有意避免提到目前二比三的比率。"）如果你们保持每年建造5—6艘无畏舰，我们不会反对。但如果你们增加数量，每年建造8、10、12艘新无畏舰，那么我们将以一个更强的修正案作为回应。因为我们没有忘记历史教训，不会接受与荷兰与丹麦一样的命运。[15]

内阁因12月的大选而推迟了对德国首相的回复。同时，1910年12月29日，驻德海军武官的报告强调了两国海军部定期交换海军情报的重要性。12月初，一个内阁委员会就该问题的重要性进行讨论后，外交部决心要努力达成这个目标，虽然它只是独立于限制军备和政治协定两个"主要问题"之外的"次要问题"。梅特涅向格里保证（12月16日）德国政府将会把海军情报议题作为谈判的基础后，谈判才正式拉开帷幕。外交部已经就双方应该交换的信息得到了海军部的几点建议（12月3日）：即将开工舰艇的尺寸和排水量、防护、武备、航速、输出功率，以及开工和建成的日期。作为补充，海军部希望能允许海军武官定期到船厂检查建造进度。

英国的大选开始后，戈琛于1911年1月24日接到了开始谈判的指示。2月7日他将英国政府的意见呈报贝特曼·霍尔维格，后者称咨询蒂尔皮茨后便可就细节展开会谈。此时德皇以他特有的冲动差点打翻了苹果车。他3月3日对英国陆军武官说交换海军情报毫无用处，政治协定才是重点。"英德联合就能保障世界和平。"德皇的口无遮拦对交换海军情报的谈判可不是好兆头。

英国内阁在3月8日向德国首相递交了一份备忘录，首先提到了海军情报的交换。这一协定"意味着两国政府都对彼此不抱有敌意，这将对说服两国和其他国家的民众大有帮助"。至于更为重要的问题（备忘录这里是在回应10月12日霍尔维格的声明和备忘录），大不列颠从未签署任何"直接或间接针对德国的协定；不存在这样的协定，他们准备诚挚地关注帝国政府可能提出的任何建议"。备忘录明确指出，政治协定绝不能有损英国与法俄的友好关系。巴格达铁路和波斯作为特殊问题将成为政治协定的组成部分。备忘录的重点在另一处，即英国政府最终接受了德国的要求，将政治协定视为任何削减双方海军预算协定的必要条件；英国只是坚持两个协定具备完全等同的地位并要同时签署。

这个备忘录很明显受到了内阁委员会中劳合-乔治一派的强烈影响。

3月24日，作为答复，贝特曼·霍尔维格向戈琛递交了一份备忘录。首相不同意英国备忘录中的最后一段文字。戈琛向格里报告说："他说你对政治协定的理解就是敲定巴格达铁路和波斯铁路问题，以此来换取共同削减海军经费的协定。他认为这是一个大好的海军协定，却只是一个有限的政治协定。为了强调他的目标，他提醒我谈判的气氛必须完全透明，在达成任何削减海军军备的协定之前，必须达成一个良好的政治协定。"

海军部关于交换情报的建议被德国完全接受，虽然他们也提出了两条体现蒂尔皮茨思想的建议。一是情报交换必须在每年的固定时段（10月10日和11月15日之间）同时进行；武官访问船厂的细节可以由两国的海军高层来安排。第二条则相当特别，德国希望交换的情报中，包括两国政府对当年各自将要建造舰艇数量的声明，而此声明对该年度的造舰计划将具有约束作用。这项建议已经超出了海军部所称的造舰细节的范围，尽管可以肯定的是，造舰数量将可以自然地从交换的情报或者两国政府的预算文件中得知。蒂尔皮茨的理由是如果不这样做，英国将占据极大的技术优势。"例如，我们根据1912年的预算在1911年10月向英国提供了造舰计划，而他们不能据此改变他们1912年的计划。否则他们就将在技术上超过我们。而对1913财年，双方都有自由决定权。"[16] 外交大臣基德林（Kiderlen）对此采取了不同的策略。他告诉戈琛（3月25日），德国政府的观点是"为严格保证互惠性，应对这类（技术）情报的交换做出规定，即双方不得使用得到的情报来修改各自的造舰计划。例如德国和英国已经宣布将分别在某一年制造3艘和5艘主力舰，后者不能依据德方情报中列出的实力，将计划改为6艘或7艘，反之亦然。为避免这种情况，他们建议情报交换应同时进行"，时间定在10月1日至11月15日之间，这正是德国海军预算提交财政部的日子，具体的日期则不重要。

英国外交部完全同意海军武官沃特森的观点，他建议将协定局限于确保交换海军情报，"避免陷入这种约束性协定符合英国利益，更重要的是要等到1912年德国舰队法案（German Fleet Law）出台再决定是否要附加上这一条"。外交部听到了诸多反对意见，比如德国的盟友并未受协定约束，可以扩充它们的计划，

第九章 麦肯纳—威尔逊组合，1910—1911

而英国则被捆住了手脚。而且有人担心一旦德国知道了英国的造舰计划，就可能缩短军舰的服役年限，这样就可以借口要提前替代这些老式舰艇而开工更多军舰。因此，外交部认为情报交换和限制军备两个问题必须分开讨论。

这也是海军部的观点。亚瑟·威尔逊就这项双方不得利用交换的情报来修改造舰计划的建议发布了一份措辞强烈的备忘录：

显然荒诞不经，首先，不能用来指导行动的情报是没有用的；其次，这将鼓励双方政府夸大自己的预算，因为他们害怕一旦双方公开预算后发现自己的计划没有对方强，一定会遭到由本国海军联盟激起的民众反对。

另外，在将预算呈交本国议会之前就将其透露给外国政府，尤其是在之后不能修改的前提下，会完全剥夺议会对预算的发言权……

如果我们等到议会批准了预算案，那它将是已经公开的了，这时再交给德国政府就只是走形式而已。

更重要的是，我们的造舰计划并非单独视德国的情况而制定，如果其他列强突然制定了某项海军政策，我们可能在不知会德国的情况下立即扩大我们的计划。

如果海军的造舰计划是为了备战而不是作秀，一个交换情报的正式协定显然是荒谬的。只要两国保持友好关系，这些协定就是无害的，而一旦事态要求海军保持戒备，也就是说战争在即，这类协定就会立即被抛弃，因此尤其强调国际关系。[17]

海军部对德国方案（5月16日）的正式回应，是建议政府坚持将限制军备和海军情报交换分开谈判。海军情报交换的日期应该在11月15日和3月15日之间，但内容仅限于预算中每类舰艇的数量。每艘军舰的设计细节直到铺设龙骨前都在不断变化，铺设龙骨时的数据才能作为交换的详细数据。至于参观对方船厂的事宜，"任何严格对等的安排都乐于接受"。

贝特曼·霍尔维格似乎想把双方的海军竞赛稳定在每年二比三的比率上，并持续六年。蒂尔皮茨则强烈反对。"这样一个长期的义务从工程技术的发展来看是不实际的。""迄今为止,舰队大部分"都是由前无畏舰和早期的无畏舰组成,她们的舰炮都已经过时,"有可能在目前预定的日期之前就必须被更先进的军舰代替"。另外,蒂尔皮茨认为如果海军被首相建议的协定束缚住,那将对1917年以后制定新的海军法案非常不利,"因为,我们若认为我们和英国在六年里每年分别建造2艘和3艘无畏舰是可能的,那么我们在1918以年后将每年的造舰数量从两艘增至3艘就会非常困难,因为没有人会接受这样做的动机。"基于这些理由以及其他原因,蒂尔皮茨拒绝"对英国行使义务"。霍尔维格只能承认,签订限制海军军备的协定是不可能了。[18]

据此,他答复英国3月8日备忘录中有关海军协定和政治协定的建议时,提醒英国他已经在1909年表达过在海军法案的框架内放缓造舰进度的愿望。英国政府对这个建议没有特别的兴趣,已经将其放弃了。"现在,鉴于德国海军的造舰速度明年将达到最低限度,我们当然无法就此提出新的建议了。"德国已交不出新的方案,这样就只得由英国政府对同时削减海军预算提出新的建议。在双方找到一个有关海军协定的"谈判基础"之前,他无法提出政治协定的方案,因为英国政府已经声明,英国民众的观点是,除非能同时达成海军和政治协定,否则政治协定就毫无价值。但是贝特曼·霍尔维格交给戈琛的备忘录中包含了以下建议,即政治协定应"完全排除一方进攻另一方的可能性"。

克劳则抓住了重点(3月14日):"德国政府拒绝交出一个清晰的建议,而是不断施压,一定要把我们绑在一个无论如何不能使德国遭受进攻的保证上!"他指出德国将会很高兴让法俄也这样承诺(梅特涅5月18日告诉英国,霍尔维格很愿意让法国和俄国也加入到政治协定里来)。这样的安排是单方面有利于德国的,因为只有它"最热心于攻势战略"。

……如果德国能在一段时期内获得保证,不用担心被它的三个强大对手进攻的话,它将利用这个机会巩固和加强自己在其他国家中的地位,扩大它的政治影响力,创建新的利益和势力,最重要的是获得有战略价值的重要支撑点,以为将来与其三个对手可能发生的战争做准备……

完全可以这样想像……将来德国可能在快速扩充自己海军的同时,在海外

第九章　麦肯纳—威尔逊组合，1910—1911

获取煤站和海军基地，目的就是增强自己在海上冲突中的实力。而且在占据这些战略据点时，它希望能增强在未来挑战英国海权的胜算。

……如果德国籍此巩固其地位，对英国、法国和俄国，或者对全世界其他缺乏盟友的国家来说，还有什么机会抵抗德国的霸权呢？

政治—海军协定从来就没有一个明确的方案，其实跟胎死腹中没什么两样，特别是沃特森5月30日报告说他"毫不怀疑"德国将从1912年，最迟于1913年开始每年建造3艘装甲舰以后。但仍有望达成一个情报交换和互访船厂的协定。6月1日，格里向霍尔维格递交了一份体现海军部5月16日观点的备忘录。7月1日，英国驻柏林大使馆报告德国人基本同意英国开出的条件。德国同意在11月15日至3月15日之间交换年度计划中舰艇的建造数量，但附加了条件，即一旦这些信息被交换，在"没有预先通知和通报更多信息的情况下"不能擅自改变计划。军舰铺设龙骨后，双方应交换军舰的技术数据。但由于这样的交换可能无法同时进行，德国建议两国海军部就此商讨解决，同时海军部还将讨论互访船厂的细节问题。德国的答复是积极的，迅速达成协定的道路现在打开了。

不幸的是，就在德国的答复传达到伦敦的当天，德国炮艇"豹"号抵达了摩洛哥的阿加迪尔，开启了阿加迪尔危机，或称为"第二次摩洛哥危机"。几乎将两国推到了战争的边缘。克劳说（7月5日），根据当时的局势，谈判完全终止了，"现在不是继续谈判的时候，我们不应该急着回应"；格里也感到此时继续谈判弊大于利；海军部也同意鉴于当前的政治局势，目前应该推迟答复德国的备忘录；威尔逊说："先搁置所有的问题，等到德国再次提起时对我们而言可能是更好的时机。"[19] 海军部于8月21日接受了德国的建议，并提出了一个解决完全对等问题的方案：将在双方交换下一年度造舰数量情报时，交换当年开工军舰的技术细节。"即两国政府交换1912—1913年度新建舰艇数量的时候，将属于1911—1912财年舰艇的技术数据交予对方。"但英国提交这份回复后，德国并没有做进一步回应。

到9月底，危机结束了，但德国政府仍没有任何动作。沃特森报告了（9月27日）可能的原因，德国海军预算的公布日将从11月改为3月。这一改变：

主要是为了获取更大的优势。德国认为如此一来，英国政府就不能更早得知德国的年度计划，并据此制定更大的造舰方案，而之前英国可以做到……改变预算公布日的建议……来自最近有关情报交换的谈判。德国海军部无法让英国同意对他们有利的情报交换日期，现在就要改变他们自己的预算公布日期……德国海军部只想利用谈判来获利。

最后一句话道出了问题的症结，德国拟议协定的意图和动机都值得怀疑。霍尔维格"有些苦涩地"向戈琛通报（11月3日），说他的政府已经暂停谈判。

新一届海军部委员会（丘吉尔上任海军大臣，不像威尔逊那么顽固的布里奇曼担任第一海军大臣）比上一届更倾向于与德国达成协定。他们认为：

无论是在内容上还是在时间上，情报交换都没有无法逾越的困难（海军部已于12月12日知会了外交部）。在交付情报中公开新造战舰的更多细节可能对我们更有益，我们的海军大臣们不会就程序问题为达成协定设置障碍，协定的目标是消除不确定性和增加互信……海军部确实希望能交换简单和容易证实的情报。我们乐于看到双方政府在任何合适的时间通知对方下一财年计划中各型舰艇的数量……以及舰艇开工、下水和建成的日期，并且这些信息能够通过双方武官定期和对等地检查对方船厂来证实……

就各级舰只技术特征的更多情报而论，我们的海军大臣不认为达成协定有什么困难……我们也同意德国政府提出的建议，即双方交换情报后要想再临时修改设计，就必须在实施前通知对方。

注意，在海军部最新的立场中，舰艇的防护性能和航速排除在"技术信息"之外，虽然后者可以由排水量和发动机输出功率推测出来。

外交部收到海军部的建议和评论后，英国政府12月决定在海军部备忘录的基础上重启谈判。不过1912年1月的德国大选打断了进程，直到1月28日，英国的建议书（与海军部备忘录基本一致）才被递交给基德林。他承诺将"认真审阅"。这是英国最后一次听到有关海军情报交换的音讯。2月霍尔丹到德国

第九章　麦肯纳—威尔逊组合，1910—1911

执行谈判使命时，双方并未提及情报交换，那时德国已经将谈判重点转向政治协定。

海军情报交换充其量只是谈判中的次要事项。阻碍双方达成英国真正想要的军备控制协定的主要原因和1909年一样：德国坚持要英国以中立为条件换取德国缩减海军计划，而英国拒绝提供这一保证，因为这样会破坏他们和俄法的盟约。外交部非常敏感，担心会引起俄法的怀疑，因此谈判对两国完全保密。出于同样的原因，外交部一直对德国海军高级将领，如海军内阁大臣（缪勒上将）和公海舰队司令〔冯·霍尔岑多夫（von Holtzendorff）〕向沃特森提出的，在两国舰队或其他海军部门间举行定期会谈的建议持负面态度。德国人认为这样将促进两国年轻海军军官了解和欣赏对方。另外德方还指出不希望看到双方对装备极度保密，这样既无价值又会对双方造成极大伤害。结果外交部斥责了沃特森。说他与德方谈及这些问题并赞赏德方的观点是"失当行为"。这些会谈以及建议都"极具政治意味"。海军部也认同外交部的观点。[20]

值得注意的是，格里从未向民众公开德国准备以一个合适的政治协定为前提，与英国讨论限制海军军备的事。"实际上，议会，更不用说民众，根本没有机会依据事实，在外交部、内阁的盟约政策和另一选项——与德国的政治、海军协定之间做出选择……格里无疑认为如果公开与德国的谈判，将遭到帝国主义者、英法盟约支持者和势力均衡鼓吹者的强烈反对，这将对全局非常不利。"[21] 有人会问为什么德国政府也没有公开它全部的立场。可以确定的是第一次大战前的德国一贯如此。另外，难道德国政府就不会害怕激怒德国海军联盟、恐英派和帝国主义者吗？

阿加迪尔危机严重破坏了英德关系，到1911年底，德国修订海军法案，上调造舰数量已成定局。9月15日沃特森报告他已经从"可信赖的高级官员"那里得到证据，摩洛哥危机的结果就是德国肯定将扩充海军。如果这成为事实，任何形式的海军协定都将化为泡影，更不用说政治协定了。在分析阿加迪尔危机之前，我们必须讨论英日同盟，这一盟约的终止，将严重关系到英国在与德国竞争中能否占得先机。

4. 英日盟约的延续

英日盟约规定，如果任何一方提前十二个月宣布不会续约，盟约将在1915年失效。说服英国的自治领延续英日盟约并非易事。另外，盟约并没有得到民众的广泛关注。最后，在海军看来，英日盟约造成了很多问题。这些都使续约变得非常困难。

最初的盟约并没有明确规定双方在远东海军力量的规模和部署，所以没有得到很好的执行，需要在新盟约中对双方海军的义务做出更清晰的规定。[22] 1907年5月29—30日，两国海军代表在海军部举行了会谈，制定了指导海军同盟关系的一系列原则。主要有以下内容：

如果英日同盟遭到攻击，每一方都理应尽最大努力支援另一方，但是任何一方都不能期望事先在物质上得到另一方的援助。

3. 会谈重申确保海上交通——即确保海权——的原则是，在任何战事中的首要目标是摧毁敌方的舰队；双方也同时认识到在特定情况下，其中一方可能有必要在达到上述目标之前将大量军队运往海外。（这里是指日本在满洲对抗俄国的行动。）

4. ……双方原则上同意，任何一方都绝不会在某一地区毫无必要地建立军事优势，这样可能会违犯另一方的意愿，并使其处于劣势。

正常情况下，大不列颠能够摧毁任何从欧洲基地出发，前往远东战场的敌舰，以此来保护盟友的利益。

因此会谈认为，在战略和技术问题上制定详细的协约，并不能服务于任何有益的目的。双方都认为经过共同努力，上述使双方已有的亲密关系更加牢不可破的建议，以及为全部内容制定的条款最终将得以完善……

9. 两国海军的运输部门将交换各自名单上可用舰船的全部信息，并持续更新。双方海军代表共同希望的，就向海外运输军队做出的详细安排，已经超出了纯粹海军事务的范畴，不在本备忘录讨论范围之内……

12. 盟约中的基本原则在平时和战时都将平等地实施，任何外国列强向另一半球大规模输送海军力量的行为，都应以同盟海军力量的部署来应对，以确保

第九章　麦肯纳—威尔逊组合，1910—1911

无论何时何地，同盟的任何一方都可以在战争爆发时有足够的力量应付局面。[23]

这些原则几乎全部来自海军部，因为日本实际上只关心兵力输送的问题。这些原则也反映出费希尔对英日同盟缺乏兴趣。他其实是一直反对与日本结盟的，"这是英国对自己干下的最坏的一件事！"日本的主要目的就是获得英国的帮助，以在三周内得到14.2万吨的运输船只，完成他们在中国东北的军事部署。而海军部就此在会谈中亮出了"我们做不到"的态度（见前面第九段），尽管日本要求的物资数量是合理的，而且英国在香港、新加坡、印度和澳大利亚都有大量船只。英国陆军将领，可能还有内阁以及帝国国防委员会向特维德茅斯施压后，海军部完全改变了立场。它发现（6月6日）自己在东方有近150万吨的运输船！现在海军部答应只要日本需要，它就将提供那14.2万吨的船只。

两国的海军关系仍然冷淡，而且摩擦不断。根据盟约规定，两国必须每年交换来年的造舰计划，以及舰队的布置，入坞和修理能力，外国海军情报和技术数据等。但技术数据的交换并非一直顺利。日本驻伦敦海军武官要求某些军舰的具体数据时，得到的是严格遵照对等原则提供的资料。随着盟约终止日期的临近，海军部也越来越警惕。必须要考虑不能续约的情况。"终止日期越近越要谨慎，我们把情报交予的这个国家在那个日期之后将仅仅是一个友好的强国。"[24] 海军部制定了一个政策指南，用于处理日本提供海军情报的要求。

不能提交任何还未落实的数据。例如尚未开工军舰的技术细节，以及尚处于试验阶段的火炮、动力等装备的研制进展情况。

类似的，舰队演习和战术等情报也不能交给日本。除非情况发生变化，即这些情报后来成为明确制定的战争计划的一部分，成为需要两国海军舰队在联合作战中所熟知的信息。

海军部对日态度是基于这样的原则，可以预判日方也会采取类似的措施，因此，在避免显露出愈发趋于保留的倾向的同时，给予和要求情报时都要谨慎，不要给予或要求那些非常重要或因超出双方义务范围而不可能得到的信息。[25]

海军情报处长贝塞尔少将（Bethell）建议，最好是英方不主动要求任何情报，而只交换日方要求的情报。"我认为以后最好不要求任何东西。他们没有多少我们想知道,但不能从其他途径了解的信息。"而实际上,日本希望得到的那些情报要想保密也是困难的。

1910年以前,日本曾建议安排两国舰队在远东水域相会互访。但这个要求被阿斯奎斯政府拒绝了,因为不管如何理所当然,这样做都可能会在英国和第三方国家间造成尴尬的局面。[26] 这里的"第三方国家"当然是指美国,可能还有俄国和法国。

英国1907年以后仍维持英日同盟的目的可能令人感到奇怪,该同盟从一开始就受到了法俄联盟的敌视。后来在1904—1905年间,又招致原本可能加入的德国的不满。但法国的威胁到1906年已经消失,而俄国在1907年与英国签订盟约后也不再是英国的敌人。这背后的原因是日俄战争时尚且微不足道的日本海军,在战后已经取得长足发展。英国驻东京的海军武官1909年1月1日报告:

日本海军目前极具战斗力,其实力足以使日本在太平洋上无可撼动。和各国海军一样,日本海军也有很多弱点。但是他们有一个战略,可以压倒任何企图来攻击的对手的优势,那就是"在他们的基地附近作战"。官兵们都有极佳的纪律性和忠诚度,而且工作起来心无旁骛,他们白天满脑子想的都是任务与使命,连晚上做梦也在执行任务……但是他们尚达不到我们海军中众多军官所具有的卓越水准。他们做事拖沓而且过于教条,在需要立即行动的时刻却要花时间去思考。[27]

鉴于日本海军的迅速发展,帝国国防委员会被迫于1909年6月29日开会讨论战时香港的防务问题。它的第一个结论是"只要英日盟约处于有效状态,英国在远东的领地就是安全的"。第二个结论将日本列为潜在的侵略者,"在盟约终止之前应当谨慎地确保远东舰队拥有足够的实力,以应对日本可能部署在中国海的优势舰队带来的危险"。第三个结论也是为盟约终止做准备:"海军部和陆军部应制定联合计划,确保部署在香港的海陆军力量足以进行为期一个月的防御作战。"这一计划考虑的是增援远东舰队需要一个月的时间。麦肯

第九章　麦肯纳—威尔逊组合，1910—1911　　195

纳在会议上的观点是，对日盟约的终止不是一个他们需要采取预防措施的"有可能发生的意外"[28]。但关键的一点是盟约将在1915年终止，倘若如此，英国必须要加强太平洋上的海军力量。这将以牺牲本土水域的力量为代价，而德国有可能抓住这个双方实力相等的机会挑起战端。

1911年1月26日，鉴于日本发起进攻的可能性，帝国国防委员会再次讨论了盟约终止后香港的防御水平问题。帝国陆军总参谋长威廉·尼科尔森爵士说如果盟约终止，就有必要在远东部署一支对日本具有优势的舰队。"如果没有这样的舰队，（给香港）增援再多的陆军也没有用，因为日本将消灭我们的舰队，或者将其封锁在香港，就像他们在旅顺港对俄国舰队采用的战术一样。"A.K. 威尔逊不同意这样的看法。英国在远东的舰队只要能阻止日本向香港运送军队就足够了。格里和霍尔丹意识到这些问题的根源在于如果一方提前一年宣布不续约，盟约就将在1915年8月失效。格里认为1912年将是"一个与日本讨论此问题的合适时机"。克鲁声称澳大利亚民众对英日同盟"极具敌意"，而新西兰和加拿大人的态度稍显缓和。哈考特则建议，一次有关英日同盟战略意义的宣示"可能会对殖民地民众起到一些积极的教育作用"[29]。

德国扩大海军法案的可能性也让英国加快了自己的时间表。不久，格里称日本愿意把盟约再延续十年。这对英国是好消息。1911年5月26日，英国各领地的领袖出席了在伦敦召开的帝国国防委员会主持的帝国会议。会上格里就从帝国战略出发与日本续约发表了中肯的演说。其重要内容如下：

如果我们在1914年通知日本不愿续约……日本会将其理解成我们的政策发生了转变，它会立即……寻找其他国家合作以确保它的地位……毫无疑问的是，不仅战略地位立即为之一变，我们不得不视现在那支日本舰队为潜在的敌人，而且日本将在盟约终止后立即开始建立一支更强大的舰队。另一方面，我们就不能像现在那样，在中国水域仅保持一支最小规模舰队，而是要在那里部署一支符合两强标准的舰队，为的是保证远东与欧洲之间，以及远东与澳大利亚和新西兰之间交通线的安全……基于战略利益、海军远征军利益以及安定性考量，都有必要延长与日本的盟约。[30]

格里建议为续约设置两个条件：第一，续约不能影响自治领就移民问题与日本谈判的自由度；第二，（当时这一条已经被日本接受）如果英国与美国或其他国家签订了条约，英国将不会被迫在日本与那个国家的战争中支持日本，除非那个国家被第三国协助，或者协助正与日本作战的第三国。有了这些条件，各自治领接受了与日本续约十年（至1921年）的决定。海军部对续约"完全满意"（6月21日）。官方的续约日期是1911年7月13日，但这一日期并没有得到日方的认可。条约中的第四条是："如果某缔约方与一个第三方签署了条约，那么此条约将不能赋予该缔约方向该第三方发动战争的义务。"之后英美于1911年8月3日也签订了条约，但美国从未正式批准该条约。

英日盟约的续签是与英德关系恶化并展开海军竞赛同时发生的。对英国来说，幸运的是并没有因为日本问题而将海军的部分力量从本土水域转移到别处。

5. 阿加迪尔危机

阿加迪尔危机的背景很简单。1911年春，摩洛哥发生了反对苏丹的叛乱，为保护居住在摩洛哥的欧洲侨民，法国向摩洛哥北部的菲斯（Fez）派出远征军。德国意识到法国的行动是加速吞并摩洛哥的第一步，因此不打算等闲视之。7月1日，德国以保护德国侨民和利益为借口，派"豹"号炮艇抵达摩洛哥位于大西洋沿岸的港口阿加迪尔，揭开了一场重大国际危机的序幕。事实上，德国这一大胆的行动有着完全不同的目的。"基德林的目标就是要向法国人宣示，德国将不惜一切来得到德国在政治声明中要求的全部赔偿，哪怕是战争；其次，为了在接下来肯定要进行的谈判中占得先机，德国占领阿加迪尔并以它作为谈判的筹码；第三，如果国际局势向三国（法国、西班牙和德国）瓜分摩洛哥发展，德国可以首先占据一个战略据点。"[31]最重要的是第一个目标，德国已经准备让法国拿回阿加迪尔，但是要在殖民地方面做出令德国满意的妥协。

但是德国并没有澄清他们的意图，尽管7月6日阿斯奎斯在议会非正式地向德国发出了会谈邀请。英国政府对此迷惑不已，克劳承认"现在彻底蒙了，'德国人到底想要什么？'我们找不到这个问题的答案。冯·基德林的行为让人摸不着头脑。"[32]英国不相信德国的首要目标是以殖民地为补偿，否则德国怎么会

第九章　麦肯纳—威尔逊组合，1910—1911

向法国提出割让其最具价值的刚果殖民地这种绝无可能满足的要求呢（伦敦是于7月18日得知此事的）？看起来德国内阁的目标是一个有利于德国的殖民地划分计划，以此来羞辱法国，同时破坏英法同盟。

德国在阿加迪尔获得一个海军基地的企图引起了人们的广泛担忧，而英国对此更不能忽视。我们知道，基德林一直努力让泛德国主义者相信他会要求得到摩洛哥的西北地区，这样德国将得到一块殖民地而不仅仅一个海军基地。《标准报》叫嚣（7月5日）："一个显而易见的事实是，没有哪个英国内阁……会同意让一支强大的外国海军驻扎在我们通往开普敦航路上的大西洋沿岸……"外交部的尼科尔森也感到了同样的危险。他认为德国是想占领摩洛哥在大西洋沿岸的一个港口，并将其改造成第二个赫尔戈兰。这就像他们通过突袭或与西班牙谈判而摄取卡纳里群岛的行为一样，将威胁到英国的利益。内阁将摩洛哥纳入了英国利益之中，认为必须采取任何手段保证"在摩洛哥沿岸的任何地方都不能出现新的要塞化港口"[33]。

一些头脑清醒的报纸，如《曼彻斯特卫报》（7月11日）和《陆海军记事》（7月22日）试图淡化危险程度，指出两国海军部都很明白，位于阿加迪尔的海军基地离本土有1500英里，需要从公海舰队中抽调一支相当强大的分队来支持，它将成为德国海军的一个薄弱点。海军部对德国在摩洛哥的大西洋沿岸获得一个港口的可能性保持缄默。威尔逊向格里保证那里没有一处可以被轻易改造成海军基地。而且如果德国不会将任何摩洛哥港口要塞化，海军部也不会介意。不过第一海军大臣又说，在任何情况下都不能允许德国在摩洛哥的地中海沿岸获得立脚点。[34]

格里同意海军部的观点。在他看来，主要的战争危险在于德国想通过羞辱法国和破坏英法联盟来开辟通向欧洲霸权的道路。随后劳合-乔治在伦敦市长官邸举行的一次宴会上发表了一次著名演说（7月21日）。演讲的文本是由劳合-乔治、格里和阿斯奎斯共同起草的，但没有得到内阁的批准。劳合-乔治的演讲在他那著名的和平主义论调和希望英德达成协定的愿望中，也加入了鲜明的警告口吻："但如果出现这样一种形势，逼迫我们牺牲几个世纪以来以无比的勇气和壮举赢得的伟大地位和威望才能乞得和平，而且英国的利益将受到重大损害，仿佛在政府眼中这个国家根本毫无价值，那么我要强调，对我们这样一个伟大的国家而言，这种代价的和平是绝对不能接受的耻辱。"演说并没有得到内阁的一致支持，也让默里极不愉快地回忆起"1870年7月6日格拉蒙（Gramont，拿破仑三世的外交大臣）的演讲：收获了巨大的欢呼声，但随后就是无比悲惨的境地……我完全不喜欢也不信任德国人的行为方式……但是我们没有理由以这样的挑衅给他们以借口"[35]。德国也认为英国政府的宣言是个毫无必要的挑衅。

劳合－乔治的演讲将危机引向了最紧张的时刻，而且使紧张势态一直持续到法德在8月初开始艰难谈判之后。双方好斗的媒体也使谈判更加复杂，而且媒体纷纷预言谈判将在8月中破裂。直到9月，双方都处在战争的边缘，而一旦发生战争，英国就会被迫参战，因为欧洲的力量平衡关乎其重大利益。7月25日格里紧急召集丘吉尔和劳合－乔治到他的议会办公室。他刚刚与梅特涅会面，后者代表德国政府对劳合－乔治的演讲表示了严重不满，而且如果法国拒绝与德国达成协定，德国将坚持要求履行《阿尔赫西拉斯条约》（1906年）并维持现状。对此次会面深感沮丧的格里对他的同僚说的第一句话就是："我刚刚从德国大使那里得到非常严峻的消息，我们的舰队随时都可能遭到攻击。我已经派人去警告麦肯纳了。"[36]麦肯纳随后就赶到了，但很快就离开，以安排向舰队发出战争警报。劳合－乔治相信德国是来真的。陆军上将，武装力量总监约翰·弗伦奇爵士（John French）认为德皇并不希望开战，但国王认为不管德皇希望与否，他都有可能被迫开战。[37]

在危机期间及其之后，有人指责舰队并没有在最危急的时刻处于备战状态。比较著名的批评是11月18日保守党议员W.V.法博尔上尉（W.V.Faber）发表的危言耸听的演讲。7月27日，贝雷斯福德也就舰队的准备不足警告阿斯奎斯。贝雷斯福德还在11月告诉西德尼·劳（Sidney Law），"如果英国和德国在7月发生战争，我们就会遇到一场海上灾难"[38]。这种指责并非全无道理。帝国国防委员会的副秘书汉奇所任的职务让他能了解事件的全部来龙去脉，他指出海军部面对危机表现出"完全消极"的态度。[39]7月21日，星期五，危机尚处于高潮时刻，《泰晤士报》报道包括16艘战列舰和4艘装甲巡洋舰在内的整支公海舰队已经出海并在北海某处活动。帝国国防委员会秘书奥特利两次（7月21日

第九章 麦肯纳—威尔逊组合，1910—1911

和 24 日）提请尼科尔森注意公海舰队已经在挪威外海集结，已处于对英国发动进攻的战术位置。他提醒尼科尔森，帝国国防委员会于 1908 年发布的有关遭到入侵的报告中，提到了在正常外交关系下可能发生的突然袭击，而这份报告的出台仅是三年前的事情。现在两国关系已经非常紧张，遭受进攻的可能性就更不应该被忽视。公海舰队集结完毕并"消失在茫茫大洋中"时，英国舰队却处于完全不同的状态。大西洋舰队在苏格兰北部的克罗马蒂。本土舰队第一中队在爱尔兰南部的比尔黑文；第二中队在英格兰南部的波特兰；第三和第四中队分散在三个本土港口，仅有核心舰员在舰上当值；波特兰中队和核心舰员中队都未处于戒备状态（比如说展开防鱼雷网）。而事实上舰队还给了舰员四天假期！这些军舰刚刚完成演习归来，处于松懈状态，舰上缺乏燃煤，必要的煤船又由于罢工滞留在了卡迪夫。

但是，还能期待什么呢？尽管格里一再提醒海军部不要打瞌睡，威尔逊仍然看不到危险。他是如此确信危机不会引发战争，甚至利用周末离开海军部，跑到苏格兰打猎去了！对此丘吉尔抱怨说"实际上所有重要军官和高级军官都去享受假期了……我实在无法对海军部有好印象。他们骄傲自大、漫不经心、麻木不仁"[40]。7 月 21 日的那个周末，战事临头的感觉让汉奇心惊胆战。"对我们海那边的朋友来说这是多好的机会呀！想象一下公海舰队不是像他们宣称的那样去了挪威，而是径直开往波特兰，以一队驱逐舰为先锋，在发动一场夜间鱼雷奇袭之后于黎明时分将全部主力投入战斗，而我们的军舰既没有蒸汽，又没有煤，连舰员也没有！同时另一队驱逐舰可能已经奔袭了克罗马蒂的大西洋舰队，这样只剩下比尔黑文中队和分散的第三和第四中队需要对付了。"

海军部直到 7 月 25 日，即危机达到高潮五天之后才意识到危险。"这时出现了一些慌乱"，就像戏剧《基尔伯特和苏利文》（Gilbert and Sulliven）中的场景一样。海军部突然发现储存在查吞顿（Chattenden）和洛基山（Lodge Hill）的发射药都没有得到必要的保护。威尔逊声称这不是海军部的责任：当地警察应该负责并派出更多人手。内务部则坚持要海军部负责，说他们应该派海军陆战队保护这些发射药。海军部随后派出了陆战队员，而陆军部也派出士兵协助。"这样弹药安全了，而三个部门都有责任！"但是海军部没有听从帝国国防委员会提出的应该发出战备警告电报的建议。发送电报意味着各部门将自动实施一些必要的防御措施。"没用。根本没人听。他们仍然做着那些不连贯、散漫和远远不够的准备。"(汉奇)

内阁震惊地发现如果威尔逊不在,海军部根本拿不出一份给舰队的作战计划。原因是计划高度保密,只有第一海军大臣知道内容!它只藏在威尔逊的头脑里,有人说威尔逊的保险柜里有一张纸,上面潦草地写着作战计划,而只有威尔逊才有保险柜的钥匙!不管计划的具体内容是什么,事实证明各军事部门间有着完全不同的计划。8月23日,首相召集帝国国防委员会用一整天来检查英国的备战情况,结果发现海军和陆军的观点大相径庭。当时最紧迫的情况是发现德军正在沿莱茵河一线调动。陆军作战部部长亨利·威尔逊爵士有备而来,他非常清晰地解释了陆军总参谋部的计划。简而言之,如果英国卷入法德战争,可以立即将六个陆军师派往法国,在法军战线的最左翼作战。这样做将最有可能遏制德军的巨大攻势。下午,威尔逊阐述了英国战略的海军部版本。他只能粗略地描述计划,基本内容是近距离封锁德国港口,占领前进基地,并有可能在敌人的海岸登陆。威尔逊认为英国的主要努力应该放在海上,一支远征军将被规模巨大的地面战争所吞噬。另外,敌方舰队肯定在远征军被运至法国之前就被部署在海上并控制了海权。最好是让数量比派往德国前线多得多的军队待在船上,准备在德国的波罗的海沿岸登陆发动反击。威尔逊的计划和费希尔是一样的。

陆海军代表都强烈批评了对方的计划,最后什么决定也没有做出。但是亨利·威尔逊爵士显得能言善辩、思路清晰,他对本方计划的阐述产生了比亚瑟·威尔逊爵士更好的效果。而第一海军大臣沉默寡言的性格使他不能像亨利·威尔逊那样清晰有力地表达自己的观点。在场的政治家们都对陆军总参谋部的阐述,以及陆军已与法军就联合作战制定的非常详细的计划留下了深刻印象。[41]

阿加迪尔危机终于在10月结束了。德国和法国达成协定(11月4日签署),德国承认法国作为摩洛哥保护国的地位,而法国则割让了法属刚果的大片殖民地给德国。危机影响深远,英德之间的新一轮海军竞赛已不可避免。德国海军联盟指责说,如果不是英国对危机进行了不公正的干预,德国本可以在与法国的谈判中获得更大的利益。因此德国的教训是要想不再因英国而遭遇外交上的挫折，必须发展更强大的舰队。蒂尔皮茨已经准备利用德国民众的高涨热情提出一个海军法案的补充案，而且他得到了德皇的支持。8月27日，德皇在汉堡发表演说，预示德国将再次增加海军计划，"这样才能保证无人能对我们在朗朗乾坤之下合乎公理的地位产生争议"。恐惧也有助于德国海军的宣传，一些德国海军高级军官向英国驻德海军武官表达了他们对英国准备于1911年夏天进攻德国的担忧。沃特森上校认为德国海军军官并不相信这些，但是他们利用这种恐惧服务于大海军主义团体的宣传。沃特森并不确定德国海军的高级将领要在多大程度上对鼓励这种宣传而负责，虽然他们的沉默就表示他们已参与其中。[42]不管怎样，德国人的抱怨即使不合理，也多少是发自内心的。因此魏登曼报告说"8月和9月英国海军部做出一系列准备，将舰队的戒备状态提高至最高级，使之可以随时投入作战"，他还列举了一些英国采取的具体备战措施：海军部夜间的特别警卫，取消第三和第四海军大臣的休假，大西洋舰队取消前往挪威的计划而留在波特兰，本土舰队第一和第二中队集中在"福斯湾或莫雷湾"，向不同的工厂订购了大量弹药，等等。[43]

英国内阁和帝国国防委员会对海军部与陆军部对德作战计划完全不同，以及海军在7月底未处于备战状态而感到震惊。特别是陆军有自己详细的全盘计划，而海军却拿不出作战计划，这导致了以下事件的发生。

6. 白厅的洗牌

1911年10月发生的戏剧性变化中，关键人物是霍尔丹。这位政坛俊才自1905年后就担任陆军大臣，而且是在陆军处于最低谷的时刻上任的。陆军的改革接踵而至，包括组建远征军和用于本土防御的地方军，设立总参谋部作为陆军的主脑，以及为陆军的快速反应做有效的准备。阿加迪尔危机就是霍尔丹的最后一根稻草。海陆军关系在1911年8月23日的帝国国防委员会会议上破裂之后，霍尔丹告诉首相，他无法再继续担任陆军大臣，除非海军部能够完全配合陆军总参谋部制定的计划，而要想这样，只能重组海军参谋部门。"由费希尔制定，显然也是威尔逊追随的作战计划，只锁在第一海军大臣的大脑里，已经完全过时和不可行。我们在国防方面有太多和太复杂的问题都是用那种方式处理的。要正确解决这些问题，就必须有经过良好组织和科学训练的海军参谋部，并要在陆军部的总体指导下和陆军总参谋部紧密配合地工作。"除非问题以"坚决的态度"加以解决，否则霍尔丹将会辞职。[44]

8月23日以后，麦肯纳拒不认为两个军种有任何相似之处。他反对为了让海军成为以陆军为主导的国防体系的一部分而去改组海军参谋部。他和费希尔—威尔逊集团一样都不愿设立海军参谋部。两位海军上将都喜欢自己操控舰队管理和训练的一切事宜。他们相信作战计划只能以最高机密的形式由第一海军大臣一人制定和保管，决不能随便泄漏，只有在开战时才能交给陆军。"我是第一海军大臣时，只有亚瑟·威尔逊爵士和我知道海军的作战计划。"[45]

在朴次茅斯成立和获得快速发展的海军战争学院的部分功能，就是研究和制定作战计划，在重建海军战略思想方面已经取得了一些成就。但是这样的进展是不够的，因为有关海军战略最重要的工作还是留给了第一海军大臣和海军情报处长，而这二人的时间和精力还要被很多其他事务占用。真正的海军参谋部从来就没有建立起来，这本是考贝特和其他人曾经期望的海军思想部门，目的是在平时找到战时主要问题的解决方案，并协助制定一个科学的作战计划。

贝雷斯福德在他的质询报告中就曾强烈呼吁"进一步发展海军参谋部"。为安抚这些批评者——《晨邮报》《标准报》《泰晤士报》、斯潘塞·威尔金森、霍尔丹、贝雷斯福德，等等——海军部在贝雷斯福德出席听证会之前就制定计划，并于1909年10月11日宣布在海军部成立海军作战委员会来考虑战略和作战计划问题。其常设成员有担任主席的第一海军大臣，海军部助理秘书，海军情报处长和新成立的海军动员处处长。后者主要接管了海军情报处长原来的计划和动员职责。海军战争学院院长必要时也会出席委员会的会议。这一小小的改革并不是在建立海军参谋部。问题在于委员会的功能仅仅是顾问性的，提出的建议也必须符合第一海军大臣的作战思想。作为一位后起之秀，赫伯特·W.里士满上校（Herbert W.Richmond）注意到海军作战委员会成立的基础是"一场进行良久的欺骗行为中最荒诞的部分"。[46] 赫伯特·金-豪尔（Herbert King-Hall）简要总结了该委员会在费希尔和威尔逊治下的短暂生涯，就像"在石头地面上

第九章　麦肯纳—威尔逊组合，1910—1911

播种……它很快就枯萎死去了。约翰爵士给这个婴儿喂脱脂牛奶，而阿瑟爵士连那点营养也不愿意给，就直接让它饿死了"[47]。威尔逊比费希尔更讨厌对第一海军大臣特权的任何干涉。费希尔在海军部的最后四个月里，海军作战委员会共开了四次会。而在威尔逊执掌海军部的两年里，委员会一共才举行了七次会议。因此这个委员会并没有平息那些催促建立"思想部门"——一个在功能上与陆军总参谋部一致的真正的海军参谋部——的呼声。

阿加迪尔是一个转折点。面对霍尔丹有理有据的争辩，阿斯奎斯决定改革海军部，任命一位新的海军大臣负责组建海军参谋部。阿斯奎斯做出这个决定，就要被迫在两种战略之间做出选择。一个是海军为主导的战略，陆军作为机动力量由海军运送到敌人的海岸登陆作战；另一个是陆军的"大陆"战略，海军的主要角色是将陆军送上大陆并保持海上航线的通畅。不过阿斯奎斯当时并不认为这是首要问题。霍尔丹自告奋勇，认为自己是到海军部按照陆军总参谋部的模式塑造海军参谋部的最佳人选。9月底，首相在度假期间邀请丘吉尔和霍尔丹到他在东洛锡安（East Lothian）的阿彻菲尔德庄园（Archerfield House）商讨此事。这二人在首相面前都坚持要前往海军部任职。最后阿斯奎斯决定让担任内务大臣的丘吉尔与麦肯纳对调职务。没有选择霍尔丹的一个原因是他一直尖锐地批评海军部，让他担任海军大臣会给人一种直接羞辱海军的印象。另外，劳合－乔治也更倾向于丘吉尔。"决定性的因素"是海军大臣要有一个下院议员的席位。决定就在阿彻菲尔德做出了。随后（10月2日）首相乘车前往巴尔莫罗（Balmoral）就此事与乔治国王会谈。虽然阿斯奎斯已经下定决心，但还是有必要安抚一下国王，因为他不喜欢丘吉尔担任海军大臣这个主意。

10月中旬，这个决定仿佛一道闪电击中了麦肯纳。"在我们的内阁即将完成第六年任期前夕，我在考虑对内阁内外进行部分重组……我要请你接手内阁中最棘手的部门——内务部。你在法律方面所受的训练，以及大量可靠的管理经验和能力，使你有特别的资格去胜任这个职位。我对自己做出的选择很有信心。"[48]首相的信中并没有说明调动原因。麦肯纳并不想走，就个人而言，他对自己被"踢出"海军部非常愤怒。虽然他认为该为此负责的是霍尔丹而非丘吉尔，但他与丘吉尔的关系迅速冷却了。

麦肯纳接受了任命，仅要求将职务调动推迟到年底，理由是他的健康状况不允许他在任期中间和议会会期前夕接手新职位。阿斯奎斯开始答应了他，但很快改变主意（10月15日），要求立即完成调动。首相这样做一个原因是调动的消息迟早会泄露出去，并引起"谣言和争议"。另一个原因是国王坚持要把皇家封印亲自交给丘吉尔在内务部的继任者，如果交接不能在国王动身前往印度访问之前完成，就要至少等到1912年2月才行。还有一个原因是此时正值考虑和制定海军预算的时间，有必要让新的海军大臣来负责此事，因为他将要在议会宣布预算并为之辩护。

10月20日，麦肯纳在阿彻菲尔德见到了阿斯奎斯。[49] 他"要将所有心里话告诉首相"。他坚持说只要他还是海军大臣，"海军部就必须在第一时间得到（在法国）部署英国军队的消息，然后加以反对"。这事关推迟他离任的问题。"也许圣诞节后国际局势将不再紧张。如果现在拒绝他推迟离任的请求，阻止这一计划的力量也将不复存在，计划的存在与否与推迟他的离任息息相关。"阿斯奎斯则称没有必要为此忧虑，因为他本人也反对陆军的计划。麦肯纳反对说首相"可能会由于陆军部和海军部生出的事端仓促行事"：就在这个月，陆军部仍在制定计划并向海军部施压。只要英法两国陆军总参谋部仍在合作商议，危险就一直存在。阿斯奎斯并不在意，只是"重申只要他是首相就会反对此计划"。

> 我不认为他误解了我的意思，尤其是计划不会有结果这一点。事实是有的谈判根本是在让法国人相信我们会与他们一同战斗，这样会鼓励他们向德国人挑衅。如果我们最后没有与之联合，就会被斥为毫无信用；如果我们与之合作，就会陷入法德之间的战争。
>
> 他用自己的话重申了他的看法并同意我的上述观点，但他不认为在任何情况下都不应制定具体计划。
>
> 我回应说我们当然应该在某种情况下参战，但我们决不能一开战就立即投入陆军，而且也绝不应该用这种承诺来鼓励法国人。如果两国总参谋部继续合作，我将不得不辞职……法国人唯一能做的就是寸土必争，逐级后撤并利用战壕展开防御。如果3个、6个或者12个月后他们不堪重负的话，英国军队再前往增

第九章　麦肯纳—威尔逊组合，1910—1911　205

援将具有不可估量的优势。但是决不能鼓励"目标柏林"的想法，如果这样做，他们的失败将不可避免。

他回应说只要他在位就不会有这种鼓励。

我则说他的声明将会激化陆军部和海军部的矛盾。

他抗议说我在争论中，把他设想成在不知情和违背自己意愿的情况下被几个精力十足的同僚所操控的傀儡。

我对此加以否认。但有可能会出现一种人为制造的，对他来说别无选择的局面……有人会利用某些事件和充满煽动性的宣传来创造这种局面，到那时他和内阁再想与公众的观点对抗就为时已晚了。

他回答说，"就我们正在讨论的推迟调动的问题而言，你认为接下来的六周内会发生你所说的这种情况吗？"

我则列举了卡约（Caillaux）内阁倒台和克莱蒙梭（Clemenceau）接任的可能性。

（阿斯奎斯）"在法国，还会有比议会否决内阁提出的和平协定更接近战争的情况吗？"

我同意这种情况并不会点燃英国民众的情绪，但那些好战者会利用其他一些事件影响局势。

他回答说他不相信会有战争，如果他认为战争可能爆发，就不会做出改变……

在谈话中，他多次表达了良好的愿望，并保证他在当下只考虑当事人是否能胜任那些职位，除此之外，没有其他因素影响他的决定。

这份谈话记录的有趣之处在于，它揭示了麦肯纳—威尔逊时期海军部的战略思想，值得注意的是，文中没有提及涉及内阁重组和海军参谋部组建的基础问题。有可能是阿斯奎斯在旁敲侧击，但肯定不是在责备麦肯纳（如果他就是因为两个军种存在战略分歧才被换掉的话）。

麦肯纳和丘吉尔于10月25日对调了职位。麦肯纳从海军收到无数电报和信件，对他在三年半的时间里为海军利益做出的重大贡献表示感谢。这种气氛仿佛是海军失去了它最坚定的朋友，同时也夹杂着对白厅新秩序的不安与忧虑。

丘吉尔时代，1911—1914：
战争准备

---- 第十章 ----

> 格拉斯顿先生曾把伦道夫·丘吉尔爵士称为"匆匆忙忙的年轻人"。伦道夫爵士的儿子也是一个怀着极大的急迫感去做惊天伟业的年轻人，而且让全世界都能充分赏识他那无与伦比的天赋。因为全心投入这些当务之急，他根本无暇因顾及他人的怀疑而放慢脚步。
>
> ——《标准报》，1912年12月21日

1. 海军大臣丘吉尔

1902年，丘吉尔对奥斯丁·张伯伦想当海军大臣的愿望不屑一顾，斥之为"可悲的野心"。现在，九年以后，丘吉尔担任了这个被普遍认为是较为次要的内阁大臣。他原本担任的内务大臣职位，其重要性在名义上仅次于首相和财政大臣。丘吉尔做出这个决定，是因为海军部在激烈的英德海军竞赛和"末日之战"的最终准备中是一个更加令人兴奋的岗位。

人们可以说他并没有真正得到公众的认可。在任命宣布时，大海军主义者，甚至海军内部都疑虑重重。因为他一直是以顽固、吝啬的节俭主义者而著称。还有一些对他个性的攻击。《标准报》（1911年10月28日）宣称"他缺乏一名高效的大部门领导所需的忠诚、威望、决心和判断力。他必须总是生活在聚光灯下，作为一个领导者，没有比这更糟糕的错误了"。在1911年，很多人都会同意这种论调。极端海军主义者从来就没有停止过对他的攻击。例如，极端保守派马克斯（Maxse）担任主编的《国家评论》在战前总是把各种称号赠予丘吉尔，像什么"空谈家""最糟糕的政治投机者""自我吹嘘的骗子"等。

那么这位三十六岁的海军大臣到底是什么样的人呢？他远比麦肯纳杰出，但没有后者那些坚实的品质。那些在第二次世界大战中为他赢得全球声誉的特

质在第一次世界大战前就已彰显无遗：自信，活泼，对工作无尽的热情和精力，勇气，辩才，特立独行，以及聪明的头脑。无论是在议会、帝国国防委员会还是在内阁，他都可以施展无人可比的雄辩能力。他在工作中总是好斗敢当，无视对手的观点和情绪。但他在社交中又极具魅力、宽容和亲合力。比弗布鲁克爵士（Beaverbrook）有一次说"跟他在一起总是令人情绪高涨"。

这位前轻骑兵中尉在军事史方面学识渊博，但 1911 年时，他还称不上是海军专家，尽管他自 1906 年起就积极关注海军事务了。当然，海军大臣一直由文职官员担任，一般不甚了解海军事务。但丘吉尔绝不想过度依赖他的职业顾问们。和他的前任们不同，新海军大臣积极参与所有重要海军计划和政策的制定。从上任之初，他就努力使自己熟悉皇家海军的方方面面——管理、人事和装备——并重建海军大臣与海军将领之间从前的那种亲密关系。在他任职的前 18 个月里，他有 182 天是在海上近距离接触海军的实际工作中度过的。他亲自视察英伦三岛和地中海上的每一处码头、船厂、海军基地和重要战舰。在当代，没有哪位海军大臣像他这样热心于此。1912 年丘吉尔和阿斯奎斯一同出海观看实弹演习。丘吉尔很快就开始在"大炮后面手舞足蹈，操作火炮俯仰和瞄准"。看到这些，阿斯奎斯评论说："我年轻的朋友在那边把自己当成了奥赛罗，完全成了剧中角色。"[1] 在开战前的三年里，他总计在军舰上待了 8 个月。他的海军秘书贝蒂注意到"温斯顿谈的全是海洋、海军，以及他要去做的那些神奇的事情"[2]。

在此，我实在忍不住要在纷繁的事件中挑出这么一个趣闻。这应该就是故事的原始版本。海军大臣在战前出席了一个法国大使馆的招待会，还穿了一身领港公会资深成员的制服。法国大使康邦（Combon）问他这身打扮有什么意味。丘吉尔用"带着英国口音的法语"说："卧是领纲公会的圆捞。"〔我是领港公会（主管航标和领航事务的机构）的元老〕[①]康邦带着尊敬的口吻嘟囔："那我要祝贺你。你们的关系不错嘛。"

---

① 译注：原文是 "Je sweeze oun frair ehnay de la trinnitay."而正确说法应该是 "Je suis un frère ainé de la Trinité"。

第十章 丘吉尔时代，1911—1914：战争准备

丘吉尔经常视察军舰和船厂，为他赢得了一些人气。德国海军武官在报告中对此有一番精彩的描述："英国海军舰队的军官们经常对丘吉尔先生非常反感，虽然他们无比欣赏他在海军政策方面的功绩，但是丘吉尔作为年轻的文职官员，总是频繁视察军舰和船厂，把自己搞成一副军事权威的样子。他生硬的举止伤害了那些高级军官的感情和个人威望。所以很多人说他的野心是要赢得低阶官兵，特别是'下甲板'水兵的好感，但由此造成的缺乏分寸也损害了海军的纪律性。"德皇在这段报告旁边注释："所以即使在英国，文官与军人也处不来！"德国武官引用了下面的故事来反映丘吉尔的行事方式。海军大臣最近视察了一艘战列舰，他命令舰长将舰员召集到甲板听候检阅。舰长虽然不满，但仍然照办了。官兵集合完毕后，丘吉尔开始考察军官，看他们是否认识自己的水兵。

"你知道你手下的名字吗？"

"我想我知道，先生；我们最近变化很大，但我想我知道所有的人。"

"那这个人叫什么？"

"琼斯，先生。"

"你确定这个人的名字是琼斯吗？"

"是的，先生。"

（丘吉尔问那个水兵）"你叫什么？"

"琼斯，先生。"

"你真叫琼斯，还是你只是想帮你的长官？"

"我的名字是琼斯，先生。"

丘吉尔离开军舰后，舰长和军官们都"气得说不出话来"[3]。

丘吉尔怀着极大的兴趣亲自研究海军的方方面面，他也总是全心采纳费希尔勋爵的建议，这更使他对自己充满了无尽的信心，也使他经常对技术问题横加干涉，或者压制专业人员的观点。丘吉尔绝不会坐视庸才在他面前碌碌无为，他入主海军部没几个月就开始大谈特谈海军战略和其他技术问题，虽然这些问题都应该由诸位海军大臣负责，但他还是想把自己的观点强加给海军部委员会。

在杰利科看来,"他的致命错误就是完全没有意识到他作为文职官员的局限……即对海军事务的极度无知"[4]。

在1912年的海军年度演习中,丘吉尔又将他的无所不知表演了一番。据媒体报道,他不仅从白厅给舰队司令发出指示电报,而且在舰队返港时指导指挥官应该实施怎样的机动,这些甚至发生在演习裁判完成报告之前!

问题部分在于,在威尔逊之后先后担任第一海军大臣的海军上将弗兰西斯·布里奇曼爵士和巴腾堡的路易斯亲王都不是个性很强的人,使得丘吉尔可以信马由缰。不过必须承认,丘吉尔过高估计自己的海军专业水准时,他对技术事务的干涉通常都会带来积极的效果。凯斯(Keyes)在战后承认丘吉尔"机敏的大脑和生动的想象在大多数情况下都是极有价值的,他的介入给海军带来了最大利益"[5]。

丘吉尔烦扰的不仅仅是海军部的诸位大臣,还有舰队指挥官们。一个例子是布里奇曼事件,这将带我们暂时回到亚瑟·威尔逊爵士的时代。威尔逊将在1912年3月满70岁时退休。丘吉尔虽然很欣赏威尔逊,但他实在等不及了。"我一开始就认为他是个出色和有威望的人,但在这个飞速变化的时代,他积累了太多过时的知识,又无法汲取新思想,当然,最严重的问题还是他的倔强和刚直。"[6]威尔逊在很多方面都是优秀的,但英国人已经忘了还有这么一位第一海军大臣,整个国家对海军事务也漠不关心。大部分人对前任海军大臣的评价是:"在亲爱的老'首领'的统治下,我们已经睡得够久了。"[7]目前重要的是,新任海军大臣非常关心威尔逊的战略思想和他对建立海军参谋部的态度。在丘吉尔看来,威尔逊不同意陆军部制定的在英国与德国开战时将远征军送往法国的计划已经够糟了,更糟糕的是,威尔逊不愿意为建立参谋部门投入资源。他认为绝对没有必要大动干戈,去按照原本为陆军定制的系统去为海军打造一个参谋部。

进行一场陆地作战主要依靠的是陆上运输,以及食品和弹药的供应。一个陆军指挥官在制定作战计划和确定最有利的战线之前,参谋部门必须对有关地形,以及采取哪种合适的运输方式进行最详细的研究……特别是要考虑保护交通线的手段,因为没有交通线陆军就无法存在。

第十章 丘吉尔时代，1911—1914：战争准备

为确定这些要素，即使只是为了一场战役，也需要大量受过严格训练的参谋军官……

另一方面，军舰赶赴战场时就携带了她们所需要的一切，包括她们将要活动和作战的每一个海域的海图。只要把蒸汽准备好，她们就能以所需的航速赶到任何地方，并持续活动，直到燃煤耗尽；她们不需要保护交通线……

总体来说，建立一支高效的海军比建立一支高效的陆军需要考虑的东西更多，但思路完全不同。海军战略的主要内容是如何建造最完美的军舰、火炮和动力，如何训练和组织舰员达成最高的效率，以及在战争即将来临的情况下如何保持不间断的演练。

所有这些都需要一个庞大的思想部门，但这个部门不叫参谋部。它要由海军各个部门的首长组成，辅以将军、舰长、副舰长和每一艘军舰上各部门的指挥官，要将这些人组织起来……

作战计划的制定必须由第一海军大臣亲自负责，但是除了他的海军助理，海军情报处处长和海军动员处处长也可以协助他。在后者的部门里有一个作战分处，由一名上校和一名中校组成，他们都可以进行这项工作。[8]

威尔逊显然没有认识到，运输和供应的是军需总监的部门而非总参谋部的职能。的确，就像海军上将德瓦尔评论的那样，整个备忘录都建立在对参谋部门目标和职责错误理解的基础上。

对战略、战术和一些战争特殊要求的研究，被挤出了技术工作和日常管理的范畴。在这种情况下，一支训练极佳的陆军和海军却表现出极低的效能一点也不奇怪。参谋系统的主要目标就是通过将政策、作战和训练的控制权交给那些完全脱身于技术条令和管理工作的军官，来避免这种危险。因此，这一系统的指导原则就是要把管理——即制造和维持作战工具——和行动——即如何运用工具——彻底的区分开来。[9]

丘吉尔对威尔逊备忘录的反应就是要求首相把他赶走。备忘录"不仅抵制任何具体的方案，而且与整个海军参谋部的原则相悖"。阿斯奎斯也完全同意，威尔逊必须离开。阿斯奎斯强烈支持建立海军参谋部，一段时间以来，他意识

到只要威尔逊担任第一海军大臣，此事就无法进行。但是继任者的挑选也很棘手。丘吉尔极不情愿地放弃了将费希尔重新请回海军部的想法，但他和阿斯奎斯也都知道人选并不多。一开始，国王支持他的好友，海军上将海德沃斯·缪克斯爵士（Hedworth Meux，他1911年9月把自己原来的名字兰顿改掉了）担任此职。缪克斯是个优秀的舰队指挥官，但没有管理的才干。然后国王又倾向于担任过海军学院院长的约翰·邓福德爵士（John Durnford）。阿斯奎斯的头号人选是巴腾堡的路易斯亲王，但他就此"试探"劳合－乔治时，后者"被这个让德国人担任海军最高职务的想法吓坏了。阿斯奎斯说 L. G.（劳合－乔治）是一部出色的傻瓜测试仪（Foolometer），公众也会这么看"[10]。

最后，丘吉尔推荐了木讷且毫无个性的弗兰西斯·布里奇曼爵士担任第一海军大臣，这令他本人非常满意，因为布里奇曼就基本原则而言与他一致。另外，丘吉尔认为他"是个优秀的水手，对海上指挥信心十足，易于与参谋人员合作共事，各方面都很好"。海军部于11月28日宣布了布里奇曼接替威尔逊的任命，以及海军部委员会的其他变更。威尔逊和丘吉尔"友好、礼貌，但同时也是冷淡地"分了手（丘吉尔语）。威尔逊非常有个性地拒绝在离职时接受封爵。他退休后到诺福克过着乡村生活，直到三年后被重新招入海军。

布里奇曼像威尔逊一样全力支持费希尔的改革，实际上他才是应该接任费希尔的人选。"但是他并不具备这个职务所需的管理才能——特别是在帝国国防委员会中作为一个雄辩家和坚定的斗士占据一席之位。"[11] 虽然他不是一个强势的人，不是一个领导者而是一个追随者，但是布里奇曼具有优秀的判断力，如果他不是在丘吉尔手下工作的话，原本可以成为一位相当成功的第一海军大臣。这两人根本就合不来，其源头就是布里奇曼厌恶海军大臣凡事都要插手的作风。为期一年极不愉快的合作已经让丘吉尔受够了。布里奇曼不稳定的健康状态给了海军大臣机会。1912年11月28日，他建议布里奇曼退休，"如果运气不好我们就会卷入战争，我担心届时你会无法承受重担"[12]。布里奇曼并不想离职。他的身体已经好转——医生发现他的状态很好——他准备继续留任，而丘吉尔则坚持要他辞职（12月2日）。布里奇曼实现了海军大臣的愿望——他由第二海军大臣，巴腾堡的路易斯亲王接任——但他暗示丘吉尔这样做是因为

第十章　丘吉尔时代，1911—1914：战争准备　213

两人在海军政策上有分歧。海军大臣回复说（12月9日）："没有，我们之间在政策和计划中的任何分歧，任何差异或事件都绝对没有影响我。诚恳地说，我唯一考虑的就是你的健康状况和欧洲的局势，以及战争爆发后的情形，那时你可能会垮掉。"

当保守党媒体中开始流传布里奇曼被迫离开的故事后（一位报社记者在约克郡发现了海军上将，身体显然无恙，而且一周要策马打猎三天），他的辞职引起了党派之争。下院围绕布里奇曼离职的背景展开了多次辩论，而最激烈的一场发生在12月20日。丘吉尔一口咬定唯一的原因是布里奇曼健康不佳，经常缺席工作，但是他们之间没有任何不合与争论。贝雷斯福德和反对党领袖伯纳·劳则围绕布里奇曼的辞职对丘吉尔发起了刻薄的攻击。伯纳·劳断定布里奇曼遭到了"粗暴的对待"，他逼迫丘吉尔当众阅读他与布里奇曼的信件。但丘吉尔做的不至于此，他念了布里奇曼致贝蒂和巴腾堡的私人信件。在11月25日给巴腾堡的信中，布里奇曼提到他"一直为自己的健康所困扰：几个月内得了两次支气管炎，接着又得了阑尾炎，这些都使我的体质更加衰弱，我有时想要放弃我的职务"。在11月26日给贝蒂的信中，布里奇曼提到他实际上已经开始写辞职信了，但他感觉好转后又改变了心意。

整个"政治—海军风暴"对海军是不利的。海军少将维密斯对此总结得很好："说实在，整个事件是可怕、可耻和极度糟糕的，对整体利益而言是这样，对海军而言就更是如此。"[13] 布里奇曼一直相信他是被迫离开的。他告诉增补文职大臣（Additional Civil Lord）弗兰西斯·霍普伍德（Francis Hopwood）："我经常想起你的告诫。你知道，我觉得我被突然解职的原因不是因为我太虚弱，而是因为我太强悍！"[14]

1912年12月至1914年7月担任第二海军大臣（之后担任大舰队司令）的杰利科一直强烈反对丘吉尔"肆意插手"的行为。"肆意插手"这个词也可以解释为什么丘吉尔和他的诸位海军大臣在1913年11月发生了激烈争吵。事情是这样的。[15] 1913年11月初，海军部游艇"女巫"号（enchantress）停泊在希尔尼斯。而海军航空兵的指挥供应舰"赫尔姆斯"号（Hermes）在海军上校杰拉德·W. 维维安的指挥下也停泊在希尔尼斯外海。当时海军正在讨论让海军航空兵使用梅德韦河畔（Medway）的部分用地，而维维安也已经对该问题做出了决定。但是一位年轻的海军上尉却有完全不同的意见，而且他还很不合时宜地将意见报告给海军大臣。丘吉尔认同了他的意见，通知维维安要他采纳这位上尉的建议。后来这位年轻军官在和维维安讨论此事时冲昏了头脑，告诉上校（据维维安的报告）"如果他的建议不能被采纳，他就会致信海军大臣，而这是他（指海军大臣）让他这么做的"。事情就此变得不可收拾。

上校向诺尔基地司令官，海军上将理查德·普尔爵士（Richard Poore）表达了强烈不满。普尔进而（11月5日）就丘吉尔的做法向杰利科表达了强烈不满，认为这破坏了海军的纪律。（监督海军纪律主要是第二海军大臣的责任，另外杰利科还是负责管理海军航空兵的海军大臣。）丘吉尔已经风闻这些信件的存在，他要求杰利科立即上缴普尔写给他的有关此事的信件和报告。但是杰利科在收到普尔的信件时，发现其中有些用词过于强烈，因此将信退回并让普尔修改，杰利科还附上了自己写的带有评论的私人信件。几小时之后丘吉尔知道了事情的经过，他"气得跳了起来"，并且向邮政总局发电报，要求找到那封信并立即转交给他！丘吉尔拿到了信，当然也读了信，尽管他声称没有读杰利科写的那封信。丘吉尔宣布他要电告普尔上将，命令他降下自己的将旗。杰利科威胁丘吉尔，如果这么做，他将从海军部委员会辞职并将此事公开。他还将事件通报了所有海军大臣。第三海军大臣阿奇巴尔德·摩尔爵士和第四海军大臣威廉·帕肯汉姆爵士也表示会和杰利科一同辞职。而第一海军大臣巴腾堡在和海军大臣会谈之后决定不与他的同僚采取同样的行动。丘吉尔还火上浇油地告诉这些海军将领（至少据报道是这样）如果他们中的任何一位对他的举措提出批评，他就会辞职。

危机在几天后结束了。普尔在海军部委员会（丘吉尔不在其中）的劝说下撤回了他的信件并对此表示遗憾，而且"在巨大的压力下"取消了辞职的决定。那位海军上尉收到了第一海军大臣的告诫信，指出了他的错误行为，并指出他完全可以通过正常的渠道进行投诉，而不应该在与上校的谈话中拿海军大臣来施压。在第一海军大臣的建议下，上尉向上校和丘吉尔道了歉。事情就此结束。

如果温斯顿知道诸位海军大臣在利用这场争论来保住普尔的职务，肯定不

第十章　丘吉尔时代，1911—1914：战争准备

会觉得高兴（霍普伍德语）。简而言之，这些海军大臣认为这件微不足道的事根本不需要普尔投入多少关注，而丘吉尔却因为它失去了理智。我们以为普尔会要求成立军事法庭，整个事态将变成司令官对海军大臣的法律诉讼，丘吉尔会因此成为被告。

如果普尔被迫离开，杰利科和帕肯汉姆也会辞职。我怀疑另外两位海军大臣是否会留任。但如果普尔被开除或者被停职（就如丘吉尔希望的那样），所有四位海军大臣都将辞职。

感谢上帝！事情及时结束了，不过它还会以某种形式再次发生。杰利科将不会对此忍耐很久。

事件的影响之一是杰利科主动卸去了管理海军航空兵的责任，由第四海军大臣接管。

海军大臣对舰队纪律事务明目张胆的干涉被披露出来。其实经过布里奇曼事件，反对党对他已经有定论，用《环球报》的话（1912年12月21日）来说："从他作为负责人的表现来看，丘吉尔先生的行事风格完全不适合领导伟大的皇家海军。"他的党内同僚也不喜欢他。他被认为是一个饶舌家、机会主义者和作秀专家，而没有丝毫秉直持正的气质。首相有一次描述丘吉尔写的一封信时说："非常有个性：就好像出自泡沫里的泡泡。"但谁也不能否认，他在党内青云直上是因为他的确才华横溢。而且他去海军部的原因之一无疑是内阁中的劳合-乔治派相信他们能指望丘吉尔在海军预算方面有所作为，就像麦肯纳曾经预言的那样。正因如此，当丘吉尔像麦肯纳那样发现局势严峻而不得不寻求更高的预算时，党内的激进派就收回了对他的支持。

国王本人也对丘吉尔没有好感。他不信任丘吉尔，对他的任命也只是勉强接受。丘吉尔很快确信国王不会改变对他的看法。1911年11月27日，丘吉尔按传统向国王推荐了1911—1912财年新建超无畏舰的舰名："非洲""奥利弗·克伦威尔"（Oliver Cromwell）、"自由"（Liberty）和"勤奋"（Assiduous）。国王只批准了"非洲"号，并建议将其余舰名改为"德里"（Delhi）、"威灵顿"（Wellington）和"马尔博罗"（Marlborough）。1912年10月丘吉尔再次建议用"奥

利弗·克伦威尔"来命名一艘战列舰,结果再次被国王否决。这一次他发出了抗议。首相和其他阁员:

> 完全同意这个名字并非不适合命名一艘国王陛下的军舰,从几个方面来看反而是很贴切的……奥利弗·克伦威尔是英国海军的奠基人之一,为海军做出的贡献比任何人都大。我非常确信,历史上没有任何东西能证明采用这一舰名对陛下的皇室构成哪怕是最模糊的影射。相反,克伦威尔参与的伟大的政治和宗教运动也和所有武装力量密不可分,这一伟大运动经过诸多王侯的传承,才将陛下送上宪法和一个清教国家的王座。历史上那些叛乱者和暴君带来的痛苦早已不再扰乱人们的心智,但这个国家及其伟大人物的功绩却源远流长。陛下是这个国家所有荣誉的继承者,英国历史上应该没有任何篇章会使他有被割裂的感觉。
>
> 我对此舰名将广受欢迎非常乐观……[16]

国王并未因此改变主意。斯塔福德汉姆代表国王提醒丘吉尔,1895年英国内阁曾提议竖立一座克伦威尔的塑像,结果遭到了会议中爱尔兰议员和反对党议员的强烈反对,最后议案以137票的多数被否决。"如果一座雕像都能引起这么多的抗议,那么将一艘用数百万英镑公费建造的军舰命名为克伦威尔,无疑将遭到更多反对。"丘吉尔的建议只能"重新唤醒当年爱尔兰民族主义高涨时期出现的敌意和宗教仇恨的情绪"。丘吉尔没有进一步推进他的建议,而是提出了一个大家都能接受的名字——"刚勇"。

命名方面的冲突并未结束。1913年8月,国王否决了两艘新战列舰的舰名,"皇家方舟"和"皮特"。后者可能会伤害多疑的法国人的感情,另外根据规则,不能用单音节名字命名战列舰,虽然较小的舰艇不受此限。最初丘吉尔固执地坚持己见,声称他本人才对海军所有舰艇的命名负责。9月,他在巴尔莫罗与国王会谈后终于退让,同意用即将退役并出售的"王权"级(Royal Sovereign)前无畏舰的名字来代替他建议的两个舰名。而国王也欣然同意将还未受洗的"德里"号改名为"印度皇帝"号(Emperor of India)。

跟他任职的前两年相比，战争爆发前丘吉尔在海军中要受欢迎得多。德国海军武官现在可以这样写：

整个海军都对丘吉尔先生非常满意，因为他们认为他比大多数前任都做得更多，也取得了更多成就。毫无疑问，丘吉尔和海军部、舰队的军官之间一直都有摩擦。这对性格固执和强横的丘吉尔来说毫不奇怪。在丘吉尔先生的领导下，各部门之间为提升实力和备战能力进行了紧密合作，这使英国海军不仅经历了阵痛，而且获得了强大的动力和激励。英国海军上下都深知这一点。[17]

2. 改革时代

丘吉尔的方法虽然并非总是受到欢迎，但他拥有各种宝贵的品质，譬如远见、勇气和无尽的精力。这些优点，加上他十分信赖费希尔爵士的建议，特别是技术方面的建议，使海军在1911—1914年获得了巨大进步。1911年时，丘吉尔还不敢把费希尔召回海军部重新担任第一海军大臣。他知道费希尔年事已高（70岁），也担心重新引起争议。但丘吉尔发现费希尔"是一座名副其实的知识与激情的火山"，于是很快把他当作自己的非官方顾问和海军部的无冕之王。在头八个月里，费希尔在国外操控，因为他觉得如果回国，会发现自己"夹在麦肯纳和丘吉尔之间非常尴尬——就像在一根拉紧的绳子上找平衡！"所以远离英国就会少些难堪。同时他也不想通过"神神秘秘、在幕后操纵似得"露面，触及他海军部那些好朋友敏感的神经。最后，他曾经是"第一小提琴手"，所以拒绝回来"当配角！……要么当恺撒，要么就什么也不是！"但他向丘吉尔承诺，遇到紧急情况时一定会回来。

由此开启了一系列频繁的费希尔—丘吉尔通讯。费希尔每次都要密密麻麻地写上八到十页信纸，用丘吉尔的话来说，里面有"各种新闻和评论，还有严厉的谴责和极力的鼓舞"。两人的通讯在1912年最为频繁，期间还多次在海军部游艇上进行长谈。费希尔曾经提到一次在"女巫"号（1911年11月）上长达三天"连续的，几乎是夜以继日的谈话"。大战前海军在丘吉尔领导下取得的很多最卓越的成就，都要归功于费希尔的思想和启发。虽然海军内部和公众对费希尔的影响会延伸至今并不怀疑,但还是有谣言说费希尔在那段时间里就是丘吉尔的"奶妈"。最重要的是,丘吉尔关于舰艇设计的每一个革新都来自费希尔的启发。让我们着眼于丘吉尔的海军部委员会在战前取得的成就,首先来看他们做出的第一个重要决定。

"(对司令部来说)职业观点是没有什么用处的累赘。以前没有这些观点他们也无往不利。他们不想要一群特别的,比其他人都更聪明的军官。"这是丘吉尔在数年后写的。这种"职业观点"需要海军部几乎所有高层人物都参与进去。海军不理解参谋系统的作用,担心自己的参谋部会成为陆军总参谋部的简单仿制品。但这并没有难住丘吉尔。在帝国国防委员会和内阁的强力支持下,他重组了海军部委员会(特别是任命了新的第二海军大臣巴腾堡)。1912年1月8日,他将海军作战委员会改成海军部参谋部。参谋部的首长——海军参谋长直接向第一海军大臣负责,下辖三个部门——作战部、情报部和动员部。(1914年4月,在作战部下成立了贸易保护分部,并在战争开始后不久成为参谋部下属的贸易部。)丘吉尔本想将海军参谋长置于他的直接领导下,但巴腾堡和霍尔丹把这个主意浇灭了。参谋部的基本职能是对作战行动进行特别的研究,而不是着重于技术和物资,不过它只是一个咨议机构。

海军参谋部的成立令各方人士都非常满意,甚至得到了热情的支持。《每日快报》称这"为作为海军大臣的丘吉尔赢得了巨大的威望"。伊舍爵士就"这一自圣文森特之后海军部最有意义的改革"向丘吉尔发出了"最热烈的"祝贺。甚至连费希尔也对此表示欢迎!而唯一不满意的就是《晨邮报》和将它作为喉舌的那些人,比如说贝雷斯福德。在将海军参谋部视作一个进步予以接受的同时,他们希望看到海军参谋部在战略思想方面进行更多权威性研究,并且能让海军部委员会采纳其观点和意见。

虽然海军参谋部已经成立,但还没有受过参谋工作训练的军官。所以下一步及是为初级军官(中校、少校和上尉)设立"参谋课程"——1912年在朴次茅斯的海军学院成立了皇家海军参谋学院。战争开始后课程停止,1919年6月在格林尼治作为独立的参谋学院重新开放并一直延续下来,仅在第二次世界大战期间再次中断。学院成立的第一年算不上成功。被选来受训的军官有时能力

第十章 丘吉尔时代，1911—1914：战争准备

经常达不到平均水准，这可能反映了海军内的一些将领对参谋部的反对。同时，学院在战术和战略上并未投入多少研究，而是看重技术问题。海军上将德瓦尔评论说："我们曾经有机会，但缺乏一个海军参谋部所需的头脑方面的资本。"另一个重要缺陷是规划之初并没有赋予海军参谋部执行的功能。第一海军大臣其实应该担任海军参谋长。把两个职位分开是无法工作的。其实丘吉尔从威尔逊身上应该就可以看出这一点。当然，第一海军大臣巴腾堡也要为此负部分责任。他"不接受让第一海军大臣担任参谋长的想法。不能把他的职务降低到文职海军大臣以下的参谋长职位。我想那是他反对的主要原因。然后他说那样在理论上就是错的，因为他就是海军的最高执行长官，不能将参谋工作和执行工作混淆"[18]。在战争后期，这两个职位终于合二为一。

在丘吉尔时代，海军再没有付诸努力将参谋部从管理职能中剥离出来。对作战负责的第一海军大臣还一直肩负着其他多项职责。但不管怎样，作战计划已经不再深锁在第一海军大臣一个人的头脑中了。

1924年，某份专业刊物的编辑指责说直到战争爆发，海军参谋部提供的作战计划"都因经费问题，或因海军部认为其背离传统政策和惯例而被拒绝，或未被认真对待"。这的确是事实。但这并不是说海军参谋部没有取得为其赢得声誉的扎实成果。战前由海军参谋部制定，并被海军部正式采纳的重要计划中，有"远距封锁"战略（代替了原来对德国海岸进行的"近距封锁"战略）；在海军部建立一个负责武装商船的部门；加强克罗马蒂湾基地，并为保护基地配置武器和海军陆战队兵营；建立一支用于扫雷的拖网渔船组织；重建东海岸指挥部。虽然起步良好，但战争降临得太快，在1914年以前来不及打造一个成熟有效的海军参谋部，并使海军部委员会和首相对其建立信心。战争开始后，海军参谋部得到了更多重视。

丘吉尔担心下甲板的不满，1911—1912年间，这种不满再度加剧。主要的抱怨是薪酬问题，1852年，水兵薪水在每周一先令的基础上又增加了每天一便士，自那以后，水兵的薪资已经六十年没变了！士官和水兵们不满的还有老的纪律条令，对休假的严格限制，以及非官方的惩戒方式等。在费希尔的建议、支持，或者是唠叨的影响下，丘吉尔1912年进行一系列改革，改善了下甲板的状况，

取消了大部分造成不满的条例。其中包括禁止侮辱人格的处罚方式，削弱舰上宪兵的权利，更宽松的休假新规，军士有权受到军事法庭的审判，军官和士兵小幅涨薪，以及允许士兵晋升为军官。关于最后一条，海军军士和水兵已经抱怨许久，他们一直不可能得到晋升。只有在极个别的情况下，作为对优异服役的表彰，士官和水兵才有可能在服役末期被晋升为军官。丘吉尔在1912年8月宣布了一个计划，让一批年轻优秀的准尉或者已具备准尉资格的士官在一年的试用期后直接晋升为指挥军官。这种将长期服役优异的士官晋升为军官的做法是对现有制度的一大革命。丘吉尔在实践拿破仑—费希尔的格言："职位向天才敞开大门。"这也是海军中民主化运动的真正开端，它要归功于身为贵族的丘吉尔。但是这一改革并不完美，费希尔晚年对从下甲板晋升上来的军官所遭遇的不平等待遇非常愤怒。"有一名舰长是从士兵升上来的吗？当他们把一名水兵提拔成上尉，就打发他去一些小型舰艇，为的就是不让他弄脏了那些贵族军官的蓝色血液！爱德华国王说我是个社会主义者！那我就是！因为就像法国大革命那样，金钱要让位于优点！"[19]

丘吉尔相信，优点，而且只有优点，才是晋升的通行证，资历应尽可能少地考虑。所以在1911年11月16日，他越过数位更资深的军官，让海军少将戴维·贝蒂当他的海军秘书。1911年12月5日，在费希尔的稍加催促下，他又将资历在20二位海军中将中仅排在第21位的杰利科任命为本土舰队（战争开始后被命名为大舰队）副司令。这实际上就是将他指定为海军上将乔治·卡拉汉（George Callaghan）爵士的继任者。

在装备方面，1912年的战列舰计划中有三个重要决定。海军将建造一级装备15英寸主炮和燃油锅炉的战列舰。这就是著名的"伊丽莎白女王"级（Queen Elizabeth），她们在战争中表现优异。1909年，费希尔做出了革命性的跨越，将无畏舰的主炮从12英寸50倍径升级至13.5英寸45倍径，弹丸的质量从850磅增至1250磅。（1910—1911和1911—1912年战列舰主炮的弹丸质量为1400磅。）弹丸质量比德国海军主炮的弹丸质量大40%。更大威力的炮弹一直在吸引费希尔，尽管做出改变的主要技术原因是12英寸炮弹因为初速太高而不可靠。1909—1910年计划的8艘主力舰中的后6艘都装备了新的13.5英寸主炮。丘吉

第十章 丘吉尔时代，1911—1914：战争准备

尔来到海军部后，立即着手计划装备更大口径的主炮——发射1920磅炮弹，射程35000码的15英寸主炮将装备1912年计划中的5艘无畏舰。他的任何疑虑都被费希尔热情的支持打消了："什么能让杰克·约翰逊击倒他的对手？就是更大的拳头。"扩大主炮口径是需要勇气的，因为这意味着增加军舰的排水量和造价，而这肯定会在内阁中引起反对。

下一步就是决定将新的无畏舰打造成一支快速中队。一种得到众多支持的观点认为，不管德国舰队采用何种机动，这样一支高速战列舰中队都可以对敌人实施"跨T字头"机动或者包抄德国舰队，将其逼入绝境。布里奇曼支持快速中队的想法，但费希尔的影响才是决定性的。他用给杰利科信件的批注来激励丘吉尔："唯一的，唯一的，唯一的要求就是速度！要牢记在心！要记住《格拉斯太太烹调手册》里面红闷兔子的菜谱！'第一条是抓住兔子！'"还有："海战是纯粹的常识。首要因素就是速度，这样才能让你决定——何时战斗，何处战斗，如何战斗！"[20] 丘吉尔用不着更多的鼓励了。

然后是第三步。为了让快速中队获得比其他战列舰快4—5节的25节航速，根据海军学院的研究，必须采用燃油锅炉。（实际上最高航速为24节。）

一样的船，用燃油航速比用燃煤要高得多，军舰的加速性也要好得多。在燃料重量相同的情况下，使用燃油时作战半径比使用燃煤时要大40%。燃油也更利于在海上补充燃料。一支使用燃油的舰队如有需要，可以在天气良好情况下一直坚守在海上，只需要油船补充燃料，而无须不断地将其四分之一的力量派回基地加煤并在路途中浪费燃料。给军舰加煤的辛苦工作会让全舰官兵筋疲力尽。在战时会占用他们短暂的休息时间，让每一个人都极度疲劳。而使用几根连接在岸边的管道或者油船就可以让军舰汲取燃油，而且这只需一个人抬抬手指就可以完成。照管和清洁燃油锅炉所需的人力还不到司炉工人数的一半。[21]

英国海军已经在潜艇和驱逐舰上使用了燃油〔1911年，美国战列舰"俄克拉荷马"号（Oklahoma）和"内华达"号（Nevada）已经安装了以燃油为单一燃料的锅炉〕，但是建造更多使用燃油的大型军舰，意味着英国要将海权构筑

在燃油的供应上。因为英国自身不产石油，所以这十分危险。石油只能来自于海外，而世界上最好的燃煤恰恰产自英国。另外，为储备大量燃油而建造油罐并将它们连接起来也是个巨大的挑战。将海军的根基从英国燃煤改成外国燃油是个艰难的决定。丘吉尔意识到，"让海军不可逆转地采用燃油就像'徒手与无穷的困难搏斗'"。他认为即使面对这些困难和危险，这一决定仍将得大于失。费希尔也同意，并像疯子一样拥护该政策。这是丘吉尔做出的最重要的决定，用费希尔式的话来说，"一旦把骆驼咽下去，吞起蚊子就容易得多了"：小型舰艇将全部采用燃油。但是，也有被丘吉尔所称的"遗憾的例外"：1913—1914年计划的5艘"王权"级超级无畏舰是使用燃煤的军舰。但费希尔1914年重返海军部后就立即修改设计，用燃油重新取代了燃煤。

1912年4月，海军部做出决定，在新财年建造5艘使用燃油的高速超级无畏舰。为解决燃油锅炉采购和技术方面的种种问题，丘吉尔建议成立一个皇家燃油委员会。"油疯子"费希尔在别人的劝说下毫无争议地当了委员会主席。他于6月返回英国，并带着他特有的精力和热情一头扎进了委员会的工作中。海军大臣在一封信中对委员会的任务指示如下："你们必须找到石油；找到廉价的储油方法；找到和平时期持续、廉价的购买渠道并确保战时的石油供应；最后要找到最好的方法，将燃油应用到我们现有和未来的舰艇上。"[22]最后一个任务包括研究内燃机，并探索将其运用到所有英国军舰上的可能性。委员会还要找到储油设备的对空防御手段。

委员会的实质性工作在1913年初结束（虽然直到1914年2月提交最后报告后才正式结束使命）。1913年7月17日，丘吉尔在议会正式宣布英国海军史揭开了新的一页。虽然燃煤可能在一段时间内仍然是海军动力的基础，但燃油将逐渐取而代之。新政策需要获得油田资源。为此，政府在1914年8月花费220万英镑购买了盎格鲁—波斯（后来改名为盎格鲁—伊朗）石油公司的大部分股权。不过在此之前，丘吉尔已成功击退了那些"令人困惑的五花八门的反对意见"，其中包括党内节约派对增加海军军费的抗议；煤矿选区议员们对影响他们选民福利的担忧；有些人（像《曼彻斯特卫报》）预见英国将在政治上依赖于俄国，或者对它的讹诈予以经济补偿；还有些纸上谈兵的战略家（像《每日邮报》）断言，波斯油田和储油设备战时将很容易遭到分别来自陆上和海上的攻击。

丘吉尔的燃油政策有一个缺陷。1913年，第二海军大臣杰利科"强烈"要求将战时原油的临时储备从三个月增加到六个月。费希尔的委员会则希望有四年的战时储备。丘吉尔不能接受这些"夸张"的要求，因为财政部和内阁强烈反对过度开销。在杰利科威胁辞职之后达成了一个妥协：原油储备将逐步达到四个半月的战时消耗量。丘吉尔说"这些结论经得起战争考验"[23]，但是他错了。由于德国潜艇成功击沉大量油轮，燃油短缺在1917年的几个月里成为最要紧的问题。海军的燃油只能使用三个星期，一些供油基地只有六天的用量。当时担任第一海军大臣的杰利科不得不命令舰队尽可能地留在基地，驱逐舰的航速也被限制在20节。战前的政客们要为此情况负责。

丘吉尔时代，1911—1914：决战前夕

―――――― 第十一章 ――――――

如果我们的舰队不能对德国舰队形成优势，英国的独立就只能靠德国人发慈悲了；即使我们确信一些像雅戈（Jagow，德国外交大臣）那样的人不会利用这一点，也肯定有其他人会利用，或者在德国公众的压力下这么做。普鲁士式的心理就是，要想跟他真正友好，就必须与他平等相对。因此才有了持续和不可避免的英德海军竞赛。德国人憎恨这一竞赛，把它视为我们无端、恶意地猜测德国仇恨英国的证据。但这不是德国的真实动机。德国拥有世界上最强大的陆军，他们也想要一支这样的海军，但海军是我们自卫的手段，并且是唯一手段，我们生命依靠海军，并且也只依靠海军。

——爱德华·格里爵士致雷纳尔·罗德爵士（Rennell Rod），1913年1月13日

军费过度开支达到一定程度时，必将引起灾难，甚至可能毁掉欧洲的繁荣和文明。那什么时候才能结束呢？眼下我只能说，除了将我们自己的军费保持在国家安全以及我们对帝国其余领地义务的范围内，别无他法。

——爱德华·格里爵士在曼彻斯特的演说，1914年2月3日

1. 霍尔丹出使

阿加迪尔危机在德国国内产生的影响就是加深了民众对英国的反感，并使媒体坚信德国必须拥有更多军舰。蒂尔皮茨及时利用了这种情绪。他认为这是自俾斯麦以后，德国第一次在外交上受挫，而挽回国家声望的唯一方法就是加强海军力量。所以他在1911年秋天提出了一份"Novelle"，即海军法修订案，作为外交失败后的一次反击。法案的目标已经在9月得到蒂尔皮茨、缪勒和德皇的一致同意，即在主力舰数量上与英国形成2∶3的比例，计划现已送交首

相批阅。德皇宣布，自1900年开始实施的"风险舰队"政策已经"完成了使命"。现在需要一个清晰的新目标，一个能让每一位民众都能轻易理解，并能用一个简单口号表达出来的目标，就像英国的两强标准一样，从"国王到乞丐"都能明白和使用。这个目标就是2∶3。

  它带来的一个好处，是遏制和反驳了那些吝啬鬼和杞人忧天者发出的"无限的舰队计划"之类的抱怨。另一方面，它也说明我们乐于让英国掌握海权，消灭诸如"竞赛式的造舰"和"争夺海权"之类的论调。同时，它也给了英国人一直想要的承诺，即排除了我们这一方生变的可能，因为造舰比例已经被永久性地固定下来。舰队与舰队的比例已经在全世界面前决定，所以也就不必计算每年的造舰进度了，这是到目前为止引起诸多不满和误解的原因，未来它也将不再重要……我们对待此事的忠实和坦诚也让英国有必要事先得知（新目标）。他们是否接受这一比例已经无关紧要了。我们将完成分内的任务，并向他们明示我们并没有掩盖什么可怕的秘密，整个世界都将带着敬意看待我们的自律。如果英国仍要扩大海军计划，他们就会在全世界面前背上恶意挑衅和怀有敌意的罪名……因为所有的情报都显示他们的财政状况不太妙……我相信商界和股市都会为我们的计划欢呼……毫无疑问，我们正处于祖国历史的一个决定性的转折点上……

  阁下可从上文看出，我提出的建议能让你不必以一种"傲慢的态度"（hohen Töne）去与英国商讨海军修正法案的问题，你一直很担心其中带有挑衅的危险。我们也明白2∶3的限制其实是多余的，因为人人都知道我们只处于1∶2的劣势，而装甲巡洋舰只有1∶4，所以不言自明的是，我们首先要达到那个比例。[1]

  首相犹豫了，他原本希望在当年春天接受主力舰建造数量2∶3的比例，但皇帝和蒂尔皮茨提出主力舰要造到总数与英国呈2∶3为止，然后维持这个比例，这样的话建造数量远不止2∶3。宣布2∶3的标准肯定是对英国的挑衅，因为德国海军的计划一直避免以英国海军为参照，并宣称德国发展海军绝不针对任何具体的国家。蒂尔皮茨试图安抚首相的严重不安。"我们海军政策的目

第十一章　丘吉尔时代，1911—1914：决战前夕

的和目标是在政治上不依赖于英国——面对英国入侵的危险尽可能确保自身的安全——以及如果战争就要到来，有机会进行自卫。为达到这一目的和目标，我们必须缩小自身军事实力与英国的差距，而不是使其扩大。如果不能成功，那我们过去十四年的海军政策将付诸东流。但是，如果我们将每年主力舰的建造数量降至两艘，就等于自愿放弃了缩小差距的可能性。"[2] 霍尔维格与外交大臣基德林仍疑虑重重，担心新的海军法案可能对德英关系造成负面影响。霍尔维格警告魏登曼（9月4日），"你在将我们引向战争"。首相采取了拖延策略。

英国已经知道德国可能出台海军法案修正案，这将不可避免地导致新的警报拉响和海军军费增加。11月9日，丘吉尔在伦敦市政厅第一次作为海军大臣公开演讲，他试图避开德国海军法案的锋芒，而是暗示说如果德国海军法案没有变化的话，英国就肯定会大幅削减海军预算。两天前，丘吉尔已经请麦肯纳明示他认为哪些选票可能会影响他一年前承诺给财政部的削减。（麦肯纳纠正他说："我只表达过这种愿望。"）丘吉尔并不乐观，不过就像他声明得那样，"除理由更充分之外，我感觉我向内阁和下院要求经费时还应该更加强硬，前提是我能够与财政大臣亲密合作，并证明我们已经尽力让我们的对手放缓竞争，但失败了。"[3]

这时，卡塞尔和巴林的联合提供了契机。厄内斯特·卡塞尔爵士（Ernest Cassel）是著名银行家，在英国法律界影响非凡。阿尔伯特·巴林（Albert Ballin）是汉堡—美洲汽轮公司的老板，也是威廉皇帝和蒂尔皮茨的好友。多年以来，巴林都在担心德国海军的扩张可能会导致与英国的冲突。他也经常与好友卡塞尔讨论此事。1911—1912年的冬天，两人竭力促成两个国家的直接对话，为缓和紧张关系做最后的努力。1912年1月29日，卡塞尔在格里、劳合-乔治以及丘吉尔的许可下，前往柏林觐见德皇，呈交了一份可作为官方谈判启动基础的简明备忘录。[4] 备忘录的第一句被注明为"基本原则"，它是这样写的："海权乃英国之根本。德国海军现有的计划和经费不得增加，如有可能，应当放缓和削减。"第二句声明英国将不会阻挠德国扩张殖民地，也可以商讨和支持其在殖民地方面的意愿。（丘吉尔后来解释说"新的海外领地在某种程度上就是海军强国手中的抵押品，这样就很容易缓解紧张关系"。）[5] 第三句建议双方相

互保证不会参加"对对方有侵略企图或针对对方的联盟"。卡塞尔和巴林一起见到了德皇和贝特曼·霍尔维格。他们似乎都对这样的开端深表满意,德皇"几乎像个小孩子一样着了迷"。卡塞尔于1月31日带着德国肯定备忘录的口信回到伦敦,并提请英国注意德国已经完成了海军法修订案的起草工作,建议派一名英国内阁成员前往柏林进行秘密谈判。

首相还交给卡塞尔一份新海军法案的提纲。其中包括永久性地增设一个含8艘战列舰的现役中队,有5艘来自预备役舰队的前无畏舰和3艘将分别在1912、1914和1916年开工的新无畏舰。"我们在海军部花了整整一夜时间来研究这份宝贵的文件。"(丘吉尔语)内阁很快弄清了事实。法案中德国海军的扩建是对英国"极其严重的"威胁。如果沿用原计划,海军部在未来六年里将以4—3—4—3—4—3的造舰计划应对德国2—2—2—2—2—2的计划。但是按照新法案,德国的计划将变成3—2—3—2—3—2,那么英国就必须采用5—4—5—4—5—4的计划。或者说德国每增加一艘新舰,英国就必须增建两艘。这样才能保证在无畏舰和战列巡洋舰上对德国形成60%的优势。德国新建的第三战列舰中队将使公海舰队的现役战列舰数量达到25艘,而在四至五年内,这些战列舰将全部是无畏舰,另外还有8艘战列巡洋舰,而英国就必须有四十或41艘主力舰处于常备状态。为集中力量,海军部正在考虑将地中海上的6艘战列舰调回本土,这将令海军希望在这些水域寻求法国的支持。由于德国海军人力的增加(将增加15000名官兵,相当于每年增加1600人,到1920年,总人数将从86500增加到100500),海军部必须将原计划1912年增加的2000名官兵加倍,1913年也是如此。经过计算,丘吉尔认为每年要增加三百万英镑的海军预算才能应对德国的挑战。[6]

在充分讨论后,内阁于2月3日授权卡塞尔通过巴林通知德国政府,英国准备"基于这样的理解,即双方愿意讨论海军军费,且可能存在令双方都满意的解决方案"进行谈判。贝特曼·霍尔维格(大约在2月4日)回复说德国愿意在友好的气氛下继续谈判,如果作为回报,德国能得到一个"双方都不得加入任何直接针对对方的计划、联盟和战事"的政治协定,可以讨论如何让英国对海军法案满意。如果英国同意这些基本原则,德国欢迎英国派遣一位内阁大臣到柏林"以私人形式秘密交换意见"[7]。经过另一次通讯，谈判的道路打通了。

2月5日，内阁选派霍尔丹爵士出使柏林。他将倾听、解释，并尝试找到通向协定的道路。大家都对霍尔丹这个人选非常满意。英国的所有政党都对他有信心，他经常访问德国，和德皇、首相以及其他重要人物关系融洽。而且他深谙德语、德国哲学和文化，善于揣摩德国人的心态。

但也有不好的前兆。尼科尔森对这次出访感到焦虑和沮丧，他很清楚贝特曼·霍尔维格根本没有强大到可以从蒂尔皮茨那里拿到一份削减了的新海军法案。他也担心霍尔丹被诱骗去做出政治让步，只换回一个延缓造舰的单薄保证。霍尔丹自己也"远不是那么乐观"。2月7日，就在他抵达柏林前一天，德皇在德国议会的开幕典礼上发表演讲，宣布了即将付诸表决的几个增加陆军和海军规模法案的主要内容。面对这种"欧洲霸权式的威胁"，暴躁的丘吉尔立即在格拉斯哥的一次演讲中做出回击（2月9日），演讲内容并没有经过首相和内阁的批准。他宣称英国维护海权的决心不可动摇，"海军竞赛更加尖锐之际，我们不仅要增加造舰数量，我们的实力还要足以对付其他海军强国，所以我们的优势不会随着压力的增加而减小，而是扩大"。他还说对大英帝国而言，舰队是立国之本，"从某种意义上来说，海军对德国更像是奢侈品"。演讲在德国引起了愤怒，尤其是其中无礼的用词——一支"奢侈的"舰队。蒂尔皮茨深感被冒犯，拿丘吉尔那套德国海军是"奢侈的舰队"的说法四处向别人诉苦。魏登曼认为丘吉尔的演讲"完全是夹带着威胁的虚张声势"，想迫使德国撤回海军法修订案。莫里、劳合-乔治和其他几位渴望与德国达成协定的大臣，以及大部分自由派媒体也都深感失望。劳合-乔治告诉丘吉尔他的演讲是"鲁莽的，肯定对霍尔丹出使德国不利，而他原本是有可能成功的"。但保守党报纸都认为丘吉尔的演讲是对德国的一次友好的告诫，而非威胁。

德皇真诚地希望谈出一些结果。他在霍尔丹到达柏林的第二天写道："毫无疑问，英法同盟、德国以及全世界的命运在很大程度上取决于今天蒂尔皮茨和霍尔丹的会谈。蒂尔皮茨迫切需要了解这一点。他必须抱着开放和坦诚的态度，内心不带任何猜忌和保留地投入谈判……如果他成功让英国和德国达成互信，我将宣布德国乃至全世界都要感谢他，把他视为和平的缔造者。那时他在世界上的地位将超越俾斯麦之后的任何一位德国大臣！"[8]但是蒂尔皮茨没有机会成为另一个俾斯麦。"英国坚守她对法国的义务和承诺。德国在政治上的要求是英国要置身于法德战争之外，谁是入侵者并不重要。如果我们不能从英国得到这样的保证，就必须继续武装自己，直到我们和英法同盟一样强大。这个同盟的本质是一个进攻性的军事同盟。我们的海军必须达到三比二的比例。"[9]蒂尔皮茨的态度已经注定了这次出使的命运。

2月8—10日，霍尔丹和德皇、贝特曼·霍尔维格、蒂尔皮茨进行了会谈，内容总结如下：

（1）*政治方案方面*，首相提出了一个方案，包括英国承诺在德国卷入战争时无条件保持中立。其中关键的是第三句："如果缔约国中的任何一方卷入与一个或多个国家的战争，另一方至少要对该国保持一种友善的中立，并且应尽一切努力将冲突限制在局部。"霍尔丹对此表示反对，因为在该条款下，英国无法在德国进攻法国时援助后者。他建议将条款修改为中立地位只适用于一方遭受"无端的"进攻，而且参战的签约方并非入侵者的情况。贝特曼·霍尔维格的方案在此基础上进行了修改，但他的意见并未令英方满意。

（2）*殖民地问题上*，双方在波斯、巴格达铁路、桑给巴尔、奔巴（坦桑尼亚）以及葡萄牙殖民地等问题上很快达成了协定。双方讨论了予求方面的原则，将一般条款留待未来谈判。

（3）*海军协定方面*，霍尔丹礼貌地拒绝了蒂尔皮茨将两国舰队的比例设定在三比二的建议；英国海军的实力必须要相当于任何两支舰队联合起来的实力。他直言不讳地指出，如果德国开始新的造舰计划，迫使英国以二比一的造舰数量应对德国每一艘增建的主力舰，那么任何弥合分歧和引入新精神的协定，都将是"只有骨骼没有血肉的"。英国公众舆论不会看重一份不能修改德国海军计划的协定。霍尔丹只能得到德国放缓造舰进度的承诺：3艘新战列舰将分别推迟至1913、1916和1919年，连这种推迟也是以一份令他们满意的政治协定为前提的。

霍尔丹2月12日离开柏林返回伦敦时，携带着一份德皇交给他的海军法修正案秘密副本。专家连夜研究后，丘吉尔向内阁报告说（2月14日）新法案比

第十一章 丘吉尔时代，1911—1914：决战前夕

他们想象的要糟糕得多。最严重的并不是增建的3艘战列舰将把德国主力舰总数增至41艘，甚至也不是增加第三战列舰中队，而是"计划完成后，能投入进攻作战的各级别现役舰艇数量大幅增加"。此时，海军部在英国本土水域部署了16艘现役战列舰，在直布罗陀和地中海还分别布置了6艘战列舰（她们驶回英国分别需要三至四天和九天半，外加一天加煤的时间）。以前海军部需要对付的是德国舰队现役的17艘战列舰、4艘战列巡洋舰和12艘小型巡洋舰，其中有相当一部分舰艇在冬天的几个月里无法作战。他们未来要对付的数量分别为25艘、8艘和18艘，而且将全部处于常备状态。德国的144艘驱逐舰中将有99艘处于满员状态。对潜艇的投入也将大幅增加，将建造72艘潜艇，其中54艘处于满员状态。

梅特涅很清楚（2月22、25日）海军法修正案将不可避免地令英国增加海军预算——德国每依照新法案增建一艘主力舰，英国就将开工两艘——而且未来的英国海军将集中在本土水域。在这种情况下，开创更加友好的英德关系是不可能的。格里甚至通知梅特涅（2月24日），英国是否割让奔巴（Pemba）和桑给巴尔（Zanzibar）将取决于海军问题的解决，并且（几天以后）告诉他，在两个国家都计划扩建海军的时候，不可能达成一个政治协定。

蒂尔皮茨坚信，英国只想逼迫德国在海军方面做出妥协，而不给予任何回报，所以加倍努力让法案在议会获得通过。他从海军上将缪勒，公海舰队司令、海军上将冯·霍尔岑多夫（Von Holtzendorff）和皇帝那里得到了现成的支持。持反对意见的是贝特曼·霍尔维格和基德林。首相试图劝说德皇和蒂尔皮茨放弃3艘新的战列舰并推迟颁布新海军法案。蒂尔皮茨毫不退让，"我们越快颁布海军法修正案，就越能制止英国向我们提出更过分的要求"[10]。皇帝与蒂尔皮茨意见一致，但他仍需要贝特曼·霍尔维格，因为他在国外颇有信誉。皇帝劝说首相不要辞职，答应将推迟颁布法案并继续与英国谈判。

3月6日，梅特涅交给格里一份备忘录，其主要思想是如果不能将政治协定和海军协定完全对等看待，那么谈判是不可能成功的。如果英国政府能提出一个令人满意的政治协定，帝国政府将准备限制1913至1916年间的战列舰订购，并将无限期推迟建造第3艘战列舰。推迟第3艘战列舰的建造似乎是霍尔维格

从犹豫的德皇那里争取来的。3月14日,格里交给梅特涅一份经过内阁批准的协定草案。内容简短而直击要害:"英国将不会对德国发起无端攻击,也不寻求针对她的侵略政策。侵略德国不是英国的目的,也不是英国目前参与的任何条约、协定和联盟的目的之一,英国也不会参与任何以此为目的的条约、协定和联盟。"可以肯定的是,这份根本没有提到中立的草案不会在柏林受到欢迎。梅特涅强烈敦促英方(3月15日)增添以下字句:"因此,英国将在战争强加给德国时至少遵守友善的中立",或者用另外一句,"如果战争被强加给德国,英国理应保持中立"。这种修辞(基本与霍尔维格向霍尔丹建议的一样)本质上和英国的建议并无大的不同,但违反了格里一贯希望的不引起巴黎和圣彼得堡恐慌的信条。他向梅特涅承认,只要德国一直在加强海军建设,英国就不能伤害自己的老朋友。"一个直接的中立协定将不可避免地引起法国猜疑。"格里在3月14日的草案中增添了以下字句(3月16日):"双方都有确保两国和平与友谊的愿望,英国宣布她将……"他增加这些文字的同时也相信,只要贝特曼·霍尔维格仍是首相就不会有什么麻烦,英国不能保证霍尔维格不会在短时间内下台,因此不能去冒让英法关系"更加疏远"的危险。

此前,德国首相已经乞求德皇暂时不要颁布新海军法案,直到他收到梅特涅的报告并得知英国将如何处理政治协定的问题,以免造成不必要的阻碍。贝特曼·霍尔维格显然已经决定,只要格里的协定草案可以接受,他就将要求削减海军法案。3月18日,格里的修订版协定送抵后,德皇发现霍尔维格处于崩溃状态,只能安抚性地递给他一杯葡萄酒。首相发现英国版协定的伸缩性太强,对德国来说毫无价值。他还被格里那德国政策未来可能有变的考虑激怒了,因为就像他曾经抗议过的,一旦达成协定,那么在相当长的时期内,德国政策被约束的程度将不低于英国。另外,德皇本人也是德国维持一种友好政策的保证,而在梅特涅的报告中,格里声称贝特曼·霍尔维格的人格被视作和平的保障,德皇阅后大为震怒。"我这辈子从没听说哪份协定在结尾处提及的不是在位君主,而是一名政客。格里显然根本不知道谁在这里做主,那个人就是我。他在指示我要想与英国达成协定,就应该让谁当我的大臣。"[11] 德皇的下一个行动就是以皇舅的身份,起草了一封非常特别的"威利"致"乔琪"的信件,给他在英国

第十一章　丘吉尔时代，1911—1914：决战前夕

的外甥（3月18日）：

> 我们两国政府正在就协定进行的谈判似乎陷入僵局，我对此非常痛心……我认为仍有解决的可能，所以才亲自致信给你。正如我以前所说，E. 格里爵士告诉德国大使，由于他希望与法国保持良好的友谊，所以很担心与德国的谈判会冒犯法国。此外，他热忱地希望欧洲停止分裂为两大阵营——三国同盟和三国协约。这也是我热忱的希望！因此我提出这个方案，既然贵国政府已经放弃了原有的协定，我们应该签署一个攻守同盟——就像你们与日本一样——法国可以参加，其他列强也可以按意愿加入。这样就可以联合所有的欧洲强国巩固和平。在这种情况下，我应该能够削减"海军法修正案"，以实现贵国政府的愿望，而我的政府也可以向议会和民众倡导这种削减，但以目前的协定草案来看，这样做是不可能的……[12]

信并未发出。可能是德皇就信件草稿与贝特曼·霍尔维格，可能还有基德林进行了磋商，而首相反对皇帝进行任何直接干预。从缪勒的一份会议纪要（4月24日）中可以看出他的观点："陛下已经放弃直接与英国国王对话的想法，因为英王并不被认为可以影响国家政策。"但德皇在起草发给梅特涅的训示时，仍重申他前面信件中的主要内容。大使将提出一个新协定，即一个应该将法国包括在内的攻守同盟。威廉二世告诉首相，他的目的是如果英国拒绝这份协定，就能将过失推给英方。贝特曼·霍尔维格无法阻止德皇的信件，遂致信伦敦，以便给对方留下大相径庭的印象。他告诉梅特涅，只要能达成一个共同防御的协定——"一份影响深远的，经得起各种质疑的协定"——他就有可能建议德皇取消海军法案中的主要组成部分，并得到德国公众的理解。首相现在要求的就是一份绝对中立的协定，虽然他没有使用"绝对"一词。如果不能保证绝对中立，海军法修正案必将实施。梅特涅于3月19日见到格里时，后者回复称他将把首相的建议交由内阁审议。但如他在一份会议纪要中所述，"毋庸多言，此建议定会遭到拒绝，但我必须将它呈递内阁"。英国内阁正专心处理煤炭业危机，当时无法对"绝对中立"的建议做出判断。尽管有切实的目标，但谈判

已经陷入僵局。丘吉尔在议会发表的有关1912—1913财年预算的演讲中（3月18日），也确认僵局是不可能打破的。

麦肯纳有关预算的演讲总是含有辩解的意味，有时候让人不甚了了，丘吉尔的演讲却是清晰明白得有点简单粗暴。两强标准的伪装现在被公然揭开了，他把原先仅剩的一点虚伪彻底抛开，直言不讳地声明海军的建设是针对一个强国，并且也只为对付一个强国——德国。他宣布，经过内阁批准的英国海军力量标准将有以下原则：（1）如果德国实施现有的海军法案而不是海军法修正案，英国将在无畏舰方面占据60%的优势（即16∶10）。这将使海军主力舰的年度建造计划自1912—1913财年开始为4—3—4—3—4—3，而德国将每年建造两艘主力舰。（2）德国如果在海军法案之外增加主力舰，英国将对增建的德舰以2∶1的比例增加造舰数量；如果德国在接下来的六年里增建3艘大型军舰，英国同一时期的造舰计划将为5—4—5—4—5—4。（最后，由于德国取消了其中一艘增建的主力舰，即六年计划为2—3—2—2—3—2，英国的六年计划也被改为4—5—4—4—4—4。海军部于7月18日在议会宣布了这个方案。不过当年晚些时候，马来亚联邦作为礼物赠予英国的"马来亚"号战列舰使第一年的造舰数量从4艘增至5艘。）（3）英国前无畏舰的相对战斗力下降时，比例必将升至60%以上。制定这些原则的一些思想在给费希尔的一封信中可见一斑："用确凿的证据让德国人明白，不管他们现在和将来如何努力，到1920年也只会更加绝望地落后于我们。[13]在我看来，没有什么能比这个让他们更加沮丧了。"海军大臣演讲中的其他要点是：丘吉尔在海军参谋部的建议下将两艘"纳尔逊勋爵"级列入无畏舰范畴，虽然这两艘军舰并非无畏舰，但她们在某些方面比"无畏"号还强，尤其是装甲和水密舱的布置；另外，自治领贡献的军舰与英国建造的军舰合并计算；丘吉尔还邀请德国与英国一起实施"海军假期"，以减轻海军装备的沉重负担，如果德国在某一年暂停建造任何主力舰，英国也会这么做，这将为两国节省巨额军费，但并不会改变双方的力量对比。虽然这个建议并没有正式递交给德国，德皇还是通过卡塞尔给丘吉尔送去一个友好的回复，称他非常遗憾，并说这种安排只有在盟友之间才有可能。

海军事务的辩论中出现了一个新情况，那就是"危险年份"的狩猎游戏终于结束了。保守党媒体就丘吉尔的第一个海军预算称赞他坦率、明晰和对事实陈述有力。《泰晤士报》（3月19日）欢呼说这是"1889年乔治·汉密尔顿爵士著名的演说之后，对海军政策所做的最好的阐述之一，也可能是最好的阐述，没有之一"。亚瑟·李宣称这是自由党掌权后，他第一次带着愉快的心情听取海军大臣的演说。来自保守党的唯一批评是政府宣布有意撤离地中海（我们很快会讨论到）。自由党认为丘吉尔的计划是必要的、迫切的，并一如既往地认为海军问题唯一的解决方法就是和德国建立亲密友好的关系，届时削减军备就会瓜熟蒂落。工党的发言人则抗议增加海军军费。

丘吉尔"目中无人"的演讲（德皇语）惹怒了柏林政府，被解读为对德国的挑战。加上格里拒绝在政治协定方面让德国称心如意，终于导致谈判彻底破裂。贝特曼·霍尔维格写道："丘吉尔的演讲出乎我的预料。他看起来正是过去有人一直祈祷出现的那个煽动者……我看现在我们不得不暂时放弃一切努力。"[14] 贝特曼·霍尔维格意识到为政治协定继续谈判是没有用的，因此也不在海军法修正案方面阻挠德皇和蒂尔皮茨的意愿了。3月29日，格里通知梅特涅，内阁决定拒绝霍尔维格提出的绝对中立协定，这显得有点多余。谈判的破裂在3月22日就已经板上钉钉了，那一天增补海军法案正式颁布，4月14日提交议会，并于一个月后得以通过。

谈判失败后，在德皇眼中"毫无希望、不可救药的"梅特涅立即被解职（5月9日）。他长久以来被德皇和蒂尔皮茨认为过于亲英。梅特涅也许"呆板和懈怠"（比洛语），但他远比蒂尔皮茨、德国的大臣们和德皇更了解英国以及英国人的行为方式。他认为德英关系的症结就是德国舰队的扩张。他知道英国只有通过与德国签订一个影响深远的海军协定，获得彻底的安全感，才会考虑德国想要的政治协定。可惜大使不知疲倦地提出警告，并反复强调放弃新海军法案的必要性时，却从来没有得到过德皇和蒂尔皮茨的信任，尤其是在1912年。英国人对他的离任表示遗憾，格里在表达遗憾的同时，还罕见地给予他公开赞扬（下院，5月14日）。梅特涅的离任标志着蒂尔皮茨海军政策的完全胜利，其影响之一是自那以后，德国驻伦敦海军武官只接受来自海军部的命令，完全无视大使和外交部的政策和意见。

霍尔丹出使失败的原因和以前数次谈判是一样的。英国不愿意做出中立的承诺，部分出于现实考虑——例如他们不能坐视德国进攻法国，意图占领英吉利海峡上的港口——部分是担心削弱他们与法俄的关系。蒂尔皮茨对英国所处困境的解读是，"在英国看来，对抗一个过于强大的德国时，与法国的同盟提供了最好的安全保证。我再也不相信我们能走出这个恶性循环……"[15] 处于另一方的德国人不能在海军方面做出足够让步，他们拒绝修改甚至讨论海军法修正案的主要内容，他们所能做的全部就是放缓新主力舰的建造进度，而英国认为这是不够的。柏林自始至终都意图将与霍尔丹会谈在内的谈判的基础设定成政治协定；英国与德国想法不合，一直视政治协定为次要事务，而将削减德国新海军计划作为首要目标。英国政府意识到了症结在哪里，阿斯奎斯告诉格里（4月10日）："我相信，只要我方缺少一个中立的承诺，就没有什么能满足他们的要求；而这个承诺是我们不能给予的。"在殖民地问题上，内阁否决了霍尔丹曾经许诺给柏林的条件，表明英国政府没有兴趣给德国人通融，而达成一个令人满意的协定取决于海军法修正案的修改。面对这一恶性循环，霍尔丹出使未达目的也毫不令人奇怪。

不过，霍尔丹出使并非没有积极成果。两国政府的关系稍微融洽了一些。在谈判中，格里说他希望即使最后未达成协定，这次出使中双方自由和开放的意见交换，或许也可以为未来更加坦诚互信的关系打下基础。这一愿望部分实现了，两国政府共事起来比以前更容易，也更富有成果，特别是巴尔干战争期间（1912—1913年）在伦敦召开的大使会议上。同时，有关非洲葡萄牙殖民地事务的谈判仍在继续。双方在巴格达铁路方面也终于达成了协定，在战争爆发时只待签字。

英国未能阻止海军法修正案，意味着激烈的海军竞赛将继续下去。这将导致英法关系更加密切，而这是德国最不愿意看到的。

2. 地中海问题：第一阶段

英国立即开始应对德国的挑战。海军部在3月29日发给军官传阅的一封信中（丘吉尔于3月18日在议会中公布了纲要），宣布重组各舰队和中队，并于

第十一章　丘吉尔时代，1911—1914：决战前夕　237

5月1日生效。主要变化是成立负责本土防御的新本土舰队（司令是卡拉汉上将），下辖第一舰队（全部为现役舰艇），第二舰队（两个50%核心舰员的战列舰中队），第三舰队（两个仅有维护人员的战列舰中队）。第一舰队的四个战列舰中队均为最新最强大的战列舰（"爱德华七世"级之后的战列舰）和巡洋舰。其中两个中队已经部署在本土水域。目前驻扎在直布罗陀的大西洋舰队成为第三战列舰中队。6艘部署在地中海的前无畏舰〔"邓肯"级（Duncan）〕中的4艘目前驻扎在马耳他，她们将成为第四战列舰中队并移师直布罗陀，这样她们既可以返回英国支援本土舰队，也可以在需要时重新回到地中海作战。〔另外两艘"敏捷"级（Swiftsure）被留在本土水域。〕另有一个巡洋舰中队部署在马耳他。第一舰队中的前三个中队各有8艘战列舰，第四中队有4艘战列舰，未来将增至8艘。另外，还有一艘战列舰作为舰队旗舰。第四中队满编后，本土水域将有33艘现役战列舰和8艘核心舰员战列舰，总计41艘战列舰。到1913年，她们将面对德国25艘无须动员即可投入作战的战列舰。

　　海军部重组舰队并不仅仅是新德国海军法案促成的，地中海已经出现了新局面，需要海军部给予最密切的关注。1912年6月海军参谋部的一份备忘录显示，法国已经有14艘前无畏舰和6艘"半无畏舰"（"丹东"级装备4门12英寸和12门9.4英寸舰炮，在威力上相当于无畏舰）在役，另外，1913—1915年间将有7艘无畏舰完工；意大利已经有8艘前无畏舰，到1915年前还将拥有6艘无畏舰（4艘已经下水）；奥匈帝国已经有9艘前无畏舰，到1915年前还将拥有4艘无畏舰（两艘已经下水），还有传言称他们将建造另外4艘无畏舰。众所周知，意大利和奥匈帝国的造舰是彼此针对的，而且各自舰队的整体水准并不高。（一位海军将领记得"我们在波拉偶遇奥地利舰队，发现他们活在'风流寡妇'的氛围中时有多么难以置信"[16]。）不管怎样，谨慎起见，海军部还是将他们的军舰计入海军力量，因为他们都在建造无畏舰，而且随着时运轮转，他们随时都有可能联合起来对付英国和它的协约国盟友。在这种情况下，海军部无法让地中海舰队的战列舰留在那里。因为这6艘过时的前无畏舰无法与意、奥即将建成的无畏舰抗衡。

　　就算舰队重组对英伦诸岛的安全而言绝对必要，也明显削弱了英国在地中海的地位。如果与三国同盟开战,大英帝国的交通线就将在一个重要咽喉处被切断——除非法国能给予英国帮助。海军部向内阁承认,如果同时与德国和地中海的一个强国开战,海军在清除北海之敌以前,无法保证地中海海上交通线的安全,而这一过程可能要持续数月之久。英国政府可选取的解决方案也是显而易见的:(1)和法国结成明确、牢固的同盟或海军合作关系;(2)像加强北海那样加强地中海的海军力量,以确保在那里的优势;(3)什么也不做,也就是说接受海军部的舰队重组计划,不加强地中海的海军力量或找到政治解决手段。这就是坦率地承认费希尔那"我们无法拥有一切或在任何地点都很强大"的论断。如果不能在决定性的战场拥有压倒的优势,那么在次要战场实力强大也是徒劳的。[17]

当年春天和夏天,围绕这些方案掀起了一场激烈争论。有人说没有理由担心,因为法国是英国的朋友,而法国海军面对意大利和奥匈帝国联合舰队也具有明显优势;在可预见的未来,直布罗陀舰队在战列舰方面的实力比意奥联合舰队更强大;意大利和奥匈帝国永远也不会联手对付英国,因为它们对对方的恐惧和憎恨远超过它们对任何第三方的畏惧;保卫英国本土或保证英国的食品供应,并不需要在地中海维持一支舰队(通过地中海运输的食品和其他货物战时可以经好望角运抵英国,而来自俄国的商品可以经由波罗的海运达);地中海对印度的防御并不重要;本土水域才是重要咽喉:只要在那里取得胜利,就能够收复别处的失地。

大部分自由党喉舌都被结盟的论调吓坏了,这种"黑暗中危险的跳跃"将开启征兵制,并剥夺英国自行决定战争与和平的自由。《曼彻斯特卫报》(5月27日)拒绝与法国结盟,将其称作是对局势的"一种荒谬、不相称的解决方案"。总体来说,这也是内阁的立场,虽然外交部一直建议,与法国达成协定至少可以在战争初期保证英国在地中海的利益。尼科尔森说这是"最低廉、最简单和最安全的解决方式"。

对地中海的"放弃"遭到了一些重要人物(例如贝雷斯福德和罗伯茨)、保守党媒体和海军联盟的猛烈攻击。他们指出,地中海是欧洲的海军战略重心,也是通往英国的主要粮食运输线。将海军集中在北海是明智的,但鉴于意奥海军的

第十一章 丘吉尔时代，1911—1914：决战前夕

扩张，必须在地中海部署足够的舰队。在地中海依赖法国海军，将有损英国的国家荣誉和责任感。《标准报》（5月29日）拿历史进行了一番对比："因为强大而危险的无敌舰队出现在北海，我们几乎放弃了大洋上的控制权。我们现在处于罗马帝国的位置，野蛮人正在边界发出雷鸣。告急文书已经发出。我们已经将罗马军团召回本土……因为我们专注于北海，所以失去了对地中海的控制，而那里是帝国的大动脉。"大部分反对"放弃"地中海的人都倾向于用建造更多的战列舰来解决问题；但是一些保守党媒体（《晨邮报》《旁观者》和《观察家报》）希望二者兼顾，他们建议将英法协定改为正式的同盟，同时加强在地中海的舰队！鲍尔弗也因为看到军事和外交上的巨大利益而敦促与法国结盟。大部分英法同盟的支持者也承认，如果法国接手了英国在地中海上的职责，英国就必须准备在陆上为法国做出英国现有小规模陆军力所不及的贡献。也就是说，他们将不得不建立一支规模大得多的陆军，并且肯定要将其派往欧洲大陆作战。

在军官圈子里，伊舍是反对放弃地中海的领军人物，他也不想接受法国的帮助。"罗马不得不召唤外国帮助之时，正是它的没落之日。"他认为丘吉尔在议会（3月18日）提出的让第四战列舰中队可以向东西两个方面增援的建议是在"向公众眼里撒沙子"，因为战端一开，北海就需要这个中队。他在具有说服力的信件和备忘录中警告说，通过撤走地中海所有战列舰来将舰队集中在北海的政策听起来很完美，但也意味着在潜在之敌面前撤走了保卫埃及、马耳他，还有可能包括直布罗陀的海军力量。放弃地中海意味着降低英日同盟对日本的价值，最终将使意大利和西班牙屈从于德国。英国的威望将在印度、直辖殖民地，实际上是世界各处受到打击。"因此我们只有以下选择：增强海军力量，确保地中海的海权；在陆军中用征兵制代替志愿兵制度；放弃埃及和马耳他，背离保护通往东方的商业和军事运输线这一传统战略。除此之外别无选择。任何依赖'盟友'或者友好国家海军力量的企图都必将被证明是幻想。"[18]

海军参谋部也认为在这三个方案中，增强海军力量是最优选择，"除了成本外，在各个方面都令人满意。法国是个政治不稳定的国家，而且他们毫不关心那些我们在英法共同利益以外的利益……（加强海军）能给英帝国带来稳定得多的基础，未来就不用过于担心法国的政治走向"。英国建成和在建的无畏

舰有207艘,而三国同盟有三10艘。能够抵消劣势的是英国占据压倒性优势的前无畏舰和三国联合舰队的部分弱点。1912—1913年,英国将开工10艘无畏舰(英国海军有4艘,还有6艘是外国订购的在建或计划中的战列舰,一旦需要可以被英国征用)。这样从1915年开始,英国可以在不需要外来援助的情况下,同时确保本土和地中海的安全。[19]

陆军总参谋部和外交部联合起来一致反对海军部的建议,尽管是出于不同的原因。他们不同的立场和建议都收录在为帝国国防委员会非正式会议准备的文件中,该会议于圣灵降临节周末在马耳他召开。[20]总参谋部只是从自身出发关注军事问题。它设想地中海舰队已经从直布罗陀撤离,并且在两个月内无法在地中海作战,在这段时间里,三国同盟和土耳其将控制地中海(海军部对此也持同样看法)。而且必须忽略法国舰队的作用,因为他们将在十至十四天内忙于将军队从北非运至法国。总参谋部的结论是意大利、土耳其和奥匈帝国将在几周内占领马耳他、埃及和塞浦路斯。要避免这种情况出现,就要加强地中海的海上防御及和平时期的驻军。后来的一份备忘录删除了该方案。"这将使我们的军事资源过于紧张,是现有力量和部署方式都无法承受的。"[21]外交部认为英国从地中海的"撤离"将让英国的外交利益在全世界遭受损失。意大利肯定将投入三国同盟的怀抱;西班牙也将撕毁它与英法的协定而倒向三国同盟;土耳其也会受到鼓励,与三国同盟联手并试图重新征服埃及。

如果英国部署在地中海上的战列舰中队能有效地被强大的法国舰队接替,就能在很大程度上扭转上述后果。如果英法任何一个国家与三国同盟开战时,两国都能联合行动,而且法国舰队能够为控制地中海而迎战意奥土联合舰队,意大利就可能会拒绝留在三国同盟中与两个强大的西方国家交战,另外,那种情况下也没有足够的诱惑可以令西班牙改变现时政策。马耳他和直布罗陀会和像现在一样安全。土耳其对英国的立场是否受影响则很难确定,所以我们在埃及的防御可能要加强。

5月底,阿斯奎斯、陆军元帅基奇纳勋爵(Kitchener,英国驻埃及总领事,

第十一章 丘吉尔时代，1911—1914：决战前夕 241

事实上的埃及总督）、丘吉尔以及一批专家在马耳他开会讨论地中海问题。基奇纳强烈反对丘吉尔的舰队重组方案，他反对任何削弱地中海舰队的计划：保卫埃及非常重要，埃及可能会被迫从印度而非英国获取供应和增援。海军部最后和基奇纳达成了一个同时体现外交部和陆军部立场的"计划草案"：（1）要与法国签订明确的协定，英国将保卫法国北部的海岸，而法国将在地中海保持一支足够强大的舰队，同在那里的英国舰队一起确保击败意大利和奥匈帝国；（2）海军部将在地中海永久部署由两艘，最好是3艘战列巡洋舰组成的中队和一个装甲巡洋舰中队；（3）以直布罗陀为基地的第四战列舰中队（4艘"邓肯"级，并将在1913年增加两艘"纳尔逊勋爵"级和两艘无畏舰，从而达到8艘）将在地中海活动，一旦与德国开战也可以用在别处；（4）马耳他和亚历山大将维持反潜能力。海军部将推迟就舰队重组计划做出决定，直到帝国国防委员会讨论英国的整体战略方针。

7月4日召开的这次极其重要的会议持续了一整天。[22] 丘吉尔就海军部立场做了温和而清晰的发言：（1）地中海舰队的6艘战列舰已经随着意奥无畏舰的建造而失去了作用，"她们将仅仅是无用而昂贵的象征性力量……暴露一支孤立而脆弱的力量任人击败不是好的战略战术"。（2）海军部必须在北海上对德国保持绝对优势，而"其他所有目标，不管多么宝贵，必要时都必须为此而牺牲"。（3）一支由两艘或3艘战列巡洋舰组成的，部署在地中海上的中队，和法国舰队联合，将确保对意奥两国形成"合理但不是绝对的优势"。"如果我们得不到支援，这些军舰能够自保并摆脱敌人；如果我们形单影只，我们无法在地中海上与三国同盟对抗。"（4）在适当的时刻，我们可以将直布罗陀舰队（第四战列舰中队）派往地中海。"没有必要公开直布罗陀舰队主要用于本土水域这一事实。"

在激烈的争论后，帝国国防委员会的结论是："在本土水域必须保持一支具备合理优势的力量，这是首要的要求。在符合这个要求的前提下，我们应该为控制地中海，以马耳他为基地部署一支舰队，其实力应相当于法国以外的一个地中海强国。"（阿斯奎斯语）丘吉尔做了最后的抗议，但这个意见已被接受并最终在内阁获得通过。注意，马耳他会议上做出的三个结论中的第一个在该建议中没有任何体现，这显然使人感到意见双方做出了巨大妥协。新政策从

本质上讲就是要在地中海维持一支主力舰队——其实力要比丘吉尔—基奇纳同意的两到 3 艘战列巡洋舰要强。伊舍指出,显然:

> 在地中海上以马耳他为基地维持一支舰队是出于外交方面的原因,这就使该原则必须由帝国国防委员会来制定……现在所有的工作:成本、数量优势、等等,就要下放给内阁和海军部来完成……这是场艰难的战斗……内阁大臣们都很强硬,没那么容易妥协。麦肯纳、哈考特和劳合－乔治立场都很坚决。(费希尔当时也在场,他记录道,"整个过程中丘吉尔和麦肯纳一直都在怒目相视。")不管怎样,地中海将有一支战列舰队! [23]

伊舍第二天写信给诺里斯:"我们能够继续在地中海高昂着头了!如果事情像之前那样发展,乔治国王要面临的困境比玛丽女王丢掉加莱时糟糕多了!"[24]

丘吉尔递交了海军部如何贯彻帝国国防委员会结论的建议后,内阁在 7 月 15—16 日又从各个方面对海军在地中海的形势进行了冗长的讨论。[25] 最重要的结论是在最近的将来,部署在马耳他的地中海舰队应包括 4 艘战列巡洋舰和 4 艘装甲巡洋舰。

以基奇纳为首的反对者提出了以下几点批评:(1)如果爆发对德战争,马耳他的战列巡洋舰将不得不立即撤回本土,这将暂时使英国在地中海的商业航线和领地处于无保护或防御不足的境地;(2)如果战事一开,地中海成为战场之一,假设奥匈帝国向我们主动进攻,我们的战列巡洋舰将无法与奥匈帝国舰队的 3 艘前无畏舰和两到 3 艘无畏舰对抗,英国舰队只能撤退,那么结果就将和(1)中的情况没什么区别。如果部署在直布罗陀的战列舰中队实质上是对德作战时本土舰队的一部分,那它在地中海作战根本就是天方夜谭。问题的唯一答案就是在马耳他维持一支具备一强标准的战列舰中队,它应"完全有能力对付任何战列舰中队,比如说奥匈帝国所能投入的一线力量"。

丘吉尔用以下两点说服了同僚:(1)在对德战争中没有必要撤回地中海上的 4 艘战列巡洋舰,除非遇到一些可能性不大或不可预见的紧急情况;(2)他最好的专家顾问认为,提议中的巡洋舰中队今后两年内将在地中海上对奥匈帝

第十一章 丘吉尔时代，1911—1914：决战前夕

国海军形成绝对优势。内阁因此一致通过了海军部的建议。

7月10日，格里在议会宣布了内阁修改之后的地中海政策的主要内容。他绝不放弃地中海的保证受到了公众的热烈欢迎。他在声明中明确指出，没有海军舰队的存在，不管多么老道的外交手段都不能确保海权。他还暗示政府的意图是：在地中海保持的舰队将对奥匈帝国或意大利海军占据优势，但并不超过二者的联合力量。7月11日，格里在C. I. D. 会议上阐述了政府的立场，以便向受邀来伦敦参加会议的加拿大总理博登（Borden）和他的三位同事传达详细而机密的消息。格里为在地中海维持一强标准辩护，称没有必要部署一支优于意奥联合舰队的力量，因为英国和这两个国家的关系都不算差，而且意奥之间的冲突大于它们和英国在地中海上的利益冲突。"如果我们发现自己遭到了这两个国家的联合反对，那也只能是因为是欧洲的争端将整个三国联盟都卷了进去。那肯定将同时引起我们和法国的关切，所以法国也会和我们一起被卷入争端。"[26]

丘吉尔就海军部的整个立场做了精彩总结。"德国舰队的终极规模是其最可怕的特征……德国舰队展现出的全部特征表明，它设计用于北海或北大西洋，最有可能执行侵略和进攻行动……德国战列舰的设计清楚地表明她们是用于攻击和舰队作战……炮塔的位置、舰炮和鱼雷管的布置方式——所有这些都使海军专家认为，德国海军政策的指导原则毫无疑问是向一支强大的现代海上力量发动最大规模的突然袭击。"丘吉尔还认为德国的小型舰艇也是为进攻作战而建造的：驱逐舰强调航速，潜艇则强调作战半径。

我们有时候会被告知，说德国只想通过一场海战严重削弱那个海军强国的实力；他们将通过毁灭自己来削弱那支强大的海军……这样年复一年的付诸努力、牺牲与辛劳，不为别的，就是为了在考验来临的那一天失去世界第二的地位，无法想象还有什么比这更愚蠢的事情……（德国海军的）意图就是要向世界最强大的海军发起挑战……

我在这里并不是在预言德国人会向我们不宣而战或发动突然袭击。我们不会去设想另一个大国会沉沦到逾越我们自身应当坚守的文明底线；但我们海军部的目标不是让他们不要那样做，而是要让他们不能那样做。

目前我们……一直关注两个代表着安全的信号……首先我们注意到在冬天，德国海军大部分舰艇都无法作战，因为那时他们的水兵大部分是新兵；所以局势在冬天将有所放松……我们掌握的另一个迹象是他们最新最大的军舰……位于基尔运河的波罗的海一端，因为目前她们还无法通过运河，我们知道要采取某种大规模行动的话，这些可能对战斗产生巨大影响的军舰不太可能留在运河错误的一端，那样她们将不得不绕一次远距离的弯路才能赶到。不幸的是，这两个信号都将很快消失；基尔运河的扩建工程将在两年内完成，那时巨型军舰将和现在那些可在运河上航行的军舰一样畅行无阻。此外，我们目前还在享受的冬季假期也将随着新德国海军法案而不复存在……该法案将把不少于五分之四的舰队永久保持在现役状态，也就是说这些舰艇都将随时可以参战……

然后丘吉尔将话题转向地中海。海军部计划在那里部署8艘无畏舰或战列巡洋舰，实力足以与法国以外的任何一支海军对抗。但本土若需要这些军舰，就无法达到上述要求了。如果现在开始实施这一计划，地中海的部署可在1915年完成，而那时奥匈帝国的无畏舰计划也将完成。在那之前，海军将在地中海保持一支战列巡洋舰中队。到1915年8艘主力舰被派往地中海后，本土水域的英国舰队若要对德国海军形成必要的三比二的优势，还将缺少三或4艘主力舰。

丘吉尔在总结时呼吁，在即将于3月公布的海军造舰计划的基础上增建3艘主力舰。从财政上看，开工3艘新主力舰是很困难的。一个更严重的障碍是，英国是按照德国海军的计划来制定自己的造舰方案。"如果我们大步向前，突然增加了3艘新舰，有可能会再次掀起新的海军竞赛，德国人会问新出现了什么样的因素让我们合乎情理或迫不得已地增加造舰。如果我们能够说新的因素是加拿大决定加入大英帝国的防御计划，这一解释就不会招致不愉快的对比，也能够为我们在将来任何时候详细计算奥匈帝国或德国的舰艇数量而开脱……我认为这一需要是非常严肃而迫切的。"

博登对此印象深刻。对加拿大政府来说，情况似乎"足够严重，要审慎考虑"。1912年12月5日，博登在加拿大议会提出一个紧急海军法案，要求批准约700万英镑的经费建造3艘超级无畏舰，并将她们交给帝国政府用于英帝国的防御，这3艘军舰也将成为皇家海军的一部分。法案经历了数个星期的激烈辩论，最后在1913年2月由加拿大下院通过，但5月被上院否决，而且再也没有重启。反对党领袖威尔弗雷德·劳瑞尔爵士（Wilfrid Laurier）要求加拿大建立和维持一支属于自己国家的舰队，此外他还相信"没有紧急情况，没有即时的危险，也没有预期的危险"。加拿大对海军贡献的不确定性深刻影响了海军部在大战开始前两年的计划。

3. 地中海问题：第二阶段

1912年7月22日，丘吉尔在下院这样介绍了北海的局势：德国公海舰队到1913年年底可能将拥有25艘满员的主力舰，另外还有4艘满员战列舰隶属于公海舰队后备役舰队，可在紧急情况下投入使用。相对应的，英国的本土舰队第一舰队将有三13艘满员战列舰，包括部署在直布罗陀，隶属于第四中队的8艘战列舰。丘吉尔所说的33∶29并不包括第二舰队中的8艘半满员战列舰，虽然她们只要一声令下就能出海。他还宣布将在六个月内将4艘战列巡洋舰和4艘强大的装甲巡洋舰从北海调往地中海。她们将以马耳他为基地，替换地中海舰队中的战列舰。

伯纳·劳和鲍尔弗在议会的辩论中（7月22日、25日）问海军大臣，事情是否"进展的不太顺利"。这也是保守党媒体的中心论调，他们还提出了具体的批评：（1）恢复英国在地中海的实力明显是以削弱北海的海军力量为代价，这样就比以往更迫切地需要扩大海军规模。《环球报》（7月23日）将形势描述成"一个发现唯一能让衣服下摆变长的方法就是剪短袖子的爱尔兰人"。（2）现役战列舰数量33∶29是严重不足的（丘吉尔这个比率的限定条件被忽视了），即使英国到1915年建成41艘战列舰，也无法达到之前承诺的形成60%的优势这一标准。《标准报》下结论说（7月24日）"他措辞不逊于皮特，但行动起来就没有那么有力了"。《国家评论》（8月）甚至更不客气：海军大臣就是个"狡诈的空谈家"。

自由党媒体就海军大臣的声明出现分歧。《每日记事》和《威斯敏斯特公报》总体上表示欢迎：如果算上前无畏舰的强大实力，33∶29是有足够优势的，而在地中海的部署也合理地满足了那里的需要。《曼彻斯特卫报》和《每日新闻》批评了丘吉尔的演讲,后者被海军大臣那海军竞赛的预言吓坏了,竞赛将无限期地继续下去,并给国家增添更多负担。《曼彻斯特卫报》发现丘吉尔演讲中"最骇人听闻的一段"提到,英法联合起来比地中海其他任意国家联合起来都要强大。这的确值得进一步关注。

地中海局势的变化,迫使英法在海上更加密切地合作。意大利占领了的黎波里,并在1911—1912年的意土战争中占据了部分爱琴海岛屿(战争于1912年10月结束),英国认为这种变化对自己在地中海的地位非常不利。意大利占领的托布鲁克有潜力发展成顶级海军基地;而1912年对十二群岛的占领,使意大利更接近安纳托利亚(小亚细亚)海岸,并且这些岛屿横亘在马耳他和伊斯坦布尔通向苏伊士运河的航线上。英国和法国都对意大利的胜利给海军带来的影响感到不安,人们担心意大利可能会将的黎波里或十二群岛上的某个海军基地交给他们的德国盟友使用,或者同盟国力量会在意大利胜利的鼓舞下在东地中海发展自己的势力。还有人担心得胜、有点骄傲的意大利人就像《星期六评论》(1912年6月8日)说的那样,"不准备再考虑我们因意大利统一运动的忧伤回忆而产生的感受"。

海军部建议(1912年6月29日)政府的目标应该是保持爱琴海的现状,并联合达达尼尔海峡通行管理条约的联署国家,抗议意大利对那里任何岛屿的永久性占领。海军参谋部在一份交给外交部的备忘录中阐述了海军部的主要立场:

> 海军部在地中海的政策多年以来都是基于这一条件,即我们在地中海东部的利益(源于埃及的黑海—黎凡特贸易以及通往东方的苏伊士运河)只会受到离这些利益所在重要海域千里之外的敌对国家舰队的威胁,而我们在马耳他的舰队可以监视敌人的舰队并掌控他们的敌对行动。这种状态的基本要素是没有强大的海军能够永久并有效地占领马耳他以东的任何地域或港口,如果该港口能够被改建成要塞化海军基地的话……

> 我们目前面临着意大利完全占有某些爱琴海岛屿并实施全面统治的可能性……这些岛屿的地理位置使占领它们的主权国家,如果拥有一支海军,就能

第十一章 丘吉尔时代，1911—1914：决战前夕

试图控制黎凡特—黑海的贸易，并对我们在埃及的利益造成不可估量的威胁。这个主权国家也将对土耳其形成永久性威胁；或者从另一个角度考虑，如果土耳其加入敌方阵营，向埃及运送土耳其军队时就能获得极大便利。我们同样不能忽略意大利在的黎波里的前线已经毗邻埃及的事实。

这种局势迫切需要我们在地中海保留一支战列舰中队和一支巡洋舰中队的同时，重新考虑那里的海军政策。有必要派遣足够的舰艇去监视出现在爱琴海上的任何舰队，或者在那里营建海军基地。目前，我们的全部力量足以在确保北海上的优势同时，有效保卫我们在地中海的利益，但如果在爱琴海上出现了敌人的海军站，局势显然会随之恶化。[27]

1912年11月15日，格里警告意大利大使，"如果任何大国想要控制爱琴海岛屿作为海军基地，我们肯定也会力图在那里建立自己的海军基地；其他国家也会想这么做，那样将会陷入一场争斗，也会打翻整个苹果车"[28]。但格里的警告和外交部的其他行动都没有奏效。随后，法国建议博斯普鲁斯海峡和达达尼尔海峡向俄国黑海舰队开放，这样就可以平衡地中海的海军力量；英法也联合提议，请意大利和协约国签署条约保持地中海的现状。这些建议也没有取得任何效果。意大利提出的条件是英国无法接受的，即它要至少保留所占十二群岛中的一至两个岛屿。英法与意大利在十二群岛上争执的主要影响就是将意大利进一步推向它的三国同盟盟友。更直接的影响是1912年11月，德国海军成立了一个地中海中队，其中包括最新的战列巡洋舰"格本"号（Goeben）和数艘小型巡洋舰。随着地中海海军力量的平衡逐渐被打破，维持与土耳其的友谊，使之远离三国同盟，对英国而言就更加重要。

可以采取的一个手段就是帮助土耳其重建海军。土耳其海军一度是地中海上一支可畏的力量，1877—1878年的俄土战争期间还能够称雄黑海，但到1903年时，已经被塞尔伯恩形容为"形同虚设，达不到任何水准"。1904年初，在伊斯坦布尔的金角湾，所有的土耳其舰艇中只有一艘小鱼雷艇处于升火待发的状态，而她的冷凝管还出了故障，艇上既没有储煤也没有其他供给！1905年11月，海军情报处长(奥特利)将土耳其舰队评估为"状态糟糕，根本无法用于作战"。

1911年，土耳其舰队有两艘从德国购买的过时战列舰（10000吨，6门11英寸主炮），两艘现代化的防护巡洋舰，10艘驱逐舰和几艘更小的舰艇，另外还有8艘没有实战能力的战列舰。长期忽视海军建设的必然结果就是在与意大利的战争中无所作为，不过，好日子就要到来了。

  1908年青年土耳其党革命之后，借助良好的英土关系，英国于1908年12月指派海军少将道格拉斯·甘布尔爵士（Douglas Gamble）负责土耳其舰队的重建工作。他在1910年4月被海军少将P.H.威廉姆斯（P.H.Williams）接替，1912年4月，后者又被海军少将亚瑟·H.林普斯（Arthur H.Limpus）接替，随林普斯前往土耳其的还有72名海军人员组成的使团。林普斯的头衔是奥斯曼帝国海军部的官方海军顾问。英国海军使团提高了苏丹舰队的战斗力和士气。在两次巴尔干战争中（1912—1913），土耳其舰队虽然仍显无能，但已有所改善。他们两次与敌人的舰艇分队交战，并干扰了对手的海上交通线。但这些英国海军使团——注意，它们均由海军将领率领的现役军官构成——的主要目的还是施加一些政治影响，对抗德国在土耳其进行的同样性质的活动，另外就是为英国船厂争取订单。后一个目标实现了，1911年5月，土耳其在阿姆斯特朗和维克斯两家造船厂分别订购了一艘23000吨，装备10门13.5英寸主炮的战列舰。两艘军舰将分别在1914年9月和12月交付。俄国得知英国正在为土耳其建造这两艘战列舰和其他一些小型舰艇后，担心这会打破黑海上的均势，因此试图要求英国推迟交付，英国却对俄国的呼声装聋作哑。英国的兴趣在于通过帮助土耳其建立一支强大的舰队来保证土耳其的独立。另外，英国也意识到如果拒绝援助土耳其，德国肯定会趁机而入。结果，英国在大战爆发后不久就接收了这两艘土耳其订购的战列舰。

  德国对君士坦丁堡影响力的增强严重困扰了海军部。林普斯预计土耳其"极有可能决心倒向德国"，那样他们将雇用德国海军顾问，并在海军中清除英国的影响。除非英国政府能采取两项措施：（1）在巴尔干战争之后卖给土耳其两艘前无畏舰（"凯旋"号和一艘"王权"级，或者两艘"王权"级），价格应在12—16万英镑之间，与德国曾经卖给土耳其的两艘舰龄19年的前无畏舰"沃斯"号（Worth）和"勃兰登堡"号（Brandenburg）价格相当；（2）同意在战后接

第十一章　丘吉尔时代，1911—1914：决战前夕

受约三十名土耳其海军军官到英国培训。巴腾堡的反应——他当时是第一海军大臣——非常冷淡。他反对出售任何前无畏舰，甚至质疑海军使团本身的价值，

使团的军官们短时间内就随同一支能力得不到丝毫认可的舰队在战争中两次受辱……从海军的角度来看，必须认识到土耳其海军是没有希望的。欢迎他们去买老朽的德国军舰，他们永远也用不上。希腊海军的崛起更值得我们关注和援助，我迫切希望海军使团能彻底撤出君士坦丁堡，然后特别挑选一些现役军官组成海军使团派往希腊，接替目前在那里由希腊海军部雇用的退役军官团，这些军官在他们的决策部门中根本无足轻重。

丘吉尔持反对意见。"我们当然能以十万英镑的价格将'王权'级出售，然后用那笔钱买飞艇。土耳其海军使团没有理由不继续存在下去。"[29] 1913年4月3日，海军部通知林普斯，海军部准备在和平协定签署后将两艘"王权"级战列舰出售给土耳其。价格可能将比他建议的更低，但海军部无法卖给土耳其更新型号的军舰。海军部的记录表明，事情就此告终。奥斯曼帝国的大维齐尔（宰相）穆罕默德·塞夫凯特帕夏刚刚与林普斯"建立起非常良好的关系"，但前者于1913年6月去世，这也许是事情没有下文的原因。

三国同盟正在提升他们在地中海的海军地位，在此背景下，英国必须考虑在这一时期发展更紧密的英法海军关系。形势的另一个因素是1909以年后法国海军的复兴，这始于海军中将德·拉佩雷（Bouéde Lapeyrère）被任命为海军部长和法国海军实际上的独裁者（1909—1911）。到1911—1912年，有迹象表明法国海军各个部门都结束了停滞、拖延和动荡。造船厂开始得到订单，造船进度大大加快。政府还出台了一个新的造舰计划，将让法国海军重新成为令人畏惧的力量。

1912年春天，法国海军高层力图重启阿加迪尔危机后停滞的关于英法海军战时合作的对话。当时，英法还没有就与共同敌人作战时双方海军各自需承担的角色达成协定。直到7月17日，英国才给予明确答复。丘吉尔随后通知了法国海军武官，海军中校德·圣塞纳（de Saint-Seine），

我们准备更新去年秋天制定的联合行动计划。他必须清楚，双方海军或陆军专家的讨论不能在任何程度上影响两个国家各自的行动自由；对话的基础完全是假设性质的，而且这种对话或安排的结果绝不能影响政治决策。在这些问题上，外交部可以独自表达王国政府的立场。德·圣塞纳中校说他对此完全理解并同意。经安排，他将在下周面见第一海军大臣，就涉及的各种技术问题交换意见。

然后，我告诉他了我们对地中海海军部署的建议。并解释说这些安排是出于我们自身的利益，在我们看来，这已足够保护英国的领地和在地中海的贸易……我告诉他……我认为对法国来说，在地中海的海军力量以等同于意奥联合舰队为标准是明智的……他回应说那就是他们为自己设下的标准；而且他们已经决定（6月）将6艘留在布雷斯特的战列舰（前无畏舰）调往地中海组成第三战列舰中队，将北部和大西洋沿岸的防御交给他们的鱼雷艇支队……[30]

9月，法国海军将布雷斯特中队迁往土伦，加入已有12艘前无畏舰和6艘装甲巡洋舰的地中海舰队。新的法国无畏舰建成后也将部署到地中海。由于有可能与意奥联合舰队作战，法国愿意将全部主力舰集中在地中海，并与英国留在地中海的舰队联合行动，以确保英国在那里的利益。这就将暴露他们在大西洋和英吉利海峡一侧的海岸，但可以期待英国填补这些防御空白。从各方面考虑，这样的决策都是正确的。对法国来说很明显的是，巩固地中海的防御比地中海和大西洋两侧都空虚要好。布雷斯特中队无法与德国公海舰队对抗，但在对付意奥两国的前无畏舰时可以很好地发挥作用。如果法俄联盟与三国同盟开战，法国最优先的海上利益是保卫它与北非领地之间的航线。如果英国与法国结盟，法国海军集中在地中海在战略上则更具合理性，因为在那种情况下，英国舰队将自动肩负起保卫法国在海峡和大西洋水域利益的使命。

很多人从法国海军部署的新动向上对英法关系做出了猜测。几乎所有媒体都将法国舰队集中在地中海，视为英法俄已达成海军协定并分配了各自义务的明确证据。这种猜测，或者说一厢情愿的想法，让英国的自由党媒体倍感困扰，他们认为这种协定是议会中右翼议员们绝不会答应的——协定未经议会授权就

第十一章 丘吉尔时代，1911—1914：决战前夕

达成了——而且这样会使英国和德国再也没有希望结束敌对关系。可以肯定的是，英国不可能在法俄没有卷入的情况下投入对三国同盟的战争。保守党媒体则从另一角度对此大加批判，在地中海依赖法国海军的想法"绝对是大多数英国人所厌恶的"（《每日快讯》）"标志着一个有自尊的人能够忍受的底线"（《环球报》）。

我们知道，丘吉尔和内阁最担心的就是将海军和政治紧密联系起来。他们不想给人以英国海军在地中海建立一支无畏舰中队之前，在那里只能依靠法国海军的印象。丘吉尔顾虑的是"法国遭受德国进攻时能依靠英国的道德主张……我的确很担心把我们与法国捆绑得太紧，以至于我们不能自由地将那里的军舰撤回，我们还要靠这些军舰阻止战争的发生"[31]。1912 年 8 月，内阁批准与法国进行海军谈判时（第一海军大臣和法国海军武官之间的非正式对话已经开始了），丘吉尔提出了英国选择自由的问题：

> 我担心的是事态严重时，能否确保我们选择的自由度，以及对法国事前决策的后续影响力。如果法国声称，因为对与我们共同做出的海军协定有信心而放弃大西洋方向的防御，并将舰队集中在地中海，就肯定会妨害我们的这种自由度。这不会变成现实。我们若不在，法国无法做出比现在更好的部署。他们没有强大到可以独自对抗德国，仍不足以在两个战场维护自己的利益。因此他们将海军集中在地中海，确保那里的安全和优势并保卫他们通往非洲的航线是正确的。我们在地中海也不是要依靠法国来维护利益……如果没有法国，我们也无法做出其他部署。[32]

正如丘吉尔预料的那样，法国收到海军部（7 月 24 日）的海军条约草案时立即表示反对。[33] 草案的第一句声明，协定"只涉及英、法在一场战争中结盟这样一种可能的情况，但并不影响各自政府从事这场战争的政治自由"。第二句则明确指出英国和法国海军的部署是"各自独立做出的，因为双方可以根据各自情况和所有可能，做出符合自己最大利益的选择；而且这些部署不会出自任何海军协定或条约"。接下来，草案为两国在战时的海军合作划定了很模糊的

界限:"英国的目标。保护英法在东地中海,即马耳他以东的利益",而"法国的目标"是"保护英法在西地中海,即马耳他以西的利益"。"可能进行以常规作战为目的的联合行动。"草案还概述了双方在多弗海峡的联合巡逻计划。法国外长康邦立即指出,如果英国没有参加战争,法国北部和西部的海岸线将会完暴露。"简而言之,协定的内容完全是单方面的——法国事实上要将所有海军力量集中在地中海,以致其他沿海地区失去保护,英国则可以按自己的意愿帮助或者不帮助法国……"[34] 法国总理庞加莱抱怨说:"在一份陆军或海军条约的开头说双方政府关心的事情不代表什么,这即无必要又不合适。如果英法协约不能确认法国港口在受到德国攻击时能得到英国的援助,那这份条约就意义不大……"[35]

阿斯奎斯政府意识到这一难题,但还是固执地拒绝将海军协定与任何政治议题挂钩。最后,在11月22—23日格里—康邦著名的换文中,双方一致同意,两国陆海军专家的对话不包括"一个两国遭遇尚未发生甚至永远不会发生的不测时,保证投入行动的协定"。但是它又(在康邦的建议下)被加上了"如果一方政府有充分的理由认为即将遭到第三方的无端攻击,或者出现了威胁总体和平的事件,它应该立即与另一方商讨双方政府是否应该联合行动以阻止入侵或维护和平,以及如果决定这样做的话,他们应该准备采取何种共同措施。如果这些措施涉及作战行动,应该立即考虑参谋部门的计划,政府也要决定给予参谋部门何种权限。"[36] 丘吉尔后来说:"对我们自己和他们来说,这已经是最好的结果了。"

海军对话终于使双方在1913年2月10日签署了一份海军协定。它包括三份文件,分别涉及双方在地中海、海峡西部和多弗海峡的海军联合行动的原则。双方还将在远东采取类似的联合行动。这些都是技术性安排(包括准备一部联合信号手册),并不意味着战时的联盟。这一点由下列语句所澄清:"在英国和法国联合对三国同盟作战的情况下",以及"在与法国联合对德国作战的情况下"[37]。至少从英国的观点看,海军(和陆军)技术性安排的唯一目的是如果英国决定投入法国参与的战争的话,英国的介入可以立即见到成效。

直到最后,海军部都在试图保证自己的自由。德国海军武官恰如其分地评价到，这是一份"避免束缚的协定"。1914年1月，第一海军大臣拒绝了法国提出的将两国海军部于1912—1913年共同制定的联合通讯手册投入使用的建议，理由是"我国政府未授权海军部实施为联合行动做准备以外的行动，将我们的联合通讯手册投入使用或训练会被认为是超出了准备的范畴，因此是不可接受的"[38]。但是杰克逊向丘吉尔证实（1月31日），两国正在口头交换有关奥匈帝国和意大利舰队的情报，而这是法国之前建议的。两国海军部之间的松散关系可以解释1914年8月"格本"号事件最初阶段的混乱情况。

英国政府和海军部不愿向法国承诺任何义务，但并未获得他们要想的效果。格里—康邦协定（1913年3月德国政府偶然知道了协定的存在）只是在理论上给英国政府以自由。阿斯奎斯在下院专门就英法之间没有军事协定做出保证（1913年3月10日）。但是陆军总参谋部却和法国总参谋部造成了不同的印象。康邦也在首相做出保证的第二天气愤地对J. A. 斯潘塞说："这个问题问得很不合适，答案也不对。"[39]阿斯奎斯后来承认："……既没有海军，也没有陆军'协定'，但是毫无疑问，法国认为在它已经将舰队集中在地中海之后，缺乏保护的北部和西部沿海遭受攻击时能够依靠我们的援助。在那种情况下就会发生那样的事。"[40]尼科尔森也承认，政府事实上已经让自己只有两条路可以走：背弃自己的信誉或者与德国开战。伊舍也相信，英国当时已经被陆军总参谋部做出的承诺"在道义上绑架"了。1914年8月1日，康邦向格里问道："你将任由瑟堡和布雷斯特被炮击吗？当初是经你建议和同意，为了双方的利益，我们才将所有的军舰调到地中海集中的。"艾尔·克劳爵士在战前的争论中使用"道德纽带"一词来暗示两国海军的部署（1914年7月31日）。1914年7月31日，格里在通知下院与法国首次就海陆军部署做出安排时，只是做出了技术性的纠正，说这些协定并没有要求英国一定参战。

俄国人开始海军谈判时不像他们的法国盟友那样顺利。1912年9月24日，访问英国的俄国外交大臣萨佐诺夫（Sazonov）向格里提出签订英俄海军协定的建议，后者反应冷淡。1914年俄国再次做出尝试，4月3日，沙皇建议英俄结成防御同盟，英国大使回应说这不可行时，沙皇建议双方签订一个与英法海军协定类似的协定，以使双方舰队能够在战时联合行动。俄国人还通过法国敦促英国进行海军谈判。格里则认为"这种建议在战略上没有任何必要或价值。我的观点是在与德国的战争中，俄国舰队不会离开波罗的海，而英国舰队也不会进入波罗的海；但我们显然很难拒绝。拒绝这个建议将给俄国留下一种印象，即它没有受到与法国相等的对待……"[41]沙皇舰队的现状也可以说明英国为什么对海军对话没有兴趣。虽然俄国杜马于1912年6月通过了一个建造战列舰的五年计划，但英国海军武官注意到俄国新计划中一些明显的弱点。德国海军武官"也和我一样，发现了俄国海军部所犯的基本错误。他们把大部分精力和财力用于增加装备，而不是拿去解决更迫切的问题——建立一个廉政体系，打造一支训练良好、有才能、薪资优厚和生活无忧的队伍。德国集中所有的老式战列舰，再加上，比如说4艘早期的'拿骚'级无畏舰，对付俄国在1918年以前可能拥有的任何海上力量就绰绰有余了"[42]。但是不管怎样，重要的是"再次向俄国做出保证并确保它的忠诚"，5月中旬，以英国不用参与大陆战争为条件，内阁同意与俄国开展海军对话。

5月和6月不断有英俄签署海军协定的传言。自由党媒体沸沸扬扬，德国媒体也发出了尖锐的评论。议会质询英俄最近是否达成海军协定，有关海军协定的谈判是否正在进行，还是即将进行，格里作答时被迫做出声明（6月11日）："据我所知，目前没有进行此类谈判，也不可能签署任何协定。"这个声明严格来说所言属实，但也在回避事实。格里也在自传中承认，他没有真正回答议会提出的问题。G.P.古奇（G.P.Gooch）评论说，"这是唯一的一次，他有意误导了他的同胞"。不过格里的声明让德国外交大臣雅戈"大松了一口气"。

事实上，虽然俄国人热切希望推进对话，英国人却不急于继续。除担心惊扰德国以外，格里和海军部都认为达成协定并没有太大的好处。6月6日，巴腾堡建议在他8月份访问俄国之前暂停对话。沙皇告诉英国大使（6月24日）第一阶段的对话应该马上开始，并在8月路易斯亲王对俄国的访问中完美结束。俄国的压力在格里身上起到了效果，他是要为拖延负主要责任的人。格里意识到俄国人是多么盼望对话能尽快开始，同时他也期望海军对话能在西藏高原和波斯问题上对俄国的态度施加积极影响。7月初，格里显然已经准备好继续对话。丘吉尔在7月7日报告已经完成了一次对话（可能是与俄国海军武官），另一次将马上进行，但在"对等官员"间进行谈话之前不会有实质性进展。实际上到战争爆发时也没有更进一步。

4.1913 年和 1914 年预算

1913 年 2 月 6 日、7 日，蒂尔皮茨在德国国会预算委员会做说明时宣布，他准备接受战列舰数量 16∶10 的标准（即英国占据 60% 的优势），这也和丘吉尔在 1912 年 3 月 18 日宣布的英国最低限度的造舰计划一致。更确切地说，蒂尔皮茨建议的力量对比是指英德分别装备 8 个和 5 个战列舰中队。这意味着德国将不会让海军竞赛超出 1912 年的相对标准，英国对此反应不一。可以看出，精确定义这一比例也是很困难的，自治领和殖民地的舰艇在多大程度上计入，如何计算舰艇中队的数量等都是问题。不管怎样，自由党媒体将蒂尔皮茨的声明视为友好的保证，而英国政府也应遵守这一标准。保守党媒体则认为这不可行，英国不能依照与任何国家签订的协定来限制自己的海军力量，德国海军充其量是制定海军计划时需要考虑的因素之一；而意大利和奥匈帝国海军是值得注意的新情况。海军部对蒂尔皮茨建议的反应未见记录，但 E. L. 伍德沃德的分析大体上可以视为海军部的观点：

蒂尔皮茨的建议既不是重大让步，也不是对英国海军部作为政策基础的海军标准的恰当描述。丘吉尔先生在介绍 60% 的无畏舰优势时做出了两个重要说明。他指出 60% 的优势在最新的前无畏舰退役前才是足够的。他还说 60% 的优势针对的只是 1912 年海军法修正案通过前的德国海军，如果德国增加造舰计划，那他们每按海军法修正案增建一艘战列舰，英国就将增建两艘。

海军法修正案已经通过。德国正在建造更多舰艇，并将更多的舰艇维持在现役状态。因此蒂尔皮茨的建议，从友好地接受英国的建议，到劝说英国削减海军部曾经宣布的维护英国安全的最低标准，都是非常聪明的尝试。蒂尔皮茨在回忆录中解释说他的建议是以战列舰中队为标准，因为他知道英国要增建整个中队的战列舰并非易事……而且他提出建议时，正值德国海军部得知德国陆军的扩建计划将在一年之内阻止任何扩建海军的计划。[43]

德国人没有进一步的举动，因为格里没有上钩。他相信"蒂尔皮茨的声明没有什么内容，他这么说不是因为喜欢我们漂亮的眼睛，而是因为德国陆军要求增加五千万马克的经费"。也就是说，暂停海军竞赛对德国有利。但是格里无意讨论 16∶10 的比例，"因为我们从来不想将殖民地军舰计算在内，我们也不想对此进行解释"。[44]

1913—1914 年海军预算已毫无阻碍，并于 3 月 13 日公开。计划中有 5 艘无畏舰，8 艘轻巡洋舰，16 艘驱逐舰和数量未定的潜艇。预算总额为 4630.9 万英镑，相较于 1912—1913 年预算（包括增补预算）的 4507.5 万英镑增加了 123.39 万英镑。预算在媒体那里引起的反响和以前相似。自由党的喉舌带着遗憾和顺从欢迎预算案。海军主义者的反应从《每日快报》"不好因为也好不到哪儿去，不坏因为也坏不到哪儿去"的裁定，到《帕尔摩尔公报》的评价："'昨天有果酱，明天有果酱，但今天绝没有果酱'。用红皇后向爱丽丝承诺的'别的日子都有果酱'来形容丘吉尔先生的海军预算是再贴切不过了。"一般认为，预算应该有 6 艘而不是 5 艘战列舰，而且为其中 3 艘战列舰提供的总经费太少，意味着她们将不会在当年开工。

3 月 26 日，丘吉尔在议会发表的演说解释了预算，他再次声明军备竞赛纯粹是愚蠢和无益的行为，并重新提出"海军假期"的建议。他建议所有列强应该将任何舰艇，至少是主力舰的建造计划推迟十二个月。英国和德国将因此节省数百万英镑，而它们的相对实力则绝不会发生变化。丘吉尔其他的重要建议还有建立一支机动的"帝国中队"并驻扎在直布罗陀，随时准备在任何受到威胁的本土和海外地区行动。这支中队将包括战列巡洋舰"新西兰"号，无畏舰"马来亚"号和 3 艘加拿大贡献的无畏舰（如果他们批准经费的话）。不过这一建议没有下文。在 3 月 31 日的议会演讲中，海军大臣声称海军部将保持他在 1912 年 3 月宣布的 60% 的优势，而且在更遥远的水域也将保持足够的优势：1915 年 3 月为 38∶21，比 60% 的优势多 5 艘；1916 年 3 月为 44∶23，比 60% 的优势多 8 艘。但是在本土水域，战列舰数量有 50% 的优势就足够了，这是海军部第一次公开这一标准。[45]这样将有足够的舰艇"在全世界活动"。但是 1916 年春天以后，因为没有加拿大的援助，英帝国在全球范围内的优势将处于危险当中。

保守党—海军主义者在议会内外反对丘吉尔，指责他要算上3艘自治领主力舰才能达到的60%的优势，而他在去年3月承诺的是她们都不会计入上述标准。还有两艘"纳尔逊勋爵"级，没有哪个有自尊的海军专家会把她们当无畏舰。海军假期的建议则被认为是无法操作或"乌托邦"式的，因为重提一个被别人拒绝的建议有失帝国的尊严。丘吉尔的建议在德国受到怀疑和鄙夷。海军假期将打乱德国海军稳定的发展，也会造成德国船厂工人失业。德国海军武官缪勒上校和大部分保守党人的观点一样，认为建议是为自由党激进派吹出的一个肥皂泡。

为应对加拿大议会否决博登建议后出现的"严重"局面，海军部在6月5日宣布加快建造1913—1914财年计划中的3艘无畏舰。她们的开工日期将尽量提前，而不是来年的3月，以使它们在1915年的最后一个季度得以完工，即与原计划中3艘加拿大无畏舰的建成日期一致。丘吉尔说采取这一步骤是为保证海军1915—1916年在全球范围内的力量优势。他还解释说加快造舰进度而不是另开工3艘无畏舰，是因为海军部对加拿大通过为海军拨款的法案已不抱信心。当年另一件困扰海军部的事情是意大利建造4艘超级无畏舰的新计划在9月正式出台。这意味到1915年年底，三国同盟在地中海上的无畏舰数量将达到14艘。届时，英国在地中海上将更加依赖法国。

地中海局势的恶化或许是促使丘吉尔10月18日在曼彻斯特发表演讲的原因之一。在签订裁军协定的努力失败后，他指出1914—1915年的预算必将大大增加纳税人的负担。丘吉尔仍然抱有缓和两国间激烈海军竞赛的希望，他用最清晰和最坦率的方式向德国重提"海军假期"的建议。他的条件是如果德国将1914年计划中两艘无畏舰的开工日期推迟一年，英国也会将同一财年新建4艘无畏舰的计划做同样的推迟。

戈琛报告说，丘吉尔更新后的建议在德国"遭到了近乎普遍的反对"。它被视为对德国内政的干涉，对德国海军发展不利，等等。德国人还认为丘吉尔提出此建议是出于三点考虑：英国的造船厂已经过于拥挤；英国缺乏建造新军舰所需的人力；海军大臣企图安抚激进派。最后一点是戈琛以及丘吉尔在国内的众多批评者提出的。例如伊舍就认为"温斯顿在他最近的演讲中作秀给激进派看，这么聪明的家伙竟然会傻到幻想他能受到一些赞许，这真是不可思议"[46]。

《晨邮报》建议丘吉尔遵从他的一个德国批评者雷文特洛伯爵（Reventlow）的尖酸建议，"至少在处理裁减军备的事务上，给自己放一年的演讲假期"。只有自由党媒体还认为海军假期的建议并非像北海两岸的很多批评者相信的那样，完全没有可行性。

直到1914年2月4日，德国才对丘吉尔的建议做出官方回应。蒂尔皮茨在对国会预算委员会所做的说明中对建议泼冷水。外交大臣雅戈则告诉戈琛，他们反对海军假期，既因为"这主意原则上既不现实又不可行"，也因为"停止造舰一年将把无数工人赶到大街上去……"[47]蒂尔皮茨已经宣布这"行不通"。"两国的造舰计划必须停止一年，这样，缺失的部分就要在第二年补回来。这会给我们造成财政困难，打乱船厂的工作和我们的军事计划，即按军舰完工服役的日期进行部署。另外……英国的造船厂挤满了正在建造的舰艇，而我们却突然放缓了合同进度……这样将不得不解雇大量工人，给整个造船业带来极大困扰。从另一方面来说，我们被期待永久停建海军假期那一年中的舰艇，只继续后续舰艇的建造，那就意味着我们削减了原本由海军法建立起来的计划。"[48]尽管出现了这些困难，蒂尔皮茨和雅戈仍然承诺德国将认真研究英国提出的任何具体的建议，但建议的基础必须是双方战列舰中队数量为8∶5，每个中队8艘战列舰。这让对话像去年3月一样陷入僵局，原因如出一辙。

其实早在这次毫无意义的对话之前就可以很清楚地看出，没有什么能够遏制海军竞赛。1913年11月10日，丘吉尔在伦敦市政厅宣布，因为外国海军惊人的发展速度，有必要大幅增加明年的海军预算。他还以极重的语气再次强调了他在曼彻斯特演讲中提出的警告，即能从他那里得到的唯一期望就是增加预算。劳合-乔治称这次演讲"是一出疯狂秀。公众绝不会容忍这种煽动性演讲"。阿斯奎斯也对演讲十分"愤怒"，他事先根本不知道演讲内容。

现在，激进派媒体开启了反对海军预算"暴涨"的斗争。《国家报》称"我们认为没有哪个海军大臣能做出（比伦敦市政厅演讲）更加自大狂般的演讲"。《每日记事报》质问（11月12日），"海军大臣和那些海军专家什么时候才会知道，财政储备才是最重要的战争资源？"对丘吉尔和他那"爆炸式"海军计划的指责，以及节约的要求，从激进派媒体和集会中倾泻而出，大海军主义着戏称这些人为"节省狂"。英格兰银行前行长赫斯·杰克逊先生（Huth Jackson）在一次演讲中（12月10日）宣布，他站在非党派立场，代表整个伦敦金融界向疯狂备军发出最严厉的谴责。"如果其他国家不和我们一起实施海军假期，那我们就自己来。"一周后，四十位自由党议员（海军主义者称他们是"自杀俱乐部"）专程与首相会面，表示他们担心会出现一个比被下院否决的那个规模更大的海军计划。另外还有56名没有到场的议员也怀有类似的观点。阿斯奎斯向他们保证，他非常理解他们对增加海军预算的担忧，此项事务将"受到政府最积极的持续关注"。正如我们即将看到那样，这是一番陈词滥调。

在全体国民焦虑的等待下，内阁在年底审议了海军预算。激进派，甚至还有不少海军主义者，都被海军的要求搞糊涂了。政府的海军政策被指责是建立在含混不清的数据系统上，有太多的限定条件，而且与帝国整体防御的实际要求没有明显关联。公众也早就对理解这些政策失去信心。激进派媒体无法理解这种"疯狂行为"——把意大利和奥匈帝国视作英国的敌人，完全忽视他们之间的矛盾，也没有相应地将法国和俄国划为英国的盟友。

1月，自由党内的反叛分子在各地自由党协会和裁军委员会这类团体的支持下，召开了隆重的会议。彭维斯的考特尼爵士（Courtney of Penwith），拉姆齐·麦克唐纳（Ramsay MacDonald）以及其他自由党和工党人士提出了一个新理论。他们断言英国海军经费的秘密在于所谓"军备帮"和"武装媒体"的压力，他们煽动仇恨，毒化人们的心灵。自由党媒体还加强了经济方面的宣传。《每日记事报》警告说（1月22日）军费的增加"不可能是无限的；如果和平带来的负担继续增加下去，总有一天会使人们乐于接受战争的冒险"。《每日新闻》则称（1月6日），"自由党并不想减少（英国的海军经费），而是要求它不再有巨额增长。自由党赞同丘吉尔对德国形成60%优势的方案，并要求政府遵守这一方案"。《每日新闻》和《国家报》都坚称，来年的预算中只要有两艘主力舰，就足以遵守丘吉尔的方案了。

海军主义者们对丘吉尔的态度发生了显著转变（麦克斯的《国家评论》总是例外）。他现在被人们誉为爱国主义的圣人，正在与黑暗势力苦战，因而必将得到光明之子的支持。《笨拙》杂志（1月14日）刊登了一幅有趣的漫画，贴切地描绘了当时的形势。海军大臣身着水兵服，一只手臂是米字旗，像被揽着的情人。一幅一人多高的条幅上写着"海军预算"，在他们身后是一队身穿芭蕾舞装的托利党合唱团，正在高唱着时下流行的歌曲，"你让我爱上你，我本不想这么做！"

当小海军主义者为两艘主力舰而奋斗的时候，海军主义者却希望最少新建4艘无畏舰。为弥补未实现的加拿大无畏舰，六至7艘主力舰将更令人满意。海军联盟组织了大规模的全国运动，在1月和2月策划了五十六场抗议集会。

1月份有传言说，除非内阁接受新的预算案，否则海军部委员会将集体辞职，而内阁也因此分成了对立的两派。虽然包括丘吉尔在内的几位大臣提出抗议，但内阁还是在海军问题上达成了一致，不过这种一致可以被形容成跑调的音乐，"调门各异的大合唱"。而且全国对此已是尽人皆知。

1914年元旦出版的《每日记事》刊登了劳合-乔治的访谈。他强烈呼吁国家削减持续增长的军费开支，并给出了三个理由说明为什么最好现在就这样做：英德关系较几年前已经大有改善；大陆国家越来越致力于加强陆军；国内工业阶级的共识正在转而反对这种"有组织的疯狂行径"。他在访谈开始时回忆起伦道夫·丘吉尔宁愿辞职也不同意那种"挥霍无度"的军费开支。他以此向伦道夫·丘吉尔的儿子暗示，他有可能因相反的原因被迫辞职。实际上劳合-乔治是在借机羞辱丘吉尔，同时也让自由党内的小海军主义者兴奋异常。

海军主义者们将劳合-乔治的言论视为对海军大臣职责的公开越权干涉，也是对自己同僚的严重背叛。访谈发表后几天，有报纸试图请当时正在巴黎的丘吉尔评论劳合-乔治的言论，他没有接受采访，但丘吉尔将他的拒绝说成是对财政大臣失礼行为的有力回击。他还自己定下一条规矩，"不就正处于内阁讨论中的事务接受报纸采访"。格里（尤甚）、塞缪尔（Samuel）、西利（Seely）及其他阁员和丘吉尔一样，都"一个劲地诅咒"劳合-乔治"轻率的访谈"（阿斯奎斯语）。劳合-乔治则认为他的访谈中没有哪些话是他以前没说过的。鲍尔弗私下的分析倒很有趣。

我认为L.G.的举动纯粹是政治性的。我并不是说作为财政大臣和纳税人，

第十一章　丘吉尔时代，1911—1914：决战前夕　261

他对海军预算的增加没有真的警觉。我毫不怀疑他是认真对待的……我猜他是想要提出一个政治口号来团结那些传统的和激进的非国教派、新的半社会主义激进派和工党。一次令人钦佩的反军备运动很适合这一目的。他还想将公众的注意力尽量从乌尔斯特（北爱尔兰）问题上转移开来，也许他还怀疑他发起的土地运动是否能够成功……同时，也许（在内阁中）有不少人想借削减陆海军预算的议题使这些团体的情绪爆发，来服务于不可告人的目的或者个人野心……[49]

劳合-乔治—丘吉尔在言语上的交锋就像是从一口沸腾的锅里冲出的蒸汽。整个秋天，海军部和财政部几乎每天都在吵架，他们从一开始就无法对1914—1915年预算达成一致。丘吉尔1913年12月15日向内阁递交1914—1915财年海军预算案时，从1912—1913财年就已经开始紧张的丘吉尔—劳合-乔治联盟彻底崩溃了。新预算为5070万英镑，比1913—1914财年预算多了大约300万英镑，比1911—1912财年预算（麦肯纳负责的最后一次预算）多了几乎800万英镑。丘吉尔辩称，预算大幅增加主要有下列原因：物资价格和官兵薪俸、补贴的增长；规模更大的舰队和更昂贵主力舰的维护；新的兵种，尤其是海军航空兵。仅这些就比1911—1912财年预算多出700万英镑。

12月15日、16日、17日这三天时间，几乎全被内阁用来讨论预算问题。[50]自1909年以来，预算还没有被这样仔细地逐条研究过。会议背景是来自教育及其他社会服务项目开支的巨大压力，以及对激进派和商界不断增长的不满情绪的担忧〔霍普伍德（Hopwood）说这是一种"可怕的"感觉〕。在反对丘吉尔的预算案时，劳合-乔治指出，政府要么承受巨大的赤字，要么增加税收，但关系到1914年可能进行的大选，所以从政治上考虑，他不建议选择后者。他和他的盟友〔塞缪尔、霍布豪斯（Hobhouse）、皮斯（Pease）、朗西曼（Runciman）、比彻姆（Beauchamp）、西蒙（Simon）、麦肯纳和哈考特〕都谴责丘吉尔管理之下的海军过于铺张浪费——他在"非必要"的事项上花钱太多。（这也是J. A. 斯潘塞、费希尔及其他非政府人士的看法。）另外，大部分同僚实际上都把丘吉尔当作一个试验品，所以他此时更显孤立。

内阁指示丘吉尔，重新考虑预算并努力做出可观的削减。在和海军部委员会商议后，丘吉尔递交了（12月17日）修改后的预算，总额为4997万英镑。他将用于采购油料的经费减少了40万英镑，将海军航空兵的费用减少了20万英镑，另外还做出了其他一些少量削减。但预算还是比1913—1914财年多了250万英镑。人们的注意力现在集中在新的造舰计划上，特别是4艘新主力舰。劳合－乔治和他的朋友们（实际上是由邮政总局局长塞缪尔领导的）强烈主张，只建两艘主力舰就能使海军在1916年最后一个季度和整个1917年都具有60%的优势。丘吉尔则认为这是无稽之谈。内阁没有做出任何决定，并把讨论顺延至假期之后。

1月份的焦点是新计划中的无畏舰数量，因为这关乎能否真正大幅削减预算。丘吉尔和诸位海军大臣都以辞职相要挟，力保最少开工4艘主力舰（他们得到了国王的支持，而好心肠的阿斯奎斯持中立态度）。海军部文职大臣兰伯特（Lambert）和议会与财政秘书麦克纳马拉虽然也属自由党激进派，但可能会与海军大臣们一致行动。只有霍普伍德确定不会附和他们。

丘吉尔说："雄辩像源源不断的泉水从海军部倾出，与每一个针对它的新论点较量。"12月和1月，海军部递交了大量文件为自己的立场辩护，主要是为回答两个关键问题：[51]

（1）1914—1915财年计划中的战列舰应该是4艘还是两艘？她们只是为了保持60%的优势。"新西兰"号必须要被计算在内，虽然新西兰政府对此提出了抗议。两艘"纳尔逊勋爵"级也要算在内（直到1917年）。（"马来亚"号因为是来自殖民大臣的承诺，属于额外建造的军舰，所以不算。"澳大利亚"号因不归海军部统辖，所以也不算。）英国只有执行曾经宣布的4—5—4—4—4计划，才能对德国保持60%的优势。如果到1920年德国拥有三15艘无畏舰的话，要保持60%的优势，英国必须拥有五16艘无畏舰，也就是说在接下来的四年里要建造16艘无畏舰，即每年4艘。如果到1915年要在本土水域对德国保持50%的优势，届时就最少要有三个战列舰中队来对付德国的两个中队。这包括了直布罗陀中队，它们距本土有三天半的航程，另需一天加煤，还要算上两艘"纳尔逊勋爵"级。另外还要有冗余的军舰，以防因维修或遭遇突然袭击等情况而缺席。"在德国选择进攻我们的时刻，我们可能只比他们多出五至6

第十一章　丘吉尔时代，1911—1914：决战前夕　　263

艘无畏舰(包括直布罗陀舰队的所有军舰)。"丘吉尔声称直到最近的内阁讨论前，他的同僚们从来没有质疑过海军计划太过浪费。"我要求我的同事们和我站在一起……而我们将向议会承诺完成这些计划……将计划中的战列舰从4艘减至两艘，对这个国家和整个大英帝国而言，都将是震动和丑闻。"

（2）内阁做出的在地中海保持一强标准的决定是否要撤销？除非加拿大的3艘主力舰或她们的替代者能在1916年底或1917年初建成，否则就无法实现内阁1912年7月做出的决定。在那之前，英国不可能在地中海上部署任何战列舰，即便是在那之后，意大利和奥匈帝国"互相挑衅"的无畏舰建造计划，也意味着英国可能会更晚，甚至需要造更多战列舰才能达到标准。同时，在地中海上部署4艘战列巡洋舰、4艘装甲巡洋舰（还有4艘轻巡洋舰和16艘驱逐舰）已经是英国能派出的最大力量了。这不是一强标准，而是基于外交目的，让英国保持在地中海的强国地位，而且一旦需要，可以作为一支强大的援兵加入法国舰队。如果德国一直将"格本"号战列巡洋舰留在地中海，英国将在"虎"号于1914年年底加入第一战列巡洋舰中队后，让"新西兰"号加入地中海中队。"马来亚"号（1915年秋天）和3艘加拿大无畏舰将组成地中海战列舰中队，其实力将达到内阁制定的一强标准，但前提是意奥不会增建无畏舰。"只要与法国的协定还在，拖延就不一定会造成损害。"但加快1913—1914年计划中3艘无畏舰的建造进度而赢得的七个月已经过去，而加拿大无畏舰还未开工。因此海军部建议，为确保地中海的安全，加快建造1914—1915年计划中的两艘无畏舰，如果有必要，再加快建造1915—1916年计划中的一艘。

丘吉尔在一份1914年1月10日递交的文件末尾，试图将这场争论提高到另一个层面。有三方面重要考虑概括了整个海军政策。首先，英国的外交在很大程度上依赖她的海上力量。第二，"我们可不是有着稚嫩历史[52]和微薄基业的年轻人。其他列强被野蛮人或内战蹂躏的时候，我们却独善其身，并占有了世界上大部分[53]的财富和船运。我们已经得到了所有想到的领地，而且我们对这些辽阔而壮丽的土地的声索从未受到干扰。这些领地大部分靠暴力获得，靠武力来维持，这对其他国家来说并不是那么理所当然"。第三，这些国家"现在深深地卷入了欧洲的复杂局势。而我们在很多方面都要负起责任……那些可能引起全面战争的因素仍未消除,而且在时时提醒我们它们的存在……世界正在以前所未有的规模武装自己……除非我们公正而合理地遵循职业专家的建议,坚实、全面和毫不动摇地保持海军力量,如果我不对英国面临的危险发出警告,那就等于没有尽到我的职责"。

内阁在1月一度到了分裂的边缘。丘吉尔说他"已经被逼到了墙角"。劳合-乔治向一位朋友告白说(1月17日),"首相必须在温斯顿和我之间做出选择"。首相正"耐着性子倾听"。1月20日前后,首相曾一度认为"分歧能够被弥合",甚至在考虑解散议会,冒险举行大选,从而避免"彻底搞砸和辞职"。两个主要的对立者以"我亲爱的戴维"和"我亲爱的温斯顿"开头进行了一系列书面交锋——二人在私下里都很欣赏对方——但是过去那种在防务方面的合作已经不复存在,一种苦涩的基调在蔓延。26日,丘吉尔摆出强势姿态,向劳合-乔治直言,"1914/1915年预算已经尽可能节约地做了准备;所有开支都完全必要,有正当因由,我不能在胁迫下拿1915/1916财年预算作交易,换取一年的任期。我的前任们也没有对那之后的未来做出预测。即使我希望,我也没有权力将1915年时的海军部委员会和任何具体的决定捆绑在一起……现在我已几乎用尽了资源,只能等待我的同事和首相做出决定。"[54] 劳合-乔治对丘吉尔的态度毫不接受。他回复说(1月27日):

……你的信令我非常失望,现在我必须取消任何进一步的谈判,把事情留给首相和内阁来决定。你的信提醒了我——很及时——你已经不能把预算限制在你原来提出的4996.6万英镑。这种暗示让局面完全改变了。现在我很欣赏你做交易的想法:你的计划就是让财政部既不能依照纳税人的利益努力去做任何节省,也无法在不破坏信任感的前提下给海军部增加哪怕是最少的义务……就它们(丘吉尔最近的建议)而言,唯一能确定的是,财政大臣在今年无论如何也要给海军找到5600万英镑,包括追加的费用,而削减15/16财年预算的承诺却不能被强加给海军部委员会或者海军大臣。这样你和你的批评者才能和解。我已经被反复告知我在被人当傻瓜,我拒绝相信这种事。你的直率却迫使我相信那些嘲讽者的判断。圣诞节前你说要5000万。上周五你说作为妥协,你说要

第十一章 丘吉尔时代，1911—1914：决战前夕

在明年削减150万的前提下给今年再增加400（300？）万。我当时认为，这充其量也不是什么好的建议。现在你证实了我的看法！[55]

劳合-乔治当天向首相报告了对话的完全失败。"我努力在丘吉尔和他预算的批评者之间斡旋，以免您和内阁陷入不快，甚至可能是灾难性的争议，但我完全失败了。"[56] 首相以他一如既往的耐心，仍然没有放弃，他呼吁（1月28日）"全体内阁不要在此时因为海军预算而分裂"。1月27日、28日和29日，内阁在讨论后非常勉强地通过了数额为250万英镑的1913—1914财年补充预算，并接受了丘吉尔修改过的，总额5280万英镑的1914—1915财年预算，其中包括4艘主力舰，另外还通过了4950万英镑的1915—1916财年预算。劳合-乔治和他的盟友们对此表示强烈抗议。他们的批评现在主要针对持续增长的维护费用，该费用在三年内增长了25%。大幅度的节省应该能出自这项开支。劳合-乔治施压，要求政府明确保证大幅削减1915—1916财年预算。他预计如果海军预算为5280万英镑，就将出现900万英镑的赤字，政府将不得不用新的税制加以平衡。他对议会通过此方案不抱希望，除非他能向议会保证在下一年度大幅投入教育并缓解地方税务的压力。29日当天，可能是在内阁讨论的间隙，五名内阁成员——比彻姆、霍布豪斯、麦肯纳、朗西曼和西蒙——给首相递交了一封信，其中表达了他们"严重的关切与不安"。

海军预算的大幅增加完全是出于对德国海军计划和政策的猜测；但提出这样的借口掩盖不了主要事实——预算总额空前；增加的幅度在和平时期也没有先例；这还造成了我们会进入更快上升通道的强烈印象……

这些方案将使我们暴露在议会的攻击下，那远比少数自由党"节约派"的零星努力猛烈。工党肯定会被迫让自己与这种增长拉开距离；我们大批的后座议员也很有可能离心离德；那些宣称我们的失败是唯一避免"内战"的方法的乌尔斯特人也将很有可能抓住这次机会……

1915—1916财年预算表示（而不是保证），如果预算立即实施的话，或许会低于1914—1915财年预算，我们对此并不满意……如果这样，只能指望十二

月以后才能实现财政的宽松,难道这不是我们现在最紧急和最迫切的需要吗？[57]

内阁再次筋疲力尽地审议了预算,首相也再次警告他的同事们,一旦因预算而分裂,将造成灾难性后果,海军大臣被要求认真审阅预算,这次重点关注各项维持费用。

2月11日,危机终于结束了。通过各方妥协,内阁通过了5158万英镑海军预算,政府还将宣布1915—1916财年预算将有大幅削减。丘吉尔认为他"几乎可以保证"削减两百万英镑。1914—1915财年预算较1913—1914年的初预算增加了525万英镑,较最终预算(4880.93万英镑)增加了275万英镑,这是因为2月25日为1913—1914财年增加了250万英镑的补充预算,多用于1913年3艘无畏舰加速建造的相关承包工程。新的造舰计划包括4艘无畏舰(其中两艘将加速建造,如有必要,1915—1916年计划中的一艘也要加速建造,用于补偿3艘加拿大无畏舰造成的空缺),4艘轻巡洋舰和12艘驱逐舰。另外取消了用于基地防御的3艘轻巡洋舰和12艘驱逐舰。海军参谋部作战处计算得出,需要12艘新的轻巡洋舰,但丘吉尔已经否决了他们提出的建造4艘以上轻巡洋舰的强烈建议。

丘吉尔认为他已经得到了他坚信是必要的增长。利德尔(Riddell)记述:"丘吉尔的情绪非常高涨,好吧他或许是情绪很高涨。"丘吉尔的胜利也付出了代价,开战之初就证明,英国缺少用于对付德国袭击舰的轻巡洋舰。而且还缺乏应有的油料储备,原因是海军大臣在1913年12月减少了原来预算中的油料储备量。[58]

丘吉尔在下院关于预算的演讲(3月17日)被《每日电讯报》描述成"我们这一代人能听到的,海军大臣在下院中做出的最长(两个半小时),同时也许是最具分量和最有雄辩力的演讲"。演讲虽然带有丘吉尔标志性的清晰明朗,卓然雄辩的特质,却包含着些许歉意。他用了一半时间向本党的不满者解释预算为什么不可能削减更多,然后用另一半时间向反对党解释为什么预算额度不可能更多。他的主要论点是:他的目标是当德国拥有五个战列舰中队时,在英国本土部署8个战列舰中队(不含战列巡洋舰),或者战列舰的总数比是65:41。他还算出英国的舰队重组完成后,本土将有三13艘现役战列舰,而德国有25艘,

第十一章 丘吉尔时代，1911—1914：决战前夕

另外，双方各有16艘战列舰处于预备役状态。一个由6艘无畏舰和两艘"纳尔逊勋爵"级战列舰组成的中队将在1915年年底之前部署在马耳他，用于代替目前部署在地中海的4艘战列巡洋舰。

反对党媒体和议员对此有诸多不满意之处。《泰晤士报》的这篇文章比较典型（3月18日）：

> 丘吉尔先生的声明……令所有人失望，除了他党派中那些希望削减英国海军力量的政治家……这3艘军舰（原定到1915年年底在地中海成立一支强大的战列舰中队所需的加拿大无畏舰）目前已经让我们失望了。这一缺口是明显的。那么怎样才能填补呢？什么时候才能得到可以部署到地中海的无畏舰？去年加速建造的3艘军舰暂时缓解了局势，但是加速带来的好处到明年就要消失了。丘吉尔先生打算怎么做呢？他告诉我们，新计划中的两艘军舰也会加速建造，如有必要，下一年计划中的一艘军舰也会加速建造。然后，通过一些我们不愿承认的简单计算，以及含糊地简略提及加拿大那边更有希望的迹象，而把真正的主题抛在一边。

而在另一边，《每日记事》《威斯敏斯特公报》和《曼彻斯特卫报》都对丘吉尔表示赞许（最后一份报纸有所保留），《国家报》和《每日新闻》则表示反对，后者（3月19日）接受了工党议员斯诺登（Snowden）列出的罪状，涉及"丘吉尔先生政策的整个根基——缺乏既定的标准；已经有可信的观点认为无畏舰将成为潜艇的牺牲品时，还将考虑的重心放在无畏舰上的愚蠢；自由党阁员对自由党紧缩财政座右铭的背叛；海军9年中3.6亿英镑的浪费，只用这一半的钱就可以消除很多社会的顽疾；军火公司的权利和利益"。这年春天，爱尔兰危机终于将国家的注意力从海军事务中转移开来。

丘吉尔时代除了海军改革、大型无畏舰计划和与德国无结果的谈判之外，还有其他值得关注之处。对海军战略的研究在这几年取得了重要进展。

战前海军战略战术的演进

---第十二章---

对潜艇和飞机的未来发展应该投入更多研究，但实际策划者总是受制于发明家和设计者的进步，如果他超前太多，就会立刻变得不切实际。英国像其他国家一样，缺乏真正有效的前瞻性研究所需的想象力，但这要有天才般的预见能力才能实现。英国通过拥有许多其他优秀特质弥补了这一不足，并且在艰难的实践中快速学习成长。

——海军上将雷金纳德·普兰基特－厄内尔－厄尔－德拉科斯爵士（Reginald Plunkett-Ernle-Erle-Drax）致作者，1959年

我们有优秀的管理者，各种杰出的专家，无与伦比的水手，严格守纪的军队，最好的一线军官，勇敢和甘于奉献的士气；但是在开战之初，我们能驾驭战争的人却没有舰长那样多。

——丘吉尔，《世界危机》

1. 海军装备革命

虽然潜艇、飞机、鱼雷和水雷都问世于第一次世界大战之前，但大多数英国海军专家还没有意识到这些未经实战考验的武器在进攻方面所具有的巨大潜力。

水雷在日俄战争中发挥了巨大威力，共击沉18艘舰艇，其中包括一艘俄国和两艘日本战列舰。击伤的舰艇更多。费希尔对此印象深刻。但他似乎认为潜艇能抵消水雷的威胁。到1914年，皇家海军仍认为水雷在攻防两方面都不足为惧，只是在非重要海战中使用的奢侈武器。1913年，海军参谋部起草了战时在赫尔戈兰湾和多弗海峡布雷的方案，主要内容与后来在大战中拟定的布雷方案类似。而海军部只有丘吉尔对此感兴趣，直到他被告知完成这样的计划需要5万枚水雷。战争开始时，英国既无水雷战计划，也无充足的水雷库存。而德国和俄国对水

雷战的重视和应用都远远领先于英国。

热动力鱼雷最早于19世纪70年代出现。但在日俄战争中，尽管使用了鱼雷艇、鱼雷炮艇和驱逐舰作为发射载具，鱼雷的战果都没有达到之前的期望。海军专家们对1904—1905年战争中鱼雷的表现大失所望。日本在海战中共发射了370枚鱼雷，仅取得17次命中。命中率仅有4%。最成功的鱼雷作战发生在战争开始时，日本的鱼雷艇在旅顺港外重创了俄国海军的一艘战列舰和两艘巡洋舰。其实这并不能算作鱼雷攻击的成功战例，因为当时整支俄国舰队都锚泊在基地外的开阔水域。在之后的数次海战中，鱼雷舰艇都没有发挥过决定性作用。在对马海战中，日本鱼雷艇击沉了被舰炮重创的俄舰队旗舰和另外3艘舰艇，但那已是主要战斗结束后的事情了。双方的交战主要是使用舰炮进行的，而且人们对大口径舰炮的重视程度在海战之后大为提高。不过自日俄战争后，鱼雷在射程、速度、精确性和威力方面都有长足进步，其主要发射载具——驱逐舰和潜艇也发展迅速。在日俄战争中，鱼雷的有效射程从未超过4000—4500码；但到1914年已达11000码。1905年时鱼雷的射程是4000码/19节，或者1000码/33节；到1914年已达7000码/45节。鱼雷的口径也从14英寸增加到21英寸。19世纪90年代问世的陀螺仪能够保持鱼雷按预设方向航行，大大提高了其精确度。

1905年时的鱼雷艇和驱逐舰续航力低、航速慢，这些缺点严重限制了她们在舰队作战中的应用。随后通过提高排水量、续航力和航速，使鱼雷舰艇的作战能力得到了根本性的提高。1909年以后英国已不再建造鱼雷艇。而1914年建造的M级驱逐舰排水量1200吨，航速34节，装备4部21英寸鱼雷发射管和3门4英寸舰炮。与之相比，英国于19世纪80年代建造的早期驱逐舰的排水量仅有220吨，航速27节，装备两部鱼雷发射管，1门12磅和3门6磅舰炮。1911年，人们认为一艘驱逐舰可以在距英国本土舰队锚地外6000码进行鱼雷齐射，使至少6艘舰艇中雷受创。[1] 1910年，在北海上举行的舰队联合演习结束后，驱逐舰支队的指挥官在报告中提出"舰队作战中，驱逐舰在能见度较差的情况下发动鱼雷攻击不仅是可能的，而且多半会成功，除非受攻击一方能察觉并采取措施击退驱逐舰。我个人完全同意这一观点"[2]。

鱼雷威力的增加也促进了远洋潜艇的发展。相对于鱼雷艇和驱逐舰，潜艇有两个优势。首先，由于隐蔽性好，潜艇昼夜都能对敌人发动攻击；其次，潜艇的生存能力更强。1898年至1905年之间，潜艇已经多次投入实战。早期的潜艇可靠性很差，长仅60英尺左右，宽11—12英尺，依靠一台4缸汽油内燃机，其水面航速只有8—9节。潜艇内弥漫的油气不仅易爆，而且有毒，严重威胁到艇员的安全。而到了1914年，英国最新的E级潜艇长达178英尺，水面和水下航速分别达到15.5节和9.5节。

英国海军的一线舰队直到1914年还只是把潜艇看作"局部防御力量，而潜艇官兵的穿着酷似北海上的渔民，根本不像正规军"。贝雷斯福德和其他一些军官在官方报告中称潜艇是"玩具"，意在丑化费希尔，因为他在担任第一海军大臣期间，每年都要在那上面花费100万英镑。在军方刊物里也没有人对这种小型舰艇怀有热情。潜艇是"弱者的武器"；因为不能在高海况下出海，她们不能随舰队一起活动；她们的航速，特别是水下航速，远低于水面舰艇；她们在舰队演习中还没有成功应用的先例；她们面对攻击显得十分脆弱（潜艇处于水面时，即使是在夜间或低能见度下也易被发现，也很容易在下潜之前被冲撞战术或舰炮摧毁）；她们的水下续航力非常有限——1914年最先进的潜艇水面续航力可达2000海里，但水下续航力仅约100海里。海军的这类观点可以解释为什么英国潜艇，特别是远洋潜艇的数量如此之少。大战爆发时，德国海军已建成、在建和企划中的远洋潜艇的数量都超过了英国海军。

海军参谋部曾根据1912年舰队演习的结果出台了一份评估报告。报告认为潜艇技术已取得长足进步，而德国潜艇不会仅执行近岸防御任务，战时还将对北海上的英国舰队构成严重威胁。丘吉尔非常重视这份报告，海军部却不以为然。这种观点太过新潮。除了高瞻远瞩的第一海军大臣外，海军部委员会的成员都将报告斥为异端，并指责海军参谋部在散布恐惧。

另一方面，一大批年轻军官坚信潜艇是一种进攻性武器，但只有少数高级军官有这种信念。1910—1913年担任潜艇监察官，后来担任潜艇部队指挥官的罗杰·凯斯上校（Roger Keyes）就是对潜艇具备无限信心的军官之一。战前最后一次演习的经历向潜艇的支持者们证明了英国潜艇的作用将远不止于基地防御,而战时将没有什么能阻挡她们发挥作用。1910年,一艘参加演习的潜艇(D级首艇)从自己的基地航行500海里,在两艘"敌巡洋舰"离港时对其实施了鱼雷攻击。凯斯的前任S. S. 豪尔上校(S. S. Hall)在1913年演习之后,收集了包括凯斯在内的潜艇军官们的报告并做出如下总结:

总体印象是,大家无疑对这些潜艇非常满意,对操纵她们也很有热情,特别是D级和E级潜艇。官兵们非常满意的是演习时间虽然不长,但是他们声称"击中"了大约40%的参演大型舰艇!我认同这样的战绩,但他们说演习规则有很大的漏洞,一艘潜艇声称击中了一艘水面舰艇时,总会出现"无法抗拒的军阶"因素……有一个规则要求潜艇在宣布一个战绩后必须上浮并保持在水面状态半个小时,之后也不能在三海里范围内发动任何攻击。这是困扰潜艇的主要因素,而且并不实际。例如,如果她们在水下发现很多水面舰艇,而自己最接近的却是一艘小型舰艇,她们会放过这艘军舰,否则就无法攻击大型舰艇。实战中可通过这一战术,造成比演习结果大得多的损失。[3]

费希尔是首批预见到潜艇进攻能力的人士之一。他在1904年就写道:"我相信这已经是毫无疑问的事实了——潜艇即将在战争中作为进攻性武器带来大革命。"[4]他反复申明潜艇是"未来的战列舰"。到1914年,海军内外并没有普遍相信潜艇能够摧毁战列舰,并对战列舰队形成可怕的危险,特别是在大洋上。鲍尔弗在1910年根本不相信他们怎么能"在潜艇的机动性取得全面发展的情况下去使用一支战列舰队",到1913年,他已经"坚信无畏舰的日子屈指可数了"[5]。在1910年6月的《布莱克伍德》杂志中,雷平顿预言德国的潜艇支队完全建成后,北海上就会没有任何大型舰艇的容身之处。伊舍认为战列舰的威力被高估了。他形容这就像"火药发明后的那些身着盔甲的老骑士",而潜艇在这里就代表着火药。[6]A. K. 威尔逊在1902年将潜艇形容成"下作、不公和非英国式的"武器,并希望将战时抓获的敌方潜艇上的官兵像海盗一样绞死。但是到1907年,他认为如果在战争爆发前夕将舰队中的装甲舰艇布置在敌人驱逐舰和潜艇的打击范围之内,就等于将她们暴露在敌人狡猾的鱼雷攻击下,这无疑是自杀行为(英国海军认为德国将使用他们的鱼雷舰艇攻击英国的战列舰队,以改变双方的力量对比)。"分别在苏格兰以西和波特兰部署一支舰队,就几乎足以实施任何作战行动。而北海上只需要驱逐舰。"[7]费希尔则赞同这一"正确的原则"。战争爆发时东海岸和北海应该集中大量的英国驱逐舰和潜艇,以及支援她们的巡洋舰,而装甲舰艇应该远在敌人驱逐舰和潜艇的作战半径之外。[8]战前几年,海军部曾多次讨论在"小型舰艇的威胁"(特别是潜艇)减弱之前,将重型舰艇集中在北海之外,虽然原因已经指明,但最后并未形成任何决定。

战争前夕,媒体也广泛报道了潜艇的未来。1914年6月5日,《泰晤士报》刊登了珀西·斯考特的长篇来信,他在信中明确宣称战列舰时代已经结束了。"潜艇和飞机使海战发生了彻底的革命;没有什么舰队能躲过飞机的眼睛,而潜艇甚至可以在明朗的白昼发动致命的攻击。"他看不出战列舰还有什么用处。"……就像汽车将马匹从道路上赶走一样,潜艇也已经让战列舰从海上消失了。"在斯考特心中,未来的舰队将由大量潜艇和飞机组成。斯考特受到了众多批评。反对者为战列舰辩护,指责斯考特严重夸大了潜艇的价值。在他的批评者中有六位著名的海军将领〔克里夫兰(Cleverland)、弗里曼特尔、布里奇、培根、布里奇曼和贝雷斯福德〕,菲利普·瓦茨爵士(前DNC)及寇姆的西登汉姆爵士〔乔治·克拉克爵士(George Clark)〕。保守党媒体的批评最为无情:斯考特的想法"已经到了极度愚蠢的程度",是"虚妄的幻觉",等等。只有自由党媒体和一些年轻有为的军官,如A. C. 德瓦尔上尉(A. C. Dewar)和卡莱昂·贝莱尔斯中校(Carlyon Bellairs)支持斯考特的主要观点。自由党报纸对争论中的技术问题并没有太大兴趣。《每日新闻》和《每日记事》都是把斯考特当作反对"军费暴涨"的同盟来看待。

实际上斯考特是对错参半。战争经验完全证实了"潜艇和飞机对战争的影响是革命性的"。虽然战列舰并没有像斯考特预言的那样遭受严重损失,但潜艇带来的危险从根本上影响了战列舰队的战略与战术却是不争的事实。无论如何,在战争爆发前的十年里,尽管有费希尔、凯斯和其他人的热情支持,海军部仍主要将潜艇视作一种潜在的防御性武器,是抵御敌人从海上入侵的最后手段。因此,直到战争爆发,潜艇在英国海军作战计划中的主要任务都是配合老式驱逐舰支队进行近岸防御。这里应该提到，提尔皮茨在战前也没有表达过对潜艇的信心，他认为潜艇只是保护德国基地以及进出基地水道的防御武器。德国潜艇在战争初期的成功使他非常震惊，但直到战争开始六个月后的1915年1月，提尔皮茨才构想了用潜艇来封锁英国的计划。甚至连马汉也没有预见到潜艇除了封锁外还有更多用途。

对英国海军的进攻性战略而言，潜艇的重要意义在于它的发展使近距离封锁战略完全过时了：对一支主要由小型舰艇组成的封锁舰队来说，夺取和守住一个德国海军基地变得非常困难，因为战列舰和巡洋舰受到潜艇的威胁而无法支援这些小型舰艇，封锁舰队很容易被德国巡洋舰歼灭。1911年6月，在比尔黑文外海举行的演习就是为了检验潜艇能否穿过驱逐舰警戒线去攻击其后方的大型支援舰艇。虽然"演习并不完全符合实际情况，但那些最热心支持近距封锁的人无疑已经意识到了潜艇对这种舰队战术的威胁"[9]。海军部1912年的一项研究坦白地宣布：

在驱逐舰的配合下，敌人的潜艇已使有效的封锁再无可能。她们使侦察敌人战列舰中队的动向变得更加困难，因为用于监视敌人港口的轻巡洋舰不得不远离自己的舰队主力，难以得到主力的支援，而且她们会在得到有效支援之前就被优势之敌驱离监视阵位。在这种战术的掩护下，敌人就可以在英国的主力舰队到达之前有效地将主力舰中队或舰队派遣出海。那时英国就要依靠远洋潜艇来挫败出现在海上的敌主力舰队的企图。[10]

英国相信公海舰队将通过大胆使用鱼雷舰艇来弥补他们在战列舰方面的不足，所以必须找到防范潜艇攻击的方法。1910年3月，海军部成立了一个潜艇委员会来研究这个极端重要的问题。委员会进行了各种试验，包括用机枪摧毁潜望镜，使用苦味酸装药的炮弹制成深水炸弹，测试飞机对下潜潜艇的可视性等。尽管做了大量工作，海军在开战时仍没有任何能够发现敌方潜艇和侦测其位置的手段，也没有任何能有效对付潜艇的武器。1914年4月，海军中将斯特迪在海军学院的一次讲座中指出，根据演习的经验，"痛感我们似乎没有阻止'水面舰艇'被摧毁的办法,他语惊四座地说道,'是时候把对上帝的敬畏灌输给那些谎称在北海上可以毫无顾忌地发动攻击的年轻人了',但是他没有提出任何建议,而在前排听众中,传递着一张写着'如何做到'的小纸条!"[11]。鉴于斯特迪有这样一层背景,他的评论别有深意:他在1911年曾担任一个海军部潜艇委员会的主席,任务是考虑防范水下攻击的方法。

到1914年,人们已经确信要保证战列舰的安全,就不能让任何鱼雷舰艇接近到鱼雷射程之内。大型军舰必须远离敌人的驱逐舰和潜艇以躲开鱼雷攻击——方法是高速航行或呈"之"字航行——或者走到哪里都要得到驱逐舰幕的保护,或者将这些方法结合起来使用。驱逐舰力量的主要作用,就是通过进攻敌人的鱼雷舰艇支队来掩护自己的战列舰。1912年9月,本土舰队在演习中,首次就驱逐舰保护主力舰队和实施反潜战术进行了一系列试验。在费希尔时代,驱逐舰被视为对敌首先发起攻击的力量,而现在则主要承担防御的角色。这就是为什么在开战前夕,与同时期的德国驱逐舰相比,最新的英国驱逐舰都装备了更重型的舰炮和更轻型的鱼雷,而德国驱逐舰恰恰被官方称之为鱼雷艇。除此之外,舰艇结构也发生了变化。军舰的普通双层舰底已不足以抵抗鱼雷的攻击。1913年,海军部在无畏舰"拉米利斯"号(Ramillies)上采用了防鱼雷膨出部。这是加装在舰体侧面的膨出部或者说"气囊",鱼雷在其外侧爆炸时,威力巨大的气体首先冲进这部分结构,冲击波真正抵达舰体时,威力已经不足以对舰体造成破坏。"敬畏"号(Redoutable,原"王权"级前无畏舰"复仇"号)在战争初期安装了膨出部,战争中"埃德加"级巡洋舰(Edgar)和一些大型浅水重炮舰也进行了同样的改装。

飞机的发展使近距离封锁更加困难,但也给对付潜艇带来了新的希望。1907年,海军部本有机会购买莱特兄弟的飞行器专利,特维德茅斯代表海军部委员会回应说这些提案"对海军没有特别的价值"。[12]但是两年以后,帝国国防委员会就研究了飞艇的可行性。在费希尔的积极鼓动下,帝国国防委员会的一个下属委员会深刻认识到飞艇的"侦察功能和可能具有的打击功能"。委员会建议(1909年1月28日)从海军预算中拨出35000英镑用于建造一艘硬式飞艇(齐柏林型)。这艘飞艇〔"蜉蝣"号(Mayfly)〕于当年夏天开始建造,但是在1911年9月建成后被一场烈风撕成两半。（还有一种说法是"蜉蝣"号倒退着离开艇库的时候突然断裂成两截。）"蜉蝣"号的失败让海军部叫停了硬式飞艇的建造。1912年海军的态度出现转变，杰利科访问德国并乘坐了齐柏林飞艇（1911年11月），随后海军部空军处处长默里·休特上校（Murray Sueter）和法恩伯勒皇家飞机制造厂厂长莫文·奥格曼（Mervyn O'Gorman）乔装成美国人赴德考察，返回后他们递交了对齐柏林飞艇大加赞扬的报告（1912年7月）。杰利科重返海军部担任第二海军大臣之后（1912年12月）负责空中力量的发展，他对将飞艇用于海上侦察很有兴趣。飞机的作战半径太小，不适用于侦察任务。其他几位同僚和海军大臣都对此缺乏热情。丘吉尔并不欣赏飞艇——"这种装满易燃易爆气体的大泡泡很容易被飞机摧毁"。他还得到了帝国国防委员会的有力支持，因为他们聘请的很多专家在1912年都宣称（8月1日和12月6日的第119、第129次会议）飞艇没有利用价值。

　　海军部对飞机，特别是水上飞机更有兴趣。大战爆发时，海军对飞机潜在作用的认识领先于陆军，尽管到1914年，飞机的速度只有每小时60英里，航程也只有500—600英里。开战时海军有52架水上飞机（其中只有20六架处于可用状态）和39架常规起降飞机。陆军部主要看中飞机的侦察能力，而海军则在丘吉尔的想象力下（背后还有费希尔的热心）看到了皇家海军航空队（对应于陆军部下属的皇家飞行队）更广阔的用途。它们能够（1914年3月17日丘吉尔在下院如此宣布）执行海岸防御任务，从陆地或从"水上飞机母舰"起飞实施海上侦察，防守油罐、弹药库和码头等薄弱设施。飞机在侦查方面具有特别重要的功能。它们能执行多种侦察任务。(1)海雾通常高度较低，海面上的雾很浓，两支舰队在雾中无法发现对方，但飞机从空中可以看见雾中双方的舰队，因此可以执行校射任务。飞机还可以定位港口内和海上的敌舰。(2)飞机可以发现执行破交任务的袭击舰并对商船发出警告。(3)因为从空中发现下潜的潜艇和水雷比较容易，飞机可以就敌人潜艇、鱼雷艇和布雷舰的出现和机动发出警报。在第一海军大臣巴腾堡看来，侦察是飞机的首要功能。斯考特在《泰晤士报》发表的有关潜艇的信中也提到，以前执行侦察任务的是巡洋舰，但现在发现敌人已经不再是水手的任务，而是飞行员的任务。费希尔在1913年3月预言"飞机肯定会取代巡洋舰"。1912年,海军部进行了利用飞机发现潜艇的试验。1913年的演习证明,飞机在短程侦察和发现潜艇方面具有重大价值。人们普遍相信在不远的将来,飞机将成为打击潜艇的有效武器,因为一个训练有素的飞行员在低空掠过一艘潜艇时。应该能够将一个炸药包准确地投在距潜艇几英尺的水中,令其在水下爆炸。这将能够摧毁潜艇或者迫使她上浮。

至于飞机从母舰上起飞执行攻击或轰炸任务,则被认为太过激进而支持者寥寥,虽然一架飞机已经成功从锚泊的巡洋舰上起飞(1911年),另一架也从航行中的前无畏舰"希伯尼亚"号(Hibernia)的甲板上成功起飞(1913年)。1913年,"赫尔姆斯"号(Hermes)号成为世界上第一艘正式服役的航空母舰,她能携带三架水上飞机,这些飞机一旦起飞就不能再返回母舰。"赫尔姆斯"号在1913年年底退出了现役。

在大战前,海军和陆军虽然装备了多种型号的飞机,但它们的主要任务都是侦察而非作为进攻性武器使用。人们普遍认为靠飞机投弹,无法对停泊或航行中的军舰造成严重损害。但也有少数例外,随着飞机的发展,阿斯顿(Aston)、雷平顿和其他大胆的思想家愈发相信它会是一种有效的进攻性反舰武器。他们预言,飞机投下的重型炸弹可以摧毁锚泊或船坞中的舰艇。战列巡洋舰指挥官贝蒂很担心德国"可畏的空中力量",他还一直在"忙于准备我们舰艇的防空方案,目前她们面对空中威胁毫无防御能力……"[13]《海陆军公报》(1913年5月17日)大胆断言,飞机真正危险是它们潜在的携带鱼雷的能力。

大战爆发前几年流行的一种观点是,制空权已经或者即将成为制海权的必要组成部分。从1912年开始,以海军联盟中的防空委员会为首,越来越多的人敦促政府大幅加强空中力量。有很多关于建立空中两强标准的讨论,在希尔尼斯(Sheerness)上空发现外国飞艇的报告刺激了这一想法,另外,1913年年底有大量报告说在夜间发现了飞艇。与此同时,德国的空中力量快速发展,尤以飞艇为甚。他们已经建成了大约20艘大型飞艇,而英国一艘也没有。德国的飞艇集中在库克斯港(Cuxhaven),正对着英国驱逐舰和潜艇部队的基地,事实上,英国东岸所有海军基地和港口都在德国飞艇的有效导航航程之内。雷平顿预言,这些飞艇舰队会袭击英国的军火库、船厂和工业中心。

丘吉尔十分关注德国飞艇的威胁。1912年12月6日，他告诉帝国国防委员会说自己对此"严重焦虑"。他从"飞艇作为舰队辅助力量（他后来明确指出了'飞艇的观察功能'）和防御其攻击"两方面强调了飞艇问题的重要性和紧迫性，"……如果敌人的飞艇能顺利抵达攻击位置，我们的船厂、机械厂、弹药库、入坞的舰艇根本没有抵御这种攻击的能力"[14]。丘吉尔显然对飞艇的第二种功能更感兴趣。他声称海军部已经要求发展合适型号的飞艇。他们必须了解飞艇的性能，以便找到防御它们的手段。A. K. 威尔逊在同一次会议上坚称德国飞艇的威胁被夸大了。它们无法携带大量炸弹。陆基火炮不能用于在城市中对付飞艇，因为"炮弹会最终落到自己人当中"，但在海上就没有这种困难。作为靶子，飞艇比任何战列舰都要大；除了无法观测"弹着点"外，普通的舰炮炮术和火控系统可以用于对付飞艇，这不比通常情况下的射击更困难。威尔逊继续说道，如果有什么争议的话，仅是火炮还不足以完成防御任务，还需要有飞机参与防御。虽然飞艇爬升更快，但飞机的升限更高，一旦飞机处于飞艇上方，依靠更快的速度和更小的转弯半径，就可以轻易接近并摧毁飞艇。威尔逊承认目前存在着危险，对执行封锁任务的舰队来说更是如此，因为现有的问题还没有解决手段。阿斯奎斯认为威尔逊对飞艇的批评是有道理的。防御飞艇还有多种方法，例如飞机、火炮和被动式防御。他觉得这个问题需要再考虑和讨论。据此，会议推迟讨论来自帝国国防委员会下属的有关航空导航的技术委员会递交的飞艇研究报告。委员会在报告中建议，对付飞艇的最有效方法就是建立一支优势力量的飞艇舰队。

1913年2月6日，帝国国防委员会在技术委员会修改了他们的建议之后再次讨论飞艇问题。现在技术委员会仅仅要求"尽快发展一种飞艇，性能不次于外国海军目前拥有的最好的飞艇，并且训练能操作这种飞艇的人员。造出性能合意的飞艇后就考虑未来飞艇舰队的规模。"陆军大臣西利上校（Seely）说明了陆军的立场：他们将把飞艇留给海军，而集中力量发展飞机。会议陷入了两个军种之间的争吵。威尔逊再次指出飞机比飞艇更有用，而敌人的飞艇将很容易用飞机来对付。杰利科对此表示反对。他坚持认为飞机具有严重的局限性：飞机无法在夜间使用，它们的航程只有四个小时，而且在夜间着陆风险很大。

他认为飞机占据飞艇上方的位置并非易事。飞机有速度优势——70节对飞艇的50节——但是飞艇可以垂直上升，而且随着燃料的消耗浮力也会增加。丘吉尔再次指出204艘德国飞艇带来的威胁，它们中的大部分都可以飞抵英国。"海军部和政府的所有建筑现在都暴露在空袭中，这种袭击一旦成功就将造成灾难性后果。这些飞艇必须被全部拦截，而这只有向它们发起攻击才能做到。"威尔逊并不反对建造试验性飞艇，这也是海军部和技术委员会唯一的期望，最后技术委员会的建议被批准了。[15]

1914年初，海军部改变了主意，开始了一个建造8艘飞艇的计划，但到大战爆发一艘也没有建成。那时海军只有7艘（小型的软式）飞艇，其中4艘从陆军转交来的飞艇根本不可靠。第5艘是训练用飞艇。只有两艘具有作战能力——"阿斯特拉-托雷斯"3号（Astra-Torres No.3）和"帕西瓦尔"号（Parseval）。它们是分别从法国和德国购买的（1913年）。帝国国防委员会的秘书抱怨说："虽然我们每天都生活在对齐柏林飞艇来袭的恐惧中，但我们自己却没有一艘大型飞艇。"[16]正如培根后来指出的那样，"一种大舰队本可以拥有的极为有用的侦察工具被否定了，而公海舰队却从他们的齐柏林飞艇那里大受裨益"。

2. 帝国国防委员会

皇家海军在大战爆发时实施的战略是在丘吉尔执掌海军部时制定的，但首先我们有必要介绍帝国国防委员会。C.I.D.成立于1904年，是专门为国防事务提供建议的常设机构，其渊源可追溯到1895年萨利伯里（Salibury）政府设立的内阁国防委员会。当时的国防委员会并不定期举行会议，会议审议和决定的内容也不会记录。根据财政部的一份会议纪要，1904年4月4日委员会实施了改革，纳入了政党头目和海陆军专业主管。新C.I.D.的功能被定义成"收集和调查可供内阁使用的，用于制定国家战时政策和和平时期须做何种准备的所有情报和专家意见"。同年还成立了一个常设秘书处，负责记录保存C.I.D.的会议内容，收集整理有关帝国国防的信息提供给委员会使用，准备C.I.D.要求的备忘录等。坎贝尔-巴纳曼引入了一个计划，任命C.I.D.下属委员会来调查和报告战略和技术问题，并有权利召集证人和使用速记记录作为证据。1904年时，C.I.D.的角色"仅仅是一个顾问和建议机构",他们的"结论"和证据可用于支持首相和内阁的决议。因为首相是C.I.D.主席,负责财政部、外交部、殖民部、印度事务部、陆军部以及海军部的内阁大臣(以及他们的职业顾问)总是被召集在一起讨论,所以到战争前夕,C.I.D.的结论实际上是具有权威性的。C.I.D.秘书会将会议做出的结论以官方形式通知那些负责采取行动的部门。结论则必须以内阁批准的方式成为官方文件。

C.I.D.在很长时间内都处于襁褓状态。很多内阁成员不喜欢C.I.D.,因为它提高的是首相和那些C.I.D.常设成员的威望。陆军部和海军部的很多军官也对C.I.D.没有好感,他们担心C.I.D.会褫夺本属陆军部和海军部的职责。费希尔也曾出于这个原因提出强烈反对,其他原因是他事事保密的欲望,以及他对陆军部和陆军将领的敌意。陆军上将约翰·弗伦奇爵士(John French)认为他"反对陆军参与任何国防事务。他直截了当地把陆军看作海军陆战队!"[17]还有个原因让费希尔不信任C.I.D.,那就是他非常敌视C.I.D.首任秘书(1904—1907)乔治·克拉克爵士。克拉克是退休陆军军官,非常能干但是缺乏"天赋"。他认为淘汰老旧舰艇的计划太过火了,还把无畏舰说成是"天字第一号的大错误"和"强行开创建造怪物时代"的政策。他指责费希尔在上演一出个人秀,把1906年的舰队重组称为"危险的"政策,还批评费希尔力促潜艇发展的做法。费希尔挑选奥特利代表海军部参加海牙会议时,克拉克也提出了抗议(奥特利看起来太像一个葡萄牙裔的欧亚混血,既轻浮又啰嗦,也没有足够的资历,还从来没有指挥过一艘大型军舰)。最糟糕的是,他认为对一场大规模战争进行总体规划必须是C.I.D.的责任。这些罪过都让费希尔憎恨克拉克和C.I.D.。他努力限制C.I.D.的角色,比如试图将入侵问题排除在C.I.D.的讨论范围之外。

C.I.D.在成立初期地位较弱,一个证据是英俄1907年签订协定前进行的谈判自始至终都没有征询C.I.D.的意见,尽管军事考虑是谈判中的重要因素。1907年8月克拉克退休后,海军部减少了对C.I.D.的敌意。海军上校查尔斯·L.奥特利成了他的继任者。奥特利学识渊博,举止得体,有耐心和说服力,语言知识丰富,作为作者和发言者都有很强的表达能力。当克拉克"通过迫使C.I.D.在执行的道路上越开越快,从而破坏它出色的构想时,奥特利……让C.I.D.单纯地成为一个各部门可以将各自政策协调一致的地方"[18]。这也解除了海军部和陆军部对 C.I.D. 的部分怀疑。不管怎样，即使是奥特利当了 C.I.D. 秘书，费希尔也无法与 C.I.D. 和谐相处。A. K. 威尔逊也像费希尔一样从中作梗，结果令海陆军在合作事宜上一事无成。简而言之，直到 1911 年，C.I.D. 既缺乏威望，也没有真正的权威，这要归咎于海军部的阻碍和敌意。1909 年 12 月，伊舍对"C.I.D. 处于停滞状态深感困扰。"C.I.D. 经常举行会议，但人们还是把它"看作是一群用意良好而且无害的业余战略家做出来的和蔼可亲的越界行为"[19]。

C.I.D. 直到战前两到三年才开始真正发挥作用。一个重要原因是奥特利在 1912 年由一位三十五岁的澳大利亚人，皇家海军陆战队上尉莫莱斯·汉奇接任。费希尔对汉奇的评价很高，对他的任命起到很大作用。汉奇个子不高，但是个精力充沛的工作狂，而且头脑聪明，也极具绅士风度。审慎、客观、忠实、持重的汉奇为所有的人所信赖。在他的热情推动下，C.I.D. 开始对国防事务产生强大的影响力，不再受海、陆军部各自特权和功能的过度干扰。

1912—1914 年间，C.I.D. 在一系列重要会议中讨论和制定了最重要战略问题的指导性原则。到 1914 年，英国已经成功确立起这样的原则，即重要的总体战略原则将由 C.I.D.（及其下属委员会）而非海军部、陆军部或两个部门的参谋部来拟定。

3. 防御战略：入侵梦魇

英国海军的首要任务就是维持海权，主要战略有（1）击败前来求战的敌舰队；（2）阻绝敌人的海上贸易；（3）支援两栖作战；（4）粉碎敌人任何的入侵企图；（5）通过将敌人的破交战置于可控范围，确保食品和物资不间断地舶来英国。前三个是进攻性战略，后两个是防御性战略。

大战爆发前的十年里，海军部防御战略的基础是抵御德国在不宣而战的情况下对英国舰队发动突然袭击。海军情报处预言，"历史教给我们的经验是，突然和戏剧性的爆发将是未来战争的特征，特别是海战。突袭的优势……如此巨大，以至于发动者不会对国际法则有所顾忌"[20]。1908 年帝国国防委员会研究入侵的下属委员会警告说："不能忽视在正常的外交关系下对我国发动突然袭击的可能性。他们与鲍尔弗先生都同意,如果德国政府相信采用这种方案可以决定胜负的话,他们很有可能会这样做。"这一结论在1914年被另一个下属委员会的研究再次证实。[21]

现在各国在海牙会议上已经同意"在没有事先和对等知会的情况下不能付诸战事,而知会的形式或者是附有理由(动机)的宣战,或者是一种有条件宣战的最后通牒"。但是这一规则并没有超越之前半个世纪各国的实际做法;有些国家坚持要求在宣战和展开作战行动之间要有一定间隔时间,但这一要求被完全忽视,甚至连荷兰代表提出的20四小时的间隔建议都没有被接受。

海军部一直担心德国再制造一次"旅顺港"的可能性——即在舰队未知和未做准备的情况下对英国本土的基地发动鱼雷突袭,在战争还没真正开始前就将它结束。从费希尔时代开始,海军部就采取步骤防范这种威胁,丘吉尔则相信这危险"绝不是幻觉",因而需要更加谨慎地对待。

* * *

入侵问题长久萦绕在英国人心头。[22]1905—1914年间,有关入侵的争论比以往更加激烈。关于此问题有两个对立的学派。"蓝水"派代表着海军的思想,相信只要舰队掌握海权,那么除了数千人的小规模、分散袭扰外(以机动的海岸防御和地方军就足以应对),入侵英伦诸岛是不可能的。与之相对的是"蓝色闪电"派,反映的是陆军观点。(约翰·弗伦奇爵士是支持蓝水派的极少数陆军高级将领之一。)他们认为在战争中,突袭是成功的法宝,一次来自海上的闪电突袭总是有可能的。敌人可能将英国舰队引诱到别处,然后发动大规模突然袭击。(7万人是标准数目,由陆军元帅罗伯茨爵士在1903年举行的国防委员会讨论入侵的会议上率先提出,他也是该学派公认的领袖。)这样就需要在海军之外具备足够的二线军事防御力量。在罗伯茨看来,这就意味着在本土组建义务兵军队。1905年12月他从帝国国防委员会辞职后公开战斗,领导争取义务兵役制度的斗争。1909年全国兵役联盟成立,当年就有了三万五千名会员,包括很多海陆军退役军官,他们倡议实施全民军训制度。与支持全民服役的蓝色闪电派完全不同的是，陆军部在战前从来没有以官方形式对此表示过支持。陆军部的政策是加强常备军和地方军，战争爆发后才提出全民服役的方案。

海军部对义务兵役制心怀恐惧，担心它会从海军吸走经费并降低海军的威望。连霍尔丹也认同蓝水派的这种担忧！他1908年告诉法国首相克莱蒙梭，"如果我们在本土维持一支庞大而昂贵的陆军，将拿走本可以用于海军的资源和经费，这是我不能接受的。克莱蒙梭并没有什么反应，但是没有哪个法国人会理解海军对我们的意义"[23]。大部分自由党人，当然还有自由党媒体，都对维持庞大的陆军表示怀疑，倾向于支持蓝水派。他们声称罗伯茨一伙人搞兵役制不是为了本土防御，而是为了对外国的侵略，他们的目标就是要国家卷入大陆战争。从军事角度的要求看，防御对本土的袭击只要地方军就足够了，不需要一支庞大的陆军。

不过"被束缚的舰队"理论也帮助蓝色闪电派赢得了不少退役海军将领的支持。如果海军知道陆军通过将义务兵役制用于本土防御，能有效对付大规模入侵的话，就能抽出手来实施进攻作战。舰队就不会被束缚在英伦诸岛附近，或因为公众担心英国本土陆上防御不足而被随意召回。《国家评论》就此宣称（1909年1月）："这种短视战略的唯一结果就是把海军的各个中队像散养的山羊一样分布在英国海岸附近。"这和1898年美西战争时的情况相似，当时因为担心西班牙海军上将赛维拉（Cervera）率领的弱小舰队发动袭击，美国海军部自缚手脚，被迫将雪利准将（Schley）的快速中队留在美国海岸附近。

对蓝水派来说，海军就是阻挡入侵的绝对屏障，他们的口号就是马汉的不朽名言："那些遥远的，正在被风暴磨砺的舰队，虽然不为拿破仑的大军所见，却横亘在它和它对全世界的征服之间。"他们还经常引用圣文森特在一群担心法国会发动入侵的贵族面前所说的话："我不会说他们不能来，我的大人们。我只是说他们不能从海上来。"简而言之，他们相信历史已经证明，敌人在掌握海权和确保海上航线安全之前，是不可能尝试入侵英国的。蓝色闪电派的整套假设都是荒谬的，在德国海岸集结大约十万人的军队怎能不引起注意呢？集中必要的大量运输工具又怎能不引起注意呢？一支庞大的陆军如何能在几小时内在一处陌生的海滩登陆？而英国军舰可以在几小时内就抵达现场。入侵者即使登陆成功，面对英国的制海权，又如何为军队提供供给呢？结论是在英国海岸进行的任何大规模登陆都不会成功——实际上是没人愿意尝试——除非英国舰队在一场海战中被重创；但由于英国海军的优势，没必要认真对待这种可能性。舰队是第一道也是唯一一道防线，是入侵的绝对屏障。让陆军与海军一起担负起防御的共同责任就是误解了这个问题的根本原则。

　　潜艇刚刚诞生时，费希尔就将其视为抵御入侵的最后手段。他在1903年10月的一份文件中写道："它影响了陆军，你可以想象一下一艘潜艇面对一群每艘装载两至三千名士兵的运输船时的情景！想象一下其中一艘运输船带着所有士兵在几秒钟内沉没的情景！只要这么想一下就知道入侵是不可能的！想象十万名无助的士兵明知附近有那些看不见的魔鬼，却只能待在船上无处可逃的样子吧。"[24]至少海军部在1912年12月的文件中[25]指出："参与防御的潜艇将使敌人在东海岸的登陆变得非常危险，迫使他们选择更遥远的登陆点，这就意味着更长的航线，也因此更易于在海上受到水面舰艇攻击。"

　　以往的战争经验被当作历史教条加入争论时，气氛就变得更加紧张了。蓝色闪电派强调拿破仑战争期间纳尔逊曾被引诱到西印度群岛苦苦搜寻却无果而返时，反对者驳斥说这种先例很难反映20世纪的情况，现在是蒸汽和无线电时代，军舰的动向更容易查明，也更容易与敌舰保持接触；即使出现了那种情况，一旦预感到"敌人将趁舰队不在发动入侵"，无线电也可以很容易地将舰队召回。〔巧合的是，双方的立论都源于错误的前提，因为纳尔逊上了维伦纽夫（Villeneuve）的当这一普遍认知是错误的。〕

　　1905年5月11日，蓝水派的支持者鲍尔弗在下院发言，总结国防委员会1903年对入侵问题的研究结果时（当时以法国为假想敌），说如果海军有足够的实力，"我们无须认真考虑英伦诸岛受到严重入侵的可能性"。他的演讲引起巨大反响，促使英国人将入侵问题抛到脑后，因为皇家海军的优势是无可挑战的。自由党执政后（1906年7月12日占据了下院多数议席）全面接受了鲍尔弗的声明。蓝水派获得了胜利，在一段时间里，整个问题以最权威和最具决定性的方式产生了定论。

　　罗伯茨爵士、雷平顿以及他们的支持者还在继续抗争。他们认为随着德国取代法国成为英国的潜在敌人,以及现代战争的条件出现了对入侵者有利的改变,入侵已经转变成物质范畴内的问题。1907年,罗伯茨联合雷平顿、罗瓦特爵士(Lovat)以及塞缪尔·斯考特爵士(Samuel Scott),对德国拥有的用于海外入侵的物质条件以及德国可能为此做出的秘密准备进行了全面研究。他们设想了一次直接针对英国舰队的阴险行动——首先使用鱼雷舰艇发动突袭,紧接着在福斯湾或者英国北部港口实施登陆(十五万人),而德国舰队在关键的四十小时内控制了多弗海峡。鲍尔弗认为罗伯茨等人在重新研究此问题时得出的初步结论是有道理的,于是将他们的研究结果转交给帝国国防委员会(1907年7月20日),并要求帝国国防委员会以可能重新审视入侵问题为前提,检查这些研究结果。海军部强烈反对帝国国防委员会重开任何对入侵的研究,正如鲍尔弗所说:"他们愚蠢的根据是这个问题为海军独家所有。"坎贝尔-巴纳曼无视了海军的反对。费希尔为此施加了很大压力,坚持要求将鲍尔弗文件视作"纯粹的海军部事务",并大谈什么"不负责任的下属委员会",结果连伊舍也向他表达了不满。费希尔将帝国国防委员会任命研究入侵的下属委员会(11月)视作对海军和海军在国防事务中至高地位的攻击。他认为这些所谓的"毫无道理的担心"或者"入侵梦魇"本质上是企图在地方军力量足够的情况下推行义务兵役制的阴谋。1907年,费希尔在伦敦市政厅那著名的"安睡于榻"演说一定是针对这一时局做出的。

  帝国国防委员会的下属委员会对入侵问题重新进行了全面研究,其主题是英国受到德国入侵的可能性。委员会成员有霍尔丹、格里、特维德茅斯(结果鲜明地揭示了他的无能与无知)、海军少将E. T. 斯雷德(海军情报处处长)、费希尔、陆军上将威廉·尼科尔森爵士(William Nicholson,陆军总参谋长)和陆军上将约翰·弗伦奇爵士(武装力量总监)。阿斯奎斯是委员会主席,他总是能在委员会面前非常巧妙地处理交来的证据。在1907年11月27日和1908年7月28日之间,委员会共召开了十六次会议,并于10月出台了报告。[26] 在1907年12月12日召开的第三次会议上,罗伯茨和雷平顿被召来接受质询,会议上充满了陆海军之间的唇枪舌剑。会上入侵派提出了三个假设:(1)德国将通过"突袭或假情报"将英国舰队引诱到波特兰以西。但海军代表绝不接受这种假设。斯雷德指出海军总是有舰艇布置在德文波特、波特兰、朴次茅斯、查塔姆、希尔尼斯和哈维奇。（2）德国将有能力控制多弗海峡48小时来保护他们的运输船队。海军部也否认了这一点。因为本土港口总是有足够的力量对付德国对它们发动的任何攻击。（3）登陆部队为登船所做的准备可以秘密进行。费希尔对此的评论是："整个问题依赖于一次海上突袭……我们一次又一次申明你无法实现这种海上突袭；这是不可能不被发现的。"雷平顿则反驳说："俄国人（在1904年）也这么想。"

C.I.D.在做出了一些不重要的增补之后接受了委员会的结论：

（1）只要我们的海军能对任何可能联合起来的敌人保持优势，入侵就是不可行的。

（2）如果我们永久性地丧失了海权，不管本土军队的力量和部署如何，我国对敌人的屈服都是不可避免的。

（3）我们用于本土防御的陆军在数量和部署上不仅要足以击退小规模的袭击，还要能够迫使想要入侵我们的敌人派出一支规模庞大到不可能避开我们舰队的军队。

（4）为确保安全性有一定裕度，计算时这样一支军队被定为7万人。

（5）如果我们卷入一场在印度发生的战争，需要在战争的第一年将十万人军队从英国运往印度，那么在战争的前六个月，新建的本土军（Army at Home）将确保留在本土的常规军队或其他军队数量足以应对一支7万人的敌军。

（6）如果建立地方军的设想在战争爆发时能够实现，那么在战争开始的六个月之后，会有足够数量常规和经过训练的地方军来确保没有敌人会试图以一支比上述力量更弱的军队实施入侵。

争论一直在继续，直到1909年7月29日首相在下院公布帝国国防委员会有关此问题的结论。他并没有谈论得出结论所使用的证据，但他用自己的话介绍了帝国国防委员会得出的主要结论（前四条）。鲍尔弗对帝国国防委员会的结论表示赞同。两个派别之间的尖锐对立结束了，虽然罗伯茨并不满意，入侵派和反入侵派也仍然时不时地在报纸上继续着他们的争吵。

A. K. 威尔逊1910年11月19日曾给出一个海军部关于入侵问题的新观点。这一观点作为附录出现在陆军中将伊安·汉密尔顿爵士（Ian Hamilton）的著作《义务兵役制》第二版中（1911年1月）。他仍然坚持唯一能防御入侵的手段就是确保海上优势，但他的依据是在无线电时代，敌人企图避开占优势的英国舰队时将面临很大困难。即使"借着极其幸运的机会"，运输船队能抵达英国海岸，她们也会被潜艇击沉，如果潜艇的攻击行动失败，还有驱逐舰部队可以收拾她们。威尔逊承认英国舰队有可能被引诱到别处，但就像罗伯茨一派那样，威尔逊也没有忘记，被引诱到别处的英国舰队规模与敌人选作诱饵的舰队规模成正比。"考虑到所有这些因素，他（敌人）有可能得出和海军部一样的结论，那就是即使是以7万人这样较小的规模发动入侵也不可行。"威尔逊的观点再一次在媒体上掀起了关于入侵问题的激烈争论。当然谁也说服不了谁。

1911年10月意大利对的黎波里的入侵令蓝水派满意地证明，对一个岛国发动突然的登陆行动是不可行的。如果一场现代战争以蓝色闪电派理论中的模式展开，那就与地中海的这次事件非常相像。意大利只运了三万五千人，而且完全掌握制海权，根本没有遇到任何抵抗，需要掩护的海上运输线只有400到500海里。即使这样，行动仍表明海运一支军队存在着极大困难。从发出动员电报到主力开始在敌方海岸登陆，竟然花了三个星期。根据那些总是预言英国将遭到入侵的人士的计算，这只需要大约四天时间，因为他们估计德国人的入侵军队踏上英国的土地只要三天就足够了，和意大利在的黎波里的行动相比，英德之间距离更远，需要普通船只以巡航速度多航行一天，所以加上一天是合理的。

在这个"胜人一筹"的比赛中，蓝色闪电派也占过上风。海军部向全国隐瞒了1912和1913年演习的结果，入侵派说两次演习证明了入侵的可能性——英国海军的部署无法阻止三万到六万人在英国登陆，如果没有本土陆军，英国海军是不可能独自抵御入侵的。

1912年夏天举行的大规模演习，目的是调查英国海军能否在德国舰队掩护一支军队在英国东岸登陆之前予以拦截。巴腾堡指挥的"敌"舰队在理论上成功将突袭力量送上了岸，并在牺牲了舰队中较弱和较慢的舰艇后顺利逃脱。在丘吉尔看来，如果红方舰队没有在法利（Filey）外海受到拦截并且天气良好，就可以在四小时内让15艘运输船上的至少一万两千名士兵登陆。但是海军大臣也承认"和平时期演习中的人为条件"会改变从实战中可能得到的结论。比如在演习时出于节省经费的习惯，红方战列舰的角色可以在运输船和战列舰之间转换，而她们要做的只是升起或降下某一特定的信号旗！"如果由15艘真正的船只来代表运输船，可以肯定登陆不可能在不受到某种攻击的情况下完成。根据演习规则，红方战列舰仅需要挂着运输船的旗帜驶近，然后降下运输船旗帜并驶离，就变成了执行保护任务的战列舰中队，留下的只是空旷的水域，并假设运输船在那里忙着将军队运送上岸。在近岸水域缺乏真正的运输船，使得部署在附近的3艘蓝方潜艇根本没有意识到有登陆行动正在进行，而这无疑是她们没有发动攻击的原因。"丘吉尔的结论是

一支德国主力舰队试图在北海上保持存在就会被击败；试图攻击英国舰队的德国轻型舰艇支队将被逐渐消耗并最终被击垮，支持她们的巡洋舰队会被迫投入战斗或者逃走；这样登陆行动将会受到干扰；已经登陆的部队与海外的联系将被立即切断；这些都是合理得出的结论。但是没有任何一条结论可以避免一个坚定的敌人，不惧损失一万五千至两万名士兵的风险，在英国不同地点同时或连续发动一系列袭击，每次将五千至一万名士兵送上海岸。当然这些登陆军队并不足惧，只要我们在海岸有装备大炮、训练有素的常规陆军，能够灵活而猛烈的打击这些入侵力量的先头部队，并在他们会合之前将其歼灭。[27]

在1913年的演习中，海军部决定使用真正的登陆军队和运输船来重复上一年的试验。由杰利科指挥的红方舰队（德国）的目标是在蓝方的东海岸某处登陆。具体方案是试验一艘运输船能否在不受干扰的情况下，在选择的登陆地点用四小时让一千名士兵登岸，据估计这点时间也意味着能再登陆五千人。宣战时间定为7月23日下午五时。红方成功在蓝方两处地点〔布莱斯（Blyth）和桑德兰（Sunderland）〕将大约4.8万名士兵送上岸。虽然在第三处登陆点——汉博（Humber）的行动中，两艘较慢的运输船被"鱼雷"击中。双方主力舰队没

有发生接触，但是由卡拉汉担任司令的蓝方舰队因受到鱼雷攻击损失惨重。 7月28日早上五时，海军部匆忙下令"行动完成"，因为丘吉尔担心德国会从演习中大获裨益。7月31日演习行动恢复。红方未能实现在设德兰群岛（Shetland Isles）建立基地的主要目标，演习在第二天双方主力舰队发生海战后结束。

英国媒体小题大做地宣扬了一番东海岸防御的脆弱和突袭登陆的可能性。这也是德国海军武官的观点。罗伯茨在1913年年底发给全国军队联盟的信中，提醒英国民众1913年的演习揭示了"一次会重创帝国信心的突袭的可能性"。卡拉汉关于1913年演习的报告——他是本土舰队司令——撼动了蓝水派对海军部的支持。他认为演习揭示了：

如果常规部队被调离英国，我们的东部港口和海岸将处于无防守状态……唯一能够防御入侵和袭击的可靠手段就是陆军，让海军负责此任务将是巨大的战略错误，是将所有主动权让与敌人。如果我国能照看好自己的海岸，我们的舰队就能确保破坏德国在西方的海上贸易并占领它的殖民地，作为一支力量在海外对它的生存实施压制，同时还可以时刻准备对它的舰队采取攻击行动。[28]

演习的总裁判长，海军元帅威廉·梅爵士就1913年演习做出了以下总结：行动"证明攻击达成了突然性，或许算部分成功，特别是在雾天。沿岸的巡逻……是不足的。因此似乎有必要在英国的主要港口建立防御体系，力量要足以在一次决定性的突袭中坚持数小时，直到一支主力舰队能集中在战场，同时为潜艇的行动赢得时间"[29]。帝国国防委员会1914年的报告（见下）认为1912和1913年的演习证明"无法确定能发现一支利用有利气象条件驶进开阔水域的敌舰队。一支庞大的舰队，在北海常见大雾的掩护下，穿过有常规巡逻的水域，避开大量敌舰的监视，在对方未来得及报告的情况下就迫使其投入战斗，这样的事情已经发生了……帝国国防委员会下属委员会认为有理由相信，入侵的敌人有可能避开我们的舰队并驶抵英国海岸"。

1913年1月13日，首相就已经任命了一个新的研究入侵问题的C.I.D.下属委员会，任务是考虑是否有新的因素出现，使得有必要重新调查1908年所作出的结论。委员会的阵容非常强大：有以首相为首的十位内阁大臣；以及鲍尔弗、伊舍、巴腾堡、A. K. 威尔逊、海军中将亨利·杰克逊爵士（Henry Jackson，海军参谋长）、弗伦奇（现在是帝国参谋总长）、另外两名陆军将领，汉奇则担任秘书。首相就重新审查此问题给出的理由是"1908年以来很多因素已经有了新的发展和变化——北海及地中海上外国海军的力量、海军造舰技术、潜艇、飞行器、无线电等等"。

作为依据的新因素是：[30]

（1）在1908年研究报告的基础上实施新的本土防御计划——将组建地方军来应对突袭，在第一时间反击敌人的登陆行动，然后由主力部队或常规部队与登陆军队决战。

（2）1907年10月18日在海牙签订的公约承认了国际关系中有关宣战的惯例，不经事先和明确的警告，如宣战、宣布理由或以宣战为条件的最后通牒，不能投入作战行动。但是这一惯例并没有排除突然袭击的可能性，因为宣战和作战行动之间的时间可能很短，以至于无法对突袭做任何准备。

（3）战争手册（War Book）的汇编，每年都将重新审查，规定了防范本土遭到突袭的各种措施。

（4）本土军的发展，它在1908年尚处于起步阶段。

（5）欧洲军事态势的发展是否使德国有能力派遣攻击英国的军队。如果德国卷入了三国同盟与英、法、俄之间的战争，会意识到它很难派出超过1万人的军队用于进攻英国；但是德国有可能愿意为此目的冒险，调出中等规模的力量。

（6）修正了德国港口为运输兵力可容纳的船舶吨位：大约三11万吨适用的船只。威尔逊将军以此吨位可使9—9.5万名士兵登船；容纳一支人数为7万而且轻装备的登陆军队只需要19.5万吨船舶。

（7）根据英德舰队的实力对比改变海军的部署。重新部署已使英国在战争爆发时更容易应对突袭，这种准备必须是对任何登陆企图采取的最强的反制措施。但英国目前的优势已经没有1907年时那么明显。

（8）水雷、鱼雷和潜艇的发展使得使用重型舰艇在赫尔戈兰湾实施近距监视已无可能。

（9）飞机的引入。规避英国战舰有可能因飞机的使用而更加容易。

（10）海军 1908 年以来发展的海岸巡逻组织战时将以东海岸主要港口为基地，他们应该大幅缩短突袭力量不受打扰的时间。

（11）1912 和 1913 年的演习，以及最近的战争经验，特别是意大利对的黎波里的远征和日俄战争。（关于后者的可用情报比 1908 年时更多。）

报告声称，这些因素的发展在某些方面对英国更有利，某些方面更不利；但是"各个方面的变化和相互影响的程度并不是一个数学问题"。

委员会得出的第一个结论与 1908 年报告相同，只是"入侵"一词现在被一条注释定义为"那些意图沉重打击帝国心脏以便立即结束战争，或将我们的抵抗力量削弱到严重危及我方最终胜算的程度（的进攻形式）"。第二个结论与 1908 年稍有不同。句子中的斜体字为修改后的内容。"如果我们永久性地丧失海权，不管本土军队的力量和部署如何，*国家都将陷入绝境*。"第三个结论并未改变。第四个结论有少许改动。"为确保安全性有一定裕度，计算时这样一支军队被定为 7 万人，*带有轻型装备并有火炮和运输车辆*。"换句话说，海军部仍然有信心拦截任何中等以上规模的入侵军队，为给自己的优势留下足够的冗余才将这一数字定为 7 万人。帝国国防委员会下属委员会也同意海军部的立场，认为没有新的因素足以改变这一数字，所以建议继续将它作为本土防御入侵的部署依据。

第五个结论是全新的，代替了 1908 年报告中的第五和第六条结论："根据现有的动员计划，本土军将是本土防御的主力，但它仍然缺乏足够的训练来在首次动员后应对结论三和四的势态，需要常规军队做好战斗准备后提供支援。在战争初期，如果本土防御是唯一需要考虑的因素，那么留在本土的常规军队应不少于两个师。"委员会认为如果受到入侵时全部远征军都不在本土，本土军将无法完成结论三和四情况下的防御任务；因此至少在开战之初，应该将不少于两个师的常规军队留在国内。但陆军部仍然要求在开战后立即派出六个师的兵力。这一争议直到战争爆发也没有得到解决。结果双方都放弃了自己的立场。帝国总参谋长基奇纳决定只立即派遣四个师,而丘吉尔也代表海军部承诺,在六个师全部缺席的情况下肩负起保卫英国的责任。

报告在委员会得到一致通过,其主要原则于1914年5月14日获得帝国国防委员会批准,但是从未公开。对海军部来说,最关键的是第三条结论。1914年3月17日,丘吉尔在下院申明了海军部的立场:"我们已经说过,为具备全面有效的海上防御,国内必须有足够的陆军力量来对付敌人的入侵,这一入侵力量的规模应大到足以成为海军的目标,只要出现就将肯定受到拦截……对我来说最好引用卓越的海军指挥官亚瑟·威尔逊爵士的话,对海军来说,在没有任何陆军力量的情况下保卫这个国家,就像是在没有守门员的情况下去踢一场国际足球赛。"

事实是德国从未真正考虑入侵英国。提尔皮茨在1908年与海军武官杜马斯会谈时并没有掩饰这一点。英国国内所有有关入侵的言论都是"瞎扯"。"德国三万名陆军军官中也许会有一两个蠢蛋中尉会写出这种垃圾言论……让大约十万人登船这种事对他们来说是不可能的……以我们的海军实力,他们也不可能跨海让军队上岸。"提尔皮茨坚持说,即使军队能上岸,德国也不可能保证海上运输线的畅通。"……这些可笑的(对于入侵的)恐慌简直蠢到了不可理解的程度。"海军部的态度一度与提尔皮茨一致!外交部却认为提尔皮茨对入侵的否认是"荒谬的",因为"众所周知",德国的高级将领认为入侵在特定情况下是可行的,而且他们已经制定了计划。[31] 当然这也是英国陆军将领的立场。现在看来,蓝水派比蓝色闪电派要现实的多。

4. 防御战略:海上贸易战的梦魇

在海军部看来,入侵问题一直是英国人的"梦魇",一个想象中的恶魔。而海上贸易战,或破坏商业的战略才被视作战时更真实的危险,虽然它本身是可以控制的。[32] 正如鲍尔弗就该问题所做的总结(1910年1月13日,约克):"就算你把这个国家的每个人都训练得像现在的德国士兵那么完美……但如果海路不通,不能自由地把我们所依赖的原材料和食品供应运上岸,那又有什么用?"英国大约三分之二的食品需要进口,并且按惯例,食品和制造业所需原材料的储量在任何时刻都不超过一个月或六周的供应。所以保证这些必需品源源不断地运抵英国极其重要。

海军专家很容易用历史经验（特别是拿破仑战争）来证明海上贸易战是弱势一方的武器，是不可能赢得战争的。人们经常引用马汉的观点，认为把破坏商业当作压垮敌人的首要和基本的手段很可能只是一种幻想——商业袭击本身可以造成极大的破坏，但永远不可能取得决定性结果。马汉的英国信徒们还补充说自拿破仑战争以来的变化，包括无线电和蒸汽动力的采用，都对强大的海上力量更有利。

海军记者弗雷德·T.简（Fred T. Jane）指出了（《海上力量邪说》，1906年）马汉学派理论中的逻辑错误：海上贸易战还没有用来对付过像20世纪的英国这样脆弱的国家。人们已经逐渐意识到，无限制的商业袭击战略对20世纪的英国可能极具威胁。1907年的海牙会议和1909年的伦敦宣言都是重要的转折点。海牙会议虽然长时间讨论了这个问题，但遗漏了禁止将商船改装成可在公海上使用的军舰的规定。英国提出改装应限于在和平时期指定好的船只，但被德国和其他国家的代表无条件地否决。《伦敦宣言》是1908—1909年冬季由八个海上强国共同起草并通过的有关海上战争的国际法，并未提及海上贸易战。但改装商船的意图被外国代表们公开承认，权利也被申明。对英国而言，这显然是以重启私掠活动的方式制造了一个新的巨大危险，这种行为早在1856年的《巴黎条约》中就被禁止了。敌人的改装邮轮可以同时享受中立国商船和交战国战舰两种权利，因为她们能够用同样的装备在两个角色中转换。例如一艘德国商船，船上装有火炮，而船长的口袋里还有商业证明，就能大摇大摆地从一个中立国港口驶出，让跟踪她的英国巡洋舰无计可施。只要她认为自己安全了，就可以装上大炮，升起军旗，一艘和平的商船就变成了一艘商业袭击舰，别人甚至不能以她真实的角色把她当海盗来对待。这种威胁是真实的，因为据报告德国已经改装了最快的商用船只，使之可以安装火炮，所以她们能在战时被改装成商业袭击舰或辅助巡洋舰。商业袭击舰是由于伦敦会议的不作为而诞生的，所以《伦敦宣言》在英国遭到猛烈批评，这也是宣言一直未得到英国政府承认的原因之一。

1905年4月30日，海军情报部官员与费希尔举行了一次会议，研究整个商业保护问题。会议的结论是在未来海战中,"英国舰队和分队的首要任务是寻找相应的敌舰队和分队并迫使其投入战斗,以便掌握唯一的决定性因素——海权。这种策略也被认为是保护海上贸易,使其不被敌方常规舰艇袭击的最有效手段"[33]。但会议也认识到,有必要为更直接地保护海上贸易而进行某种部署,以防大批敌方巡洋舰和武装商船逃过英国舰艇分队的监视去袭击英国的海运。问题的关键是要在三种保护措施中选择一种作为基本原则——护航队、商业航线上的巡逻,以及在特定海域驻扎巡洋舰中队。

护航队方案因在现代条件下不可行而被否决。尽管历史上多次出现,但争论结果都是反对这样做。(最近一次出现争论是在 1938—1939 年。) 在风帆时代,船只的航行非常缓慢,而且经常因风力和风向被迫在危险海域停留相当长的时间。因此有必要一直为这些商船提供直接保护,这最好由护航队来完成。现在,到了 20 世纪,一艘蒸汽船能迅速驶过危险水域,且能自行选择通过时间和安全的路径,因此比风帆船只面临的危险要小得多,后者要依靠风和洋流的佑护,逃跑的方位只能选择在 12 到 32 个罗经点之间(一个罗经点为 12.5 度)。另外,在有电报和其他信息非常充足的情况下,护航队的组建不可能再秘密进行,所以一支护航队就像是为敌人准备好的一份大礼。还有护航队释放的大量浓烟,昼夜都会暴露它们的位置,敌人会"像扑向猎物的秃鹫那样"被从四面八方吸引过来。从商业角度看,护航队方案不可行还是因为其组建、低航速、对航线的限制,以及造成目的地港口极其拥挤从而卸载缓慢等,都造成大量时间损失。最后,大不列颠的对外贸易量非常巨大,仅将一部分船只集中组成护航队都是不可能的;即使该方案得以实施,护航队将占用大量巡洋舰,使她们无法执行更有效的猎歼敌人商业袭击舰的任务。

从战前一直到 1907 年,海军部里支持护航队的人都寥寥无几。马汉曾经写道,有效实施的护航队体制将是比猎歼单艘的袭击舰有效得多的保护措施,后者更像是在干草堆里寻找一根针。他在这个问题上的观点被忽视了。亚瑟·威尔逊否决护航队方案(1905 年)的理由是海上贸易"过于庞大"。海军参谋部在 1913 年研究贸易保护时考虑过护航队,但并没有推荐它,理由和海军部会议上否决它的理由非常相似。[34] 1914 年 4 月,丘吉尔认为只有在"特殊情况下"

才应该采用护航队体制,但他希望"未来不会需要这种累赘而麻烦的方法"[35]。

海军部在这个问题上与一线军官的观点完全一致。1912年获得皇家联合军种学院论文金奖的是海军中校 K. G. B. 德瓦尔,他的论文"海上贸易对作战行动的影响"在护航队方面仅稍加着笔,并强调在关键海域集中强大的舰队才是解决问题的手段。获得论文奖第二名的海军中校 E. V. F. R. 达格莫尔(E. V. F. R. Dugmore)则认为护航队体制已经完全过时了。

再回到1905年的海军部会议,还有两个保护海上贸易的方案:在商业航线上布置巡逻舰艇,或者在商业航线上的特定位置部署巡洋舰中队,它们可以根据过往船只带来或通过无线电发来的情报行动。会议决定采取后一种方案。战时商船将受到指导,只遵循那些清楚划定的特殊战时航线行驶,沿途经过一些由巡洋舰守护的重点海域。海峡舰队司令威尔逊坚决反对预先划定航线的建议。他的策略是监视敌人,并在敌舰队离港后迫使它们战斗,还有摧毁敌人在大洋上的袭击舰。看起来后来实际采用的就是他的建议。1913年,海军参谋部否定了战时航线方案,并建议采用以下原则:(1)立即对敌人的海上力量发起进攻;(2)除特殊情况外,分散商业船只。分散商船将使敌人的袭击舰很难找到任何特定的航线,或者即使找到也难以造成很大损失,同时还可以解放大部分巡洋舰和辅助巡洋舰,去执行她们歼灭敌人舰艇的首要任务。

事实上,海军部在这个问题上和马汉的观点是一致的,即海上贸易战不可能有效果,除暂时的危机外没有什么严重的危险需要担心。战争初期的必要任务是击败敌方舰队,因此不需要为保护商业航线制定额外或详细的计划。A. K. 威尔逊就是低估海上贸易战威胁的人士之一。他认为那"可能会造成损失或困扰,但只要加以小心就不可能给我们造成严重损失,而且敌人执行商业袭击的军舰肯定会被逐渐击沉、俘获或者扣留在中立港口"[36]。

1906年的海军演习,似乎已经证明了海上游击战在战略上的错误本质。演习的背景被部分设计成英国与一个海上强国开战,战争初期英国的商业航线在大西洋东北部海域有受到敌人袭击的危险,演习试图试验如何才能将危险减至最小。演习结果表明,商船损失的比例很高(94艘商船损失了52艘),但正如演习总裁判指出的,敌人的成功是以完全打乱其舰队部署为代价获得的。"可以肯定，到开战的第三周，所有袭击舰不是被俘获，就是被封锁在敌人的要塞港口内。"海军部的结论是"虽然伦敦可能因为这些袭击而产生暂时的商业危机，但是这不会推迟侵略者的彻底失败，公众的信心很快会得以重建，而英国的贸易安全也会得到保障"[37]。

但如果敌人的舰队拒绝决战怎么办？如果敌人使用潜艇作为商业袭击舰呢？就像费希尔以他那异乎寻常的洞察力在1912年6月24日和1914年1月给丘吉尔的备忘录中预言的那样（前者可能还在内阁传阅过）。第二份备忘录中有这样的总结："那些教授国际法的人说在潜艇击沉她的猎物这种野蛮行径面前，文明世界都会感到恐怖无比，但敌人布下水雷却无损斯文！毕竟，潜艇能够斟酌权衡，而水雷不行！"[38] 在他的1914年备忘录中，费希尔指出潜艇"无法俘获商船；她没有多余的人手去操纵俘获的商船；破坏商船的发动机或螺旋桨也没什么好处可得；她也不能将商船押往港口；事实上，潜艇不可能在昼间以遵守国际法的形式作战……唯一能做的就是击沉她的猎物……对英国的商业和英国这样的国家而言，潜艇都是一个可怕的威胁，因为目前除了以同样的方式进行报复外，没有任何有效手段能阻止它"[39]。备忘录被送交首相，以便在5月14日的帝国国防委员会的会议上传阅。但阿斯奎斯拒绝了传阅的请求，或许他和其他许多人一样，认为任何文明人采取这种野蛮残酷的战术都是不可思议的。1918年2月，杰利科在豪尔（Hull）的一次演讲中透露，费希尔已经预见到潜艇袭击战，海军部和政府虽然知道却忽视了警告。杰利科的演讲引起了不小反响。事实是，海军在战前认为德国不加警告就击沉商船是"不可能和不可想象的"（凯斯语）。丘吉尔不相信"这是一个文明国家可以做的事"（1914年1月1日）[40] 在这一点上，他没有相信他最好的朋友。

1914年，皮尔斯·希金斯博士（Pearce Higgins）在有关国际法的十二次讲座中，"坚持认为没有任何一艘潜艇敢于在不上船检查和搜索的情况下就击沉一艘商船。他说在潜艇击沉她的猎物这种野蛮行径面前，文明世界都会感到恐怖无比！"[41] 里士满无疑是20世纪皇家海军最有头脑的军官之一，他在担任海军作战处助理处长时曾在一份给上司的备忘录中写道："在可用于商业袭击的所有舰艇中，潜艇的价值是最低的。她不能携带操纵被俘商船的人手，如果她想击沉商船，就无法转移上面的乘客和其他人员。"里士满在多年后该备忘录的补遗中写道："我那时做出了非常糟糕的预测！"[42] 海军部 1912 年 12 月的备忘录断然宣称"在可用于商业袭击的所有舰艇中，潜艇的价值是最低的。她不能携带操纵被俘商船的人手，如果她想击沉商船，就无法转移上面的乘客和其他人员。因此她不会直接参与袭击，这只能由巡洋舰和其他水面舰艇来完成。" 1914 年 6 月 11 日的一份海军学院的文件[43]显示，日俄战争中发射的鱼雷只有 5.5% 发挥了作用，预计在未来也不会有更好的效果。命中困难，发射速度慢，可携带数量少，这些都使鱼雷的作用逊于火炮；鱼雷命中现代化船只时造成的损害似乎被夸大了，而且可以采取措施将这种伤害减至最小。[44]

总之，海军部、海军和海军媒体都倾向于相信马汉那海上贸易战没有决定性效果的观点。没有人会想到德国开展无限制潜艇战可能造成的可怕后果。战争前夕，丘吉尔重申了海军部关于战时贸易保护的传统立场：

> 要保证英国商船的安全，首先必须确保英国海军的优势，后者在和平时期维护海上安全，在战时则可以追踪敌人派遣到海上的每一艘军舰并迫使其战斗。对海上所有敌舰发起猛烈进攻的策略，远比怀着弱势和守势的预期将大量舰艇分散到大洋上更能保护英国贸易。这也应该成为所有英国战舰的首要职责。敌人的巡洋舰不可能在海上生存很长时间。她们无法确保燃煤供应，不动用全部锅炉航行就捕获不到很多猎物，而且在无线电时代，其位置会被不断地报告上来。如果具有速度优势的英国巡洋舰前往追猎这些敌舰，她们在被迫应战之前无法造成严重损失。

但在海军大臣的备忘录中，除追歼敌人的军舰和袭击舰以外，战时贸易的保护还有以下措施：（1）派遣足够数量的武装商船"在商业航线上往返航行"，与敌武装商船交战。（2）最好的安全保证是英国庞大的商船队和众多港口。为鼓励在战时维持海上贸易的运作，迫切需要制定战时商业保险计划。（3）让商船在大洋上分散（仅是建议）；战争持续一段时间之后这种做法就不再必要，商船可以在正常航线上航行。（4）老式巡洋舰应驻扎在商业航线上的重点海区。[45]

1914年7月，以上政策被重申。海军部已经采取了一些措施来应对武装商船的威胁，战时商业保险也有了进展。但在海军部看来这还不够，因为政府拒绝相信可在公海上执行海盗任务的商船的威胁。1911年12月7日，格里在下院中提出：

在战争的第一阶段，不可能通过切实分配英国战舰来应对威胁。此外，德国可改装成辅助巡洋舰的船只很多，她们在宣战后两三天内分散到海上，比如说在北大西洋和南大西洋，我们的舰艇不可能很快将其全部控制。……问题的解决……只有建立一个让每艘商船具有自卫能力的机制，也就是说像过去战争中的那些大型商船一样获得某种改装。这么说并不意味着所有英国商船都要携带自卫武器，但我们主张在可行的范围内实施这一政策。[46]

这份报告预示了对商船的自卫性武装，而丘吉尔随后宣布在1913年预算中引入这一计划。海军部将把火炮租借给商船主，并提供弹药和以公共经费训练船员，但前提是商船主愿意出钱对商船结构进行必要的改装。这意味着海军部重新启用了17世纪的政策。到大战爆发时，有三19艘商船各自装备了两门4.7英寸舰炮。有必要强调，装备自卫武器的目的是使商船能够抵御临时改装的袭击舰的攻击，也就是说对手也是轻武装的商船。当时还没有完全意识到使用潜艇实施贸易战的可能性。

海军部也担心战争爆发的第一周里，在海军能够掌控局势之前，英国商船不可避免的损失可能会造成民众的恐慌。因此海军部主张国家为战时的商业海运——即海运的战争风险提供保险。海军部相信这是对"战时海外贸易保护措施必不可少的补充。由于英国国内的商品价格极有可能上涨到无可接受的程度，民众也会出现恐慌，政府将面临巨大压力，或者将舰艇从主要战场上调派到商业航线上，这样就会危及海战的胜利；或者更甚一步，可能被迫在不利于自身利益的情况下缔结和约。"[47] 换句话说，海军部本质上是担心公众对物价飞涨的怨声会对英国海军战略产生灾难性影响。1913年，一个帝国国防委员会下属委员会接受了海军部的观点和国家保险原则。[48] 帝国国防委员会也接受了这一结论

（1913年2月6日）并要求制定具体的方案。1914年8月4日战争爆发当天，英国政府颁布了国家战争风险保险计划。

* * *

战争开始后，德国水面袭击舰的威胁正如海军部所料。不过，海军上将赫伯特·里士满爵士将最初的推断修正为"战争爆发时对我们商业的损害是敌人的巡洋舰造成的，后来更大的损失则是潜艇造成的，两者都可以追溯到海上贸易战必将失败这一容易被人们接受的理论，但我们没有审查支持这一理论的种种理由"[49]。

5. 进攻战略：舰队行动与封锁

海军部委员会和海军历来认为，海军的首要任务是在海战中摧毁敌人舰队（还有人数极少的，战时方显重要的学派，相信"控制交通线"比摧毁敌舰队更重要）。海峡舰队司令在作战命令（1908年7月1日）中指出："首要目标是迫使德国舰队投入决定性的战斗，其他所有行动都将从属于这一目标。"这种战略如果成功，将确保英国对北海和英吉利海峡的控制。这不仅能阻止敌人对英国领土和贸易发动大规模袭击，也能让英国军队能不受干扰地抵达法国或其他地区。特拉法加和纳尔逊的进攻传统仍然激励着海军。《旁观者》宣称（1910年10月29日）英国赢得特拉法加海战是"因为我们的舰队被一项伟大的传统和一位伟人所激励，意识到要想取胜，就必须进攻——靠近、遏制、直取咽喉、重击、粉碎、摧毁、消灭你的敌人"。

英国预计，如果在不久的将来发生战争，德国会选择时机派出公海舰队，通过海战来获得制海权。1912年7月11日，丘吉尔告诉帝国国防委员会，他确信德国海军"意图对世界上最强大的海军发起一次规模巨大的挑战"。1913年，英国海军参谋长询问驻柏林海军武官，一旦开战，德国海军是否会进行"一次大冒险"，沃特森的回复是："……如果战争在两年内爆发，他们不会冒险，但在那之后，如果我们的海军被吸引到别处，他们就会这么做。"他的理由是：

适合执行此任务的将官尚未升到最高指挥岗位,他们在德国实施老式的近岸防御战略时还未升至将官。但舰队扩张和演习导致年轻的少将和资深的上校更有可能采取更具进取心的战术。先前驱逐舰支队的进取性训练现在广泛影响了资深军官。

在北海进行的一系列战略性演习和在波罗的海进行的演习不同,未受到传统军事思想的制约,与仅仅在赫尔戈兰和河口区域建立防御相比,展示出了更广泛的进攻思想。在我看来,他们还需要数年时间在北海进行这种战略演练……

在第三战列舰中队建立之前,他们不太可能敢于大规模冒险……

基尔运河的完成,库克斯港的发展,还有潜艇力量的加强都将以类似的方式推进这一进程……[50]

海上作战的最终目的就是获得制海权,使商业和军事运输能不受阻碍地进行,并剥夺敌人在海上航行的自由。要达此目的,最好的方法是在海战中摧毁敌人的海上力量,或者将敌人近距离封锁在港口中。在拿破仑战争中,英国海军将后一种方法发挥到近乎完美的境地,并随着时间的推移愈加视其为瑰宝。高速的风帆巡防舰(frigate)在敌人驻泊的港口外占据监视位置,而英国的战列舰队在更远的海域巡航。被封锁的舰队不冒被迫投入战斗的危险就无法驶入大海。那时候封锁是相对简单的战略,因为一支部署在敌人港口外的风帆舰队不会有受到攻击的危险,也没有燃料问题。蒸汽机的使用增加了近距封锁的困难,因为总有一定数量的舰艇会因补充燃料而离开。1900年后危险更是大大增加。到1912年,水雷、鱼雷、潜艇和远程岸基火炮将近距封锁战略击得粉碎。战列舰再也不能像圣文森特、纳尔逊和康沃利斯在布雷斯特和土伦港外那样实施封锁。飞机,特别是飞艇的发展也令近距封锁更加困难。飞艇的升限很大,可以巡视海面,发现封锁舰队中重型舰艇的位置,并引导潜艇和驱逐舰发动攻击。日俄战争是最后一场成功实施封锁战略的大规模海上战争,而且战争中旅顺港外的日本舰队因锚式水雷而遭受重大损失。

到1904年,皇家海军也看到了不祥之兆。1901年10月地中海舰队在阿尔戈斯托利港(Argostoli)的演习,1902年地中海舰队和海峡舰队的联合演习,

1904年8月在米尔福德港（Mildford Haven）外进行的鱼雷艇演习，都印证了近距封锁时代的结束。费希尔意识到潜艇已经给传统的近距封锁战略以致命一击，所以他不想重用这一战略，但也没有完全摒弃它。在1908年7月1日发给海峡舰队司令的作战命令中，特别指出战列舰舰队在战争爆发时，应在夜间撤到"敌人驱逐舰的最大作战半径之外，该半径以敌人日落时分出动，次日早晨返回为计"。这意味着舰队到最近的德国驱逐舰基地的距离不能低于170海里。"主要的战略思想是，部署在赫尔戈兰湾中的舰队能切断任何可能离开易北或加德（Jahde）的轻型舰队的退路，或发觉德国主力舰队的任何活动。这支部署在赫尔戈兰湾中的舰队只要一支由6艘驱逐舰组成的分队加上每个河口布置的一艘侦察舰或巡洋舰就足够了，侦察舰或小型巡洋舰布置在赫尔戈兰的目视距离之外，具任何海岸大约30海里，在这些舰艇外围，即敌人鱼雷艇活动半径以外，再部署一个装甲巡洋舰中队。"[51]

A.K.威尔逊则更进一步，1907—1908年，他希望完全取消近距封锁战略。

> 有两种策略可供我们选择：（1）尽力让敌人完全无法出港；（2）诱使敌人出海并采取有效战术将其拦截。第一个无疑是公众所期望的，但如果能熟练运用，从长远来看第二个将被证明是最有效的。使用一支力量足够的舰队在所有德国港口外执行持续的近距封锁并阻止任何舰艇出逃是非常困难的，维持成本也非常高，而且即使有效，也不能加速我们的胜利。（费希尔对此评论说："有趣的是，这也是日本海军大臣在与我们秘密交流时表达的观点。"）在海上把敌人的舰艇抓住比只是让她们无所事事地待在港里给其造成的损失要大得多。而且如果敌人最后认定突围出港的风险太大而放弃这样做，我们就得到了和把他们封锁在港内同样的效果，而我们自己的风险和损失却要小得多。[52]

威尔逊在担任第一海军大臣后改变了想法，近距封锁赫尔戈兰湾的计划又重新出现在作战计划中。1911年，本土舰队司令的作战计划中简明阐述了这一战略："目前的作战计划要求第一和第二驱逐舰支队在第一、二、三巡洋舰中队的支援下封锁赫尔戈兰湾，主要目标是（1）在战争初期阻止敌人的袭扰力量离开港口；（2）阻止德国舰队在英国舰队司令不知情的情况下出海,当德舰队出海时,立即将其动向通知英国舰队司令,使他能根据情报调遣英国主力舰队。"[53] 海军部和威尔逊都对此战略极具信心。"军事封锁无疑将和商业封锁一样有效。"[54]

当时,执行近距封锁战术已经太过冒险。还没有哪位海军将领曾率一个中队的舰艇在距赫尔戈兰三十海里的范围内长时间游弋。到1912年年中,威尔逊的近距封锁被在赫尔戈兰湾实施"观察式封锁"取代。这包括建立一条由巡洋舰和驱逐舰组成的防线,位置从挪威的西南海岸到英国与德国海路的大致中点,纬度与纽卡斯尔—泰恩河相当,然后向南延伸至特赛尔(Texel)和荷兰海岸。战列舰队将在巡洋舰—驱逐舰的巡逻线以西巡弋。1912年11月25日由卡拉汉颁布的新作战命令包含了这一新战略。"这些计划的基本思想是通过切断德国通向北海的海路向其施加压力。方法是使用巡洋舰在德国至北海的航线上巡逻,并以两个战列舰中队支援巡洋舰和保护英国海岸,这样就能够在德国舰队出海进攻巡洋舰或实施其他进攻行动时迫使其战斗。"[55]

帝国国防委员会的下属委员会1913—1914年重新审查入侵问题时,海军部向其解释了战略上的变化:

由于水雷和鱼雷不断发展,采用重型舰艇在赫尔戈兰湾出口对德国海军建立近距离监视已无可能。长时间执行这种战略意味着我们将因鱼水雷而持续、严重地浪费宝贵的军舰,如果继续下去,必将改变海军力量的平衡。另一方面,鱼雷舰艇不具备大型舰艇那样远洋能力,每三到四天就要返回港口修整和补给,而最近的基地是280海里外的哈维奇。使用轻型舰艇控制赫尔戈兰湾出口的行动所需要的远洋鱼雷舰艇是我们现有数量的两倍。监视行动需要保持三支力量:一支执行任务,一支在路上,一支在修整,因此现有舰艇在任何时刻都只有三分之一可以使用。如果敌人选择时机以两到三倍的兵力发动突袭,我们的舰队将很容易被压倒,而这样的机会对敌人来说将有很多。

另外一个事实是,现在想要攻占一个防御加强的德国岛屿已十分困难和危险。从1905年到阿加迪尔危机,海军部的作战计划中包含占领一个或多个德国岛屿，为执行封锁任务的轻型舰艇建立海外基地，使舰艇能够接受补给并让舰员修整。德国已经大大加强了赫尔戈兰，进而又加强了弗里西亚群岛（Frisian Islands）中那些可为英国人所利用的岛屿的防御。

所谓的观察式封锁有很大缺点。这种方式对英国舰队的损耗可能会低于近距封锁，但海上演习显示，全天候有效维持一条300海里长的警戒线不可行，一旦遇到德国舰队的集中攻击也无法有效支援。这样做还会占用大量巡洋舰和驱逐舰，从而令主力舰队缺少这些轻型舰艇的支援。

海军在最后时刻走了运。大战前一个月向大舰队下达的最后一份作战计划取消了观察式封锁。[56] 依据主要战略思想[57]，大舰队接到警报电报后，将"依托苏格兰海岸和岛屿，部署在北部水域"；海峡舰队将部署在英吉利海峡。数天后海军部通知大舰队司令，斯卡帕湾"有可能"是他在"战争初期"的基地。[58] 新的作战计划解释了远距离封锁战略：舰队部署将以封锁北海出口为目标。这样在南方将有从多弗横跨英吉利海峡的防线，主要依靠海峡舰队来布防。北方防线将是自苏格兰海岸到挪威的岛屿，主要由驻扎在奥克尼群岛斯卡帕湾的大舰队，以及设德兰群岛和挪威海岸之间的轻巡洋舰防线（被称为北方巡逻队）来完成。最后一份作战计划将大舰队的角色定义为："因为现时无法对敌人港口实施持久的近距监视，我们整个战略必须建立在对北海的控制权上，为此只要可行，大舰队将以优势力量在北纬54度和58度之间定期巡航和扫荡……大舰队的行动应该足够频繁并有足够的前出，以对敌人形成压力，使其在任何时刻都不敢远离自己的基地，因为这样会冒与优势之敌遭遇的危险，而这种优势应大到使敌人失去继续为目标而努力的信心。"

德国海军将胜利的希望寄托在英国对赫尔戈兰湾的封锁上，这样他们就会有大量机会让双方的实力接近平等。德国人浑然不知英国在1912年和1914年改变了作战计划，他们从英国最近的演习以及他们掌握的海军技术的最新发展推断出近距封锁已经过时，而远距离封锁将是"英国指挥官将采取的优先方案"。到目前为止是这样的，但他们认为远距离封锁和近距封锁将"视情况变化频繁交替使用，或结合使用。在开战的最初几天，我们可能会受到攻击，我们的水域很有可能被近距离封锁……他们意图将远征军运往大陆时也会这样做"[59]。

丘吉尔总是属于"寻找、追踪、摧毁"学派，他从来就不乐于看到近距封锁战略被放弃。[60]主张这一战略的军官渴望进攻，而作战计划却缺乏主动性：海军处于防御地位，没有试图对敌人发起进攻。

面对积极主动之敌的威胁，用纯粹的被动防御来应对所有危险是不可能的。在从设德兰到多弗海峡的漫长战线上，我们将处于分散、焦虑、虚弱和等待的状态：唯一的问题是我们会在何处受到打击。作为一场长期战争中的指导性政策，对采取远距离封锁有着种种托词，我也同意这些托词，但这一战略只有在士气占优的情况下才能有效维持。敌人一旦感知并熟悉了对我们的恐惧，它就不再灵光了。我们必须让敌人感到大海上充满了无名的恐怖——而不是让我们自己感到恐怖。这意味着从战争开始到结束，都要反复不断地对敌人发起进攻。

目前尚不清楚，为什么在掩护陆军的运输航线时不去封锁易北而是封锁多弗海峡。没有什么比在开战的前十天里发动一场强大的进攻更能给我们所需的安全了。当近距封锁被用于猛烈的序幕战和幕间战的时候，所有反对将其当作基本的和长期战略的理由都无法成立。整支轻型舰艇部队能在一周的时间里同时出动，而非仅能使用三分之一的力量。不管有没有海外基地，我们的轻型舰艇都能在一周内在赫尔戈兰湾建立绝对优势。这是对海峡中运输船队最好的保护，也是在战争中挑战敌人，和显示我们每条船都比敌人更强的首个和最好的机会。一旦我们知道我们的每一个战斗单位都更具优势，战争就变得容易了。但在我们真的这样做之前，战争就是一个如梦魇般萦绕着我们的未解难题。

海军参谋长指出了海军大臣建议中的一个严重缺点。基于低估对手是不明智的这一原则，应该将德国轻型舰艇支队的战斗力视作与英方相当，它们在自己的水域作战时更是如此。另外，德国在北海上的海岸线长度仅有150海里，面向北海的宽度只有120海里，最重要的是三个入海口——埃姆斯、加德、易北——它们的防御都已大大加强，另有赫尔戈兰岛居中防卫。"所以我们能预期德国巡逻支队在它们的水域和我方交战时，能展现我方在英国水域和他们交战时同样的战斗力，派出一支实力较弱的舰队去封锁赫尔戈兰湾是不明智的。

如果我们要派出舰队，就必须是强大的舰队，因为除了潜艇，德国人还能在那里集中二百艘鱼雷舰艇去守卫一条150海里长的海岸线，也就是每海里超过一艘舰艇。这样的密度已经超过了我们。"杰克逊随后指出，使用英国所有的鱼雷舰艇作为突袭的先头部队或封锁赫尔戈兰湾是不可能的。除了附属给战列舰舰队、用于多弗海峡防御的驱逐舰，以及因为老旧而作战半径有限的驱逐舰之外，只有四个驱逐舰支队（五16艘）的大型、高速和现代化驱逐舰可以执行封锁任务，她们只能在海上持续活动三天时间，还需要巡洋舰的协助和支援，以对付数量占优的德国驱逐舰。

海军作战处处长的结论赞同海军参谋长的主要观点。关键的句子是："海军大臣的计划是基于我们能够在赫尔戈兰湾建立长达一周的绝对优势的设想。但如果敌人集中自己的轻型舰队部队，这一设想是不可能实现的。"海军作战处助理处长里士满对此不吝笔墨。

我认为海军大臣在他最初的评论中回避了实质问题。他假定我们的舰队分散开来并等待敌人攻击我们的任意一部分海岸，"虚弱和等待"——这种情况实际上绝不会发生。英国的主力舰队将会在北海及其附近对敌人构成一条永久性防线，除非敌人将英国舰队赶走或在一场决定性海战中击败英国舰队，否则他们无法干扰我们运送陆军的行动，也无法对英国造成任何危害。

在让敌人"尝到我们的厉害"前采用这种态度也不是不可以。敌人将总是对大海充满莫名的恐惧，他们永远也不知道我们舰队的实力和位置，等知道的时候，海战就已经打响了，"虚弱和等待"的是敌人，而不是我们。海军大臣谈到在战争爆发伊始就"立即进攻"和反复进攻。这是在预想进攻是可能的，其实不然。仅仅让锅炉升火准备出海不是进攻，炮击威廉港的防御设施，使用陆军进攻威廉港或者试图摧毁敌人在港内的舰队，或者迫使敌舰队出海并以优势力量将其摧毁，这些才是进攻。但仅仅搞一次被老水兵或其他人称为"斯比得海德阅舰式"的行动不是进攻。

我同意有必要采取适当措施保护运送陆军的航线，而且封锁多弗海峡是一个有可能成功的方案。但是封锁易北河口绝对不可行：你可以把军舰派到那里，但你不可能封锁它。那里是潜艇、鱼雷艇和水雷的天下。

鉴于德国海军的装备，无论在十天还是在更长的时间内，发动进攻都一样困难。原因如下：敌人可以在十天内把所有鱼雷舰艇调遣到受威胁的海域，这十天结束时就可能已经削弱了我们的舰队。为应对这种情况，我们的驱逐舰必须同时出现在敌人的近岸海域，但很容易被敌人的近海舰队消灭。因为部分舰只需要缺席修整，我们的驱逐舰只有不到一半能够出动，而且她们在执行最具灾难性的任务——完全将自己置于被轻易击败的境地。整支轻型舰艇部队无法在海上执行一周的任务，这纯粹是海军大臣的想象。

另外还有一个非常重要的考虑。我们的舰队必须出动可动用的每一艘舰艇去执行进攻任务，这样才能完全确保在海战中获得胜利。这必然导致十天之后舰队消耗很大，不得不回到基地加煤，官兵们也会像煤舱一样急需补充。这时海路就会向敌人敞开，任其选择。不久他们就会知道我们已经离开他们的海岸——由于有精心布置的侦察舰队，敌人会很快知道——当我们退回到亨伯港或其他港口，敌人就能让整支未受损害的舰队，或者如果他们愿意，和他们的运输船队驶向横跨北海的航线……

整个建议是建立在低强度战争的错误设想上的，这正中敌人的下怀。你允许他们在自己的港口附近使用全部力量：如果战斗没有取得决定性结果，他们就能迅速返回基地并重新做好准备，远比你（我们）快。

促使他提出这一建议的最大推动力是对薄弱的神化：一条由驱逐舰和巡洋舰组成的防线，无处不弱，处处不强，将无所作为。一支集中起来的精锐力量将在某处击破防御并颠覆我们的整个计划。在情况复杂前摆平一切更不可能，除非敌人根本不懂战争。海军大臣设想在这一击之后我们就能用全部驱逐舰力量"巡视"易北河口。我们无法这样做。这样的一击之后我们派不出50%的驱逐舰。只要想想燃料问题，你就知道肯定会是这样……

采取措施保护陆军运输船的航行安全肯定是要考虑的。目前我不认为在海峡部署鱼雷艇就能确保安全。但除了牺牲我们的舰队外，还有别的手段可以防止敌人干扰我们的海运。

被海军大臣忽视的是舰队或者说战列舰中队的真正作用。因为他没有看到我们真正的进攻能力所在，才提出了这样虚幻的策略，——我这样称呼它们。扫荡、威慑敌人让其陷入混乱——这些都是纸上谈兵，一点意义也没有：对有着详尽考虑计划之敌来说，这么做的效果比擂鼓摇旗好不了多少。

整件事已经被详尽地摆上桌面，因为这是对战争最初几个月势态发展的彩排，那时丘吉尔将用他的幻想和不切实际的作战计划，将他的职业顾问们逼到精神崩溃的边缘。

海军大臣并没有被来自海军参谋部的激烈批评吓倒，到战争前夕，重新启用某种形式的近距封锁战略的可能性仍在考虑之中。1914年6月，卡拉汉被要求准备一份计划，"派轻型舰艇部队在强有力的支援下，对赫尔戈兰湾实施至少四至五天的近距封锁，期间要在没有海外基地的情况下完全封闭易北河口"。他还被要求制定一个"有海外基地"的计划。[61]

有一件事从来没有争议。海军部认为公海舰队在战争伊始就会寻求海战的机会，而英国舰队也会努力迫使其这样做。

6. 进攻战略：贸易战

英国传统军事战略的基础是对敌对海上强国施以决定性的经济压力，辅以在敌人脆弱地域实施两栖登陆以及资助、供应大陆上的盟国陆军。这也解释了菲利普二世、路易十四和拿破仑的野心是怎么遭到挫败的——最近的例子还有希特勒。

一位美国学者指出，战前德国经济学家和政策制定者即使想到，也并不十分担心经济封锁的作用。"大部分军人干脆拒绝讨论封锁问题与他们大陆战争概念的关系。德国海军主动或被动地将封锁视为舰队本身要考虑的问题。"[62]这种态度和英国海军思想有天壤之别，从讨论这个问题的公开和未公开资料来看，后者都很符合圣贤马汉那句讲法国海军是如何被摧毁的，被奉为圭臬的名言，"与海上强国的武装斗争将继以耐力斗争。在此期间，十年惨烈的战争环境让整个大陆陷入凋敝，法国军队和他们的辅从军在欧洲疲于奔命，法国的国家命脉承受着无声的压力，仿佛永无止境，在旁观者看来，这种无声的压力一旦最终显现，就成为海权施威所留下的最触目惊心和令人恐惧的烙印"[63]。这一海军理论深刻认识到了控制海权带来的经济压力的影响,将比自由地将一个岛国的小型陆军运向海外的能力有更具有决定性。

显然,这种战略将引起关于在海上查没私有财产的争议。这意味一个交战国在战时被允许拥有以下权力(1)在公海或一个交战国的领海内可以俘获和没收敌人的商船和货物;(2)俘获、没收或处罚违反中立法规的中立国商船。第一条最令英国人感兴趣,因为它事关实施进攻战略的皇家海军战时在海上破坏德国贸易的行动。第二条完全是中立国权利的问题,主要事关外交政策。《巴黎条约》(1856年)对中立国船只上装载的交战国货物予以保护(违禁品除外),但并没有禁止查没交战国的货物和船只为己所有,此外禁止私掠行为。因此自拿破仑战争之后,国际社会在减免中立国责任方面已经取得了很大进步,而交战国的私人船只和货物则完全可以由敌方处置。将战争苦难强加给无辜者自然会引起公众的强烈反响,所以多年以来,将海上私有财产不受侵犯的权利通过国际法来予以保护获得了广泛支持。美国政府一百多年前就开始敦促保护海上私有财产,英国对此却一直抱有敌意。

海军部一直反对承认海上私有财产不受侵犯的权利,其丝毫不退让的立场可以从1906年的一份备忘录中看出来:"……英国对德国贸易的威胁极为重要,这是由英国压倒性的海上优势和自身的地理位置决定的。英伦诸岛就像一座600英里长的堤坝,横亘在德国的商业航线上,一旦发动对德国的贸易战,没有船只能在不引起我们察觉的情况下通过。所以目前在海上查没私有财产的权利对我国具有极大价值,应该强有力地坚持下去。"[64]这也是帝国国防委员会的立场。帝国国防委员会秘书克拉克写道,一旦与一个像德国这样的强国开战,海上查没权对英国具有最重要的价值,因为对手拥有大陆上最大的对外贸易和商船吨位。由于英国的地理位置和海军优势,德国商船将很快从公海上消失。"现在不可能估算德国因此受到的经济压力;但这种压力显然将严重影响它的整个商业和工业结构,以及人口所依赖的各种必需品。"[65]海军情报处处长,后来担任帝国国防委员会秘书的奥特利也是一位切断德国海上贸易战略的坚定支持者。他相信只要切断一条通往德国的主要运输线,就可以赢得战争。问题是:

在我担任情报处处长的三年里一直在研究这个问题，斯雷德将军告诉我，在他接替我任情报处处长后也对此特别关注……我担任处长的全部时间里，海军部都认为英国的地理位置和海上优势结合起来，让我们有了在海上扼杀德国的特殊而简单的手段。海军部的观点是（在一场长期战争中）我们的制海权会像磨一样把德国人研成"粉末"（虽然在研磨德国的工业人口方面会慢一些）——汉堡的大街上迟早会长出草来，匮乏和凋敝将会慢慢扩散开来。[66]

1906—1907年间，海军学院的一个秘密三人委员会〔主席是G. A. 巴拉德上校（G. A. Ballard）〕制定了一套详尽的战争计划。这显然"绝对不能被认为是确定要采用的计划，但具有宝贵的指导性价值，因为它们涵盖了决定战争计划的各个方面的多种考虑"。作者考虑的对德战争的八个作战方案中，有两个具体方案的目的是以"摧毁或遏制德国的海运"来向对方施压。[67]

马汉和考贝特都认为作为世界上的头号海军强国，一旦放弃海上查没权，英国的利益就会受到最严重的损害。马汉预示，"在欧洲的政治事务中，海上查没权即使不是英国拥有的对付大陆国家的唯一进攻性武器，也是最主要的一种"[68]。考贝特相信虽然"在公海上查没的财产本身没有什么价值，但作为威慑手段的价值不可估量……敌人会感到从各个港口驶出的每一艘船只及其装载的货物都不安全，这就是一种真正的威慑，将会使他们的商人失去信心，扼杀他们的工业"[69]。克拉克也强调了查没权的威慑作用。

尽管反对放弃海上私有财产查没权的观点在英国有着重要影响，但也存在不同意见，特别是自由党媒体和大法官罗伯恩（Loreburn），都敦促政府放弃这一权力。他们的基本理由是放弃该权力将扼杀德国与英国进行海军竞赛的动力，因为德国舰队发展最可能的原因就是要保护自己的海上贸易。也就是说，削减海军军备和豁免捕获的私有财产密不可分。他们还争辩说使用查没权不会产生决定性的效果，因为敌人可从中立国获得物资。

中立国家一贯要求取消查没权，它们打出的一个吸引人的口号是"海上的自由"，而在海牙会议上本来是有机会为此而努力的。哈丁对此十分警觉。"我看到反对这种查没权的本质是一旦无法没收查获的商船，就等于替德国解除了在一场与英国的战争中的主要危险。"[70] 人们并未意识到哈丁、国王和海军部对海牙会议会挫伤英国海军进攻能力的担心。在海牙，德国是唯一一个支持美国取消查没权建议的海军强国，而且这种支持也仅仅是表面上的。虽然有 21 个国家支持美国的提议，只有 11 个国家反对，但因为反对的都是强国，令众多国家的支持显得无足轻重。

A.K. 威尔逊是轻视海上贸易战的少数例外之一。"遏制德国的贸易或捕获他们的商船对战争结果没有影响或者影响甚微。"但当时有少数人意识到经济封锁的压力将是迫使公海舰队出动与英国海军一战的有效手段，威尔逊就是其中之一。[71] 海军元帅威廉·梅爵士也赞同这一观点。

> 如果我们仅与德国交战，我认为英国海军没有机会在一次进攻行动中获得胜利，因此在敌人的舰队出海之前，我们能做的只是切断他们的海外贸易：如果方法得当，这将给敌人带来巨大的困扰……极有可能发生的是，俘获德国的商船将激怒整个国家，民众的情绪会极其激愤，进而迫使德国舰队出海与英国海军交战。[72]

作战计划的重点是依靠海上贸易战来扼杀德国的商业。1905 年 6 月，"对所有德国港口实施有效的商业封锁"成为下达给海峡舰队司令的作战命令的几条基本原则之一。此外，由于威尔逊和梅看到了商业封锁的优点，后来的作战计划强调了这一点。海军参谋长杰克逊指出作战计划的中心原则就是"摧毁德国的商业海运，通过切断海外贸易给德国以巨大压力，使德国海军寻求与我们的战斗，这样就可以结束海上战争"[73]。1912 年 11 月 25 日下达的作战命令中就有以下"总体指示"：

> 作战计划的总体思想是利用我们的地理优势切断德国的远洋商业航线，同时确保英国的海岸不受有计划或偶然的武力侵犯，且政府决定在欧洲大陆作战的话，能够掩护远征军横渡海峡前往法国……据信，长期的远距离封锁会给德国的利益、信用和威望造成损害，并给其国内经济造成严重后果……

为结束这一态势，德国将被诱使向北海派出一支舰队，实力不仅能够打破轻型舰艇组成的封锁线，也可以投入一场大规模的海战。这一行动，或一系列行动，将在远离德国海岸而靠近我们的海域进行。[74]

战前的最后一份作战计划明确了同样的战略：

总体思想是首先摧毁敌人的海军并获得北海和海峡的制海权，目的是阻止敌人对英国本土、贸易和（必要时）向法国运输远征军的行动实施大规模进攻。这个首要目标达成后，由各个级别都占据优势的舰艇组成的舰队将在北海上不断游弋，以切断德国经由海上的贸易，假以时日，将逐渐损害德国的利益和信用，造成严重的经济和社会后果。为阻止或挽回这种损害，德国可能将舰队派入北海，不仅足以突破封锁其出海口的英国舰艇中队组成的防线，而且可能在执行这一任务的同时派出登陆军队袭击我们的海岸。[75]

综上所述，海军部完全认同在海上投入力量实施贸易战，尽管到1914年，"商业阻滞"思想和远距离封锁概念一起，取代了"商业摧毁"思想。英国在大洋上使用巡洋舰切断德国贸易的战略被降至第二位，因为英国海军看到，封锁从北海到大西洋的航线就能切断德国与全世界的贸易。就像1914年4月丘吉尔在一份名为"贸易保护"的文件中所声称的那样，"在我们的行动中，袭击德国的贸易相对来说并不重要，英国巡洋舰不应该在影响自身任务的前提下执行破交战。对德国海岸实施远距离封锁就能对其施加经济压力，从整体上切断其进出口贸易"。[76]

英国海军在大战爆发前十年里并没有预见到，封锁会给德国1914—1918年间的经济带来如此大的损害。这也不奇怪。以前除了英国，没有哪个国家像20世纪初的欧洲大陆国家那样依赖海外贸易。也从来没有哪个高度工业化的国家经历过这样大规模的战争，战争爆发后不久，对海外贸易的封锁就造成失业率奇高和工业停滞。不管怎样，海军部认为封锁不仅能严重削弱德国经济，而且很有可能带来海军最想要的结果——一场舰队决战。

7. 进攻战略：联合作战

爱丽丝在总结军种间关于联合作战的争吵时对柴郡猫说，"他们全都吵得这么凶，看起来根本没有任何具体的规则可循，你不知道这里有多混乱"。

1905 年，在鲍尔弗的建议下，帝国国防委员会成立了一个下属委员会来决定陆海军联合作战时各种可行的计划，并为这些计划制定细节。该委员会在数年后暂停工作，直到 1914 年 7 月 21 日大战爆发前夕，在海军参谋部的建议下才重新启动。伊舍在 1910 年曾抱怨"尽管自 1904 年以来做了大量工作，内阁成员和海军大臣等人还是不能把一种思想从大脑中清除掉，那就是你可以在不同的水密舱里打一场大规模战争——海军只致力于海上事务，外交部和陆军部也只管自己的那份工作，诸如此类"。[77] 没有一个由帝国参谋总长和第一海军大臣组成的联合战略计划参谋部是一个重大缺陷。一个美国学者注意到"帝国国防委员会将职业军人和政治家组织在一起的时候，这些职业军人似乎只是有关自己军种问题的独立顾问，而不是囊括陆海军的联合军事顾问团成员。这就使战略计划在某种程度上被割裂了……"[78] 但一个制定联合计划的机构在当时是不可能有的，事实上直到 1923 年才出现。

困难要部分归咎于海军的行政部门，这也是唯一能决定陆海军合作成败的部门。从中可以清楚地看到海军行政部门的军官和其他部门军官的关系。[79] 这些军官在所有同僚面前都有一种高高在上的优越感，可以说他们的地位比律师、医生，或者陆军中同阶层的军官还要高。费希尔对陆军部和陆军将领的看法比较典型（如果不能称作极端的话），"任何一个蠢蛋都可以在陆军当将军"。这种态度使任何军种间的合作都异常困难。费希尔和威尔逊对海军作战计划的极度保密也让情况变得更糟糕。前者告诉诺里斯，"如果陆军部知道了这些计划，它们在一周内就会见报，据我理解，这就是海军不愿意将作战计划泄露给任何人或陆军部的主要原因"。这话对诺里斯来说简直是荒谬无比，因为事情明摆着，陆海军在战争中必须要协同作战。[80] 而海军的"两栖战"方案和陆军的"大陆战"方案之间的冲突，使和平时期两个军种制定战时合作计划的前景变得更加暗淡。

费希尔—威尔逊学派坚信应该实施陆海军联合参与的两栖作战行动，将全部或部分英国远征军投送到接近德国心脏地带的某处海岸，或敌人主力的侧翼或后方，以开辟一个重要分战场。费希尔将登陆点选在距柏林90英里的波美拉尼亚海岸，这里的沙质海滩长14英里，对英国舰队毁灭性的火力"根本没有防御能力"。他还设想在德国海岸为英国鱼雷舰艇和潜艇夺取一处基地——例如在石勒苏益格—荷尔施泰因地区。他最喜欢引用爱德华·格里爵士说过的一句话，"英国陆军应该是英国海军发射出去的一枚炮弹"。他经常提醒人们这就是海军的传统任务，用速度优势和出人意料的行动来对付大陆上数量占优的敌人。毫无疑问，考贝特的思想影响了费希尔。前者在担任皇家海军学院历史学教授期间曾在《德雷克的继承者》（1900年）一书中写道："我们总是高唱着'海权'，却忘记了它的真正价值在于其对敌人陆上行动的影响。"考贝特后来的著作中也提到了同样的原则。他总是试图阐明海上和陆地战略之间的紧密关系，并认为战略思想中的这些元素长期以来没有被综合起来加以研究。

费希尔不能接受陆军总参谋部提出的将全部英国远征军作为法国军队左翼延伸的战略设想。这种将英国的小型陆军投入到大规模大陆战争的方式是"怪诞""令人毛骨悚然"的。伊舍、克拉克和爱德华国王都认同费希尔的观点。但他自己那套使用联合军种力量实施两栖作战的方案就可行吗？批评者们说费希尔忽视了一个事实，即这种两栖作战的目标只能是敌人远离船厂和工业中心，无法得到增援的地区。海军上校A. C. 德瓦尔曾注意到："在波罗的海或赫尔戈兰湾海岸实施登陆并保持大量陆军的行动，都必须伴随着封堵或封锁基尔运河和威廉港的行动。费希尔爵士或其他人从来就没有试图解释过这对陆上或海上行动将有什么影响。"另一个批评是关于波罗的海狭窄的入口，那里很容易用水雷封锁。这些批评有道理吗？答案是既有也没有。我们考虑费希尔在战争第一年中的战略思想时，就会对这个问题有一个更加全面的理解。

与当前的讨论更密切相关的是，陆军将领们从军事角度上看不出费希尔的波罗的海计划有任何可取之处。这里可以简要列出反映陆海军间深刻隔阂的几个历史事件。1905年9月，正值摩洛哥危机期间，费希尔急切地建议陆军部和海军部一同制定（在10月之前！）在波罗的海的联合作战计划。法国被想定为英国的盟友。私下里，陆军总参谋部的军官们对该建议大加嘲讽。官方的反应则是为计划泼了一盆冷水。

一支十二万人的军队在波罗的海海岸登陆就能牵制多达四十万德国常规军和民兵,并为法国军队解除相应的压力,这种说法令人存疑。德国有 85 万有组织的民兵用于本土防御,虽然他们不是最精锐的军队,机动能力也不强,但面对一支数量不占优的敌军仍可以建立坚强的防御。而德国的铁路网能让他们快速集中⋯⋯

一支十二万人的英国精锐军队可能有能力阻止德军在法德前线取得任何重要的成功,促使德国人在经历了海上的失败后,认为自己在陆上也处于下风。这几乎肯定会让战争以英国和法国满意的方式的尽快结束。

给海军部备忘录的封面上加有注释:"这份文件并未经过任何形式的批准,但我认为暂时缺席的 CGS〔总参谋长利特尔顿(Lyttelton)〕和 DMO〔陆军作战处处长格里尔森(Grierson)〕都会同意文中的观点。"[81]

陆军将领们还认为开辟波罗的海分战场根本无利可图。对一次联合行动来说,没有哪个重要目标是易得的,英国陆军规模太小,而德国在波罗的海区域已有严密防守,因此无法靠这一行动牵制大批德军。这种行动"无法在军事上产生决定性影响。而同时在陆上进行的决定性战役却可能因缺少我们的支援或协助而失利。向法国军队提供直接支援可以产生更好的效果"[82]。费希尔一如既往地毫不屈服,坚持自己的"海上"战略而不向陆军做任何让步。虽然他还是与陆军部进行了合作,在 1909 年允许总参谋部和海军情报处、海军运输处一同制定运送英国远征军的具体计划,但只要有官方的机会表达他在更大问题上的观点,他就会以一贯的热情毫不犹豫地这样做。其中一次是在 1908 年 12 月 3 日举行的帝国国防委员会与内阁的联合会议上。当时法国政府濒临与德国的战争,坚持要求将十二万英国军队运往法国。内阁同意了,费希尔则保持沉默。向他提出的唯一问题是海军能否保证执行运输任务,他的回答是"可以"。随后阿斯奎斯问他还有什么要说的。费希尔回答,"就这里的人想听到的东西而言,我没有什么要说的"。阿斯奎斯进一步追问,于是好戏就开场了。费希尔厉声说道,如果把十二万英国军队送到法国,德国将搁置其他一切事务,不惜一切代价包围和消灭这支英军,而且他们最终将取得成功。大陆上的军队既已如此,费希尔认为英国陆军应该仅限于执行突袭德国海岸、夺取赫尔戈兰或进驻安特卫普等任务（德国军队进攻法国时，英国军队可以从比利时威胁德军侧翼或后方）。他提醒与会人士，波美拉尼亚那片光滑的沙质海滩距柏林只有90英里。只要英国军队占领并固守那里的海岸，就能拖住一百万德国人（这是过分的夸张，抑或是一厢情愿的想象？）；"但将英国军队派到一场大陆战争的前线是自杀式的愚蠢行为，这种行为的根源在于霍尔丹的鼓动和开战后再训练地方军这一幼稚方案造成的扭曲战争观。紧接着费希尔开始大肆攻击陆军部和它的所有政策，罪名包括傲慢、财政上的浪费和对战争的无知。"此时阿斯奎斯说，"我认为我们最好暂时休会！"[83] 直到1911年夏天，帝国国防委员会和陆军部都没有考虑过任何将远征军派往法国参与重要陆上战斗的计划。

1911年8月，最后摊牌的时刻到来了。随着陆军准将亨利·威尔逊爵士在这个月担任陆军部作战处处长，陆军与法国的对话以及英国陆军的使用方式都出现了新的转折。威尔逊是一个狂热的亲法分子，而且深受法国福煦将军的影响，主张英国应完全、无限制地参与大陆战争，与法国陆军并肩战斗，对抗共同的敌人。他深信英国陆军最可能采用的战略就是在开战后尽快加入法国野战军。他认为海军在一场大规模战争中价值不大（法国的政客和将军们也这样认为——卡斯泰尔诺和霞飞将军都认为除士气方面的作用外，海军的价值还比不上一把刺刀）。威尔逊显然认为海军的主要任务是防御。它的根本作用是守卫本土水域防止敌人入侵，并通过保证海峡畅通来协助英国以最快最强的方式对法国进行军事援助，这样一来，英国远征军就可以及时渡海加入法国陆军，并部署在其左翼。威尔逊得到霍尔丹和格里的支持。1911年7月达成了一个威尔逊—迪巴伊（Dubail，法国陆军参谋长）协定，内容是在动员后数天内将六个师的英国军队派往法国，并列出了可用于英军登岸的法国港口以及英军在法国开进前的集结地。但双方并未就远征军的渡海行动做出安排，而且只要海军部对此计划抱有敌意，这种安排就无法做出。

两种不同观点不可避免的激烈碰撞，终于在1911年8月23日召开的历史性的帝国国防委员会会议上发生了。会议的主题是讨论一旦阿加迪尔危机引起战争，英国应采取何种措施。[84] 威尔逊准将以他一贯清晰、娴熟的方式阐述了大陆战略。面对约40个德国师发动的主要攻势，法国将可能部署37到39个师。他断言六个英国师，即英国可以使用的全部常规军队，极有可能成为法德战争中的决定性因素，虽然他们在物质上的价值远低于士气上的价值。德国将毫不犹豫地从比利时南部进军。霍尔丹询问陆军部，是否能假定海军部可以在总参谋部企划中的十三至十四天内将远征军安全运抵法国。A. K. 威尔逊认为海军部完成这项任务并没有多大困难。

首相接着征询海军部的战略观点。A. K. 威尔逊对陆军总参谋部的计划提出了三项批评：（1）战争爆发伊始就将全部常规军运往大陆，极有可能在国内引起恐慌，还可能会限制舰队的调动。也就是说，政府将面临很大的压力，从而将舰队的任务限制在海岸防御。（2）如果没有常规军的应急反应，敌人小规模的偷袭有可能造成巨大破坏。（他后来进一步解释说，反击入侵的最重要因素就是反应速度，而未受训的地方军在常规军全部离境的情况下无法完成反击任务。）而且在东海岸有诸多对战时海军极为重要的据点，这些据点现在并没有防御力量，因此需要陆军在战时提供保护。（3）海军需要常规军来执行联合海上任务。然后威尔逊简要介绍了海军在战争爆发时的战略：

……封锁德国整个北海海岸。其中的重要区域是易北、威瑟和加德河口……由于基尔运河的原因，我们也会被迫监视波罗的海入口。我们不想阻止德国舰队的出动，但不幸的是，如果我们允许他们自由行动，他们的驱逐舰和潜艇也将出动，这是我们想极力阻止的。如果可能的话，我们将使用驱逐舰监视德国海岸线。但她们离最近的英国基地将有三百海里，所以无法长时间停留在自己的战位上，以致执行监视任务的舰艇数量减少……在驱逐舰后方是侦察舰艇和巡洋舰，驱逐舰遭到敌人大型舰艇的驱离时将撤向这些舰艇以获得支援。

威尔逊继续说明，夺取以下岛屿或港口将有利于实施近距封锁：加德河口的万格罗格岛（Wangeroog Island），因为该岛作为一个警戒哨对德国人非常有用；希利格洪恩（Schillighörn），从这里可以阻止德国在加德河口的夜间布雷行动，它还可以作为英国驱逐舰的前进基地；威瑟河口的新要塞；比苏姆（Büsum），从那里可以威胁基尔运河。

除夺取警戒哨和要塞等对海军的直接好处以外，此举还将令德国北海海岸处于一种持续的告急状态。我们的军队可以由集中的船队来运输，因此具备高度机动性，能够在敌人的优势力量得以集结和投入战斗前完成登陆再登船的行动。如果我们能以这种方式将威尔逊准将所说的德国军队中的十个师牵制在北海海岸，我们不仅能将这些德军拖至远离主要战场的区域，还减少了他们可用于国内生产（诸如船厂或其他工业）的劳动力，这将在物质上对战争做出巨大贡献。也意味着我们加剧了德国的经济紧张。

这样的行动需要一个陆军师或更多常规军队。他们随后甚至可以尝试摧毁在威廉港的德国舰队，或者将其驱赶出海，尽管这会涉及常规的攻坚行动。同时有必要在战争爆发后以最快的速度占领赫尔戈兰，威尔逊建议由海军陆战队来执行此计划。他预计这是一项容易的任务。

威尔逊遭到了丘吉尔和陆军将领们的联合反对。帝国总参谋长，陆军元帅威廉·尼科尔森爵士声称在海军部的计划中，集中行动的船队将暴露在德国潜艇和驱逐舰的攻击下（这一点威尔逊曾在他1910年有关入侵的备忘录中强调过），即使船队没有遭到攻击，能够从船只登陆或重新登船的军队，机动性也不会优于敌人的地面力量，因为后者拥有强大的铁路运输能力。海军上将反驳称，海军的制海权将使英军固守两至三处区域作为桥头堡，并可以应要求随时支援这些区域。弗伦奇将军称德军同样有能力秘密集结压倒性优势的军队来进攻这些桥头堡。威尔逊则说上述登陆区域都处于海上的舰炮火力范围内，所以可以利用军舰来支援军队。丘吉尔指出这意味着舰队将非常接近德国海岸，从而暴露在岸炮火力和鱼雷攻击之下。尼科尔森补充说在夜间，军舰无法靠近海岸，所以不管这些桥头堡有多强的防御能力，都将被德国以优势力量夺回。至于威尔逊所说的加剧德国的经济压力，尼科尔森说德国无论如何都将动员这十个师。"事实是这一类作战行动在一个世纪以前可能具有一些价值，那时军队的陆地运输能力微不足道，但现在已大为进步，所以这样的行动注定要失败。无论我们在哪里登陆，德国都可以在那里集中优势力量……至于舰炮的火力，他认为其效果被高估了。"尼科尔森和丘吉尔都认为夺取赫尔戈兰也是不可能的。尼科尔森引证说日本的乃木希典将军指挥20万人围攻旅顺港（1905年），在未受任何其他因素干扰的情况下，损失了7万人才取得胜利。

威尔逊毫无畏惧地稳扎稳打。他声称舰队可能有必要进入波罗的海去封锁普鲁士海岸——这也有可能行不通，因为丹麦人不会因德国在其水域布雷而被激怒。为此，英国海军将不得不在这些水域夺取可用的海军基地，例如费马恩岛（Fehmarn Island），另外，海军还有可能要攻击斯维内明德（Swinemünde）和但泽（Danzig）。这对尼科尔森来说太过复杂了，他直截了当地质问，如果陆军总参谋部的研究表明，用一个常规陆军师执行这样的两栖行动是疯狂的行为，那海军部是否还要坚持自己的观点？会议记录中没有威尔逊的答复。此时，格里表达了和陆军将领们一致的意见。他认为威尔逊建议的联合行动无助于海上战斗的胜利；而陆地上的战役将具有决定性。丘吉尔对此也表示同意。让英国军舰在要塞面前和狭窄水域中冒险来执行近距封锁和两栖登陆行动，在战略上真的必要吗？是的，威尔逊回答说。"最近所有的海上演习都表明近距封锁是必要的。任何其他战略都要求大大增加驱逐舰的数量。我们舰队的安全取决于阻止敌人的驱逐舰出海……海军部要实施近距封锁的意图也有必要保密，连舰队都不知情。他指出的那些需要夺取的要地，将使我们的驱逐舰得以靠近敌人的海岸。"丘吉尔问将敌人的驱逐舰封锁在港内如此重要，那么舰队是否有能力在夜间击退敌人鱼雷舰艇的袭击。威尔逊回答说敌人的驱逐舰知道我方舰队的精确位置，几乎可以肯定夜袭将取得成功。如果一艘驱逐舰能够在夜间接近到一艘战列舰三千码内，就可以击沉后者。尼科尔森说在这条海岸线上有众多河口和岛屿，因此他断言，英国军队要占领整条海岸线就需要大量的海军支援。丘吉尔问为什么海军部在实施近距封锁战略的前提下，还认为英国将面临德国偷袭的严重威胁。威尔逊说封锁舰队可能会被暂时驱离，整支德国舰队将得以出动。丘吉尔反问，这难道不是海军最想看到的吗！

会议继续进行下去。更多尖锐的交锋只能印证海陆军之间的立场差异巨大。下面这封汉奇当时写的信可以比官方记录更好更好地表现会议的气氛。

第十二章　战前海军战略战术的演进　319

　　昨天的紧张会议上发生了激烈争执。克鲁、哈考特和莫里等原本倾向于海军的人并未参加。而多少转向陆军立场的温斯顿和劳合－乔治却出席了……争吵从上午 11 点半一直持续到下午五点半，什么决定也没有做出。帝国国防委员会将不再召开更多会议，如果需要继续讨论，也将在内阁范围内进行，而内阁中两派的势力比较均衡。威尔逊陷入了一场前所未有的战斗——考虑到事情几乎是转眼间便扑向他，而他的海军情报处长又在休假——但正如你所知，他并不善于辩论，我也不认为他表达得很好。他把自己过于禁锢在海军意图上，而你一直避免陷入这一主题。我非常钦佩麦肯纳，他总是试图调解双方的争吵。老尼克（尼科尔森）绝望地失去了耐心，当然……（霍尔丹）和麦肯纳之间有些激烈的言辞交锋……格里则完全是一副法官的姿态。

　　关键是最后没有达成任何决议。在我看来这意味着我们对手的失败。[85]

　　实际上汉奇错了，当天占上风的是陆军部的观点。
　　这次会议的直接后果就是海军部于 8 月 29 日向陆军部递交了一份建议，要求后者在得到海军部的通知后，以最快的速度派出以下兵力供北海上的英国舰队司令调遣：六千名步兵，一个皇家工程兵连，三个炮兵营，一个自行车连（侦察部队），一个小规模的电话连和数名飞行员。

　　这些兵力将用于夺取岛屿或者陆上某个地区，摧毁敌人的信号站，通过突袭干扰敌人试图建造前沿工事的活动，占领已经被舰队火力摧毁的炮台，以及攻击沿岸或近岸舰艇发现的任何欠准备或防御不足的地带。……在战争爆发后，一旦海军舰队司令提出要求，这些军队应该以最快速度登上运输船，并停留在泰晤士河或东岸任何适于集结的水域，只要接到命令就开往与舰队的会合点。

　　对已在帝国国防委员会会议上表达过态度的陆军将领而言，这样的要求近乎无耻。所以我们也可以预见到陆军部会给予什么样的回答（9 月 8 日）。

　　……我们有理由相信，敌人出于谨慎，将在战时加强已建成或已武装过的用于海岸防御的设施,也会部署足够的兵力用于击退登陆的敌军,而且敌人可以利用现有的铁路和公路向受威胁地区快速集中,所以(陆军)委员会的观点是,海军建议的这种性质和范畴的作战行动将以灾难而告终。即使一小支军队能够成功登陆,也肯定会很快在遭受重大损失后被迫重新登船,或者在陆上被敌人歼灭或俘虏。

威尔逊对此评论到(9月9日):"这清楚地显示了不作为的责任在于陆军部。目前我不建议采取任何进一步的行动,因为来自陆军的帮助若非他们诚心给予,那还不如没有。"相反,麦肯纳承认(9月19日)陆军委员会的观点——"建议中缺乏确定的登陆地点,所以无法具体研究这些地点现有的防御能力和敌人在战时向这些地点快速集中的能力"——具有"无可辩驳的力量"[86]。

丘吉尔是带着两个任务到海军部上任的:建立海军参谋部和消除海军大臣们对陆上作战的邪恶印象,以保证海军不再反对陆军的大陆战略。他在8月13日交给帝国国防委员会的文件证明他确实是正确的人选。[87] 丘吉尔在文件中建议,一旦德国和奥匈帝国进攻协约国,英国可以将4个师的远征军及其辅助部队(约10.7万人)派往法国,并"在决定性的战场上发挥有效作用",而另外18.3万人,即剩下的全部职业士兵,将在海军对敌人建立有效封锁后前往法国,这将在战争开始后的四十天内完成。

丘吉尔来到海军部以及威尔逊退休,特别是巴腾堡接任第一海军大臣后,情况大为好转。虽然汉奇担任帝国国防委员会秘书后,一直勇气可嘉地试图"破坏"陆军那建立大陆军,让海军担任次要角色的"计划和阴谋"(他得到了费希尔及其他人的支持),但新海军部管理层已经可以毫无困难地与陆军部一同制定在短时间内将远征军快速运往法国的计划了。战争爆发时计划的细节已经完成,两栖作战计划也寿终正寝,直到费希尔1914年回归后才复活。

客观起见,我们要记住海陆联合作战在德国人那里受到的重视还不如英国人。德国的军事传统是陆军负责制定军事战略,海军则尽最大努力去配合。但其内在原因不是我们需要在这里讨论的内容。

8. 战术思想的发展

大多数费希尔时代英国海军将领的天赋都没有在战术方面体现出来。尤其要指出的是，战术研究也是费希尔的盲点。他在担任地中海舰队司令期间，经常因在舰队演习和机动训练中出现错误的战术部署而被海军部指责。作为第一海军大臣，他也从来没有对战术研究表示过兴趣。海军战术的两个神圣原则，僵硬的战列线和集中指挥，在任何情况下都没有遇到过挑战。

在现代海战的交战距离上，僵硬地执行单线式战术的弊端显而易见。战列线的航速受限于速度最慢的军舰；无法发挥分队指挥官的技能；最重要的是，它在战术上完全压制了主动性，排除了灵活性。线式战术出现在17世纪中叶，目的是在海战中强化命令的执行，保持舰队的集中。它是官方"战斗训令"的一部分，但到18世纪中叶，它神圣不可侵犯的地位几乎被终结。霍克（Hawke）在菲尼斯特雷（Finisterre，1747年）和吉伯龙湾（Quiberon Bay，1759年）取得的胜利成为反对这一战术的转折点，而博斯科恩（Boscawen）在拉各斯（Lagos，1759年），罗德尼在桑特斯海峡（Saints，1782年），豪（Howe）在"光荣六月一日"海战，以及纳尔逊在特拉法加采取的战术也是如此。英国海军取得的这些辉煌胜利并非靠摒弃线式战术取得，而是靠巧妙地将战列线和"全体追击"（general chase）战术结合使用取得的。但是人的天赋一旦被禁锢，迂腐者就占了上风。拿破仑战争后的1816年，新一套战斗训令中又重新强调了这种僵化的战术。用考贝特的话说，这些文件"是对17世纪最黑暗时刻打造的镣铐的祭献"。对线式战术原则的坚持一直持续到20世纪，部分的原因是在19世纪没有适当的机会对其进行检验。里士满曾写道：

……虽然大量采用线式战术的实战记录，都清楚地说明这种战术未能产生决定性的结果，但它还是作为一种战术阵型保持着至高的地位……东乡（在日俄战争中）采取的战术巩固了它的地位……实战中人们对这种战术的笃信，让人恍若置身于国王查理二世的时代……为什么会这样呢？线式战术能避免两个弱点。战前殚精竭虑的大量思考和紧急情况下的快速应变虽然必要，但并不为人所好，线式战术为指挥官省却了这一难题；将下属置于毫无责任的地位，可以避免给他们犯错的机会。[88]

战前，单线式阵型为费希尔、威尔逊、杰利科、布里奇曼以及其他同时代的海军将领所推崇。其他一些军官，主要以年轻军官为主，包括里士满上校、德瓦尔中校、贝蒂少将和斯特迪少将等，极力提倡在一场全面海战中让舰队的一部分扮演半独立的角色。1913年，贝蒂指挥的战列巡洋舰中队产生了大量分队进攻和其他分队战术思想。1910—1911年，在本土舰队司令、海军上将梅的任期即将结束时，他在多次演习中使用分队进攻战术，给予分队指挥官更多自由指挥的权力。其主要目的是调查从主力舰队派出分舰队和将优势火力集中于敌人战列线某一部分的可能性。梅的继任者、海军上将布里奇曼却没有将梅刚刚开始的努力继续下去，原因可能是即使在能见度良好的情况下，实施这种协同进攻对舰队仍有很大的困难。到战争开始时，短程无线电和飞机都没有在海军战术上得以很好地应用。人们在战前普遍接受的观点是，舰队仍将组成一条长长的战列线投入作战。

要解决的唯一问题就是如何在战斗中以最佳方式展开舰队。舰队应该以单线阵型接敌还是以多个纵队巡航，才能在战斗前以最快的方式展开成战列线？1901年，担任海峡中队司令的威尔逊成功进行了一系列演习，使第二种战术思想占了上风。到战争爆发前，

英国海军在海战中的基本战术就是以单战列线与平行航线上的敌人进行炮战。因此本土舰队在巡航时总是采取纵队阵型，以便以合适的角度快速组成与敌人航向一致的战列线。我们已经消耗了数十万吨燃煤来演练这纯粹出于假想的战术：两支大规模舰队相遇后快速组成战列线，然后在远距离上庄严无比地进行一场教条式的炮战……实力不足、火力较弱的德国舰队有可能按照我们假定的海战形式将自己置于危险之中吗？[89]

当然，一支大型舰队在巡航时只能采用严格的阵型，如多条平行纵队，在投入战斗时转换成单条战列线，只有这样，在阵型转换时部分或者很多军舰上

的舰炮才不会被友舰遮挡射界。英国海军的误区在于过于依赖于战列线战术。而这与过于集中的指挥密切相关，与僵硬的单线式战术一样，二者都是老战斗训令中的神圣教条，在"坚如磐石的传统和麻木不仁的头脑面前"牢不可破。少数年轻军官呼吁代之以分散战术，即将责任和主动性下放给下级指挥官，让他们依照所面临的战场态势采取适当的阵型与战术。"海战绝不是由一个人操纵的木偶戏。"这种战术思想认为，在一场大规模海战的紧张气氛和压力下，舰队司令很难像他的下属一样能够洞悉战场上各个部分快速演变的态势。坚持这种异端的人念念不忘他们尊崇的教主纳尔逊，是如何用分队控制原则将这种理论付诸实施的。纳尔逊手下每一位分队指挥官时刻铭记的是，要使自己的行动最有利于舰队司令意图的实现。分队控制原则确实是纳尔逊成功的秘诀；但拿破仑战争以后，集中指挥又被重新捧上神坛。

到 1914 年，舰队司令们在编写战斗训令时，都试图使之适用于所有可以考虑到的情况。这就是训令中的"跟随上级指挥官机动"，这种过于集中的教条让军官们在机动中纷纷发出"请求指令"的要求。回忆战前海军上将梅指挥本土舰队的战术演习时（在他任司令早期的 1909—1910 年），德瓦尔记述了他们是怎样消磨掉个人主动性和判断力的：

> 每个动作都来自舰队旗舰的信号体系，往往会把舰队战术发展成一种急性关节炎。舰长们和分队司令们只能小心跟随前方舰艇的尾迹机动。我经常可以见到有些分舰队明明只要独立行动就能更有效地发扬火力优势，但只要战列线形成后就从没有人这样做过。因为没有人敢于在没有命令的情况下行动，所以这种宝贵的机会总是被错过。有一次我注意到舰队前方的驱逐舰支队完全未能发起攻击，只因为舰队司令的命令被烟雾遮挡住了。[90]

也有几次显著的例外。梅本人在担任舰队司令的最后几个月里（他于 1911 年 3 月离职）试验了略有分散的战术。贝蒂在战前的战列巡洋作斗训令中指出了他赋予舰长和下级指挥官主动性的重要意义，例如："对多次大型海战的研究结果表明，巡洋舰和战列巡洋舰的舰长们要想成功，必须要有高度的主动性……""应该尽力执行上级的命令，但也不能被已经发布的命令所束缚，因为环境的变化可能已经使该命令不再适用。""必须让舰长们具有更多主动性和判断力。他们在战斗中遇到诸如以下情况时，可以凭借主动性快速采取应对措施……"[91] 卡拉汉在1912年12月接替布里奇曼担任本土舰队司令后，试图在某些传统的战术原则下引入一套分散战术，以给分队指挥官在战斗中依主动精神来行动的机会。1914年9月和1915年12月，杰利科在他颁布的大舰队战斗训令（GFBO，后者在日德兰海战时适用于大舰队）中提供了很大的分散指挥权。不幸的是，分散战术没有在实战中被采用（指日德兰海战），其原因我们将在下一卷讨论。

英国舰队在一个战术方面的缺陷是毫无争议的。直到1907年都未进行过夜间火炮训练，主要原因是有一种理论认为，大型舰艇在夜间无法有效防御鱼雷攻击。1907年夏天，英国海军实施了一个令人称奇的夜间射击计划，该计划要求一艘军舰在夜间使用一半舰员开火射击，另一半舰员理论上可以去睡觉！1911年初，大西洋舰队在和地中海舰队及本土舰队的联合演习中，进行了夜间两支靠近舰队间的射击训练。关于这次演习，杰利科在多年后写道："难于分辨敌友，难以判断战果，这都印证了我长期以来坚持的两支舰队间的夜战根本是在赌运气的观点，特别是有驱逐舰参与其中的时候。"[92] 战前为数不多的几次夜间射击演习也相当敷衍。海军一厢情愿地将希望寄托在两条由主力舰组成的战列线在白昼进行一场正式的舰炮决斗。事实上，直到20世纪三十年代，大型舰艇的夜间射击能力都没有实质性进步。海军上将威廉·詹姆斯爵士（William James）说，"缺少相关设备是阻碍夜间射击发展的原因"。这当然不错，但面对战前"英国舰队不会在夜间战斗"的教条，这些设备又怎么会得到发展呢？

另一边，德国海军发展出了和他们昼间射击水平一样优秀的夜间射击水准。日德兰海战中的夜战是让英国海军警醒的多个经验之一。英国驱逐舰的确开展了夜间战斗训练，但从日德兰海战中的表现来看这种训练是不够的。

比进步迟缓的战术更糟糕的是战术指导方面的严重不足。长期以来，一些年轻有为的军官抱怨缺乏足够的战术训练，梅指挥的本土舰队倒是个例外。贝蒂在大西洋舰队指挥"女王"号（Queen）战列舰时写道："这两天极具成果，主要是证明了我们的将军们在指挥大型舰队的手段和方法上是多么的缺乏经验。这不是他们的错。我们在这方面根本做得不够，演习次数太少，时间也太短，令他们无法纠正错误，也无法完全应用在连续两天的演习中获得的经验……"[93]

英国海军的另一个弱点，是在战术和战略的基本原则方面没有统一的思想。直到1900年，"战术"一词指的还是像四对舞步一样的机动形式，这种机动几无价值，而且与实战关系甚微。海军对实战中的问题没有多少实际研究，即使有也缺乏连续性。每一位舰队指挥官都有自己的一套做法。费希尔时代，海军学院率先对此开展了一些工作，但还远远不够；海军缺乏的是能够筛选研究成果，并将其体现为简单清晰的基本原则的思想家。另外，海军学院所信奉的战列线和集中指挥等教条并不总能获得普遍支持。由贝雷斯福德主持的一个帝国国防委员会下属委员会（1909年）声称它吃惊地发现"海军高级将领和资深专家在重要的战略和战术原则上存在着诸多不同观点"。

这种情况一直持续着，战争爆发时还没有一套被普遍接受的全面、权威的战术原则，实际上还存在着许多相互对立的观点。唯一有共识的基本战术目标是——无论以何种阵型开始，都要达成T字阵，即横跨敌人的舰首。这样可以让舰队中的全部火炮和鱼雷集中打击敌人的前卫。而敌人可用于反击的火力相对我方而言几乎可以忽略，鱼雷更是根本无法发射。

海军上将德瓦尔曾强烈批评海军学院提出的战略和战术指导：

大部分（战略）图上演习都建立在对海战错误的理解上，即海战无非是两支舰队间角斗士式的战斗。通讯控制在部署军舰和舰队上的作用没有被普遍意识到……在演习中多次演练了对敌人海岸的近距封锁，但海军学院院长却从来没有质疑过这一不切实际的计划。每一类作战行动都明显存在着对立和多样化的观点。例如一些军官面对强大的敌方舰队时还想要向海外运输大批陆军，而另一些人像美西战争中的美国海军部那样，即使在最有利的条件下也不愿这样做……

战术指导是使用军舰模型在比例约为1∶5000的地图上演习得出的。指挥中队和其他作战单位的军官坐在战术演习台两端，写下命令信号并交给操作人员。火力效果的评估依靠的是综合射程、初速和装甲等因素后，用计算尺算出命中率，但是在战术原则的研究上没有付诸任何努力。这种做法非常巧妙，但不管多么巧妙，都无法在战术板上复制出舰队作战的实际情况……

海军学院的这套作战指导对海军实战准备帮助甚少，但对于参与的军官来说，花在这上面的时间很少而空闲时间很长，这给了他们思考和研究的机会。[94]

海军在将战术和炮术的结合方面也没有什么作为，海军元帅查特菲尔德爵士就此指出，

海军战术由将官负责，而炮术主要由海军部负责，后者包括 ITP（Inspector of Target Practice，射击训练监察官）和海军炮术学校"卓越"号。将学到的战术经验和与之相关的炮术经验协调应用的工作还没有做。我们本应该在战前就制定一些远程射击方案，将火力集中在敌人少数舰艇上的方案，以及在全速状态下调整射速和射角的方案。舰队指挥官们在遂行精彩的战术机动后就匆匆收场，自以为是地认为炮术不会出现差错，完全能体现出他们的战术思想。由于物资困难和参加海军部设计的射击比赛，舰队指挥官也没有充分思考在实战中如何将炮术研究应用在战术上。[95]

整个问题的根源在于"装备"学派（费希尔、杰利科、威尔逊、杰克逊等）战前主导英国海军。这并不是说它的领导者对战略战术不感兴趣和回避相关领域的问题。例如，费希尔对海军装备的关注并没有遮蔽他的战略眼光。但就像"历史"学派（考贝特、卡斯坦斯、里士满、德瓦尔，等等）洞察到的那样，在海军中最优秀的一群人眼里，战略和战术得到的重视程度与军舰、舰炮和鱼雷相比是不够的。

那么，为什么海军高级军官对海战更高层面的事务理解甚少或不感兴趣呢？一个原因是 19 世纪末开始的装备革命吸引了大部分军官的注意力，以致对战争中的无形事物疏于研究。这样的视野反过来造就了一套错误的海军教育体制。在教育年轻军官时，战略、战术和战争原则成了次要角色；而在专业性很强的技术和机械方面施以压力：炮术、鱼雷、操舰，诸如此类。在这种环境下，海

军部也很自然地不重视海军历史的研究，这也导致海军部反对认真探讨战略战术。费希尔曾说，"不管历史对其他职业的人能提供什么帮助，对海军来说它只不过是被打破的观点。过去的条件都已经变了……"[96] 1909年，费希尔在回应帝国国防委员会的一次质询时写道，"卡斯坦斯要回到康沃利斯和凯斯（Keith）那些人的时代。他真是可恶！干嘛不回到诺亚方舟那时候呢！"[97] 一位英国海军军官后来精彩地概括了当时的整个情况（1951年）：

日德兰海战前十年，英国的海军将领们并不缺乏远见。他们真诚地相信只有身处海上的舰队中，才能够学习和实践"海军将领的艺术"。虽然他们浸淫于纳尔逊的传统，却对潜心研究历史不感兴趣，因为他们年轻时从未被教导过如何从历史中汲取教训，他们的全部所见就是蒸汽和科学已使海战发生巨大变革，而从死板的历史中已经学不到任何东西了……舰队规模在急剧扩大，有大量关于新武器和新装备的知识要去学习，每一名军官和士兵都被要求能够操纵军舰。所有空余时间都被用于技术课程。以致海军思想逐渐被淹没在复杂的技术装备中，对战略战术的学术研究也就没有存身之处。1910年，为弥补这一点，为高级军官开设了海战课程。但用丘吉尔先生的话说（《世界危机》）："让皇家海军广泛了解海战问题和海战形势，而不是将操舰、炮术和装备至于最高位置，这样的政策至少要持续十五年才能有所回报。"

的确，醉心于海军历史或具有分析批判态度的军官都被视为怀疑论者。"……从参谋工作的角度对海战进行真正研究的军官，被看作是总想干轻松工作的异端和疯子；那些一线军官则很乐意自行发挥他们那优秀但缺少指导的天分。"[98] 当然也有例外，卡斯坦斯、德拉克斯、贝尔莱尔斯、德·B. 布洛克（De B. Brock）以及其他潜心研究战争的军官后来都升至将官并担任重要职务。硬币的另一面可以由杰利科的海军生涯来诠释，他在担任大舰队司令之前还从未读过马汉的著作！[99]

里士满则是一位优秀的历史研究者。1912年，海军学院开设了第一批参谋课程，里士满是讲师之一，他做了一系列有关西班牙继承人战争的讲座。他有着惊人的记忆力,也有海量的历史知识。有些军官起初怀疑这段遥远的历史能对研究20世纪的海战有何帮助,但他们很快发现里士满具有清晰描述每一个历史场景的诀窍,不仅讲解的过程令人愉快,而且他能从这些场景中总结出对两百年前和今天都具有无可辩驳的价值的教训和原则。由于他有取之不尽的历史知识以及对历史的不倦思考,他对海军政策和战略的判断很少出现错误,而且经常远远领先同时代的人。在他的积极倡议下,1913年,一小批勇敢的海军军官创建了《海军评论》杂志,这份主要在私人圈子里流传的杂志至今仍受欢迎。创建《海军评论》的目的就是"鼓励(海军军官)对战略、战术、组织、指挥、纪律、教育、海军历史和其他任何影响海军战斗力事务的思考和讨论,但不包括诸如炮术、工程等技术和装备类事项"。里士满是一位奇才,集优秀的海上指挥军官、教师和历史学家于一身——他的著作充满了智慧和广博的经验,将来流传程度可能不逊于马汉的作品。海军上将德拉克斯曾感慨说,"很可惜我们没有更多像他这样的人"。但里士满在担任海军作战处助理处长时(1913—1915年)提出的海军战略方面的建议却没有得到足够的重视,自卸任助理处长职务直到大战结束,他并没有得到与他天赋相称的任命。里士满性格上的缺陷是原因之一。虽然他极富个人魅力,但他激烈的观点和坦率的批评总是让人无法忍受,常常激怒比他资深的军官且在海军内树敌众多。在这种情况下,海军还是显示了极大地克制,使他能够继续服役。不论如何,在海军内,他性格上的坏名声和他的书卷气赢得的声望一样高。那些在高级职位上有"实际经验"的人,亦无法相信像里士满那样博览群书的人能像他们一样成为一流水手。

伊舍爵士厌恶那些所谓的有"实际经验"的人(诸如政客、水手和市侩)对历史研究的轻蔑态度。"我亲爱的汉奇,为什么我们要为历史操心呢?朱利安·考贝特用我们的语言撰写了有关政治和军事战略最好的著作之一(《海军战略的部分原则,1911》)。所有的经验教训,有的具有无可估量的价值,都体现在他的著作中。可能除了刚刚对此有所重视的温斯顿,没有其他人读过这本书……很明显,历史是写给学究们和扶手椅中的战略家看的。政客和军人都是在黑暗中摸索。"[100] 所以作为世界上最庞大的海上力量,皇家海军几乎没有贡献海军历史、战术和战略著作。

1914年的英国与德国舰队

―――― 第十三章 ――――

海军关注的是信心的每一个源泉……人员优秀；装备精良；优势明显；各个环节都详察入微；在地理位置上，我们也占有无与伦比的战略优势。

——丘吉尔致罗伯茨爵士，1912年1月23日

事实是在1914年，皇家海军几乎完全没有为战争做好准备，而且在1914—1918年的大部分时间里一直如此。

——海军中校斯蒂芬·金－豪尔（Stephen King-Hall），
《我的海军生涯，1906—1929》

反思所有可能的错误并累积自己在战争中的教训，却错误地认为敌人不能像他一样受益其中，这种人绝没有拿破仑或纳尔逊那样的想象力和勇气。

——费希尔，《回忆录》

1. 人员

皇家海军在1914年几乎没有真正出色的将领——像霍克—纳尔逊那样的卓越战术家和舰队指挥官，或者像安森—巴勒姆那样的海军思想家。一个原因是1914年以前的那一代海军将领都没有机会在实战中得到锻炼。另一个原因前面已经提到，"技术"学派占据了统治地位。第三个原因是所有高级军官都是在风帆时代成长起来的，他们从心理上从未摆脱那个时代的影响。[1]

一位政治家、一位低级军官和一位高级军官对该问题的观点极具代表性。丘吉尔抱怨说，"在海军中将和少将中极度缺乏可以晋升到海军上将的优秀人才"。"我们有优秀的管理者，各个方面的卓越专家，无与伦比的水手，严格

守纪的部队,最好的一线军官,勇敢和甘于奉献的士气;但在开战之初,我们虽然有很多驾驭军舰的舰长,却缺乏真正的战争驾驭者。"[2]海军中校斯蒂芬·金-豪尔也坦率地声称:"1914年时我们的舰队中有很多糟糕透顶的海军将领。他们是一群和蔼可亲,喜欢虚张声势的老水兵,但没有受过科学训练;他们都具有某种共同的气质,却对战略战术的理论和实践毫无概念。"[3]贝蒂则在1909年大西洋舰队演习(当时他指挥一艘前无畏舰)之后写道,"我们有八位将官,但我觉得除了路易斯亲王外,没有一位堪称出色…"[4]

不管费希尔有什么缺点,他毕竟是一位天才。他和A. K.威尔逊以及巴腾堡都是最优秀的高级将领。但在1914年,只有巴腾堡还在军中服役。路易斯亲王本是德国贵族,但已刻意淡化了自己的德国背景。他在英国长大,娶了自己的表妹维多利亚公主(维多利亚女王的孙女),成了地道的英国人。1868年巴腾堡作为军校生加入皇家海军,很快就靠自己的能力崭露头角。"我憎恨那种是凡有关海军的事情都要从国王,也就是我叔叔那里受益的想法。我要靠自己的过人之处去争取,如果我还有过人之处的话。"[5]但他也有极大的野心,而且在费希尔担任第一海军大臣期间就完全展露出来。任命他为第一海军大臣得到了海军内外的一致拥护。一个朋友说,他对此简直"欣喜若狂,这是他一直想获得的职位"。在1914年,路易斯亲王是海军现役军官中公认的出色将才。丘吉尔认为他是第二个圣文森特。虽然受到德国背景和痛风病的影响,巴腾堡仍是一位一流的海上全才,天生的领袖,卓越的战术家和战略家(在1912年以前进行的舰队演习中他从未被击败过)。他还是一位学富五车,喜欢钻研的学者,一位高明的语言学家,同时也热爱艺术。他与人为善、性格开朗、勤于思考、外表庄重——看起来就是皇家海军军官的完美形象——这些品质也代表着一种职业典范。巴腾堡得到了各阶层官兵的敬慕,也是众多海军将官中最被信任的一位。"如果他在一份备忘录告诉几百号海军军官黑的就是白的,他们也会毫不犹豫地相信。"[6]

1914年,优秀的现役高级将领还有脾气温和的本土舰队司令卡拉汉。他在任何领域都不算出类拔萃,却具备"健全合理的通识"(贝蒂的观点),且精通舰队方方面面的工作。他极有可能在战争中有尚佳的表现。布拉德福德是一位极为优秀的海上指挥官,斯雷德则热心于从以往的海战中汲取经验。1913—1914年任海军参谋长的亨利·杰克逊是一位谦虚、勇敢、能干、尤以技术见长的军官。他是无线电报技术的先驱,善于将科学成果应用在海军技术中。杰克逊从未担任过舰队司令,不过这对他也不是坏事,因为他的个性中缺少激励和进取的气质。

其余的海军上将和中将就乏善可陈了。最资深的将官却不具备出色的天赋,这从布里奇曼被任命为第一海军大臣上可以看出来,他已是当时最好的海军将领了。伯尔尼(Burney)是"老派和能力平平的海军军官的典型"[7]艾格顿(Egerton)缺乏头脑;米尔恩(Milne)能力不济;外表英俊潇洒的缪克斯(Meux)在球场上大受欢迎,颇受上层妇女的青睐,他也是个优秀的军官,但懒惰而骄纵——对他来说"海军是一种乐趣而不是职业";瓦伦德(Warrender)能力平平。海军中将道格拉斯·甘布尔爵士(Douglas Gamble)在开战初期指挥大舰队的第四战列舰中队,是个典型的不思进取的将官。他的旗尉官〔后来在第二次世界大战中成名的海军上将伯特兰·拉姆塞爵士(Bertram Ramsay)〕讨论他和上将之间的一场争论时写道:"他不承认一名军官在成为将官之前有必要学习任何海战知识,但我不知道他们成了将官之后又怎么去学呢…老派军官们认为一名下级军官不能有任何想法。"[8]

年轻的将官和上校就要好得多。开战之初,出类拔萃的海军少将中有极具天赋的杜夫(Duff);工作勤奋且无所不通的奥利弗;"意志强大、有天赋、极富魅力并广受尊重的"德罗贝克;阿巴思诺特(Arbuthnot)非常有才华,尽管他纪律观念极强,对待细节一丝不苟,比如,他制定了严格的制服条令;爱挑剔、精明却又受人爱戴的帕肯汉姆(Pakenham)被认为是本土舰队(1910—1911年)中最优秀的指挥官;精力无限的拜利(Bayly,战时海军中将)是一位优秀的战术家,执着于纪律性和效率;勃朗宁(Browning)是样样皆行的海上指挥官;泰然自若而又沉默寡言的麦登是一位卓越的鱼雷军官和总是信心十足的优秀海上指挥官。碰巧的是,他和杰利科是连襟,他们的妻子是一对姐妹。

海军中优秀的上校则多若繁星,很多已经成名;古迪纳夫(二级准将)是出色的战术家;W.W.费希尔(W.W.Fisher)是热心的学者,通识博学而又永远精力旺盛；里士满被费希尔（1906年）认为是"我们中最优秀和最成功的军官"；凯斯（二级准将）也许算不上海军中学识最多的人，但是个天生的领袖和斗士，总是能激励所有部下；查特菲尔德曾被美国海军武官（1921年）赞为"海军中的翘楚——阳刚、有活力、富有才华和魄力"；豪尔是最出色的海军情报处长；德雷尔是炮术天才；奥斯蒙德·德·B.布洛克有着善于分析的头脑，功底深厚，善于学习，同时也是一位战术实践大师，他的舱室里"总是像穆代（Mudie，现代图书馆的创始人）图书馆那样流通着新鲜思想"。霍华德·凯利（Howard Kelly）和蒂利特（Tyrwhitt）（均为二级准将）也具有最优秀的品质，两人都是伟大的斗士。这些军官中的大部分在大战中有出色的表现还要部分归功于费希尔。战后他骄傲地回忆起"在那段卓有成效的改革年月里我们降低了海军将官们的年龄，并培养了像蒂利特准将这样的人"。

这里有必要分别详细介绍贝蒂和杰利科。1896年，年方20五岁的贝蒂在尼罗河战役中彰显了他天生领袖的全部品质。他指挥"法塔赫"号（Fateh）炮艇溯尼罗河而上，用舰炮近距离支援第21枪骑兵团的战斗，为此荣获杰出服役勋章（D.S.O.）。他27岁时越过400名比他更资深的军官晋升中校（1898年），此时他才当了六年上尉。（普通军官平均要当十二年半的上尉才会得到晋升。）1900年，他又在义和团战争中表现得极为出色和英勇，结果29岁就成为上校。（当时海军上校的平均年龄是42岁，而贝蒂的资历在所有中校中排名第218位！）在接下来的几年中他指挥过3艘巡洋舰和一艘战列舰，并作为联络官担任陆军部委员会的海军顾问。1909年年底，贝蒂已经处于上校名单的最前列，但由于海军要求上校在晋升将官时最少要有六年的海上指挥经历，而贝蒂只有四年半，以致需要一个特别委员会来决定破格提拔他。贝蒂在1910年1月1日成为18世纪后半叶以来皇家海军最年轻的海军将官，他还不到39岁，在那之前只有罗德尼和凯佩尔（Keppel）曾分别在31岁和37岁时成为海军将官。贝蒂随后拒绝了海军部调他去大西洋舰队某个职位的任命，这对他获得其他重要任命或进一步晋升的机会来说是非常危险的。（当然按规定他可以这样做，只是无法从海军领到薪水。）丘吉尔成为海军大臣时，贝蒂已经"失业"18个月了。在与贝蒂进行了一次印象深刻的面谈后，丘吉尔任命贝蒂为自己的海军秘书。（巴腾

第十三章　1914 年的英国与德国舰队

堡似乎也为此出了力，贝蒂曾短期担任过他的旗舰长。）这个职位给予了贝蒂"王座背后的权利"，特别是在人事权方面。1913 年春天，他又一次力压所有比他资深的军官，成为新成立的战列巡洋舰中队的指挥官。1914 年 8 月 3 日，他被晋升为战时海军中将。

贝蒂的快速晋升并没有在海军中得到广泛认可。有人说他的心思根本不在海军——他在岸上有太多的兴趣爱好，比如马球和马术。他的精力和勇气都是尽人皆知的，战前也没有人怀疑他具有更多的天赋。战后多年，有很多著作把他说成是像鲁伯特亲王（Prince Rubert）那样的愚勇的指挥官。事实上，贝蒂绝不是一个冲动行事的人。虽然大战爆发时他还缺乏指挥大型分舰队的实际经验，但他也具有多种极为优秀的品质。最重要的是，他是一位天生的海上指挥官。这深刻地体现在他出色的谈吐（"他知道自己要说什么，而且能以一种命令的口吻简洁干脆地表达出来"）、高昂的士气和对胜利的渴望中。他从骨子里崇尚进攻，而且总想要把握机会。1936 年 3 月，坎特伯雷大主教在圣保罗教堂主持贝蒂的葬礼时，将海军上将描述成"最能体现海军战斗精神的人。在他身上仿佛看到了纳尔逊精神的归来"。这也恰如其分地代表了海军上下对贝蒂的看法。另一项重要的领袖气质是他拥有的那种无法言说的，被称为"色彩"的东西，他两个鲜明的特点就是做任何事情时都强调速度和果断，以及他出众的外表。他也许是那个时代最英俊的海军军官，永远整洁庄重，一丝不苟，帽子总是潇洒地歪成一定角度，暗示了一种玩世不恭的生活态度。另外他还有一个重要的优点，就是总能接受建议和批评，因此身边总环绕着最优秀的人才。

大战爆发时海军中将杰利科已经五十五岁，一系列重要的任命衬托出他的出类拔萃：海军军械处处长，1905—1907 年；海军少将，大西洋舰队，1907—1908 年；海军审计官，1908—1910 年；大西洋舰队司令，1910—1911 年；本土舰队第二战列舰中队司令，1911—1912 年；第二海军大臣，1912—1914 年，期间他在 1913 年的海上演习中担任红方舰队司令，这给了他指挥大规模舰队进行机动的经验。魏登曼高度评价杰利科。"如果有人问英国海军军官，就能力而言，哪一位海军上将可以得到职业生涯中最重要的任命，先不论他属于哪一派（费希尔或贝雷斯福德），答案只有一个——除了巴腾堡的路易斯亲王外，毫无疑问就是约翰·杰利科爵士。无论是上级还是下属,都对约翰爵士具有绝对的信心。"[9]杰利科在某些方面很像贝蒂。他在海军内外都具有个人魅力,生性快乐,生活丰富多彩。他的业余爱好包括网球、高尔夫、板球和壁球,而且水平都很高。但他在诸多方面又与贝蒂相反,其中之一是他并没有一副高大的英雄形象。杰利科身材不高(五英尺六英寸),在公众眼中也没有海军军官那种果决的形象。他的优点包括极强的自制力(你绝无可能激怒他)、出色的记忆力,善于征询他人意见(就像德雷克那样,他"向很多人寻求意见,然后以自认为正确的方式行动"),以及机警和精确的头脑。"有吸引力的建议绝不会从他脑海中溜走——他可以用自己知晓的一两个铁一般的事实将其网住,别人却做不到这一点。"[10]杰利科的军官对他信心十足并完全效忠于他,他获得了所有下属的爱戴。丘吉尔在很多事项上与杰利科不合,但即使如此,他也对杰利科的能力深表钦佩。

杰利科也有缺点。批评者认为他的头脑总是被物质上的细节所占据,还缺乏纳尔逊或贝蒂那样激昂的进攻精神。其他人则指责他的"悲观主义"态度。这些基于杰利科战时表现的批评将在本书其他章节讨论。毫无疑问的是,杰利科在1914年就已经明显暴露了他最大的缺点,那就是他不能下放指挥权,而对舰队司令来说,实施分散指挥是实战中极为重要的能力。他在舰队和岸上担任指挥职务时,都非常注重细节的管理。布里奇曼的评价非常贴切,"他没有指挥大型舰队的经验,在工作中总是感到极度焦虑,他的确是过于投入了。他必须把更多的工作交给舰长和参谋们去做,减轻自己的负担!目前他似乎把自己当成了一位兢兢业业的火炮上尉,指挥一支庞大的舰队时这样可不行。他必须信任他的助手和舰长们,如果他们不能胜任,就必须被踢出去!"[11]

尽管在1914年,皇家海军的高级将领缺乏真正的天赋,但比起他们的德国对手,英国海军军官还是有一个决定性优势:信心。他们"在过去的一个世纪里保持了坚不可摧的胜利传统。他们面对的是一个仅有五十年历史的帝国,他们深知自己稳操胜算。他们的信心来自绝对的技术优势,以及对那些钢铁堡垒内的每一个人都精于本职工作的认识。"[12]通过鲜明的对比,英国驻柏林海军武官对德国海军军官层做出有理有据的评定:"德国军官渴望在岸上工作,心思根本不在海上,尤以婚后为甚。他们显然宁可坐在办公桌旁对着官方文件思忖,也不愿经历更有活力的海上生活……"[13]奥特利这样吹嘘英国海军军官也许不无道理，"对任何外国水兵都享有巨大的全面优势，即使我大声疾呼要加强参谋训练，也不会否认我的这些老伙伴们具有最高的专业精神和职业素养！"[14]

德国海军军官与英国海军军官在很多方面不分上下。海军武官沃特森甚至认为德国海军的将官和资深上校"绝不逊于"英国海军中的同阶军官。他们整体上"工作努力，热心奉献……比起我们，他们似乎来自于更好的社会阶层，接受过更好的教育……另一方面，他们无疑缺乏某种我们所具有的'趋前'精神，给他人的印象是他们更像是海上的士兵而不是水手"[15]。这种"趋前"精神的缺乏体现在进攻精神的不足和在战时担心损失军舰这种"特殊的心理弱点"。海军上将培根将后者的根源归结为德国海军军官接受的是陆军式的训练。"陆军总是把损失火炮视作一种耻辱。"[16]

不论皇家海军在战术原则和训练上有着怎样的缺陷，英国舰队在海上还是对德国海军形成了很大优势。这也可以从英国军官们在实战中出色的操舰和航海能力上看出来。相反，德国公海舰队将大量时间花在港内，大部分训练都是在封闭的水域内而非大洋上完成的。英国海军另一项明显优势是志愿兵体制，这使他们拥有大量长期服役，受过全面训练的骨干力量。英国水兵通常从十八岁开始服役，首期服役为十二年，通常还会完成第二期十年的服役（可拿到全额退休金）。虽然德国海军的水兵工作努力，也经过了良好的培训和操练，但短期服役体制仍是他们的一个重大缺陷。德国海军军官对三年兵役制有诸多抱怨，"在这种体制下，军官们每年都要将大批从未有过海上经历的新兵训练成真正的水手"[17]。

总而言之，在人员方面，开战时的英国海军官兵士气高涨，在技术上也经过了严格训练。从根本上讲，英国海军官兵的血液里蕴藏着与大海为伴的精神。

英国海军的一个严重缺点是很多资深将官能力不足，虽然人们也很难看出德国海军在这方面具有什么优势。因为公海舰队的前两位司令并没有高超的表现。冯·英格诺尔（Von Ingenohl）是个唯唯诺诺的人，他的继任者冯·波尔（Von Pohl）头脑聪明，但缺乏想象力和自主权。直到舍尔（Scheer）在1916年接替波尔后，德国才有了一位真正出色的舰队司令。

2. 装备

海军中占统治地位的武器是舰炮,特别是大口径舰炮,它被认为是最重要的海军武器。海军上校 S. W. 罗斯基（S. W. Roskill）将这叫作"主要武器谬论",即推崇一种武器时过于贬低其他武器的价值——后者是指水下武器。这也能解释为什么海军中火炮部门的人员最容易获得晋升的机会。

英国主力舰几乎总是装备着比德国同时期军舰口径更大的舰炮。例如1907年2月开工建造的"上乘"号（Superb）装备10门12英寸主炮,侧舷齐射火力达到6800磅;而德国在1907年8月开工的"拿骚"号（Nassau）装备12门11英寸主炮,侧舷齐射火力5280磅,比英国主力舰少了1520磅。1909年11月开工的"猎户座"号（Orion）和"恺撒"号（Kaiser）分别装备10门13.5英寸和10门12英寸主炮,侧舷齐射火力分别为12500磅和8600磅,英舰的火力优势为3900磅。最后,英国在1912年10月开工建造"伊丽莎白女王"号（Queen Elizabeth）,德国在1912年5月开工了"王储"号（Kronprinz Wilhelm）。前者装备8门15英寸主炮,侧舷齐射火力15600磅,后者装备10门12英寸主炮,侧舷齐射火力8600磅,英舰火力优势多达7000磅。德国人有理由声称他们的炮弹由于初速较高,穿透力不亚于口径略大的英国炮弹。虽然英国人也承认这一点,但他们也无须过于计较这一缺陷。在远距离上,重型炮弹比轻型炮弹精度更高。例如英国13.5英寸主炮发射的1250磅炮弹就比德国12英寸主炮使用的860磅炮弹更精准。这是因为所有火炮都是在比最大射程略近的距离上获得最佳精度和最小散布的,炮越大,最佳射距就越远。英国炮弹的另一个决定性优势是威力,例如13.5英寸炮弹就比德国的12英寸炮弹拥有更强的杀伤力和破坏力。

火炮、大口径火炮、远程火力（1913年英国海军火炮演习的射程为14000—15000码,1914年春天,战列巡洋舰的火炮演习射程达到16000码）、优秀的炮术——这些就是海军军官的信条,如何发展这些要素以利于进攻决定了整套海军战术体系。据此推出的另一个信条是高航速的重要性,因为高速性能让指挥官为火炮选择最佳交战距离。

1904—1911年间,英国海军走出了海军上将乌斯伯恩（Usborne）所说的"炮术的石器时代",可以娴熟地对付10000码外的目标。但还有一个潜在的、灾难性的缺陷。斯考特提出在实战中，烟囱的排烟、炮口的硝烟、炮弹溅落时的水花，更不用说海上的雾霭，都会遮挡炮手视线，使其根本无法实施精确瞄准，也就使那套复杂的远程射击系统失去了作用。斯考特强调，要避免炮手经常犯的瞄准错误目标、影响火力控制的情况，就要确保所有舰炮都集中在同一目标上。他1909年退役之后就开始设计一种火力指挥系统，该系统能使军舰的全部主炮接受来自一个火力控制站的命令，做到同时瞄准和射击。这个火力控制站布置在前桅上，高于烟尘和水花，具有军舰上最佳的视野。控制站上的一名军官使用一部主瞄准具，这部望远镜式瞄准具通过电路与各门火炮上的瞄准具连接。他只要瞄准敌舰的侧舷并按下一个按钮，就可以使全部火炮齐射。这种方法大大增加了舰炮的精确性。

但斯考特的指挥仪并没有被海军立即采纳，他、杰利科以及他们的支持者，与射击训练监察官，海军少将 M. E. 勃朗宁（M. E. Browning）等人展开了一场论战。后者希望继续使用独立的操炮方式，斯考特将他们的反对归结为"单纯的职业嫉妒"。勃朗宁和他那群人反对统一射击指挥仪的理由是它很难保证与火炮精确同步，并强调引自桅顶的电线很容易被炮火损坏。1912年11月13日，在比尔黑文进行了一次著名的试验，结果证明了斯考特系统的优越性。在一场舰炮射击比赛中，装备斯考特系统的"雷霆"号（Thunderer）比使用独立瞄准方式的姊妹舰"猎户座"号射速更快，精度也更高。两艘军舰的航速均为12节，射程设定为9000码，结果"雷霆"号在三分钟的射击时间内取得的命中次数是"猎户座"号的六倍。

英国主力舰开始安装指挥仪系统，但仍存在一些阻力。到大战爆发时，只有8艘战列舰安装了指挥仪。直到日德兰海战前，所有主力舰〔除了"爱尔兰"号（Erin）和"阿金库尔"号（Agicourt）〕才都装备了主炮指挥仪。而直到大战结束，安装副炮指挥仪的工作都没有完成。斯考特在1911年或1912年访问了基尔，他相信德国已经有了类似装置。事实是德国人的装置有很多与斯考特系统相似的特征，虽然并不相同。德国在1914年以前全面使用的"Richtungsweiser"（指挥指示仪）在实战中令德国海军的炮术发挥出色，特别是在战争开始阶段，那时斯考特的指挥仪还没有普遍装备大舰队。

德国海军炮术精湛的另一个原因是他们采用了高效而复杂的体视式测距仪。找到有真正"立体视觉"的测距手是非常困难的,因为这种仪器要求操作者有非常特殊的视觉感受:双眼视力极佳且完全一致。但德国测距仪比起英国测距仪有一个显著优点,后者采用"合像"式原理,对光强要求很高,也就是说在昏暗的环境下几乎无法看清目标,而体视式测距仪对光强要求较低,在低能见度下具有优势。这种优势也体现在日德兰海战中,(英国海军在战后对两种测距仪进行了大量试验,最后决定继续使用更简单耐用的合像式测距仪。)德国海军的另一优势是他们的舰炮,在同等口径下,精度比英国舰炮的更高。德雷尔也承认这一点。[18]海军部在战争开始前很久就知道德国海军炮术的高效性,例如,D.N.O.在1909年就将德国海军的炮术判断为"极为出色"。但不幸的是,英国从来没有考察过德国海军夜间炮术的优势。

总体来说,德国海军主力舰的装甲要优于英国同期的主力舰,水线以上和以下的防护要大大优于英国军舰。[19]德国军舰这方面的优势是用更大的排水量换来的。英国第一批无畏舰的主装甲带厚度只有10—11英寸(高度仅达主甲板),后续级别的装甲带厚度增至12英寸〔"猎户座"级、"国王乔治五世"级(George V)和"铁公爵"级(Iron Duke)〕。直到"伊丽莎白女王"级,装甲带才达到13英寸。德国主力舰的装甲带则要厚得多——首批无畏舰为11.75英寸,"恺撒"级及之后的战列舰为13.75英寸。英国战列巡洋舰的装甲也较为薄弱,与后期德国战列巡洋舰11.81英寸厚的装甲带相比,英国战列巡洋舰的装甲带厚度只有9英寸。此外,德国主力舰装甲带的长度和高度也大大超过英国主力舰,具有更大的防护面积。英国军舰也没有足够的水平装甲用来保护炮塔和弹药舱。海军上将德拉克斯认为,这是可能是因为英国设计师"的计算是基于德国炮弹沿水平弹道飞行的设想!这当然是荒谬的:也许早先没有人告诉他们未来可能的交战距离在不断增加,到1915年就可能达到20000码了"。[20]另一方面,德国主力舰有一个致命的弱点,就是舰首的防护不足。因为这个弱点,一艘战列巡洋舰在战斗中沉没〔"吕措夫"号(Lützow)〕,还几乎损失了另两艘战列巡洋舰〔"德弗林格"号(Derfflinger)和"赛德利茨"号(Seydlitz)〕。

在苛责皇家海军之前,读者应该铭记这两点:(1)英国海军在大战中以多种方式损失过主力舰,但除在日德兰损失的3艘战列巡洋舰外(这也是争论的焦点),从来没有哪艘主力舰是因主要装甲防护被击穿而损失的。(2)德国主力舰的防护优于英舰是因为后者装备了更大口径的主炮。他们的防护是针对对手的主炮威力而设计的,并没有采用超过这一需要的防护。英国主力舰上薄弱的防护是为装备重型火炮而付出的代价,是在计算之后采取的冒险设计。火炮是首要的进攻武器,是英国海军军舰设计中最受重视的因素。但实战中出现的一个悲剧是,火炮威力的巨大优势被低劣的炮弹质量部分抵消了。

1910年,英国海军进行了大规模火炮试验,根据试验结果,审计官杰利科要求(1910年10月18日)军械委员会生产一种新型穿甲弹,能够在以一定倾角命中目标的情况下穿透装甲,并继续飞行一定距离后爆炸。杰利科两个月后转任海上职务后,没有人继续推进这一项目,而他返回海军部担任第二海军大臣时,已不再负责装备事务。他的继任者是海军少将查尔斯·布里格斯爵士(Charles Briggs),布里格斯极其不胜任这一职位,就像"一位年迈的绵羊牧场主",他同时为巴腾堡和费希尔所不屑。尚不清楚为何让一个如此无能的军官出任如此高要求的职位。据后来成为海军上将的弗雷德里克·德雷尔爵士讲,[21]当时主要负责炮弹缺陷问题的是海军军械总监的一名属下,海军少校约翰·A.邓肯(John A. Duncan)。他是1910—1913年间被派往陆军部负责监察和试验的海军军官之一。1914年他任海军军械总监察官,军衔为战时海军中校。不管是谁负责或者应负何种责任,英国海军炮弹的缺陷在战时造成的后果是,炮弹在以一定倾角击中德国的重型装甲板时毁伤效果很差。炮弹或者在击中的瞬间破裂,或者仅仅在装甲板上造成穿孔,而不是继续前进然后在目标舰体内爆炸。"我们本应充分利用更重型的炮弹带来的进攻威力,却失去了这一优势,反而由于重型火炮和弹药占据大量排水量而被迫接受薄弱装甲的劣势。"[22]德雷尔曾声称,如果大舰队在日德兰拥有有效的穿甲弹,英国海军能在下午7时至7时30分之间至少击沉3艘德国战列巡洋舰,以及4艘或5艘战列舰。[23]

那些事后诸葛亮的批评者们说,海军在弹药舱防火设施问题上犯下了愚蠢的错误。但这种错误并非英国一家独有。"赛德利茨"号战列巡洋舰在多戈尔沙洲海战(1915年1月)几乎因爆炸而损失时,德国人幸运地认识到了防火设施的必要性。英国人则没有那么幸运，结果在获得教训的同时付出了高昂的学费。日德兰海战之后，由于3艘战列巡洋舰和一艘装甲巡洋舰的爆炸，英国才采取了与德国人一年前如出一辙的谨慎措施。

德国军舰的设计者和建造者使他们主力舰的生存能力比英国军舰更强。由于舰体较宽，德国主力舰的水下部分有更完善的水密分隔，因此对鱼雷和水雷有更好的防护效果。1919年，英国海军军官在斯卡帕湾检查投降的德国军舰时，德舰出色的水下防护让他们大开眼界，[24] 一种解释是英国不可能得到足够经费建造更大的新船坞，所以主力舰的大小必须符合现有船坞的尺寸。这使英国军舰的舰宽被限制在90英尺，而德国可以建造舰宽接近100英尺的军舰。海军造舰总监在总结战争经验时感慨："如果有更宽的船坞，就可以增加舰宽，这将在舰长和吃水相同的情况下改善战斗特性，比如装甲、武备、受创时的稳性，并提升水下防护。"[25] 德国主力舰则没有这方面的羁绊。杰利科1910年访问基尔时，威廉皇帝曾对他说，他建造船坞来容纳军舰，而不是让军舰来适应船坞。英国军舰的水密分隔逊于德国军舰的另一个原因是前者需要比后者拥有大得多的海上自持力。英国军舰要在长时间的海上活动中保持合理的居住性，而德国海军的重型舰艇从来不会在海上长时间巡航，因此较差的居住性是可以接受的。他们设计舰艇时的确只是为了在北海和波罗的海范围内作战。例如"拜仁"级（Bayern）无畏舰在以21节和18节巡航时的作战半径分别只有1200海里和1900海里，而德国战列巡洋舰以14节巡航时的作战半径不超过2000海里。

英国的鱼雷也并不令人完全满意——它们经常会冲向海底——水雷则是彻头彻尾的失败。海军部战前没有意识到水雷的进攻威力，也没有真正将布雷置于海军战略中。以致战争爆发时唯一一批性能可靠的水雷还是从俄国海军那里获得的。战争一开始，人们就意识到英国水雷的性能极差。

德国海军在军舰、舰炮、炮术和信号系统方面完全达到了英国海军的水准，在装甲、水雷、鱼雷和炮弹方面则处于绝对领先地位。白厅在战前并没有发觉这些问题，丘吉尔还非常天真地声称"我们的每一艘军舰都具有无可争议的优势"。杰利科是个例外，他在1914年7月14日递交给第一海军大臣的一份备忘录中表达了他的担忧，他认为英国战列舰与德国战列舰相比，对火炮和鱼雷的防护方面劣势"令人震惊",而"德国军舰抵御鱼雷的内部装甲防护要完善得多"。他的结论是"认为我们的军舰整体上比德国军舰更优秀乃至相当,都是高度危险的想法"。他还注释说德国的战列巡洋舰防护能力强得多。[26]

英国在主力舰数量方面的优势无可辩驳。战争爆发时,英国拥有三11艘现代主力舰:20艘无畏舰,9艘战列巡洋舰,两艘"纳尔逊"级,另外还有12艘无畏舰和一艘战列巡洋舰正在建造中。8月,海军还接收了两艘英国为土耳其建造的、接近完工的无畏舰。九月接收了另一艘为智利建造的无畏舰。39艘前无畏舰进一步加大了大型装甲舰艇的优势。德国舰队有13艘无畏舰,另有7艘在建;5艘战列巡洋舰〔如果将装备12门8.2英寸主炮的"布吕歇尔"号(Blücher)计算在内〕,另有3艘在建;此外还有21艘前无畏舰。

3. 海军基地

从1904年开始,英国针对德国重新部署了海军力量,这必然导致有关海军基地的新政策出现。英国南部的两个一级海军基地普利茅斯和朴次茅斯距离北海这个新海上战略重心太远,无法及时支援对德战争中的舰队,查塔姆虽然位于东海岸,但仍然太靠南。(按照英国官方的定义,一级海军基地的海军船坞能够建造或修理所有类型的军舰,并永久维持着兵站和各类弹药。其防御级别可以抵御战列舰的进攻。)北海上也没有任何像彭布罗克(Pembroke)和昆士敦(Queenstown)那样的二级基地。(二级基地指港口的船坞可以修理较小级别的舰艇,并永久保有某些特定物资的存储设施。)至于比尔黑文、波特兰和多弗这样的三级基地,即战时锚地(港口具有重要的战略位置,虽无法作为海军基地,但有为人员、弹药和其他物资提供补给的设施),仅有哈维奇这么一个位于北海。

海军显然需要在东海岸建立一组海军基地。1903年海军部就意识到了这个问题,同一年,内阁同意了海军部的决定,在福斯湾(Firth of Forth)南岸的罗赛斯(Rosyth)建设一个一级海军基地,作为对德战争时舰队的主要作战基地。福斯湾是一个优良开阔的锚地,作为对德作战时主力舰队的基地地理位置也极好,因为福斯湾到赫尔戈兰和斯卡格拉克(Skagerrak)的距离都是375海里。

BRITISH & GERMAN NORTH SEA BASES — 1914

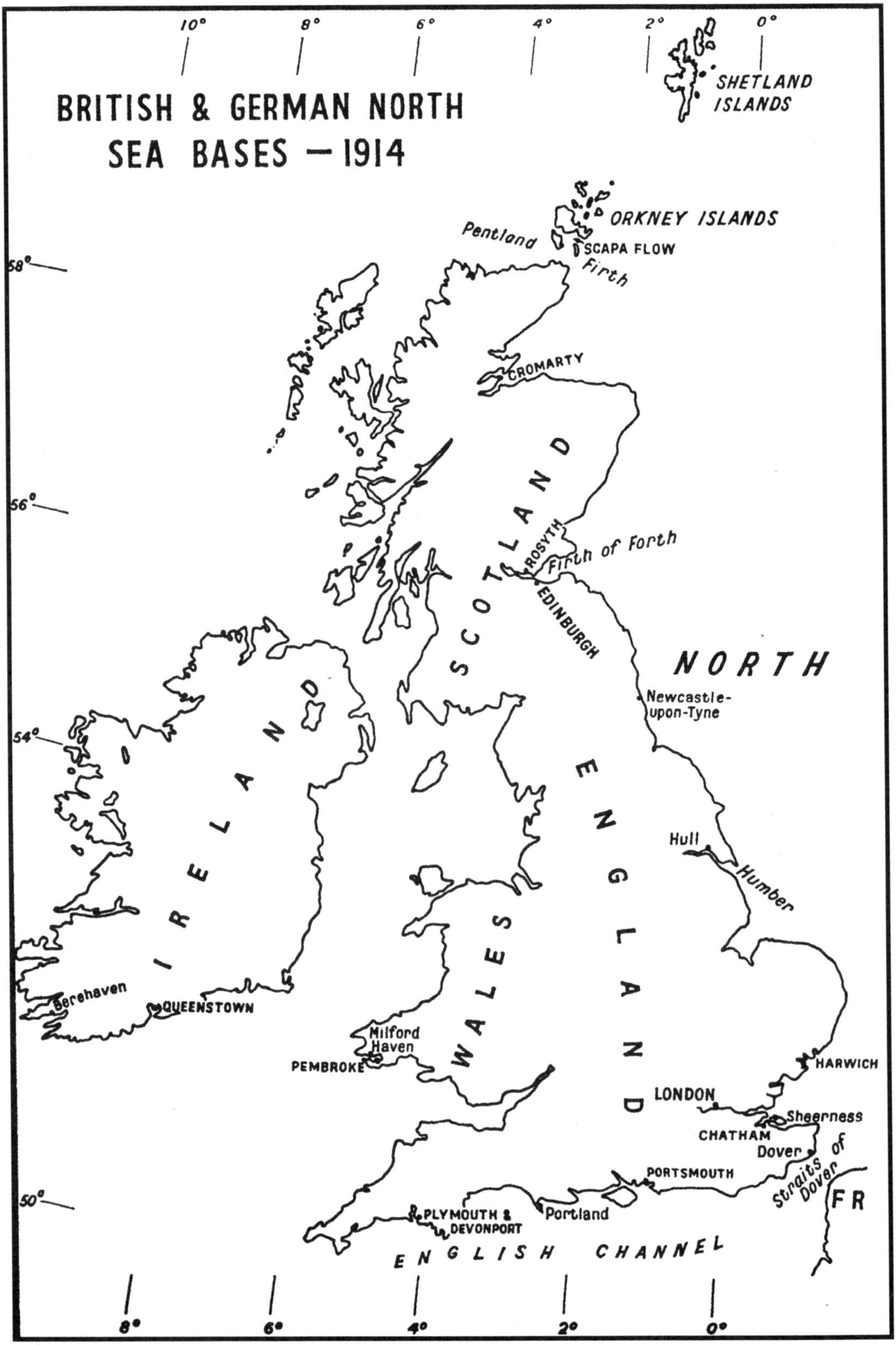

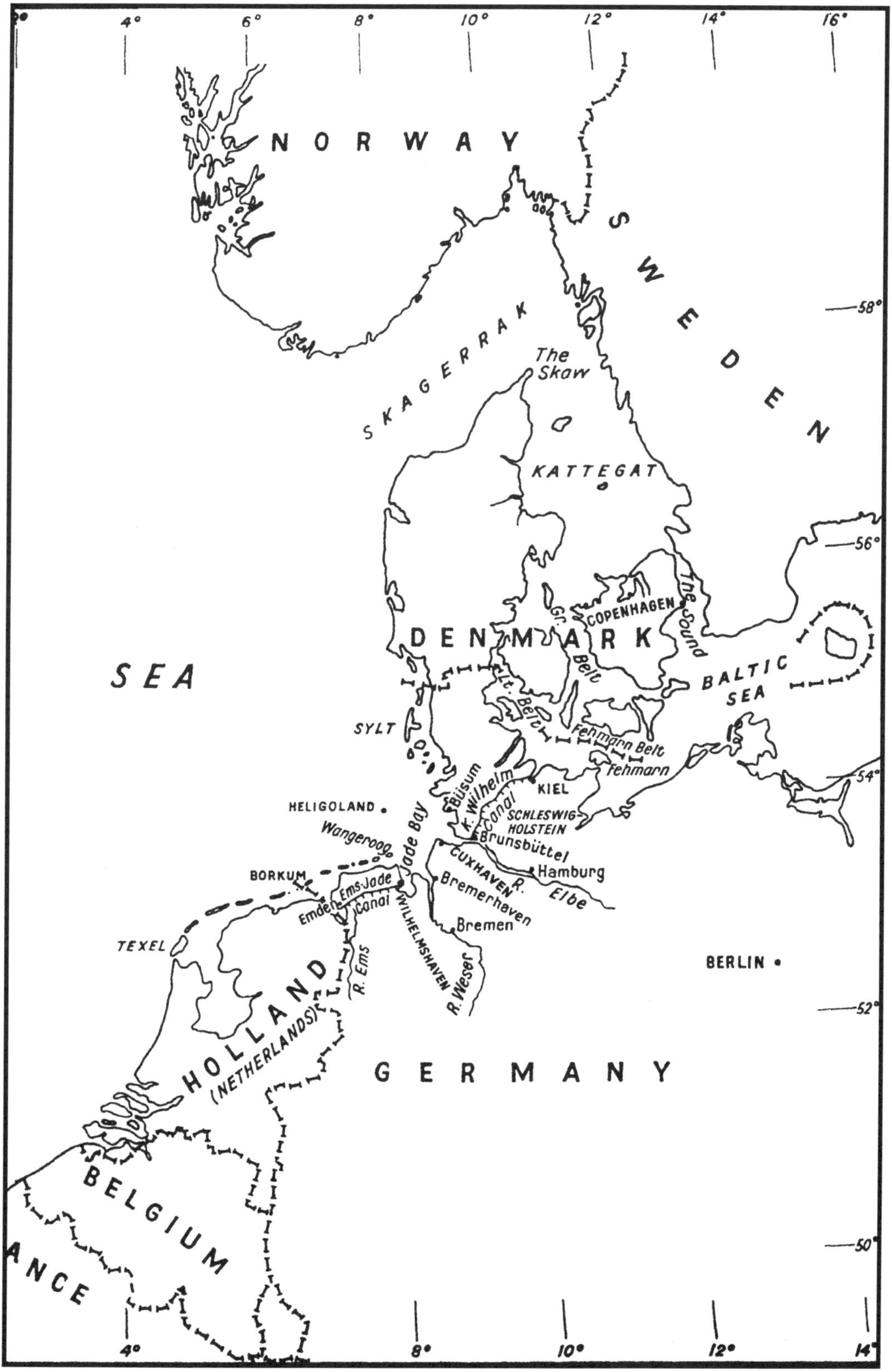

4°
6°
8°
10°
12°
14°
16°
NORWAY
SWEDEN
58°
SKAGERRAK
The Skaw
KATTEGAT
56°
COPENHAGEN
The Sound
Gr. Belt
DENMARK
BALTIC SEA
SEA
Lt. Belt
SYLT
Fehmarn Belt
Fehmarn
54°
Büsum
K. Wilhelm Canal
KIEL
HELIGOLAND
Jade Bay
SCHLESWIG-HOLSTEIN
Wangerooge
Brunsbüttel
BORKUM
CUXHAVEN
Hamburg
R. Elbe
Ems-Jade Canal
Emden
Bremerhaven
WILHELMSHAVEN
Bremen
TEXEL
BERLIN
R. Ems
R. Weser
52°
HOLLAND (NETHERLANDS)
GERMANY
BELGIUM
50°
ANCE
4°
8°
10°
12°
14°

从福斯湾到这两个位置的海路都无比清晰简单。罗赛斯基地的建设拖延多年而没有实质进展，引发了海军主义者（特别是贝雷斯福德派）的怒火。杰利科担任审计官时推进过这一工作未果，尽管他呼吁说东海岸码头接纳军舰的问题"极端重要并已招致诸多批评"[27]。罗赛斯两个码头的修建进度非常缓慢，以至于丘吉尔在 1912 年 3 月 18 日告诉下院它们不可能在 1916 年前完工。财政问题是一个原因，但福斯湾基地的建设也有一些技术问题：穿越雷区的海路较长，增加了危险性；防线内的深水区不足以锚泊整支大舰队；福斯湾大桥上游的锚地潮流很强。但首要原因还是费希尔相信福斯湾既不安全，位置也不佳——内陆水域——因为摧毁巨大的福斯湾大桥（费希尔称它是"巨兽般的大桥"）就可以阻塞罗赛斯的出海口。他强烈建议将克罗马蒂（Cromarty）建设成一个舰队锚地。后来拖延罗赛斯基地建设的一个原因是工程开始时，作战计划要求基地为实施近距离封锁的舰队提供所有补给和修理设施。当近距离封锁战略在 1912 年被"监视性封锁"战略取代时，舰队不得不驻扎在更靠北的位置，以便控制苏格兰和冰岛之间的北方水道。

鉴于水下水雷、潜艇、鱼雷艇和鱼雷技术的最新发展，与英国交战国家的军舰使用多弗海峡及英吉利海峡的水道时将冒极大风险，所以北海将被看作只有北方一个出口。对德国来说，从它北海上的港口或斯卡格拉克出发，可以抵达这个北方出口，前者的纬度上与赫尔（Hull）相近，后者的纬度接近于克罗马蒂。只要看一眼地图就可以明白，德国海军打开通往大西洋之路的任何努力，无论是为了让巡洋舰实施破交战，还是为了让商船进入大西洋，或是他们的船只要返回德国，都需要经过北海的北部海域。这样就极有可能在这部分水域发生战斗。[28]

斯卡帕湾和克罗马蒂现在成为北部最重要的两个候选海军基地。前者是由奥克尼群岛形成的一个巨大的天然港口（半径为 4.25 海里）。斯卡帕湾可以轻易容纳最大规模的舰队，它有多个入口。强劲的潮汐，足够的水深，经常出现的恶劣天气，使敌人的潜艇、驱逐舰和布雷舰很难在此活动。从战略角度看斯卡帕湾也有一个严重的缺点，一旦舰队驻泊在那里，就很难阻止德国战列巡洋舰对英国东海岸实施打了就跑的袭击作战，而这确实在1914年就发生了。顺便一说，费希尔自夸（《记录》，225—226页）他如何在1904年"发现"了斯卡帕湾，这种说法有些夸大其词。英国对斯卡帕湾的水文调查可以追溯到1750年。

海军部在斯卡帕湾和克罗马蒂湾之间摇摆，最后在丘吉尔和费希尔的力主下决定使用后者。除了前面提到的优势外，斯卡帕湾还具有一些优点。它和北海上重要的战略要地的距离与克罗马蒂不相上下〔库克斯港，威廉港，经贝尔特海峡到基尔，罗赛斯，希尔尼斯；不过克罗马蒂更接近设得兰群岛的斯卡角（Skaw）〕；它坐落在彭特兰湾北方（Pentland Firth），后者是英格兰西岸、南岸与北海之间最短航路的必经之地；对于在奥克尼群岛、设得兰群岛和挪威海岸之间作战的舰队来说，这里是比克罗马蒂更适宜的基地；它的锚地也比比克罗马蒂多得多。

但是帝国国防委员会下属的东北海岸防御委员会接受了海军部把克罗马蒂而不是斯卡帕湾作为二级海军基地的建议。因为海军部认为斯卡帕湾内潮水造成海水落差很大，高潮时无法使用浮动码头和舰艇维修设施。帝国国防委员会下属委员会认为克罗马蒂的另一个优点是可以与英国内陆的铁路网衔接。"除作为海军二级基地这个主要功能外，克罗马蒂还有作为战时锚地的次要价值。在港口防御措施的保护下，这里可以安置浮动式维修设施，以及为舰队服务的载有燃料和各种物资的各类船只，从而成为罗赛斯的供应和后备基地。"[29]帝国国防委员会下属委员会的建议是，"克罗马蒂作为浮动的二级基地和战时锚地具有重要的战略意义，所以应该加强它的防御，使之能够抵御装甲舰艇、鱼雷艇和潜艇的攻击"。委员会还建议将斯卡帕湾仅作为轻型舰艇部队的战时锚地（战前从未有人提起过将它作为海军基地），"无须布置固定的防御设施"。海军部曾要求为斯卡帕湾布置永久性的防御设施，在得知一套现代化的防御设施要花费379000英镑，每年的维持费用将达到55000英镑后，又认为这不值当。帝国国防委员会下属委员会也接受了这一立场。

在1912年的演习中，海军部演练了在舰队离港的情况下，如何临时设防，遏制敌人对燃料和物资储备船的进攻或在锚地布雷的尝试。结果证明用一支特种部队为斯卡帕湾布置这样一种临时防御就已足够。这种基于财政原因的错误推论使得战争爆发后,作为大舰队战时基地的斯卡帕湾除了一些岸炮和地理上的拱卫外,基本处于无防御的状态。既没有在各个入口布置防御潜艇的反潜网和浮栏,也没有探照灯。

总而言之,海军基地的情况令人震惊。战争爆发时东海岸唯一完备的一级基地就是查塔姆。哈维奇是鱼雷舰艇的主要基地。罗赛斯被官方视作舰队的首要基地,克罗马蒂有抵御水面舰艇的岸炮,但对潜艇毫无防御能力。罗赛斯的码头建设工作刚刚开始。斯卡帕湾是一个没有任何防护的战时锚地,也没有舰艇修理和维护设施。

相比之下,德国在北海各港、海岸线以及赫尔戈兰湾的防御非常出色。德国的主要海军基地是波罗的海上的基尔和北海上的威廉港、库克斯港,德国的海岸线在后两个港口处形成一个直角,赫尔戈兰湾就在这个直角的南部。赫尔戈兰湾战略位置极为重要,因为从这里经过加德河可达到德国的首要海军基地威廉港,通过恺撒—威廉运河可达到基尔(运河于1914年完工,可通行无畏舰),通过易北河和威瑟河可达汉堡和不来梅。赫尔戈兰的主要防御力量是强大的海岸炮兵和要塞化的赫尔戈兰岛。易北河口的库克斯港也被要塞化,可作为舰队的避难所。加德河以西五十海里有要塞化的博库姆岛(Borkum)拱卫着埃姆斯河口,埃姆斯河口通过埃姆斯—加德运河与威廉港相连,可通行驱逐舰。从大型海军基地基尔港出发的舰艇可以通过恺撒—威廉运河或丹麦水域进入北海和大洋;途中要经过三个国际海峡,桑德(Sound)、或大贝尔特(Great Belt)、小贝尔特(Little Belt)(大型舰艇只能使用大贝尔特海峡),然后是卡特加海峡(Kattegat)和斯卡格拉克海峡。德国的优势在于海岸线外侧的浅滩,以及作为强大堡垒的赫尔戈兰岛,它们拱卫着易北河和加德河口,此外在海岸线上所有合适的位置都布置有鱼雷艇基地、堡垒和炮台。所有这些防御措施都使德国的海岸难以接近。德国的一个严重弱点是公海舰队不可能从北海的基地快速出击,因为主力舰要借着高潮才能驶过易北河与威瑟河外的滩涂,而整支舰队需要两次高潮水位才能全部通过。另外,德国的海军基地直到1915年初才安装反潜网。

* * *

在继续我们的故事之前，有必要综述本章和上一章提到的那些缺陷。战前的皇家海军已经被荣耀的传统遮蔽了几个世纪，而传统会让人对变革心存疑虑。"少壮派"明显只是一个很小的群体。与此同时，高级军官的没落，缺乏战略和战术上的准备，以及装备上的各种弱点，自然揭开了一个改革的时代。翻天覆地的变化在各个方面驱使着皇家海军前进，而它却缺乏能够引导这些变革的现代战争经验。实验和错误都是不可避免的，这也并非英国海军独有的现象。1917年11月，美国海军战列舰中队加入大舰队时，司令罗德曼少将（Rodman）坦率地承认他们对战争毫无准备。德国人在战后批评英国海军时，他们也忽视了自身存在的所有严重缺陷，包括短期兵役制度和人员训练方面的不足，糟糕的情报工作（战争期间英国海军情报部门要优秀得多），以及海军管理上的混乱，譬如让陆军总参谋部来掌控海军政策，是造成舰队在北海上执行纯粹防御这种灾难性战略思想的部分原因。

战争来临
―――― 第十四章 ――――

> 这支海军在战争爆发前已经为此准备了很久。我们预见到了战争，为此做好了准备，我们几乎在盼望它到来。
>
> ——海军少校 J. M. 肯沃西（J. M. Kenworthy，斯特拉博吉男爵），
> 《水手、政客及其他：我的自传》

> ……如果欧洲爆发了并非由我们发起，显然是以称霸欧洲为目的的战争，那就会将我们带回拿破仑时代，那么……我们要关注的是欧洲不能出现一个联合其他国家能夺取我们海权的霸权国家，若出现这样一个国家，我们将不得不加入欧洲战争。这也是英国海军的地位是我们欧洲政策基础的原因……
>
> ——爱德华·格里爵士在 C.I.D. 会议上的发言，1912 年 7 月 11 日

1914 年 7 月 23 日，时任英国财政大臣的劳合-乔治在下院预言说海军经费将迎来"大规模削减"。他声称有明确迹象表明，全世界正朝着反对军备的方向迈进。人们将不可避免地"认识到现代文明可以平息个人或者小团体之间的争论，可以以理性和有序的仲裁手段规范个人和团体的行为，这也可以延伸到更大范围的国家间的争端。"哎，此时这位财政大臣的水晶球里已是乌云密布了！

就英德关系而言，1914 年的春天和初夏相对平静。英国媒体都在关注爱尔兰危机，无暇理会海军竞赛的对手。政府在遏制海军竞赛方面也没有任何进展。5 月 20 日，海军大臣丘吉尔建议外交大臣格里发起英德海军大臣会议，他想与提尔皮茨进行一次"没有预设条件的，友好的会谈"，议题集中在以下四个方面：海军假期建议；提尔皮茨不久前限制主力舰排水量的建议；英国海军逐渐取消将舰队集中在本土水域这种充满敌意的部署，而将更多舰艇派往国外海军站的可能性；还有让双方海军武官以对等的方式参观对方的海军基地，以此减少针

对对方的间谍活动。[1]格里拒绝了这一不切实际的想法,称它带来的危害可能比益处更多。

英国政府在1914年初不可能知道,德国实际上正对海军发展采取更谨慎和克制的态度。德皇当时正推动新一轮舰艇建造热潮,以期加强在地中海上仅有两艘小型巡洋舰的舰队,同时也希望完成1912年海军法案修正案中建造第三个无畏舰中队的计划。但令人吃惊的是提尔皮茨反对德皇的计划,他担心德国的任何增建计划都将刺激丘吉尔采取相应的扩军措施。提尔皮茨和德国首相霍尔维格都认为此时扩建海军是一个"巨大的政治错误"。因为德国纳税人已无法承受这一重担。他在给驻伦敦海军武官的信中说:"弓已经被拉得太紧了,英国也是如此。"E. L. 伍德沃德(E.L.Woodward)曾生动刻画了提尔皮茨的这种双面性格:

提尔皮茨认为进一步加强德国海军将是一个"巨大的政治错误",这可以算是对英德海军竞赛史的一个奇怪的"总结"。自1900年通过海军法案已经14年了,最危险的时刻已经过去。德国的"冒险"理论已在政治上失去了政治意义,英国不会因为一些看似有效的理由而发动与德国的海上战争。但其中不包括英国即使在战争中击败了德国,英国薄弱的剩余海上力量也将无法抵御法国或者俄国,以及美国或者日本的进攻这一估计。德国海军对"联盟"的价值是倡导发展海军的理由之一。但就实际效果而言,德国海军的发展正把英国推向法国和俄国。德国的庞大舰队成了孤立德国的缘由,而这支舰队还没有强大到可以保护德国的商业或殖民地,或者可以在远海与主要对手展开海上决战。[2]

和费希尔一样,提尔皮茨是个卓越的组织者和伟大的领导者,不知疲倦、足智多谋、为达目的不择手段。但他既不是战略家也不是政客。虽然建造战列舰唤起了英国人的疑心,而且轻巡洋舰、潜艇和岸防力量才更适合德国的海上防御,但他坚信主力舰优势论。提尔皮茨争论说因为德国缺乏优良的海军基地,所以轻巡洋舰难有用武之地;而潜艇由于续航力差也作用不大。他相信主力舰即使在数量上处于劣势也能发挥作用,坚信皇家海军在开战之初就会对德国公海舰队采取近距封锁战略，这将给后者以持续的游击战形式在近海攻击英国舰队的机会，这其中包括水雷、大规模鱼雷攻击及其他手段。当大舰队的实力被逐步削弱到与德国舰队相当的时候，公海舰队就能冒险在远海与英国展开舰队决战。这一战略因为英国1912年改变封锁战略而失去了意义。在战争中，德国舰队发现他们被毫无希望地封锁在北海。因为英国的头号海上优势就是她的地理位置正好横跨在德国通往远洋的海路上。不过就像马汉在1902年写道的："英国的困境是，她无法仅使用她作为头等强国生存所必须要素（指海军）的一小部分就完成对德国的封锁。"

* * *

如何看待海军竞赛在英德关系中的作用呢？尽管梅特涅在多封信件中不断为德国海军的扩张辩白，但这种扩张就是英国产生敌意的唯一根源。提尔皮茨则越来越相信英国的顾虑来自英德贸易竞争，德国在海军方面的退让不会消除这种顾虑。事实是在战争爆发前十年，经济竞争已不再是国家间敌对关系的决定性因素。梅特涅，甚至还有德国海军武官考波尔和魏登曼都确信，没有哪个英国商人或企业家想要打仗。经济上的竞争是受到高度欢迎的，它保证英国能不间断地进口食品和工业原材料，也确保了英国和它最好的顾客——德国——之间的贸易。但即使是他自己的官方顾问的意见，"一撞到提尔皮茨身上那副新马克思主义的铠甲就毫无作用地弹开了"。经济竞争造成英国对德国敌意的观点也被格里，以及大部分英国和德国的政客、评论家所断然否认。从根本上讲，造成英国关系恶化的就是安全问题——英国相信德国意在称霸欧洲，而后称霸世界。否则它怎么会在一支强大的陆军之外再建立一支强大的舰队呢？德国海军的快速发展就是格里所说的德国"称霸欲望"的证据，而海军联合庞大的陆军，给了德国实现这一野心的武器。这也是英国官方和民众坚信的看法。德国海军武官与梅特涅一样明白这一点，就像他在1907年写的："德国海军的稳步发展构成了对英国*自由施展政治影响*的最大障碍。这是两个国家相互仇视的焦点。所有其他经常提及的原因——商业、工业和航运的竞争，布尔战争中的分歧等等——都是次要因素。"³ 如上述斜体字（本书作者所加）被改为"对英国安全的威胁"，那么这一声明就确切表达了英国的立场。现在，海军竞赛并没有引发战争，但它能保证一旦战争爆发，英国将与德国为敌。

* * *

1913年10月22日，丘吉尔建议巴腾堡，出于节省经费的目的，用第三舰队（通常只驻有极少量维护人员）的试验性动员来代替每年夏天的海军演习。第一海军大臣同意了，并于1914年3月18日在下院宣布了这一决定。7月10日，实施动员试验的命令发出，7月15日试验开始。7月17—18日，全部舰队在斯比得海德举行宏大的阅舰式。⁴ "我们见证了人类历史上无与伦比的最强大海军力量的集合"（丘吉尔）。能亲眼看到这一幕的人们都感到无比幸运。当时部署在本土水域的全部舰艇从7月中旬开始都已经处于备战状态。7月19日舰队开到海上，在英吉利海峡进行了演习。23日第三舰队接到退出现役的命令，分散返回各自的基地。但是直到7月26日也只有少量舰艇离开，因为有消息称奥匈帝国因萨拉热窝事件向塞尔维亚下达了最后通牒，而后者的回应已被前者拒绝。巴腾堡出于自己的预感，命令舰队维持动员状态。（丘吉尔此时正在家中陪伴患重病的妻子。他立即批准了巴腾堡的命令，但人们经常将这一英明决定归功于他。）到7月28日，按丘吉尔给国王的通报，海军已经处于"备战与警戒状态"。翌日第一舰队离开波特兰，29至30日夜间以熄灯状态无声而迅速地通过多弗海峡，经过北海来到它的战时预备基地斯卡帕湾。31日大舰队（第一舰队在9月被正式更名为大舰队）已经完成战斗部署：战列舰位于斯卡帕湾和克罗马蒂，战列巡洋舰位于罗赛斯。第二舰队同时在波特兰集结。舰队集结和准备完毕后，丘吉尔终于可以长出了一口气，遭到鱼雷突袭的"噩梦"已经不会再有了。

据说海军部要求让一位更年轻的司令来指挥大舰队。现任司令卡拉汉即将年满六十二岁，但身体健康，精力和耐力也毫无问题，舰队上下也对他信任有加。但卡拉汉还是被认为太老，无法在战时承受加在舰队司令肩上的巨大压力。他的任期将在10月1日结束，接替他的决定在7月30日就做出了——一旦战争爆发，五十二岁的杰利科将成为舰队司令。命令在第二天就传达给了杰利科，当时他正准备前往大舰队担任副司令。8月1日海军部正式决定将卡拉汉解职，第二天就公布由杰利科接任大舰队司令。

这一任命意味着冒犯众多资历高于杰利科的将官，更严重的是很多指挥官都对这种职务变动的方式不以为然。普遍的感觉是卡拉汉受到了不公正的对待，有人为此向海军大臣提出抗议。连国王也认为这是"非常糟糕的做法"。贝蒂致电丘吉尔（他也用类似的措辞致电巴腾堡）说传闻中的变更"将引发史无前例的灾难……在这一时刻对舰队士气的打击更甚于一场海战的失利。这使继任者处于一种极为窘迫的位置……"[5] 8月1日至3日之间，杰利科连续六次致电海军部，主旨是卡拉汉应该留任舰队司令，因为他经验丰富；而他自己需要更多时间才能接手舰队；舰队的士气将会受挫，因为舰队对司令官"充满了敬仰和忠诚"。在这些原因背后还有两点未有声明：卡拉汉和杰利科是亲密的朋友，杰利科也担心舰队官兵以为他要为这种变更负一定责任。丘吉尔毫不动摇，8月4日早上，杰利科正式从卡拉汉手中接过了指挥权——这对二人都是一个痛苦的时刻。杰利科的痛楚反映在他给第二海军大臣的一封信中："我希望自己再也不会有从星期五到星期二的这般经历了。我现在的处境糟透了。我竭尽全力还是无法阻止这一严重错误的发生……对司令官而言这一消息的悲剧在于使他的信念发生了动摇，而对我就更糟糕了。"[6] 丘吉尔的决定是正确而明智的。做这样的决定需要"够胆量"。就像费希尔曾经说过的，"你可以不喜欢温斯顿，但是他有一颗狮子的心"。顺便在这里提一下，1911年对杰利科担任本土舰队副司令的任命就决定了他将继承卡拉汉的衣钵，而对于这项任命以及在1914年打消丘吉尔的犹豫让杰利科提前上任，费希尔的建议都起到了决定性作用。

8月4日晚11时（德国的午夜时刻），英国海军部向所有皇家海军舰艇和设施发出信号，"与德国进入战争状态"。海军大臣向内阁报告，海军已经完成部署。第二天，首相在肃穆的气氛中向议会宣布英国已经参战时，泪水从丘吉尔的脸上滑落。丘吉尔的激动心情无疑是因为紧张的三年准备令神经一直经受着紧张和磨砺，如今告一段落。丘吉尔确信万事俱备。从一开始他就"以第二天就要开战的心态来准备对德战争"。"当务之急显然是要做好准备；避免在开战初期遭到突袭；集中舰队；避免被敌人抓住分散的力量：要将处于最佳状态的最强舰队在最佳时机部署在最佳位置上，这样一旦战争来临，就能以平静的心态投入战斗。"[7] 英国舰队处在最有效的备战状态，一直在忙于火力演习、舰队机动、战术问题研究，或者以中队或单舰进行的训练。由于已经制定了战时舰队部署的每一个细节，所以在8月1日收到动员命令后十二小时以内，皇家海军的每一艘舰船，包括预备役舰艇，都已经抵达战时岗位或者接到了行动计划，为所有可能——公海舰队出击，企图入侵英国，干扰远征军的运输，或实施海上破交战——做好了准备。战争对海军军官来说也是某种程度上的解脱。例如贝蒂曾说过对战争"期待已久，我们已经一个世纪没有战事了；是时候重现我们先辈的光荣业绩了"[8]。

　　舰队已经做好准备，而更真实的情况是，海军上下坚信自己已经做好了准备。珀西·斯考特在总结开战时海军的状态时写道："此外，我们没有现代化的布雷舰艇；没有装备良好的扫雷舰艇；没有有效的夜战炮术；没有反飞艇火炮；没有预防潜艇的措施；没有为舰队准备安全的港口，而且只有少数军舰（8艘）安装了可靠的射击（指挥）仪器。我们的鱼雷在开战初期性能极差，总是从德舰的船底下方穿过而无法击中目标。"[9] 这些论断（完全出自技术学派，别忘记斯考特本人就是该学派的领军人物）相当准确，但是舰队装备上的很多弱点和不足并没有被人们意识到。得天独厚的地理位置，志愿兵体制，大量的海上经验，英国海军的传统，军舰数量上的明显优势，以及对自己军舰、人员和炮术的极度自信——这些都让英国海军官兵把自己人员和装备上无与伦比的优势视作坚定信心的资本。

　　与这种信心相对照的是德国海军的弱者心态，这种心态一直体现在他们的图上演习中，永远是舰艇数量占优的一方获胜。战争前夕英国海军的优势心理和德国海军的弱势心态都反映在海军上将舍尔对战争的研究中。"英国舰队的光荣传统可以向前追溯一百年，历史上的众多伟大业绩肯定令每个人都充满了优越感。他们庞大的舰队又增强了这种优越感，每一级和每一艘舰艇都被认为是代表了海军造舰技术的最高峰。英国水兵们对海洋和海上生活的深刻认知也在支持着这种优越感……"[10]

而战争终于来临了——费希尔在1910年时就预言战争将在1914年秋天爆发。背负着光荣历史的皇家海军迎来了大战的最严峻的考验。自由世界人民的命运将决定于这些"遥远的，被风暴磨砺的战舰"的表现。

附录

1914年8月英德海军的无畏舰与战列巡洋舰

附录

1914年8月英德海军的无畏舰与战列巡洋舰[①]

英国无畏舰

舰名和舰级	计划年份	完成日期	排水量（吨）	设计航速（节）	装甲带最大厚度（英寸）	炮塔装甲最大厚度（英寸）	主要武备
纳尔逊勋爵级（前无畏舰）							
纳尔逊勋爵	1904—1905	1908.10	16500	18.5	12	12	4—12 英寸，10—9.2 英寸
阿伽门农	1904—1905	1908.06	16500	18.5	12	12	10—9.2 英寸
无畏	1905—1906	1906.12	17900	20.9	11	11	10—12 英寸
贝勒罗丰级							
贝勒罗丰	1906—1907	1909.02	18600	20.75	10	11	10—12 英寸
上乘	1906—1907	1909.05	18600	20.75	10	11	
鲁莽	1906—1907	1909.05	18600	20.75	10	11	
圣文森特级							
圣文森特	1907—1908	1909.05	19250	21	10	11	10—12 英寸
前卫	1907—1908	1910.02	19250	21	10	11	
科林伍德	1907—1908	1910.04	19250	21	10	11	
海王星	1908—1909	1911.01	19900	21	10	11	10—12 英寸

级/舰	建造年份	下水日期	排水量			装甲
巨人级						
巨人	1909—1910	1911.07	20000	21	11	10—12英寸
赫拉克勒斯	1909—1910	1911.08	20000	21	11	
猎户座级						
猎户座	1909—1910	1912.01	22500	21	12	11	10—13.5英寸
征服者	1909—1910	1912.11	22500	21	12	11	
君主	1909—1910	1912.03	22500	21	12	11	
雷神	1909—1910	1912.06	22500	21	12	11	
国王乔治五世级						
国王乔治五世	1910—1911	1912.11	23000	21	12	11	10—13.5英寸
阿贾克斯	1910—1911	1913.03	23000	21	12	11	
百夫长	1910—1911	1913.05	23000	21	12	11	
大胆	1910—1911	1913.10	23000	21	12	11	
铁公爵级						
本博	1911—1912	1914.11	25000	21	12	11	10—13.5英寸, 12—6英寸
印度皇帝	1911—1912	1914.11	25000	21	12	11	
铁公爵	1911—1912	1914.03	25000	21	12	11	
马尔博罗	1911—1912	1914.06	25000	21	12	11	

① 译注：英国数据来自海军部资料；德国数据来自埃里希·格罗纳（Erich Gröner）的《德国海军，1815—1936》。

英国无畏舰（续）

舰名和舰级	计划年份	完成日期	排水量（吨）	设计航速（节）	装甲带最大厚度（英寸）	炮塔装甲最大厚度（英寸）	主要武备
伊丽莎白女王级							
伊丽莎白女王	1912—1913	1915.01	27500	25	13	13	8—15英寸，14—6英寸
厌战	1912—1913	1915.03	27500	25	13	13	（16—6英寸伊丽莎白女王）
巴勒姆	1912—1913	1915.10	27500	25	13	13	
刚勇	1912—1913	1916.02	27500	25	13	13	
马来亚	1912—1913	1916.02	27500	25	13	13	
王权级							
王权	1913—1914	1916.05	25750	21	13	13	8—15英寸，14—6英寸
皇家橡树	1913—1914	1916.05	25750	21	13	13	
复仇	1913—1914	1916.03	25750	21	13	13	
决心	1913—1914	1916.12	25750	21	13	13	
拉米利斯	1913—1914	1917.09	25750	21	13	13	
加拿大[1]		1915.09	28000	22.75	9	10	10—14英寸，16—6英寸
阿金库尔[2]		1914.08	27500	22	9	12	14—12英寸，20—6英寸
爱尔兰[3]		1914.08	23000	21	12	11	10—13.5英寸，16—6英寸

[1] 译注：智利订购的"海军上将拉托雷"号，1914年9月为英国征用。
[2] 译注：土耳其订购的"奥斯曼一世"号，1914年8月为英国征用。
[3] 译注：土耳其订购的"拉萨迪赫"号，1914年8月为英国征用。

英国战列巡洋舰

舰名和舰级	计划年份	完成日期	排水量（吨）	设计航速（节）	装甲带最大厚度（英寸）	炮塔装甲最大厚度（英寸）	主要武备
无敌级							
无敌	1905—1906	1909.03	17250	25.5	6	7	8—12英寸
不屈	1905—1906	1908.10	17250	25.5	6	7	
不挠	1905—1906	1908.06	17250	25.5	6	7	
不倦级							
不倦	1908—1909	1911.04	18750	25.8	6	7	8—15英寸
新西兰	1909—1910	1912.11	18800	25.8	6	7	
澳大利亚	1909—1910	1913.06	18800	25.8	6	7	
狮级							
狮	1909—1910	1912.05	26350	27	9	9	8—13.5英寸
大公主	1909—1910	1912.11	26350	27	9	9	
玛丽女王	1910—1911	1913.08	27000	28	9	9	
虎	1911—1912	1914.10	28500	28	9	9	8—13.5英寸 12—6英寸

德国无畏舰

舰名和舰级	计划年份	完成日期	排水量（吨）	设计航速（节）	装甲带最大厚度（英寸）	炮塔装甲最大厚度（英寸）	主要武备
拿骚级							
拿骚	1906—1907	1909.10	18873	19	11.75	11	12—11 英寸
威斯特法伦	1906—1907	1909.11	18873	19	11.75	11	12—5.9 英寸
莱茵兰	1907—1908	1910.04	18873	19	11.75	11	
波森	1907—1908	1910.05	18873	19	11.75	11	
赫尔戈兰级							
赫尔戈兰	1908—1909	1911.08	22808	20.5	11.75	11.75	12—12 英寸
东弗里斯兰	1908—1909	1911.08	22808	20.5	11.75	11.75	14—5.9 英寸
图林根	1908—1909	1911.07	22808	20.5	11.75	11.75	
奥尔登堡	1909—1910	1912.05	22808	20.5	11.75	11.75	
恺撒级							
恺撒	1909—1910	1912.08	24724	21	13.75	11.75	10—12 英寸
腓特烈大帝	1909—1910	1912.10	24724	21	13.75	11.75	14—5.9 英寸
皇后	1910—1911	1913.05	24724	21	13.75	11.75	
路易波特摄政王	1910—1911	1913.08	24724	21	13.75	11.75	
阿尔伯特国王	1910—1911	1913.07	24724	21	13.75	11.75	

1914年8月英德海军的无畏舰

国王级						
国王	1911—1912	1914.08	25796	21	13.75	11.75	10—12英寸
大选帝侯	1911—1912	1914.08	25796	21	13.75	11.75	14—5.9英寸
边境总督	1911—1912	1914.10	25796	21	13.75	11.75	
王储	1912—1913	1914.11	25796	21	13.75	11.75	
巴伐利亚级						
巴登	1913—1914	1916.10	28600	22	13.75	13.75	8—15英寸
巴伐利亚	1913—1914	1916.03	28600	22	13.75	13.75	16—5.9英寸
萨克森[1]	1914—1915		28600	22	13.75	13.75	
符腾堡[2]	1914—1915		28600	22	13.75	13.75	

① 译注：1916年11月21日下水，但未能完工。
② 译注：1917年6月20日开工，但未能完工。

德国战列巡洋舰

舰名	计划年份	完成日期	排水量（吨）	设计航速（节）	装甲带最大厚度（英寸）	炮塔装甲最大厚度（英寸）	主要武器
布吕歇尔	1906—1907	1909.10	15842	24.8	7.01	7.09	12—8.2英寸 8—5.9英寸
冯·德·塔恩	1907—1908	1911.09	19370	24.8	9.84	9.05	8—11英寸 10—5.9英寸
毛奇	1908—1909	1911.09	22979	25.5	10.63	9.05	10—11英寸 12—5.9英寸
格本	1909—1910	1912.07	22979	25.5	10.63	9.05	10—11英寸 12—5.9英寸
赛德利茨	1910—1911	1913.05	24988	27	11.81	9.84	10—11英寸 12—5.9英寸
吕措夫	1911—1912	1915.08	26741	26.4	11.81	10.63	8—12英寸 14—5.9英寸
德弗林格	1911—1912	1914.09	26600	25.8	11.81	10.63	8—12英寸 14—5.9英寸
兴登堡	1913—1914	1919.10	26947	27.5	11.81	10.63	8—12英寸 14—5.9英寸

原注

第一章：费希尔时代，1904—1910

1. 陆军中将雷金纳德·C.哈特爵士（Lieutenant-General Sir Reginald C. Hart），"为战争辩白"，《19世纪》，1911年8月。
2. 哈罗德·F.怀亚特（Harold F. Wyatt），"上帝以战争考验"，《19世纪》，1911年4月。
3. 海军中将K. G. B. 德瓦尔（K.G.B.Dewar），《海军内幕》（伦敦，1939），第25—26页。
4. 蒂利特未完成著作，未出版回忆录，蒂利特MSS[①]。
5. 贝雷斯福德致鲍尔弗，1900年4月8日，鲍尔弗MSS。
6. 1903年《简氏战舰》刊登了意大利海军设计师库尼贝蒂上校（Cuniberti）的一篇文章——"英国海军的理想战舰"。他的设计为无畏舰的主要性能绘下了蓝图：全重型火炮和超过所有当代战列舰的航速。由于海军刊物对库尼贝蒂的设计有广泛的讨论，费希尔很有可能也读过这篇文章并受到强烈的影响。

第二章：第一海军大臣费希尔

1. 海军上舰雷金纳德·培根爵士（Reginald Bacon），《基尔维斯顿的费希尔爵士传记》（伦敦，1929年，二卷本），第一卷，第246—247页；A. G. 加蒂纳（A. G. Gardiner），《社会栋梁》（伦敦，1913年），348页。
2. J. A. 斯潘德（J. A. Spender），《生活、新闻与政治》（伦敦，1927年，二卷本），第二卷，第67页。
3. 查尔斯·沃克爵士（Charles Walker），《回忆杰基·费希尔》，基尔维斯顿MSS。

[①] 译注：马德尔的著作中经常出现MSS这一神秘的引源。当代一些历史学家因此诟病马德尔的查证能力甚至治学精神。英国布鲁内尔大学的马修·萨里格曼教授（Matthew S Seligmann）在他的"一位伟大的美国皇家海军学者？重新审视亚瑟·马德尔有争议的遗产"（A Great American Scholar of the Royal Navy? The Disputed Legacy of Arthur Marder Revisited）一文中对此进行了解释。英国海军部允许马德尔在海军部记录办公室查阅大量以前未公开的历史文件，但不允许他在引用时透露文件的具体来源，所以马德尔只能在注释中使用"海军部MSS"来指代引源，意为"海军部记录办公室手稿"（Admiralty Record Office Manuscripts）。马德尔还在海军部看到了英国其它政府部门的文件，但海军部无权让马德尔引用这些文件。例如英国内阁就拒绝了马德尔引用他在海军部查阅的帝国国防委员会（CID）的会议记录和备忘录。如果不能引用这些资料，马德尔的研究就不可能成书。后来他找到了解决的方法。马德尔发现很多私人文件中包含了这些政府部门的文件。例如阿斯奎斯的私人文件中就有1908—1914年每一次C. I. D. 会议的记录。于是马德尔在引用时就用阿斯奎斯MSS来代表引源。这样马德尔既采用了这些宝贵的文献资料，又避免了对英国政府各部门文件公开制度的触犯，也使海军部避免了尴尬。

4. 费希尔致鲍尔弗，1910年4月11日，鲍尔弗MSS。

5. 汉奇致贝蒂，1927年4月30日；海军少将W. S.查尔莫斯（W. S. Chalmers），《戴维·贝蒂伯爵的生平与信件》（伦敦，1951），第381—382页。

6. 费希尔致诺里斯，1904年4月22日，温莎MSS。

7. 海军上将威廉·詹姆斯爵士（William James），《伟大的水手：海军元帅亨利·F.奥利弗传记》，116页，引自奥利弗未出版回忆。

8. 培根，《费希尔》，第一卷，第236页。

9. 虽然这一职位在20世纪被称为常设秘书，实际上称之为秘书更合适，因为就像约翰·朗爵士（John Lang）说的那样，"这是自皮普斯（17世纪末著名的海军部秘书）时代以来的传统"。所以本书从这里开始都称这一职位为秘书。

10. 海军上校冯·考波尔（von Coerper）致蒂尔皮茨，1905年1月25日；德国海军部MSS。

11. 1904年6月20日，莱诺克斯洛夫MSS。

12. 1907年6月的信件，莱诺克斯洛夫MSS。

13. 伊舍·梅内尔，《女性谈话》（伦敦，1940），第70—71页。

15. 费希尔至爱德华国王的信件，1906年末；西德利·李爵士（Sidley lee）《国王爱德华七世传》（伦敦，1925—1927年），第二卷，333页。

第三章：费希尔革命

1. 1903年4月的信件，莱诺克斯洛夫MSS。

2. 费希尔，《记录》（伦敦，1919年），第160—161页。

3. 费希尔的备忘录，《海军的国家教育》，1906年3月，莱诺克斯洛夫MSS；《泰晤士报》，1911年10月27日，一篇社论中引述了此段落。

4. 费希尔致伊舍，1910年8月5日；亚瑟·J.马德尔，《恐神与无畏：海军元帅基尔维斯顿的费希尔爵士书信集》（伦敦，1952—1959年，3卷本），第二卷，第334页。

5. 费希尔致威尔莫特·H.福克斯（Wilmot H. Fawkes，海军大臣的私人秘书），1901年2月18日；《恐神与无畏》，第一卷，第353页。

6. 海军元帅查特菲尔德爵士（Chatfield），《海军与国防》（伦敦，1942年），第33页；海军上将雷金纳德·培根（Reginald Bacon），《1900年以来》（伦敦，1940），第155页。

7. 费希尔致莱昂内尔·叶克斯利（Lionel Yexley），1909年6月1日；《恐神与无畏》，第二卷，第22页。

8. 亚瑟·J.马德尔，《英国海上力量剖析：前无畏舰时代的英国海军政策，1880—1905》（纽约，

1940），第 488 页。

9.《英国海上力量剖析》，第 489 页。

10. 有关海军部地位的总结，未出版的《帝国国防委员会下属委员会，调查查尔斯·贝雷斯福德爵士提出的有关海军政策问题的报告与记录》（1909 年 8 月 12 日），莱诺克斯洛夫 MSS。

11.《海军元帅基尔维斯顿的费希尔爵士阁下的讣告》，海军造船学院汇刊，62 卷，1920 年。

第四章：海军内的争议：主要改革

1. 培根，《费希尔》，第一卷，第 199 页。

2. 维密斯致费希尔，莱诺克斯洛夫 MSS。

3. 致作者的信，1959 年 11 月 24 日和 12 月 5 日。这位专家提出了一个有趣的观点，他认为用陆地上的学校来取代训练舰，能逐渐缩小这道鸿沟。"虽然奥斯伯恩和达特茅斯表面上是被指挥军官统治着，但受过大学教育的平民产生的影响从新生入校时就很深刻，到毕业时达到顶峰。也许更重要的是，他们也在不断地、潜移默化地影响着担任教官的指挥军官。"

4. 美国海军部 MSS。

5. 海军情报处报告第 871 号，1909 年 4 月；《外国海军事务报告》，1908—1909（海军部图书馆）。

6. 罗洛·爱泼亚德（Rollo Appleyard）致费希尔，1908 年 11 月 7 日，莱诺克斯洛夫 MSS。

7. 迈克尔·刘易斯，《英国海军：历史肖像》（伦敦，1948 年），198—199 页。

8. 海军部舰队训令，1/56；海军部 MSS。后来也决定将此原则应用到电气专业。

9. 本章注 3 中所引述的信件里，还质疑不同专业军官之间的鸿沟"到现在是否真的不存在了。虽然我坚信当目前新一代年轻军官成长起来以后，这一鸿沟将会彻底的消失"。

10. 查特菲尔德致作者，1946 年 3 月 14 日；弗洛里曼特尔致作者，1946 年 3 月 8 日。

11. 理查兹致贝雷斯福德，1909 年 6 月 29 日；后者曾于 1909 年 6 月 30 日在伦敦商业大厅的演讲中引用此话。

12. 哈丁（Hardinge，外交部常设副秘书）致海军部，1907 年 3 月 14 日，温莎 MSS。

13. 伊舍致诺里斯（Knollys），1907 年 1 月 24 日，温莎 MSS。

14. 海军上校查尔斯·L. 奥特利（Charles L. Ottley）的备忘录，《海军造舰计划中的战略因素，1907》，1907 年 1 月 7 日，海军部 MSS。

15. 弗里茨·乌普莱格（Fritz Uplegger），《世界大战前的英国舰队，1904—1909》（斯图加特，1930 年），第 39 页。

16.《英国海上力量剖析》，第 540—543 页。

17.《海军的必需》，第一卷，第 41—45 页，第 98 页。《海军的必需》是非官方出版的三卷本著作，记录了费希尔在担任朴次茅斯基地和第一海军大臣期间（1904—1906年）撰写或收集的有关他发起或考虑的改革的文件。费希尔的《记录》，第127—155页，大量引用了《海军的必需》。培根的《费希尔》，第一卷，第284—304页，内容也是基于《海军的必需》。马德尔，《英国海上力量剖析》的最后两章使用了大量最初版本的《海军的必需》（目前藏于海军部图书馆）的内容，其中包括费希尔爵士的会议纪要。

18. 《海军的必需》，第三卷，第236页。
19. 关于海军武官的报告请见《英国海上力量剖析》，第530—532页。
20. 马汉，"反思、历史及其他，日本海海战的启示"，《美国海军学院院刊》，1906年6月，此文可谓是英美两国反无畏舰势力的《圣经》；怀特的"对大型战舰的膜拜"，《19世纪》，1908年6月，也是在反无畏舰势力中流传最广的文章之一。
21. 《对马海战的教训》，1906年2月。
22. 海军部备忘录，《现代战列舰》，1906年10月，莱诺克斯洛夫MSS。
23. 海军部备忘录，《现代战列舰》，1906年10月。
24. 海军部备忘录，《海军部的战列舰设计政策》，1906年末，莱诺克斯洛夫MSS。
25. 海军部备忘录，《现代战列舰》，1906年10月，这段文字可能是费希尔亲自撰写的。
26. 海军上将海德沃斯·兰顿爵士（Hedworth Lambton）致麦肯纳，1908年7月24日，麦肯纳MSS。
27. 费希尔对乔治·克拉克爵士于1907年9月发表的"海军火力的有效性"一文的评论，莱诺克斯洛夫MSS。
28. 海军军械总监（杰利科）的备忘录，1906年5月24日，海军部MSS。他的接任者的助理，海军中校德雷尔，将12英寸和9.2英寸炮弹的威力比改为接近5∶1。德雷尔的备忘录，"统一大口径主炮"，1908年2月。该数据曾被彼得·M.斯坦福（Peter M. Stanford）在《科比特与费希尔在海军部共事时的工作，1904—1910》中引用，未出版。
29. DNO（培根）关于战斗演习的报告。1907年12月19日，莱诺克斯洛夫MSS。
30. 费希尔致麦肯纳，1909年10月20日，麦肯纳，MSS。
31. 德国海军元帅阿尔弗雷德·冯·俾斯麦，《我的回忆》（伦敦，1919年），两卷本，第一卷，第201页。
32. 培根，《1900年以来》，第95页。
33. 拜尔斯致《泰晤士报》的信件，1908年7月23日。
34. 詹姆斯，《天空永远蔚蓝》（伦敦，1951年），第53—55页；布洛克上将致作者，1946年3月13日；海军上将弗雷德里克·德雷尔，《海军传统：海战研究》（伦敦，1955年），第

77—78 页。

35. 考波尔致蒂尔皮茨，1905 年 1 月 25 日；德国海军部 MSS。

第五章：海军内的争议：费希尔—贝雷斯福德对立

1. 海军部备忘录，《本土舰队》，1906 年 12 月，海军部 MSS。

2. 诺里斯致伊舍，1906 年 10 月 23 日，伊舍 MSS。

3. 哈丁致诺里斯，1906 年 10 月 23 日，温莎 MSS。

4. 费希尔，《回忆》，第 246 页。这一观点也出现在海军部未公开的备忘录《舰队的规模与布置》中，时间约在 1906 年 10 月；莱诺克斯洛夫 MSS。

5. 费希尔至威尔士亲王，1906 年 10 月 23 日；《恐神与无畏》，第二卷，第 103 页。

6. 海军部备忘录，《本土舰队和海军部改革》，1907 年 1 月，莱诺克斯洛夫 MSS。

7. 海军部备忘录，《本土舰队的创立》，1907 年 2 月，海军部 MSS。

8. 麦肯纳致阿斯奎斯，1909 年 4 月中，麦肯纳 MSS。

9. 还有更多的反对的声明：在《旁观者》上署名西维斯（Civis）的作者发表的系列文章，1906 年 11 月 17 日、24 日，12 月 1 日、8 日、15 日、22 日，1907 年 1 月 5 日。这些文章后来在 1907 年初被汇成册："1907 年海军的状况"；"巴福勒"（Barfleur，卡斯坦斯的笔名），《海军政策》，伦敦，1907 年；"海军部的管理与海军政策"，《爱丁堡评论》，1907 年 1 月；"无畏舰"，"海军与帝国"，《国家评论》，1909 年 7 月；"批评"，"对海军部的抨击"，《泰晤士报》，1909 年 4 月 2 日、5 日、24 日，5 月 3 日，6 月 5 日。

10. 在费希尔任第一海军大臣期间为他辩护的著名文献有：科比特，"最近对海军部的批评"，《19 世纪》，1907 年 2 月（费希尔本人非常赞赏此文，称它为"无与伦比和不朽"之作）；阿诺德·怀特（Arnold White），"第一海军大臣"，《每日记事》（Daily Chronicle），1909 年 4 月 22 日；赫德，"海军部的进展与反应"，《半月评论》（Fortnightly Review），1906 年 4 月；J. R. 瑟斯菲尔德（J. R. Thursfield），"海军的现状"，《泰晤士报》，1907 年 1 月 22 日、24 日、26 日、30 日，2 月 4 日、7 日、9 日、12 日；读者来信，"为海军部辩护"，《泰晤士报》，1909 年 4 月 12 日、17 日，5 月 15 日。

11. 魏登曼至海军上将乔治·冯·缪勒（Georg von Müller，海军内阁大臣，其部门直属于德皇，负责海军人员的任命和提拔等工作），1907 年 10 月 8 日，德国海军部 MSS。

12. 伊舍致诺里斯，约 1906 年 9 月初，以及 1906 年 10 月 21 日，温莎 MSS。

13. 杰利科致海军中将弗雷德里克·汉密尔顿爵士（Frederick Hamilton），1915 年 11 月 25 日，汉密尔顿 MSS。

14. 刊登在《海军造船师学院汇刊》上的费希尔的讣告，1920 年。

15. 莫莱斯·V. 布雷特（Maurice V. Brett）与奥利弗（Oliver），伊舍子爵，《雷金纳德·伊舍子爵书信》（伦敦，1934—1938 年），四卷本，第二卷，第 199 页。此引源之后用《伊舍》代表。

16. 费希尔，《回忆》（伦敦，1919 年），第 105 页。

17. 斯潘塞，《生活、新闻和政治》，第二卷，第 67 页。A. M. 格林（A. M. Gollin），《观察家报与 J. L. 加文（J. L. Gavin），1908—1914：对伟大编辑工作的研究》（伦敦，1960 年）。书中有关于费希尔运用媒体的精彩记录。例如第 68—77 页，记录了费希尔在 1909 年海军恐慌中与加文的亲密关系。

18. 培根，《1900 年以来》，第 126 页。唯一的例外是海军中校卡里昂·贝莱尔斯（已退役），后来成为自由党议员，并成为议会中批评海军部政策的领军人物。培根说他"一直是一位能力不佳的军官，因此看样子总是一事无成"。1906 年 5 月 31 日的信件。

19. 考多尔致诺尔，1905 年 6 月 19 日，海军部 MSS。

20. 哈丁致诺里斯，1906 年 10 月 30 日，温莎 MSS。

21. 巴腾堡致海军中将乔治·金-豪尔，1909 年 2 月 24 日；海军上将马克·科尔（Mark Kerr），《海军元帅巴腾堡的路易斯亲王》（伦敦，1934 年），第 226 页。

22. 丘吉尔，《伟大的同时代者》（伦敦，1941 年），修订版，第 299 页。

23. 加文致培根，1929 年 1 月 9 日，基尔维斯顿 MSS。

24. 多姆维尔上将在 1950 年 10 月 10 日致作者的信中介绍了这些往事。巴托洛梅、麦肯纳和汉奇都授权多姆维尔讲述了有关他们的故事。

25. 致作者的信，1948 年 6 月 2 日。

26. W. 格拉汉姆·格林（W.Graham Greene）在一份备忘录中对贝雷斯福德的致谢，1925 年 3 月 24 日，格拉汉姆·格林 MSS。

27. 考波尔致蒂尔皮茨，1905 年 1 月 25 日，德国海军部 MSS。

28. 海军上校莱昂内尔·道森（Lionel Dawson），《一个水兵的回忆》（伦敦，1936 年），第 131—132 页。道森还在别处写道："他绝对是一个很有气场的人！听他对着全舰官兵讲话，那种肃穆和他在下院或在公众面前演讲时是一样的，这种经历真是令人难忘。他以洪亮的声音这样开场：'我的旗舰，同时也是佩利舰长（Pelly）你的军舰的全体官兵们……'演讲进行中最有趣的是看到水兵们的全神贯注的脸，那神情就好像是他正在给大家上一堂有关二项式定理的讲座一样。"道森，《驱逐舰支队：真实的故事》（伦敦，1933 年），第 65 页。

29. 查特菲尔德，《海军与国防》，第 41 页。

30. 《1900 年以来》，第 123，第 131 页。可能引自授权发表的海军上校 T. E·格里斯（T. E.

Grease）的信件，1928年7月9日，基尔维斯顿MSS。格里斯在不同时期担任过费希尔的助手。他竟然认为"整个贝雷斯福德事件"的起因是贝雷斯福德的太太没有成为第一海军大臣夫人而极为失望和恼怒，认为这有损于她在伦敦名流中的身份。

31. 考多尔致鲍尔弗，1905年12月5日，鲍尔弗MSS。
32. 费希尔致鲍尔弗，1905年9月12日；《恐神与无畏》，第三卷，第27页。
33. 费希尔致阿诺德·怀特（Arnold White），1905年5月16日，《恐神与无畏》，第二卷，第68页。
34. 这一段落中的信息来自培根致作者的信件，1941年11月12日。
35. 海军部MSS。
36. 海军部《有关海峡舰队司令与海军部委员会关系的备忘录》，1907年6月，莱诺克斯洛夫MSS。
37. 海军部备忘录，《关于与海峡舰队司令面谈的备注》，1907年7月5日，海军部MSS。
38. 所有内容引自海军部的资料。在卡森MSS中这一段被针锋相对地重提。贝雷斯福德希望下院议员，也是著名律师爱德华·卡森爵士（Edward Carson）在"争议在下院开始时"能够支持他的动议。
39. 贝雷斯福德致卡森，1908年1月21日，卡森MSS。有关锡兰的考据请见第14页。
40. 伊舍致诺里斯，1908年1月19日，温莎MSS。
41. 伊舍给诺里斯的报告，1908年4月20日，温莎MSS。
42. 费希尔致伊舍，1908年1月24日；《恐神与无畏》，第二卷，第43页。
43. 诺里斯致麦肯纳，1908年12月22日，麦肯纳MSS。
44. 约翰·戈尔（John Gore）《乔治五世：回忆录》（伦敦，1941），第222页。

第六章：德国海军的挑战，1900—1908

1. 斯蒂芬·格温（Stephen Gwynn），《西塞尔·斯普林-莱斯爵士的书信和友谊》（伦敦，1929年，二卷本），第一卷，第750页。
2. 《海军预算与财政大臣关于经费增长的备忘录》，兰斯当（Lansdowne）MSS。
3. 摘自1902年塞尔伯恩的备忘录，这一段话也在1903年12月7日他呈交内阁的文件《海军政策》中被引用，兰斯当MSS。
4. 蒂尔皮茨，《我的回忆》，第一卷，第200页。
5. 海军情报处报告，第745号；《外国海军事务报告，1904—1905》，海军部图书馆。
6. 约翰斯·莱普西斯等，《欧洲内阁的大政治，1871—1914》（柏林，1922—1927，四十卷本），第十九卷，第一部分，第194—195页。（此后将缩写为《大政治》）。

7. 费希尔致费希尔夫人，1904年10月28或30日，基尔维斯顿 MSS。

8. 告别谒见报告，1906年1月16日，海军上校 R. A. 艾伦比（R. A. Allenby，英国驻柏林海军武官）；海军部 MSS。

9. 费希尔致某人的信，《恐神与无畏》，第二卷，第51页。

10. 《恐神与无畏》，第一卷，第20页，第168页。

11. 一份在诺斯克利夫爵士的文件中未确认的文档，由一名记者所写，他声称这个故事是考多尔本人讲的；雷金纳德·庞德（Reginald Pound）和乔弗里·哈姆斯沃斯（Geoffrey Harmsworth），《诺斯克利夫》（伦敦，1959年），第116—117页。

12. 见下，第172—173页。

13. 《1906年12月德国人对于与英国开战的看法》；海军部 MSS。费希尔解释说："这些评论来自与德国海军和商界最高层人士的多次交流。"

14. 缪勒致德皇，1910年10月18日，德国海军部 MSS。

15. 伯蒂（Bertie）致兰斯当（Lansdowne），1905年4月25日；G. P. 古奇和哈罗德·坦伯里（Harold Temperley）（编辑），《有关大战起源的英国文件，1898—1914》（伦敦，1926—1938年，11卷本），第三卷，第75页。（以下引源缩写为《英国文件》）。

16. 费希尔致兰斯当，1905年4月22日，莱诺克斯洛夫 MSS。

17. 格里致坎贝尔-巴纳曼，1906年1月9日，坎贝尔-巴纳曼 MSS。

18. 对英国外交部、海军部和陆军部1905年文件的研究表明，没有证据显示英国有依据盟约向欧洲大陆派遣军队的计划。兰斯当时断然否认了德国对英法签订攻守同盟的指责。兰斯当致拉塞勒（Lascelles，英国驻柏林大使），1905年6月16日，《英国文件》，第三卷，第82页。

19. G. P. 古奇，《大战之前》（伦敦，1936—1938，二卷本），第一卷，第59页。

20. 密特尼奇致外交部，1905年6月28日，《大政治》，第20卷（第二部），第635—637页。

21. 见下，第386页。

22. 费希尔致兰斯当，1905年4月22日，《恐神与无畏》，第二卷，第55页。

23. 伊舍致克拉克，1906年2月18日，《伊舍》，第二卷，第144页。

24. 格里致特维德茅斯，1906年1月16日，《英国文件》，第三卷，第203页；乔治·M. 特里维廉（George M. Trevelyan），《法罗顿的格里》〔伦敦（朗曼），1937年〕，第135页。

25. 《英国文件》，第三卷，第178页。

26. 此方面很多资料来自克拉克在1906年1—3月间的信件，伊舍 MSS。

27. 古奇，《大战之前》，第一卷，第62页。

28. 阿斯奎斯致麦肯纳，1909年1月1日，麦肯纳 MSS。

29. 格里呈交国王的备忘录，1908年7月31日，《英国文件》，第六卷，第779页。

30. 在帝国国防委员会研究有关外国入侵的下属委员会上的演讲，1908年5月29日，莱诺克斯洛夫MSS。

31. 作者不明，"大陆军事力量与英国海军"，《半月评论》，1906年4月。

32. 克劳，《当前英法和英德关系的备忘录》，1907年1月1日，《英国文件》，第三卷，第416页。

33. 格里致戈琛，1909年12月31日，《英国文件》，第八卷，第416页。

34. 费希尔致爱德华国王，1908年3月14日，《恐神与无畏》，第二卷，第169页。

35. 李，《爱德华七世》，第二卷，604页。

36. 伊舍致M. V. 布雷特（M.V.Brett），1906年9月4日，6日，《伊舍》，第二卷，180页。

37. 媒体文章，1907年12月3日，《伊舍》，第267页。

38. 费希尔的备忘录，《海军部政策：对批评的回复》，1906年10月，费希尔，《记录》，第103—106页。

39. 海军部备忘录，《英国海军造舰计划》，1906年2月15日；《海军的必需》，第三卷，第13—16页。英国在计算军舰的实力价值时将战列舰分为A、B、C三类，其价值分别记为1、1/2和1/4。

40. 杜马的全部报告出自海军部MSS。

41. 费希尔致特维德茅斯，1906年9月26日，《恐神与无畏》，第二卷，第91页。

42. 拉塞勒致格里，1906年8月16日，《英国文件》，第三卷，第192页。

43. 杜马致拉塞勒，1907年1月9日，同上，第6卷，第2—3页。

44. 《限制海军军备的备忘录》，1907年1月29日（为格里准备），海军部MSS。

45. 格里致尼克尔森（Nicolson），1907年5月1日，《英国文件》第八卷，第228页。

46. "英俄协定"，《半月评论》，1907年10月。

47. 《恐神与无畏》，第二卷，第141页。

48. 《旁观者报》，1907年11月16日；L. J. 马克西（L.J.Maxse）来信，《每日快讯》，1907年11月12日。

49. 呈交海军大臣的报告，"有关1908—1909年海军预算"，海军部众大臣，1907年12月3日，莱诺克斯洛夫MSS。

50. 德国：5艘在建，加上1908年和1909年各4艘；英国12∶10的优势加上1908年的两艘，但不算两艘"纳尔逊勋爵"级，因为她们不属于无畏舰。

51. 陆军中校查尔斯至雷平顿，《遗迹》，伦敦，1919年，第284页。

52. 哈丁致亚瑟·戴维森（Arthur Davidson，国王的助理私人秘书），1908年3月7日，温莎

MSS。

53. 《大政治》，第十四卷，第104页。

54. 哈丁备忘录，1908年8月16日，《英国文件》，第六卷，第185—186页。

55. 格里致爱德华·戈琛（拉塞勒的继任者），1908年11月7日，《英国文件》，第六卷，第206页；格里致伯蒂（Bertie），1908年12月1日，《英国文件》，第六卷，第226页。

56. 杜马致拉塞勒，1908年2月12日，《英国文件》，第六卷，第124—125页。

57. 杜马致拉塞勒，1908年7月30日，海军部MSS。

58. 特伦奇致拉塞勒，1908年8月17日，海军部MSS。

59. 1908年8月26日的报告，海军部MSS。

60. 《伊舍》，第二卷，第356，第359页。

第七章：1909年海军恐慌

1. 德国海军部造舰办公室，"缩短造舰时间的备忘录……"，1908年12月2日，德国海军部MSS。

2. 麦肯纳致格里，1908年12月30日；斯蒂芬·麦肯纳，《雷金纳德·麦肯纳，1863—1943》（伦敦，1948年），第72页。

3. 麦肯纳致阿斯奎斯，1909年1月3日，阿斯奎斯MSS。

4. 这比普通的财年计划提前了六个月，比国会通过预算案提前了八个月，比英国在相应财年拨款的船提前了十四个月。如果德国按此方式实施计划，德国将能在财年计划于4月开始后的两年内完成该财年的造舰任务：斯莱德（他已接任奥特利成为海军情报处处长）的会议纪要，1908年10月21日，该纪要在但泽领事的报告基础上，确认属于下一财年的两艘德国战列舰的建造合同已经签订。海军部MSS。

5. 格里致戈琛，1909年3月18日，《英国文件》，第六卷，第45页。

6. 诸海军大臣呈递海军大臣的备忘录，1909年1月15日，莱诺克斯洛夫MSS。以下材料来自同一文件。

7. "关于限制海军军备的备忘录……"，1907年1月29日，海军部MSS。

8. 1909年2月2日，阿斯奎斯MSS。

9. 诺里斯致伊舍，1909年2月10日，伊舍MSS。

10. 伊舍致诺里斯，1909年2月12日，温莎MSS。

11. 引自杰利科呈交麦肯纳的备忘录，1909年1月24日，麦肯纳MSS。

12. 奥斯丁·张伯伦，《政界内部》（伦敦，1936），第150—151页。

13. 阿斯奎斯至阿斯奎斯夫人，1909 年 2 月 20 日；麦肯纳，《麦肯纳》，第 79 页。
14. 张伯伦，《政界内部》，第 153 页。
15. 哈丁致诺里斯，1909 年 2 月 26 日，温莎 MSS。
16. 无日期，但可能于 1909 年 5 月 4 日，麦肯纳 MSS。
17. 格里致戈琛，1909 年 3 月 10 日，《英国文件》，第六卷，第 241—242 页。
18. 费希尔至爱德华国王，1909 年 3 月 24 日，《恐神与无畏》，第二卷，第 235—236 页。
19. 包括 1909—1910 财年有条件建造的 4 艘无畏舰，前提是预见到德国在 1912 年 4 月将拥有 17 艘无畏舰。
20. 根据是德国在 1908 年海军法案修正案中授权追加建造 4 艘大型装甲舰，使德国在 1909 年再次开工 8 艘无畏舰。
21. 《政界内部》，第 160 页。
22. 蒂尔皮茨的报告的附录，1909 年 4 月 3 日，德国海军部 MSS。
23. 内阁文件，《海军预算，1914—1915》，1914 年 1 月 10 日，阿斯奎斯 MSS。
24. 诺里斯致爱德华国王，1909 年 3 月 27 日，温莎 MSS；《伊舍》，第二卷，第 378 页。
25. 哈丁致爱德华国王，1909 年 3 月 31 日，温莎 MSS。
26. A. H·威廉姆森上校（A. H. Williamson）致海军情报处长，1909 年 4 月 25 日，海军部 MSS。
27. 蒂尔皮茨关于与比洛谈话的报告，1909 年 4 月 3 日，德国海军部 MSS。
28. 缪勒致蒂尔皮茨，1909 年 4 月 17 日，德国海军部 MSS。
29. 蒂尔皮茨致缪勒，1909 年 5 月 6 日；蒂尔皮茨，《政治文件》（斯图加特和柏林，1924—1926 年，二卷本），第一卷，第 150—152 页。
30. 格里致戈琛，1909 年 10 月 28 日，《英国文件》，第六卷，第 303 页。
31. 戈琛致格里，1908 年 11 月 4 日，《英国文件》，第 305 页。
32. 克劳、兰利和哈丁的会议记录，1909 年 11 月 8—10 日，《英国文件》，第 310—312 页。
33. 奥兰·J. 黑尔（Oran J. Hale），《以英德为特例的宣传与外交，1890—1914》（纽约，1940），第 309 页。
34. "麦肯纳先生的备忘录"，1935 年 7 月 18 日，文件夹在一封奥斯维恩·默里爵士（Oswyn Murray，海军部秘书）致莫里斯·汉奇爵士的信中，1935 年 7 月 24 日，海军部 MSS。
35. 这种印象来自皇和蒂尔皮茨之间往来的令人感兴趣的电报。德国政府已经许诺给两家私人造船厂（1908 年秋）每年各一艘主力舰建造合同，这些合同均会得到德皇的批准。但是威廉在 1909 年 8 月得知其中一艘主力舰已经在 3 月 1 日开工（另一艘尚未开工），他为此非常气愤。"虽然只有一艘军舰，但皇帝陛下认为这在加快造舰进度问题上给了英国人证据……陛下总是强调德国从未加快造舰计划……"蒂尔皮茨否认有任何加速的行动。"开工和交付没有关系（1912年4月，引自4月8日签订的造舰合同），只是私人公司的商业行为。因此我认为没有必要通知皇帝陛下。席肖（Schichau，船厂）在3月开工建造这艘主力舰是为避免解雇工人，它将自担风险并承担费用。据我的记忆，我是在4月底悉此事的。"缪勒致蒂尔皮茨及蒂尔皮茨致缪勒，1909年8月4日，德国海军部MSS。

36. 丘吉尔，《世界危机》（伦敦，1923—1929，四卷本），第一卷，第37页（此后引用只使用书名，请注意美国版的页码有所不同）。

37. 同上，第37—38页。

38. 同上，第38页。

39. 查尔莫斯（Chalmers），《贝蒂》，第100页。（类似的引言出现在他与妻子的通信中，1909年，第91、第94、第102页）。

40. 《世界危机》，第一卷，第38页。

41. 戈琛致格里，1909年8月25日，附在一起的还有海军情报处长的评论（9月14日）；此外还有另一份海军情报处长的评论（8月25日），附在一份英国驻慕尼黑的外交人员递交给外交部的报告中；海军部MSS。

42. 海军部备忘录，"英国、法国、美国和德国战列舰和装甲巡洋舰实力比较"，1907年6月，莱诺克斯洛夫MSS。

43. 第126次会议的纪要，阿斯奎斯MSS。

44. 费希尔致麦肯纳，1908年5月12日，麦肯纳MSS；附在海军情报处长（斯莱德）有关在与美国的战争中如何协助加拿大的建议报告中。斯莱德对美国在大湖地区维持的舰艇数量超出了1817年条约的规定表示担忧。这也导致帝国国防委员会在1914年5月14日开会讨论这一问题。

45. 奥特利致沃恩·纳什（Vaughan Nash，阿斯奎斯的秘书），1909年5月26日，阿斯奎斯MSS。首相可能于他在议会就两强标准做出说明前一天得到了此信。

46. 日期不明的备忘录（1909年4月？），内容为评论J. L. 加文（J. L. Garvin）发表在《半月》杂志4月号上的文章，称要建立一支"至少两倍于德国舰队的"海军；杰利科MSS。

第八章：费希尔的退休

1. 费希尔致戴维德森，1909年3月20日，《恐神与无畏》，第二卷，第210页。

2. 1909年5月25日，《我的日记的增补，1908—1914》（伦敦，1934年），第17页。

3. 伊舍致诺里斯，1909年2月23日，温莎MSS。伊舍在一天前从鲍尔弗那里得到这些内容。

4. 鲍尔弗致贝雷斯福德，1909年3月27日，鲍尔弗MSS。

5. 费希尔致伊舍，1909 年 4 月 13 日，《恐神与无畏》，第二卷，第 211 页。

6. 同上，第 83 页。

7. 魏登曼致蒂尔皮茨，1909 年 7 月 22 日，德国海军部 MSS。

8. 《恐神与无畏》，第二卷，第 211—212 页。

9. 尼科尔森，《国王乔治五世》（伦敦，1952 年），第 178 页。

10. 诺里斯致伊舍，1909 年 4 月 13 日，伊舍 MSS。还有更多的证据。贝雷斯福德与亲王在纽马克特（Newmarket，10 月 27 日）会面时，后者用强烈的言辞反对费希尔。"我都说不出更猛烈的词儿。他说这必须停止，他必须离开，否则会毁了海军"；贝雷斯福德致斯特迪，1909 年 10 月 28 日，斯特迪 MSS。

11. 诺利斯致伊舍，1909 年 9 月 18 日；伊舍 MSS。

12. "帝国国防委员会任命的下属委员会关于贝雷斯福德爵士提出的有关海军政策特别问题的质询报告和记录"，1909 年 8 月 12 日。以下材料来自未出版的记录，主要来自第一卷结尾对证据的总结。

13. 敕书 256 号（1909），"关于贝雷斯福德爵士提出的有关海军政策特别问题的质询报告"。

14. 贝雷斯福德致鲍尔弗，1909 年 10 月 29 日，鲍尔弗 MSS。

15. 费希尔致克里斯（Crease），1909 年 8 月 22 日，《恐神与无畏》，第二卷，第 214 页。

16. 费希尔致阿诺德·怀特（Arnold White），1909 年 9 月 23 日，同上。

17. 诺里斯致伊舍，1909 年 8 月 23 日，伊舍 MSS。

18. 贝雷斯福德致鲍尔弗，1909 年 10 月 29 日，鲍尔弗 MSS。

19. 麦肯纳致阿斯奎斯，1909 年 10 月 19 日，阿斯奎斯 MSS。

20. 见以下注释。

21. 麦肯纳致阿斯奎斯，1909 年 10 月 27（29？）日，阿斯奎斯 MSS。阿斯奎斯将此信公开（《泰晤士报》，11 月 1 日）。原始信件内容包括赫尔伯特—坎贝尔事件，并回顾了麦肯纳在 10 月 19 日给阿斯奎斯的信中的一些主要内容。但是发表的版本删除了有关两名军官泄露机密，以及他们与海军情报总监关系的内容。虽然信中肯地提到赫尔伯特已"因纪律原因"被要求休年假。

22. 贝雷斯福德致斯特迪，1909 年 10 月 28 日，斯特迪 MSS。

23. 世界危机，第一卷，第 74—75 页。

第九章：麦肯纳—威尔逊组合，1910—1911

1. 贝雷斯福德致鲍尔弗，1909 年 12 月 12 日，鲍尔弗 MSS。

2. 诺里斯致伊舍，1909 年 12 月 30 日，伊舍 MSS。

3. 布里奇曼致费希尔，1909 年 11 月 21 日，《恐神与无畏》，第二卷，第 282 页。

4. 伊舍致 M.V. 布莱特（M.V.Bret），1910 年 1 月 4 日，《伊舍》，第二卷，第 433 页。

5. 伊舍呈交鲍尔弗的报告，1910 年 9 月 30 日，同上，第三卷，第 25 页。

6. 费希尔致 J.A. 斯潘塞，1911 年 10 月 25 日，《恐神与无畏》，第二卷，第 398 页。

7. 麦肯纳致阿斯奎斯，1910 年 1 月 30 日，麦肯纳 MSS。

8. 哈丁致诺里斯，1910 年 2 月 20 日，温莎 MSS。

9. 丘吉尔致爱德华国王，1910 年 3 月 11 日，同前。

10. 考克斯，"英国与德国的海军"，《19 世纪以来》，1910 年 4 月。

11. 劳合－乔治致麦肯纳，1911 年 3 月 3 日，麦肯纳 MSS。

12. 魏登曼致蒂尔皮茨，1911 年 3 月 14 日；德国的备忘录，《大政治》，第 28 卷，第 397—398 页。

13. 韦斯特·维密斯男爵夫人（Wester Wemyss），《韦斯特·维密斯爵士的生平与通讯集》（伦敦，1935 年），第 127—128 页。

14. 关于 1910—1911 年（到 1911 年 5 月）的海军谈判有一份中肯的总结，《英国文件》，第六卷，第 633—636 页（第 631—633 页总结了 1909 年的谈判）。全部文件在同一资料第 496—665 页。

15. 缪勒致德皇，1910 年 10 月 18 日，德国海军部 MSS。

16. 蒂尔皮茨至贝特曼·霍尔维格，1911 年 3 月 17 日，《大政治》，第 28 卷，第 401 页。

17. 备忘录，1911 年 4 月 28 日，海军部 MSS。

18. 蒂尔皮茨与贝特曼·霍尔维格会面的备忘录，1911 年 5 月 4 日；德国海军部 MSS。

19. 备忘录，1911 年 7 月 27 日，海军部 MSS。

20. 外交部致戈琛，1910 年 11 月，海军部 MSS。沃特森将谈话的内容于 9 月 17 日向戈琛做了汇报。

21. 黑尔（Hale），《公开性与外交》，379 页。

22. 有关两国盟约中海军部份的早期历史可见《英国海权剖析》，第 427—434 页，第 450—455 页。

23. "有关海军联合作战的备忘录……" 1906 年 6 月，海军部 MSS。

24. DNC 菲利普·瓦茨爵士的备忘录，1909 年 9 月，海军部 MSS。

25. 海军部 MSS。

26. 外交部给戈琛的文件，1910 年 11 月 1 日，海军部 MSS。

27. 海军情报部报告第 871 号，1909 年 4 月；《外国海军事务报告，1908—1909》（海军部图书馆）。

28. 帝国国防委员会第 102 次会议纪要，阿斯奎斯 MSS。

29. 帝国国防委员会第 108 次会议纪要，阿斯奎斯 MSS。

30. 帝国国防委员会第 111 次会议纪要，阿斯奎斯 MSS。此段内容在《英国文件》中被略去了，第六卷，789 页。

31. 黑尔，《公开性与外交》，第 382 页。

32. 克劳的会议纪要，1911 年 7 月 17 日，《英国文件》，第七卷，第 357 页。

33. 阿斯奎斯向国王递交的 1911 年 7 月 4 日内阁会议报告，阿斯奎斯 MSS。

34. 格里致伯蒂，1911 年 7 月 12 日，《英国文件》，第七卷，第 358 页。

35. 默里致阿斯奎斯，1911 年 7 月 27 日，阿斯奎斯 MSS。

36. 《世界危机》，第一卷，第 47—48 页。

37. 诺里斯致伊舍，1911 年 8 月 24 日，27 日，伊舍 MSS。

38. 迪斯蒙德·查普曼–赫斯顿（Desmond Chapman-Huston），《逝去的历史学家》（伦敦，1936 年），第 245 页。

39. 汉奇致伊舍，1911 年 8 月 9 日，伊舍 MSS。以下评论也是基于该信件。

40. 未注日期的信件（致劳合–乔治？），弗兰克·欧文（Frank Owen），《风暴旅程：劳合–乔治，他的一生与他的时代》（伦敦，1954 年），第 213 页。

41. 见下，389—393 页，可见更多有关此次会议的详细评论。

42. 沃特森致戈琛，1912 年 3 月 9 日，海军部 MSS。

43. 魏登曼致蒂尔皮茨，1911 年 11 月 1 日，德国海军部 MSS。

44. 霍尔丹致阿斯奎斯（无日期，但肯定在 8 月 23 日后不久），陆军少将弗雷德里克·莫莱斯爵士（Frederick Maurice），《霍尔丹》（伦敦，1937—1939，二卷本），第一卷，第 283 页。

45. 费希尔，《回忆》，第 102 页。

46. 日记，1909 年 10 月 27 日，亚瑟·马德尔，《一位海军上将的画像：赫伯特·里士满爵士的生平与文件》（伦敦，1952 年），第 62 页。

47. 海军上将赫伯特·金—豪尔爵士，《海军的回忆与传统》（伦敦，1926 年），第 217—218 页。他在 1909—1911 年任海军部动员处处长。

48. 阿斯奎斯致麦肯纳，1911 年 10 月 10 日，麦肯纳 MSS。

49. 以下材料来自麦肯纳有关此次特殊谈话的记录，麦肯纳 MSS。

第十章：丘吉尔时代，1911—1914：战争准备

1. 海军主计官 W. E. R. 马丁少将（W. E. R. Martin），《海军主计官历程》（伦敦，1924 年），第 218—219 页。

2. 贝蒂致妻子，1912 年 5 月 27 日，贝蒂 MSS。

3. 埃里克·冯·缪勒上校致蒂尔皮茨，德国海军部 MSS。

4. 培根，《杰利科》，181—182 页，引自杰利科战后自传性的笔记。

5.《海军元帅罗杰·凯斯爵士的回忆》（伦敦，1934—5年，二卷本），第一卷，第43页。

6.《世界危机》，第一卷，第81—82页。

7. 海军上将查尔斯·德拉里爵士（Charles Drury）致费希尔，1911年12月9日，莱诺克斯洛夫 MSS。

8. 威尔逊给丘吉尔的备忘录，1911年10月30日；海军上将爱德华·E.布拉福德爵士（Edward E.Bradford），《海军元帅亚瑟·尼维特·威尔逊爵士传》（伦敦，1923年），第231—235页。

9. 德瓦尔，《海军内幕》，第140—141页。

10.《伊舍》，第三卷，第61页。

11. 1909年11月18日的备忘录，作者不详，出自当天与费希尔的谈话；基尔维斯顿 MSS。

12. 1912年11—12月间丘吉尔和布里奇曼全部大约20封通信的印刷版，可见于贝蒂 MSS。

13. 韦斯特·维密斯，《韦斯特·维密斯爵士》，第141页。

14. 布里奇曼致霍普伍德，1912年12月8日，温莎 MSS。

15. 故事记述在弗兰西斯·霍普伍德爵士致斯坦福德汉姆爵士（Stamfordham，国王的私人秘书）的信中，11月9日、10日、13日，温莎 MSS；有关此事的海军部文件和杰利科的记录可见培根，《杰利科》，第182—183页。

16. 丘吉尔致斯塔福德汉姆，1912年11月1日，温莎 MSS。整个故事来自温莎 MSS。

17. 米勒致蒂尔皮茨，1914年6月4日；德国海军部 MSS。

18. 海军上将埃德蒙德·斯雷德爵士致海军上校 H. W. 里士满（W.H.Richmond），1913年9月26日，里士满 MSS。

19. 费希尔致乔治·兰伯特（George Lambert），1917年12月，莱诺克斯洛夫 MSS。

20. 1912年1月14，16日，《世界危机》，第一卷，第140—141页。

21.《世界危机》，第一卷，第129页。

22. 丘吉尔致费希尔，1912年6月11月，《世界危机》，第一卷，第132—133页。

23.《世界危机》第一卷，第171页。

第十一章：丘吉尔时代，1911—1914：决战前夕

1. 威廉二世致贝特曼·霍尔维格，1911年9月30日，蒂尔皮茨，《政治档案》，第一卷，第216—212页。

2. 蒂尔皮茨至贝特曼·霍尔维格，大约于1911年10月5日，德国海军部 MSS。

3.《世界危机》，第一卷，第95页。

4. 有关霍尔丹出使的外交部材料，可见《英国文件》，第六卷，第666—761页。

原注 381

5. 出自帝国国防委员会第118次会议，1912年7月11日；H. H. 阿斯奎斯，《战争起源》（伦敦，1923年），第81页。

6. 未具日期的海军部呈交内阁的备忘录（1912年2月初），阿斯奎斯MSS；丘吉尔致格里，1912年1月31日，《世界危机》，第一卷，第85—87页。

7. 《大政治》，第三11卷，第103—104页。

8. 威廉二世致缪勒，1912年2月9日；蒂尔皮茨，《政治文件》，第一卷，第285页。

9. 蒂尔皮茨致缪勒，1912年2月8日；蒂尔皮茨，《政治文件》，第一卷，第282页。

10. 蒂尔皮茨致缪勒，1912年2月26日；蒂尔皮茨，《政治文件》，第一卷，第300页。

11. 梅特涅呈交外交部文件中的批注，1912年5月17日，《大政治》，第三11卷，第183页。

12. 德国海军部MSS，蒂尔皮茨，《政治文件》，第一卷，第331—332页。缪勒的会议纪要（见下）见于前者。

13. 1912年2月19日；《世界危机》，第一卷，第105页。

14. 贝特曼·霍尔维格致巴林，1912年5月19日；伯恩哈德·赫德曼（Bernhard Heldermanm），《阿尔伯特·巴林》（伦敦，1922年），第184页。

15. 蒂尔皮茨致缪勒，1912年2月26日；蒂尔皮茨，《政治文件》，第一卷，第299页。

16. 海军中将R. D. 奥利弗致作者，1959年12月14日。

17. 费希尔给丘吉尔的备忘录，1912年6月24日；敬畏上帝与勇敢无畏，第2卷，第469页。

18. 5月末的一份文件，附在伊舍致爱德华国王的信件中，1912年5月30日；温莎MSS。

19. "海军参谋部关于地中海形势的备忘录"，1912年4月；海军部MSS。

20. C.I.D. 文件92—C，149—B，93—C和147—B，1912年5月9日：分别为，"陆军总参谋部准备的文件——1. 意大利对马耳他的进攻。2. 马耳他对入侵的防御"；"1. 土耳其对埃及的入侵。2. 埃及对外来进攻的防御"；"1. 奥匈帝国对塞浦路斯的进攻。2. 塞浦路斯的防御"；"地中海局势，1912。"最后一份为外交部备忘录。

21. C.I.D. 文件156—B，"总参谋部关于地中海舰队缺失对英国军事战略影响的备忘录"，1912年7月；莱诺克斯洛夫MSS。

22. 以下内容来自C.I.D. 第117次会议纪要；阿斯奎斯MSS。

23. 伊舍至乔治国王，1912年7月4日；温莎MSS。

24. 伊舍致诺里斯，1912年7月5日；温莎MSS。

25. 来自阿斯奎斯就这些会议向国王递交的报告；阿斯奎斯MSS。

26. C.I.D. 第118次会议纪要；阿斯奎斯MSS。下文中丘吉尔的演讲引自同一资源。

27. 特鲁布里奇的备忘录，1912年6月20日；《英国文件》，第九卷（第一部分），第413—416页。

28. 格里至伯蒂，1912年11月15日；《英国文件》，第九卷（第二部分），第158页。

29. 林普斯至丘吉尔，1913年3月12日，巴腾堡和丘吉尔的会议纪要，3月27、28日；海军部 MSS。

30. 丘吉尔给阿斯奎斯和格里的备忘录，1912年7月17日；《英国文件》，第十卷（第二部分），600—601页。

31. 《世界危机》，第一卷，第112页。

32. 给阿斯奎斯和格里的会议纪要，1912年8月23日；《世界危机》，第一卷，第112—113页。

33. 草案由海军参谋长特鲁布里奇签署，日期是7月23日；《英国文件》，第十卷（第二部分），第602页。

34. 尼科尔森致格里，1912年7月24日，当天与康邦的会议的报告；《英国文件》，第十卷（第二部分），第603页。

35. 伯蒂给格里的报告，1912年7月30日；《英国文件》，第十卷（第二部分），第607页。

36. 《英国文件》，第十卷（第二部分），第614—615页。

37. 《英国文件》，第十卷（第二部分），第671—673页。

38. 杰克逊（海军参谋长）致圣塞纳，1914年1月29日；海军部MSS。

39. 斯潘塞致费希尔，1914年1月25日；莱诺克斯洛夫MSS。

40. 阿斯奎斯，《战争起源》，第83页。

41. 法罗敦的格里子爵，《20五年，1892—1916》（伦敦，1925年，二卷本），第一卷，第284—285页。

42. H. G. 格伦菲尔中校（H. G. Grenfell）致乔治·布坎南爵士（George Buchana，驻俄国大使），1914年3月19日；《英国文件》，第十卷（第二部分），第772页。

43. 伍德沃德，《英国与德国海军》（伦敦，1935年），第406页。

44. 格里致戈琛，1913年3月5日；《英国文件》，第十卷（第二部分），第687—688页。

45. 根据《泰晤士报》，反对党欢迎这一标准。

46. 伊舍致斯塔福德汉姆，1913年10月26日；《伊舍》，第三卷，第142页。

47. 戈琛致尼科尔森，1914年2月6日；《英国文件》，第十卷（第二部分），第736页。

48. 戈琛致格里，1914年2月11日，《英国文件》，第十卷（第二部分），第739页。

49. 鲍尔弗致塞尔伯恩，1914年1月7日；鲍尔弗MSS。

50. 我大量摘引了阿斯奎斯（阿斯奎斯MSS）呈递国王的以下日期的内阁会议报告，1913年12月15—17日，1914年1月27—29和2月9、11日。

51. 该系列文件来自阿斯奎斯MSS。

52. 斜体字部分在《世界危机》第一卷，第 175—177 页中缺失。

53. 斜体字在《世界危机》第一卷，第 175—177 页中为"巨大的"。

54. 阿斯奎斯 MSS。

55. 欧文，《风暴旅程》，第 257—258 页。

56. 阿斯奎斯 MSS。

57. 阿斯奎斯 MSS。

58. 见前文第 271 页。

第十二章：战前海军战略战术的演进

1. 奥特利致伊舍，1911 年 10 月 8 日；伊舍 MSS。

2. "舰队作战中驱逐舰的运用"，本土舰队司令呈交海军部的报告，1910 年 5 月 17 日；梅 MSS。

3. 豪尔致费希尔，无日期；莱诺克斯洛夫 MSS。

4. 1904 年 4 月 20 日；《恐神与无畏》，第一卷，第 309 页。

5. 鲍尔弗致费希尔，1910 年 10 月 25 日，1913 年 9 月 12 日；莱诺克斯洛夫 MSS。

6. 伊舍致诺里斯，1912 年 7 月 23 日；温莎 MSS。

7. 威尔逊的备忘录，《作战计划备注》，1907 年 5 月；海军部 MSS。

8. 费希尔的备忘录，《作战计划和舰队部署》，1907 年（春天？）；海军部 MSS。

9. 凯斯，《海军回忆》，第一卷，第 42 页。

10. 可能由海军参谋部撰写；海军部 MSS。

11. 豪尔上校致费希尔，1914 年 4 月 26 日；莱诺克斯洛夫 MSS。

12. 空军元帅约翰·斯莱塞爵士（John Slessor），"空中力量与世界战略"，《外国事务》，1954 年 10 月。

13. 贝蒂致贝蒂夫人，1914 年 4 月 4 日；查尔莫斯，《贝蒂》，第 121 页。

14. 第 120 次 C.I.D. 会议纪要；阿斯奎斯 MSS。

15. 第 122 次 C.I.D. 会议纪要；阿斯奎斯 MSS。

16. C.I.D. 文件 81-A，"入侵，秘书批准"（汉奇），1914 年 10 月 15 日；阿斯奎斯 MSS。

17. 杰拉德·弗伦奇少校，《陆军元帅约翰·弗伦奇，第一代伊普雷伯爵传记》，第一卷，第 172 页。

18. 汉奇致伊舍，1919 年 2 月 19 日；伊舍 MSS。

19. 伊舍致鲍尔弗，1909 年 12 月 24 日，并致 M. V. 布雷特，1909 年 12 月 29 日；《伊舍》，第二卷，第 428—429，430 页。

20. 奥特利的备忘录，"海军行动的突然性"，1905 年 5 月 1 日；鲍尔弗 MSS。

21. C.I.D. 文件 70-A，"海峡隧道的战略层面……"，1914 年 5 月 7 日；莱诺克斯洛夫 MSS。

22. 有关费希尔时代以前的入侵问题可见《英国海上力量剖析》，第 65—82 页。

23. 莫莱斯，《霍尔丹》，第一卷，第 228 页。

24. 莱诺克斯洛夫 MSS。

25. 见前文，第 334—345 页。

26. C.I.D. 文件 44-A，"入侵——首相任命的负责重新研究海上入侵问题的 C.I.D. 下属委员会的报告和会志"，1908 年 10 月 22 日；莱诺克斯洛夫 MSS。

27. "关于演习的评论：由海军大臣呈交首相"，1912 年 10 月 17 日；海军部 MSS。

28. "海军演习，1913 年，对北海战略的评论"，1913 年 8 月 28 日，海军部 MSS。

29. 无日期；梅 MSS。

30. C.I.D. 文件 62-A，"首相任命的 C.I.D. 下属关于重新研究从海外进攻英伦诸岛问题的常设委员会的报告和会志"，1914 年 4 月 15 日；莱诺克斯洛夫 MSS。

31. 杜马斯至拉斯塞勒斯，1908 年 2 月 3 日，以及外交部备忘录；《英国文件》，第六卷，第 116—117 页。

32. 费希尔时代以前的海上贸易战的背景，可见《英国海上力量剖析》，第 84—98 页。

33. "战时对海上贸易的保护"，海军部会议报告，1905 年 4 月 30 日；海军部 MSS。

34. 海军上校理查德·韦伯（Richard Webb），"贸易保护的建议方案和参谋部贸易分部的研究"；里士满 MSS。

35. 《世界危机》，第一卷，第 518 页。

36. 威尔逊的备忘录，"作战计划评注"，1907 年 5 月；海军部 MSS。

37. 海军部 MSS。

38. 《恐神与无畏》，第二卷，第 505 页。

39. "燃油动力和潜艇"，初稿写于 1913 年 1 月；最后的文字稿见于费希尔的《记录》，第 183—185 页。

40. 凯斯，《海军回忆》，第一卷，第 53 页；《世界危机》，第二卷，第 280 页。

41. 海军上校 S. S. 豪尔（S. S. Hall）致费希尔，1914 年 4 月 26 日；莱诺克斯洛夫 MSS。

42. "潜艇备忘录的提纲"，1914 年 7 月 11—13 日；里士满 MSS。

43. 见前文第 274—275 页。

44. 在"北海战略备忘录"中由海军上将雷金纳德·卡斯坦斯爵士所引，1916 年 10 月 29 日，备忘录呈交海军大臣鲍尔弗；鲍尔弗 MSS。

45. 丘吉尔的备忘录，"战争爆发时及之后的贸易保护"，1913年8月23日，1914年4月修改；《世界危机》，第一卷，第516—518页。

46. 某个海军部委员会的报告，"英国商船的武装"，1912年5月4日；海军部MSS。

47. 某个海军部委员会的报告，"英国商船的武装"，1912年5月4日；海军部MSS，斜体为作者所加。

48. "保持战时海外贸易，C.I.D.下属常设委员会的报告和会志"，1913年2月18日；莱诺克斯洛夫MSS。

49. 里士满，《国家政策与海上力量》（伦敦，1927年），第226—227页。

50. 沃特森致亨利·杰克逊爵士，1913年4月25日；海军部MSS。

51. 海军部MSS。

52. 威尔逊的备忘录，"作战计划评注"，1907年5月；海军部MSS。

53. 海军中将弗兰西斯·布里奇曼爵士的备忘录，"对德意志帝国北部的封锁"，1911年8月31日；海军部MSS。

54. 海军部致布里奇曼，1911年10月26日；海军部MSS。

55. "下达给本土舰队司令的作战命令的概括性指导"；海军部MSS。

56. "作战计划（与德国的战争）"，1914年7月3日；海军部MSS。

57. 见下文，第310页。

58. 海军部致卡拉汉，1914年7月11日；海军部MSS。

59. 德国海军参谋部文件，"英国海军情报，1914年5月"；《北海海战》（柏林，1920—1937年，六卷本），第一卷，第56页。这是德国官方海军史系列著作之一。

60. 以下资料来自丘吉尔致巴腾堡的信件（写于法国夏纳，在那里"一个人在休假中比在日常管理的喧嚣中有更多时间用于思考"），1913年2月17日；"作战计划评注及海军大臣关于此主题批注的评注"，1913年3月11日，作者为海军参谋长杰克逊；对丘吉尔信件的评注，无日期，作者为海军作战处处长巴拉德上校（Ballard）和作战处助理处长里士满上校；海军部MSS。

61. 海军参谋长在海军部委员会的授意下致本土舰队司令，1914年6月15日；海军部MSS。

62. 亨利·考德·梅耶（Henry Cord Meyer），"德国与东南欧的经济关系，1870—1914"，《美国历史评论》，1951年10月。

63.《海权对法国革命及帝国的影响，1793—1812》（波士顿，1892年，二卷本），第二卷，第184页。

64. 海军部致C.I.D.，1906年5月12日；海军部MSS。

65. 克拉克的备忘录，"海上私有财产的查没"，1906年5月14日；莱诺克斯洛夫MSS。

66. 奥特利致麦肯纳，1908年12月5日；麦肯纳MSS。

67. "作战计划", 1897 年 4 月; 海军部 MSS。

68. 马汉发表在《泰晤士报》上的信件, 1910 年 11 月 4 日。

69. 考贝特, "海上私有财产的查没", 《19 世纪》, 1907 年 6 月。费希尔就此文的发表致贺考贝特, 马汉也将其作为一个章节收入他的著作, 《被忽视的战争事务》(1907 年)。

70. 哈丁致爱德华国王, 1906 年 8 月 26 日; 温莎 MSS。

71. 威尔逊的备忘录, "作战计划评注", 1907 年 5 月; 海军部 MSS。

72. 梅的备忘录, "对单独与德国交战时英国舰队部署的建议", 1912 年 12 月; 海军部 MSS。

73. "作战计划评注及海军大臣关于此主题的批注的评注", 1913 年 5 月 11 日; 海军部 MSS。

74. 海军部 MSS。

75. "作战计划(与德国的战争)", 1914 年 7 月 3 日; 海军部 MSS。

76. 《世界危机》, 第一卷, 第 517 页。

77. 伊舍致鲍尔弗, 1910 年 8 月 16 日; 《伊舍》, 第三卷, 第 14 页。

78. 富兰克林·A. 约翰逊(Franklyn A. Johnson), 《委员会式国防: 英国帝国国防委员会的起源及早期发展, 1885—1916》(未出版的博士论文, 哈佛大学, 1952 年), 第 306 页; 出版时得到修订和补充, 《委员会式国防: 英国帝国国防委员会的起源及早期发展, 1885—1959》(伦敦, 1960 年)。此处引用的内容只出现在未出版版本中。

79. 见前文, 第 29 页, 第 48 页。

80. 诺里斯致伊舍, 1909 年 12 月 29 日; 伊舍 MSS。

81. 陆军上校查尔斯·E. 卡尔维尔(Charles E. Callwell, 陆军作战处助理处长), "对德作战中英国的陆军行动", 封面注释为海军情报处助理处长巴拉德加注的, 1905 年 10 月 3 日; 海军部 MSS。陆军总参谋部有关备忘录的有趣讨论可见陆军部 MSS 中标记为 "E2/10" 的文件夹。

82. 陆军总参谋部撰写的编号为 "E2/17" 的备忘录, 1908 年 11 月; 陆军部 MSS。

83. 1909 年 11 月 18 日的备忘录, 作者不详, 出自当天与费希尔的谈话; 基尔维斯顿 MSS, 曾被培根的《费希尔》引用, 第二卷, 182—183 页。该备忘录可能是现存有关此会议的唯一资料。其日期(1908 年 12 月 3 日)存疑。卡萨布兰卡会议之后国际局势已经缓和, 而波斯尼亚危机尚未达到最关键的阶段。

84. 以下内容来自第 114 次 C.I.D. 会议的官方记录, 阿斯奎斯 MSS。

85. 汉奇致费希尔, 1911 年 8 月 24 日; 莱诺克斯洛夫 MSS。

86. 海军部 MSS。

87. "从军事角度看大陆问题"; 《世界危机》, 第一卷, 第 60—64 页。

88. H. W. 里士满, "军事思想", 《19 世纪以来》, 1933 年 1 月。

89. 德瓦尔，《海军内幕》，第122页。

90. 德瓦尔，《海军内幕》，第122—123页。

91. 海军上将德拉克斯（Drax）热心提供了一套贝蒂的战列巡洋舰训令。

92. 培根，《约翰·拉什沃思·杰利科伯爵传》（伦敦，1936年），第168页。

93. 贝蒂致夫人，1909年7月17日；查莫斯，《贝蒂》，第99页。

94. 德瓦尔，《海军内幕》，第131—133页。

95. 查特菲尔德，《海军与国防》，第114页。

96. 费希尔的备忘录，"海军改革"，1907年2月；莱诺克斯洛夫MSS。

97. 费希尔致伊舍，1909年6月12日；《恐神与无畏》，第二卷，第251页。

98. 菲尔森·杨，《与战列巡洋舰为伴》（伦敦，1921年），第10页。

99. 里士满的日记，1917年5月15日，引自与贝蒂的一次谈话；马德尔，《一个海军上将的肖像》，第251页。

100. 伊舍致汉奇，1915年3月15日；《伊舍》，第三卷，第221页。丘吉尔对历史的重视是他最可爱的特质。在描述参谋部的作用时他说那是"对史实和经验的筛选、发展和应用，并将其作为理由充分的观点的宝库，一旦有人在和平或战争时期需要对国家的海军政策做出决定时就能发挥辅助和指导作用"；"海军大臣对海军预算所作解释的声明，1912—1913。附录：海军参谋部"，1912年1月1日；命令文件6106（1912）。当时没几位海军军官拿海军大臣的意见当回事。

第十三章：1914年的英国与德国舰队

1. 与此有关的一个故事绝不是杜撰，可以清晰地体现出所谓的风帆战舰心理，或者说缺乏进取的短视态度：大约在1913年，两位退休的海军将领在伦敦的一个俱乐部里讨论现代军舰的航速。其中一位的观点是："没有军舰能在（英吉利）海峡里开到12节以上；那不安全！"。

2. 丘吉尔致费希尔，1912年4月12日；莱诺克斯洛夫MSS；《世界危机》，第一卷，第93页。

3. 金－豪尔，《我的海军生涯，1906—1929》（伦敦，1952年），第97—98页。

4. 贝蒂致贝蒂夫人，1909年7月17日；查尔莫斯，《贝蒂》，第99页。

5. 巴腾堡致费希尔，1914年5月15日；莱诺克斯洛夫MSS。

6. 奥特利致伊舍，1911年10月25日；伊舍MSS。巴腾堡肯定在饮食习惯方面保持着某种记录！"路易斯亲王身材高大，胃口极好。他的早餐从燕麦粥开始，接下来是鱼、鸡蛋、培根或者一份其他肉类，然后是一大盘冷熏肉，热松饼或小圆面包，接着是很多吐司、黄油和果酱，最后是水果。他的一顿饭可以供应给整个军官餐厅"；奥利弗MSS。

7. W. 格拉汉姆·格林爵士（W. Graham Greene）在1935年1月23日的一份备忘录中对伯尔尼

的评价；格拉汉姆·格林 MSS。

8. 拉姆塞的日记，1914年9月；海军少将 W. S. 查尔莫斯，《轮回：海军上将伯特兰·霍姆·拉姆塞爵士生平》（伦敦，1959年），第21页。

9. 魏登曼致俾斯麦，1912年1月11日；德国海军部 MSS。

10. 海军上将威廉·詹姆斯爵士，《海军上将威廉·费希尔爵士》（伦敦，1943年），第64页，引自费希尔，他曾在大舰队中担任"圣文森特"号舰长。

11. 布里奇曼致费希尔，1911年12月4日；《恐神与无畏》，第二卷，第418—419页。

12. E. S. 特纳（E. S. Turner），《英勇的绅士：英国军官，1600—1956》（伦敦，1956年），第293页。

13. 希斯致戈琛，1911年8月6日；《英国文件》，第六卷，第507页。

14. 奥特利致费希尔，1911年10月8日；伊舍 MSS。

15. 海军参谋部情报分部，"外国海军管理和人员：德国，1912"；海军部 MSS。

16. 雷金纳德·培根爵士和弗兰西斯·E. 麦克默特里（Francis E. McMurtrie），《现代海军战略》（伦敦，1940年），第187页。

17. 沃特森致戈琛，1913年10月13日；《英国文件》，第十卷第二部分，第716页。

18. 日期不明的德雷尔备忘录，可能写于1918年或战争刚刚结束之时；杰利科 MSS。德雷尔在1917年担任 D.N.O.，1918年担任海军参谋部海军火炮与鱼雷总监。

19. 见杰利科的《大舰队，1914—1916》（伦敦，1919年），第312—313页，其中列出了英国和德国同期军舰的装甲重量，例如，"恺撒"级的装甲比"猎户座"级重33%，"赛德利茨"级的装甲比"玛丽女王"级重25%。

20. 德拉克斯上将致作者，1959年11月11日。

21. 来自德雷尔在1946年与作者的一次谈话。

22. 培根，《杰利科》，第163页，引自杰利科自传中的注释。

23. 德雷尔的备忘录，"海战研究及操练与训练"，呈交培根上将，1928年8月15日。基尔维斯顿 MSS。

24. 在这里请读者注意，尽管如此——这还将在第二卷详述——相对于英国军舰，德国军舰在水密分隔有效性上的优势在战后被研究者部分夸大了。

25. 尤斯塔斯·坦尼生·迪恩古尔（Eustace Tennyson-d'Eyncourt），"战时造舰记录，1914—1918，主力舰"，1918年1月；海军部 MSS。

26. 杰利科 MSS。

27. 杰利科致费希尔，1909年4月18日；莱诺克斯洛夫 MSS。

28. C.I.D. 文件54-A，"C.I.D.有关东北海岸防御的下属委员会的报告和会志"，1912年11月29日；

莱诺克斯洛夫 MSS。该委员会的所有建议均被 C.I.D. 于 1912 年 12 月 6 日批准。

29. 同前。

第十四章：战争来临

1.《世界危机》，第一卷，第 179—181 页，《英国文件》，第十卷（第二部分），第 746—748 页。

2. 伍德沃德，《大不列颠与德国海军》，第 431 页。

3. 考波尔的备忘录，1907 年 3 月 14 日；《大政治》，第 20 三卷，第 48 页。

4. 海军上将德拉克斯还记得那次阅舰式，"德国的高级官员——大概是大使或海军武官（我忘记了）——前来访问贝蒂。当他离开时，贝蒂命令我们的乐队演奏'统治吧，不列颠'，音乐伴随着德国人离开军舰。虽然这不完全是有意安排，但这使我们和水兵们都会心地笑了起来"；致作者的信，1959 年 11 月 11 日。

5. 贝蒂 MSS。

6. 杰利科致汉密尔顿，1914 年 8 月 7 日；汉密尔顿 MSS。

7.《世界危机》，第一卷，第 77 页，第 166—167 页。

8. 查特菲尔德，《海军与国防》，120 页。

9. 珀西·斯考特爵士，《皇家海军五十年》（伦敦，1919 年），第 201 页。

10. 海军上将莱因哈特·舍尔，《世界大战中的德国公海舰队》（伦敦，1920 年），11 页。提尔皮茨也写道，"英国海军的威望影响了我们的海军和很多海军军官，使他们在评价自己和我们年轻的海军时过于谦卑了"；《我的回忆》，第二卷，第 371 页。

海洋文库

世界舰艇、海战研究名家名著

"谁控制了海洋,谁就控制了世界。"
——古罗马哲学家西塞罗

英、美、日、俄、德、法等国海战史及舰艇设计、发展史研究前沿

我们只做军事

莱诺克斯洛夫 MSS。该委员会的所有建议均被 C.I.D. 于 1912 年 12 月 6 日批准。

29. 同前。

第十四章：战争来临

1. 《世界危机》，第一卷，第 179—181 页，《英国文件》，第十卷（第二部分），第 746—748 页。

2. 伍德沃德，《大不列颠与德国海军》，第 431 页。

3. 考波尔的备忘录，1907 年 3 月 14 日；《大政治》，第 20 三卷，第 48 页。

4. 海军上将德拉克斯还记得那次阅舰式，"德国的高级官员——大概是大使或海军武官（我忘记了）——前来访问贝蒂。当他离开时，贝蒂命令我们的乐队演奏'统治吧，不列颠'，音乐伴随着德国人离开军舰。虽然这不完全是有意安排，但这使我们和水兵们都会心地笑了起来"；致作者的信，1959 年 11 月 11 日。

5. 贝蒂 MSS。

6. 杰利科致汉密尔顿，1914 年 8 月 7 日；汉密尔顿 MSS。

7. 《世界危机》，第一卷，第 77 页，第 166—167 页。

8. 查特菲尔德，《海军与国防》，120 页。

9. 珀西·斯考特爵士，《皇家海军五十年》（伦敦，1919 年），第 201 页。

10. 海军上将莱因哈特·舍尔，《世界大战中的德国公海舰队》（伦敦，1920 年），11 页。提尔皮茨也写道，"英国海军的威望影响了我们的海军和很多海军军官，使他们在评价自己和我们年轻的海军时过于谦卑了"；《我的回忆》，第二卷，第 371 页。

海洋文库

世界舰艇、海战研究名家名著

"谁控制了海洋,谁就控制了世界。"
——古罗马哲学家西塞罗

英、美、日、俄、德、法等国海战史及舰艇设计、发展史研究前沿

我们只做军事